I0886706

TRAITÉ
DE
DROIT PÉNAL ALLEMAND

TOME PREMIER

INTRODUCTION — PARTIE GÉNÉRALE

BIBLIOTHÈQUE INTERNATIONALE
DE DROIT PRIVÉ ET DE DROIT CRIMINEL
publiée sous la direction de MM.

Henri Lévy-Ullmann
Professeur à l'Université de Lille

Paul Lerebours-Pigeonnière
Professeur à l'Université de Rennes

TRAITÉ
DE
DROIT PÉNAL ALLEMAND

PAR

Le Dr Franz von LISZT
PROFESSEUR ORDINAIRE DE DROIT A BERLIN

TRADUIT SUR LA 17e ÉDITION ALLEMANDE (1908)
AVEC L'AUTORISATION DE L'AUTEUR ET DE L'ÉDITEUR

PAR

M. René LOBSTEIN
DOCTEUR EN DROIT

AVEC UNE PRÉFACE

DE

M. E. GARÇON
PROFESSEUR DE DROIT CRIMINEL ET DE LÉGISLATION PÉNALE
COMPARÉE A L'UNIVERSITÉ DE PARIS

TOME PREMIER

INTRODUCTION — PARTIE GÉNÉRALE

PARIS (Ve)
V. GIARD & E. BRIERE
LIBRAIRES-ÉDITEURS
16, RUE SOUFFLOT ET 12, RUE TOULLIER

1911

PRÉFACE

Le but et la méthode du droit comparé ont soulevé des controverses que je n'ai point l'intention de reprendre ici. Mais, de ces disputes paraissent se dégager aujourd'hui un certain nombre d'idées claires, qui s'imposent avec la force convaincante de l'évidence

Ainsi, personne ne confond plus les études de législations étrangères et celles de droit comparé ; si les dernières supposent nécessairement les premières, celles-ci se comprennent isolément et dans des buts différents. De même il est bien certain que pour pénétrer les diverses institutions étrangères, il ne suffit pas de lire les codes et les lois des autres peuples, il est nécessaire de les éclairer par les ouvrages des commentateurs, les décisions jurisprudentielles et d'apercevoir ainsi la vie de la pratique qui en fait constamment l'application. Pour les concevoir pleinement, il est même indispensable de rechercher les idées philosophiques, morales, religieuses. sociales et juridiques qui, dans chaque pays, dominent cette application et préparent obscurément les réformes de l'avenir. Enfin les études de droit comparé proprement dites peuvent avoir des buts bien différents et qu'il ne faut point confondre : l'un, purement scientifique, est de découvrir et de formuler, s'il est possible, les lois naturelles qui dominent les lois positives et leur évolution ; l'autre, qui tient de l'art et de la politique, est de trouver dans les législations du dehors des institutions déjà éprouvées par l'expérience, pour assurer, en les imitant et en les adaptant, les progrès des lois nationales.

Tout cela est aujourd'hui incontestable et je n'ajouterai qu'un mot. Ceux qui se sont livrés, d'abord, aux études de droit comparé paraissent avoir été frappés surtout par les différences qu'ils constataient entre les diverses législations positives. Or, cette vue est très superficielle et fort incomplète. Ils ne prenaient pas garde que les ressemblances de ces lois sont beaucoup plus nombreuses, plus frappantes et plus étonnantes que leurs différences mêmes. Pour ne parler que du droit criminel, les mêmes principes ne se retrouvent-ils pas dans les codes de tous les peuples civilisés ? Les théories générales, les conditions de la responsabilité, les faits justificatifs, la tentative, la complicité, sont soumis à des règles semblables, souvent même identiques. La liste des délits est à peu près la même partout ; leur définition, comme les circonstances qui les aggravent ou les atténuent, ne s'éloignent pas sensiblement les unes des autres. Il y a plus : l'application du droit répressif soulève dans tous les pays, non seulement les mêmes problèmes sociaux, mais encore les mêmes difficultés juridiques. Ce sont les mêmes controverses qui s'agitent devant les tribunaux français, italiens, allemands, anglais ou américains. Hier, c'était le vol d'électricité ; aujourd'hui c'est la responsabilité des propriétaires et des chauffeurs d'automobile ; ce sont surtout les répercussions pénales des luttes du capital et du travail, les grèves, la mise à l'index, le sabotage, les entreprises contre la liberté du travail sans compter les abus des trusts. Les espèces sont semblables, souvent identiques, et si on y regarde de près, on s'aperçoit que, presque toujours, les juges de tous les pays donnent les mêmes solutions pratiques.

Je ne veux pas d'ailleurs rechercher la raison de ces similitudes, ni déterminer dans quelle mesure elles s'expliquent par la loi de l'imitation ou par l'existence de causes naturelles qui dominent les phénomènes sociaux. Ce ne sont pas ces graves problèmes que je me propose d'agiter. Je désire seulement faire remarquer combien la comparaison du droit criminel allemand et du droit criminel français confirment les idées que je viens d'indiquer. Certes, les codes pénaux des deux peuples présentent des différences très caractéristiques ; ils ont été écrits dans des circonstances, sous des inspirations et avec des préoccupations fort distinctes, ils ont été faits par et pour des peuples dont le génie est divers, et cependant, ils présentent les plus frappantes ressemblances. Pour cette raison déjà, il est vrai de dire que l'étude du droit pénal allemand offre le plus vif intérêt pour ceux qui aiment les études théoriques ou que préoccupe l'œuvre pratique de la répression.

Mais une autre considération, plus élevée, nous impose encore ces études. Le droit criminel, en effet, a été étudié, en Allemagne, pendant tout le XIXe siècle, avec une ardeur qui ne s'est jamais démentie et, nulle part ailleurs, pas même en Italie, cette science n'a suscité tant d'efforts ni plus de travaux. Le droit pénal a été, dans les États allemands, le premier qui fut codifié et avant que l'Empire ne l'eut unifié, il avait fait l'objet de nombreux codes particularistes. La rédaction de ces monuments législatifs, leur réforme et leur interprétation a provoqué et entretenu un très vif mouvement scientifique. Dans les nombreuses Universités germaniques, le droit criminel a été enseigné par une foule de professeurs. En France, les premières chaires de droit pénal ne remontent pas plus haut que le gouvernement de Juillet. On y entendit, il est vrai, nos Ortolan et nos Molinier, mais que pouvaient leurs voix isolées? C'est à la fin du siècle dernier, seulement, que le droit criminel fut enseigné dans toutes nos Facultés de Droit. En Allemagne, au contraire, cet enseignement fut donné, de très bonne heure, dans toutes les Universités, et, dans chacune d'elles par plusieurs professeurs et par d'innombrables Privat-Docent. Quelques-uns ont brillé d'un vif éclat et, par l'originalité et la profondeur de leurs conceptions, ont mérité d'être rangés, non seulement parmi les criminalistes les plus éminents de tous les pays, mais encore au nombre des maîtres de la pensée philosophique et juridique, cet enseignement a exercé une profonde influence sur la pratique : il a rayonné sur elle et l'a éclairée. Les innombrables publications relatives au droit criminel parues en Allemagne et signées par des magistrats, suffiraient à prouver, s'il était nécessaire, que ces études ne sont point demeurées dans le domaine de la spéculation pure.

Or, ce mouvement est loin de se ralentir. Comme

le gouvernement de l'Empire songe à reviser de nouveau les Codes répressifs allemands, les criminalistes redoublent d'efforts. De la diversité des opinions sur les questions fondamentales sont nées des écoles les unes traditionnalistes, les autres radicales, les autres encore qui cherchent à concilier les anciens concepts avec les progrès de la science et de la pensée contemporaine, mais toutes inspirées par la nécessité d'assurer la sécurité sociale par une répression meilleure et plus juste. La littérature allemande s'enrichit ainsi chaque jour d'œuvres nouvelles depuis les livres les plus considérables et les monographies les plus suggestives, jusqu'aux articles de revues, discours, rapports et brochures fugitives. Peut-être même, y a-t-il quelque exagération. Toutes ces publications n'ont pas la même valeur et beaucoup d'entre elles peuvent être négligées sans grand dommage. Dans la lutte des écoles, il semble que chacun veut absolument apporter sa contribution, créer son système, attacher son nom à quelque théorie nouvelle. Mais tous ne le font pas avec le même bonheur. Je crains que la vanité scientifique y trouve quelquefois son compte beaucoup plus, peut-être, que la science. Cette recherche systématique de l'idée inédite et de l'originalité quand même, ne conduit souvent qu'à des constructions peu solides, à des théories qui ne diffèrent des idées courantes que par d'inutiles et très minces subtilités, à des nouveautés où les concepts anciens et traditionnels se déguisent bien inutilement sous des formes plus obscures ou plus pédantes. Mais il n'en demeure pas moins vrai que la littérature allemande criminaliste forme un ensemble d'une incomparable richesse.

Les criminalistes français ne peuvent évidemment négliger des travaux aussi importants. D'ailleurs, je suis le premier à reconnaître qu'il ne faut point en mésuser. Oui, sans doute, les lois répressives de l'Allemagne et de la France sont semblables, et les questions juridiques que soulève leur interprétation ne sont pas très différentes ; on peut même ajouter, si l'on veut, que les controverses sur le fondement du droit pénal, sur le but essentiel des peines, sur les conditions de la responsabilité, et sur tous les problèmes sociaux qui dominent l'œuvre de la répression ont un caractère général et universel. Mais il est vrai, aussi, que chacun des deux peuples a son droit particulier qui a ses sources vives dans ses traditions, son histoire, sa pratique judiciaire, ses croyances et ses mœurs, et pour tout dire, en un mot, dans son propre génie. D'abord, ne l'oublions pas, le droit criminel est partie intégrante du droit public d'un peuple : il n'est pas et ne peut pas être le même dans une monarchie où tout est soumis au principe d'autorité, et dans une démocratie qui repose essentiellement sur des institutions de liberté. Ensuite, je l'ai dit ailleurs, la science des criminalistes allemands est toute imprégnée de l'esprit philosophique qui est, peut-être, le trait le plus caractéristique du germanisme. En examinant les mêmes questions, et pour arriver aux mêmes solutions que nous, ils raisonnent autrement et emploient d'autres procédés logique . Ils sont abstraits et raisonnent sur de purs concepts, nous avons l'intelligence plus concrète, nous aimons voir clairement les espèces et les applications pratiques et nous procédons volontiers par analyse. Il y a entre ces deux méthodes toute la distance qui sépare le génie germanique du génie latin. A l'un, l'autre paraît profond mais obscur, ou réciproquement clair mais superficiel, et il y a dans ces deux jugements une double injustice. La vérité est que ces deux mentalités ont beaucoup de peine à se pénétrer et à se comprendre pleinement et complètement. Il n'est pas à croire que les Allemands abandonnent leurs raisonnements abstraits pour se plier à nos méthodes françaises, et ils feront bien ; gardons aussi les nôtres et ne cessons pas d'être latins. Nous ferions d'ailleurs œuvre vaine si nous tentions de nous modifier ainsi ; nous ne parviendrions pas à acquérir les qualités des autres, nous risquerions seulement de perdre celles que nous possedons et qui ont leur valeur. C'est pourquoi on ne doit pas, je crois, introduire dans notre droit criminel français les théories allemandes, sans critique et sans choix, dans leur forme et en respectant jusqu'à la terminologie germanique. C'est bien inutilement, par exemple, que nous chercherions à faire pénétrer chez nous les subtilités de la théorie de la cause, sur laquelle on a écrit en Allemagne toute une bibliothèque. Nous avons une doctrine de l'intention, où se mêlent et se confondent les notions de volonté coupable, de connaissance et de prévision du mal causé, et des mobiles de l'agent ; nous ne ferions pas faire un pas à cette doctrine parce que nous y substituerions les controverses allemandes sur la Villensthéorie et la Vorstellungsthéorie. Lorsque nous disons qu'il ne faut pas confondre l'intention et les mobiles, et que cette intention existe quand l'auteur de l'acte délictueux a agi avec connaissance, sachant faire ce que la loi défend, nous sommes clairs pour des intelligences françaises ; nous parlons un langage consacré par la tradition et que tout le monde entend. Que gagnerions-nous à parler, — pour dire à peu près la même chose — de « représentation » comme condition essentielle de l'intention criminelle. Le résultat le plus sûr que nous attendrions serait de paraître désespérément obscurs. On se plaignait autrefois que les écoles de droit, en commentant le droit par des raisonnements d'une imperturbable logique, enseignassent une doctrine purement théorique. On a voulu, et avec raison, rapprocher cet enseignement de « la vie du droit ». Gardons-nous maintenant, sous prétexte de science, de nous éloigner plus encore de la pratique, et jusqu'au point de ne plus être compris du tout.

Si tout cela est vrai, c'est dans les travaux originaux des criminalistes allemands qu'il faut essayer de pénétrer leur pensée, sans mélange et sans altération. C'est en lisant leurs ouvrages eux-mêmes que nous parviendrons à nous assimiler les idées justes et fécondes qu'ils ont dégagées. Comme on l'a dit souvent et avec raison, nous ne pouvons tirer un réel profit de ces idées qu'à la condition de les « repenser » en français. Mais tous ceux qui s'intéressent à ces questions n'ont pas le loisir de lire des livres longs et nombreux ; il leur en faut un qui, tout en gardant un caractère strictement scientifique, présente sous une forme résumée l'ensemble du droit pénal allemand. Je pense surtout aux étudiants, j'entends ceux qui travaillent et veulent s'instruire. Eux, surtout, ont beaucoup à gagner à apercevoir la pensée juridique sous un aspect et sous une forme nouvelle ; mais s'ils tentaient de se jeter dans l'océan de la littérature criminaliste allemande sans préparation, ils courraient grand risque de se perdre. Il est nécessaire qu'ils s'initient d'abord aux éléments en travaillant un manuel où ils trouveront un commentaire, bref mais substantiel et complet, du Code pénal allemand. Enfin ceux même qui, par curiosité scientifique ou par devoir professionnel, cherchent à se tenir au courant de la littérature germanique, ont souvent besoin de renouveler ou de préciser leurs connaissances par la consultation rapide d'un livre sûr.

L'ouvrage dont on va lire la traduction est précisément un de ces manuels. Écrit surtout pour les besoins de l'enseignement, il contient un exposé complet du droit pénal allemand. Je n'en ferai pas une inutile analyse. Sans doute, on y trouvera soutenues les théories personnelles de l'auteur, mais il n'en présente pas moins un excellent résumé de la doctrine des principaux criminalistes de l'Allemagne contemporaine et un tableau frappant de l'état de la science du droit criminel, dans ce pays, au commencement du xxe siècle. Ceux qui voudront pousser plus loin leurs études, consulteront avec fruit la bibliographie choisie qui se trouve au commencement de chaque paragraphe ou dans les notes ; ils s'épargneront ainsi beaucoup de lectures inutiles.

Après cela je n'aurai pas l'impertinence de présenter M. von Liszt aux lecteurs français. Personne n'ignore la place qu'il s'est faite parmi les criminalistes même en dehors de son pays. Très averti des méthodes scientifiques et des progrès de la pensée contemporaine, libéré de toute doctrine consacrée, il est un de ceux qui, en Allemagne, ont le plus puissamment contribué à détruire les théories classiques et à dégager, ou plutôt à reprendre sous une forme nouvelle et rajeunie le concept positif de la défense sociale. Certes, ses idées ont trouvé des contradicteurs et, quelquefois, des adversaires passionnés, mais il n'a cessé de les défendre, avec l'ardeur de la plus sincère conviction, dans son enseignement à Giessen, à Marbourg, à Halle, aujourd'hui à Berlin, dans ses très nombreuses et importantes publications, dans la revue qu'il dirige et qui est devenue une des principales de l'Allemagne, dans ses discours et ses conférences, enfin dans les congrès de l'Union Internationale de droit pénal dont il fut l'un des trois fondateurs. Par cette activité scientifique, qui depuis plus de trente ans ne s'est pas un seul jour démentie, il est devenu, et dans le meilleur sens du mot, un chef d'école. Je ne veux faire ici ni l'éloge ni la critique de ses opinions et ce n'est point le lieu d'indiquer celles qui nous sont communes et celles qui peuvent nous diviser. Mais M. Liszt me permettra de lui exprimer publiquement ma profonde estime pour ses sincères efforts en vue du progrès et pour ses beaux travaux, en même temps que mes sentiments de très cordiale confraternité. C'est, en vérité, parce qu'elle m'offrait l'occasion de dire ces derniers mots, que j'ai surtout accepté d'écrire cette préface, lorsqu'elle m'a été demandée.

E. Garçon,

Professeur de droit criminel et de législation pénale comparée à l'Université de Paris.

INTRODUCTION

§ I. — Notion et définition du droit pénal et but du présent manuel.

I. — Le **droit pénal** est l'ensemble des règles juridiques établies par l'Etat dans le but de rattacher à l'acte qui constitue l'infraction, la peine qui en est la sanction (1). Comme acte relevant en propre du droit pénal, l'infraction constitue un sous-genre spécial de la faute (délit), c'est-à-dire de l'action coupable contraire à la loi. Et, en sa qualité de sanction propre au droit pénal, la peine se distingue des autres sanctions

(1) Le droit pénal, au sens objectif, est nommé aussi droit criminel, droit des peines (*peinliches Recht*). Dans ce sens, Engelhard a employé le premier l'expression droit pénal (*Strafrecht*), en 1756 ; Cf. FRANCK, *Die Wolffsche Strafrechtsphilosophie*, 1887, p. 22. Au sens subjectif, le droit pénal signifie le droit de punir, le *jus puniendi*. Il faut observer qu'il ne peut être parlé d'un droit pénal d'Etat au sens subjectif qu'en admettant que le pouvoir de punir de l'Etat, qui est en lui-même sans bornes, a fixé, dans une limitation prudente de sa propre étendue, la cause et la nature de son action (crime et peine). Tout à fait dans ce sens, Mommsen (la pensée fondamentale de son livre est que le droit pénal est sorti de la limitation légale du pouvoir de coercition des magistrats qui est en lui-même sans bornes). De même qu'en somme, le Droit est la Politique du pouvoir (v. Ihering), de même le droit pénal d'Etat est le pouvoir pénal d'Etat légalement limité (Cf. p. 5 et sq.). Mais cette limitation est constituée par le Droit pénal au sens objectif.

du délit en ce qu'elle constitue une voie d'exécution d'un genre propre édictée par l'Etat contre le coupable et frappant les intérêts juridiques (*Rechstgüter*) de ce dernier. Par suite, l'infraction et la peine sont les deux notions fondamentales du droit pénal. Et la mission immédiate de la **Science du droit pénal** peut se déterminer comme suit : Au point de vue de la pure technique juridique, considérer le crime et la peine comme des généralités tangibles en s'appuyant sur la législation pénale ; développer les diverses prescriptions de la loi en un système délimité, en remontant jusqu'aux dernières notions et aux derniers principes fondamentaux ; dans la partie spéciale du système, présenter les diverses infractions et les diverses peines posées par la loi ; dans la partie générale, présenter la notion de l'infraction, de la peine en eux-mêmes. Comme science éminemment pratique, travaillant constamment pour les besoins de la jurisprudence et tirant constamment de cette dernière de nouveaux fruits, la science juridique doit être et rester la science systématique par excellence ; car, seul, le classement des connaissances en un système garantit cette possession sûre et toujours immanente de tous les détails, sans laquelle la mise en pratique du droit n'est jamais qu'un dilettantisme livré à tous les hasards et à tous les arbitraires.

Le manuel se borne à présenter le droit pénal en vigueur dans l'empire allemand. Et il s'occupe en première ligne du droit pénal civil, tandis qu'il ne traite du droit pénal militaire que dans ses lignes les plus générales. Le droit pénal hors de l'Allemagne et celui des divers Etats confédérés allemands ne sont pas pris en considération par notre système. D'autre part, l'histoire du droit pénal n'intervient qu'autant qu'il est nécessaire pour comprendre le droit en vigueur comme une législation historiquement développée et continuant son évolution. Sa place est dans la première partie de l'introduction.

II. — En constatant que la peine est un moyen placé dans la main de l'Etat pour combattre le crime, nous sortons des limites du droit pénal en vigueur. Cette constatation nous amène à rechercher la base légale et les buts du pouvoir pénal de l'Etat et à rechercher également l'origine et la nature propre du crime. La solution scientifique de cette question appartient à la **politique criminelle** (Kriminalpolitik), qui s'appuie sur la criminologie et sur la pénologie. Elle nous permet de juger la valeur du droit en vigueur et elle nous montre quel est le droit qui *devrait* être en vigueur ; mais elle nous apprend aussi à comprendre le droit en vigueur dans son but et à l'appliquer dans chaque cas particulier conformément à ce but. Les principes directeurs de la politique criminelle ne pouvaient par suite, comme il a été déjà dit pour l'histoire du droit pénal, être repris dans ce manuel et ils ont dû, comme cette histoire, figurer dans l'introduction dont la seconde partie leur est consacrée (2).

III. — De même, ne rentre pas dans le système du droit pénal, mais également dans l'introduction, l'étude des sources du droit pénal et du rayon d'application des sanctions pénales, car elle repose essentiellement, non pas sur des principes relevant du droit pénal, mais sur des principes de droit constitutionnel et de droit international. Le rayon d'applica tion des sources est traité dans la troisième partie de l'introduction (3).

(2) Cf. v. Liszt, Z, XX, 161 (*Berliner Antrittsrede. Contra*, Lilienthal qui a fait rentrer dans le système l'étude des causes du crime.

(3) Cette étude est le plus souvent traitée comme partie du système pénal ; Cf. von Binding, Birkmeyer, Finger, Geyer, Janka, v. Lilienthal, Merkel. Dans notre sens, Meyer.

I. — Histoire du droit criminel

Bibliographie. — Il n'existe pas d'histoire complète du Droit pénal. Les meilleurs matériaux sont toujours le Manuel (Lehrbùch) de *Geib* (1re partie) et le Manuel (Handbùch) de v. *Bar*, 1re partie. *Günther* contient des éléments de valeur dans son livre : « L'idée du Talion dans l'histoire et la philosophie du Droit pénal (*Die Idee der Wiedervergeltung in der Geschichte und Philosophie des Strafrechts*, I, 1189 ; 2, 1891 ; 3, 1. Hälfte, 1895). Les études de *Löning Gunther*, *Knapp* dans Z, II et vol. suiv. sont importantes.

§ 2. — Introduction historique générale

Bibliographie. — V. *Liszt*, Z, III, 1. — *Merkel*, Ueber den Zusammenhang zwischen der Entwicklung des Strafrechts und der Gesamtentwicklung der öffentlichen Zustände und des geistigen Lebens der Völker 1889. *Löning :* Ueber die Begründung des Strafrechts, 1889. *Liepmann*, Die Entstehung des Schuldbegriffs. Thèse Iéna, 1891. *Du même :* Z, IV, 446. *Macarewicz*, Das Wesen des Verbrechens, 1896. *Post*, Bausteine für eine allgemeine Rechtswissenschaft auf vergleichend ethnologischer Basis, 1880, 1881. *Du même :* Die Grundlagen des Rechts und die Grundzüge seiner Entwicklungsgeschichte, 1884. *Du même :* Ueber die Aufgaben einer allgemeinen Rechtswissenschaft 1891. *Du même :* Grundriss der ethnologischen Jurisprudenz, 1, 1894, 2, 1895. Nombreuses dissertations de *Kohler*, *Bernhöft*, dans la *Zeitschrift für vergleichende Rechtswissenschaft* (Revue de droit comparé). — *Leist*, Gräco-italische Rechtsgeschichte, 1884. *Du même :* Altarisches Jus gentium, 1889. — *Schrader*, Sprachvergleichung und Urgeschiste, 2e édition, 1890 (fréquemment contre Leist). — *Steinmetz*, Ethnologische Studien zur ersten Entwicklung der Strafe nebst einer psychologischen Abhandlung über Grausamkeit und Rachsucht, 2 vol., 1894. — *Trager*,

Wille, Determinismus, Strafe, 1895. *Maschke*. Das Eigentum im Civil, und Strafrecht, 1895, p. 233. — *R. Schmidt*, Die Aufgaben der Strafrechtspflege, 1895, p. 67. — LÖFFLER, *Die Schuldformem des Strafrechts*, 1895, 14. — *Foinitzky*, Die Lehre von der Strafe, 1889, Z, 447. Cf. *Günther*, Z, XII, 594. — *Beschütz*, Die Fahrlœssigkeit innerhalb der geschitchlichen Entwicklung der Schuldlehre. Part. I. Du droit pénal primitif à la peinlichen Gerichtsordnung Karls V (*Beling*, Heft 76), 1906).

I. — L'histoire de l'évolution de la peine dans les législations des peuples les plus différents présente des principes généraux communs. Une étude au point de vue du droit comparé remplira et éclaircira par suite, non seulement les lacunes et les obscurités de l'histoire du droit de chaque peuple, mais en outre, en nous montrant la voie que l'évolution de la peine a suivie en tout temps et partout, elle pourra nous indiquer la direction dans laquelle on peut espérer pour l'avenir une transformation viable de la législation pénale ; elle pourra nous guider et nous conseiller dans la poursuite d'une politique criminelle consciente de son but, mais se rattachant en même temps avec prudence à ce qui a déjà été réalisé et accompli.

II. — Le droit comparé nous apprend que le point de départ de l'histoire de la peine concorde avec le point de départ de la vie de l'homme en société. Dans toute période, même la plus éloignée que puisse atteindre l'histoire, chez toute tribu, même chez la plus brute et la plus dégénérée, nous trouvons la peine comme un *malum passionis quod infligitur propter malum actionis*, comme un empiètement dans la volonté et l'activité de l'individu qui a contrarié la volonté et l'activité d'autrui, et parce qu'il les a contrariées. Nous sommes par conséquent autorisés à considérer la peine comme un fait historique primaire (*ursprünglich*). Et nous ne manquerons pas, si nous considérons précisément le droit pénal comme la couche primaire dans l'histoire de l'évolution du droit, de considérer le délit comme le levier du droit ainsi que de la morale.

Le démembrement en tribus (groupements par le sang), qui a précédé la fondation des Etats, nous montre deux genres de la peine également primordiaux.

I. La punition du membre de la tribu qui, dans l'intérieur de la tribu, a commis une faute contre celle-ci ou contre un de ses membres.

II. La punition de l'individu n'appartenant pas à la tribu, qui a contrarié l'activité et la volonté de la tribu ou d'un ou de plusieurs de ses membres.

Dans le premier cas, la peine apparaît surtout comme une exclusion hors de la communauté de paix que forme la tribu, comme une **mise hors la paix** (*Friedloslegung*).

Dans le second cas, elle apparaît surtout comme un combat contre l'étranger et contre toute sa tribu, comme une **vendetta** qui s'exerce de tribu à tribu et qui se termine par la défaite de l'une des parties ou par la disparition des deux parties. Dans les deux cas, elle a primitivement un caractère religieux (*sakraler Charakter*) ; de même que la paix s'exerce sous la protection des dieux, de même la vengeance se base sur le commandement divin.

Dans l'un comme dans l'autre cas, la peine est toutefois, dès les premiers degrés de son évolution, la réaction, à la vérité inconsciente et non clairement voulue, mais cependant effective, de l'ordre légal et pacifique contre l'atteinte portée à ses intérêts ; elle est une réaction sociale contre les actes antisociaux ou bien, pour parler comme Merkel, elle est une manifestation sociale de puissance au service de la conservation sociale.

L'opinion très répandue qui voit les racines de la peine dans l'instinct de conservation de l'individu se manifestant par l'instinct de vengeance, doit par suite, être rectifiée. L'exclusion de la communauté formée en vue de la paix, ainsi que la vendetta, ne sont pas une réaction de l'individu, mais une réaction de la tribu, c'est-à-dire de l'ordre établi pour le droit et la paix. Et les actes contre lesquels se tourne la réaction apparaissent constamment, soit immédiatement, soit indirectement, comme une atteinte aux intérêts communs de la tribu, comme un trouble apporté à la paix, comme une violation du droit.

III. — L'évolution ultérieure de la peine nous montre, avec l'adoption d'un domicile fixe et la dissolution consécutive de la tribu proprement dite, l'adoucissement de la réaction qui était originairement sans mesure et sans but, qui avait le caractère monstrueux de l'instinct et qui anéantissait le criminel. L'exclusion de la communauté vivant en paix s'affaiblit pour être remplacée par la peine de mort ou par des mutilations corporelles, par le bannissement perpétuel ou à temps et par des amendes de toute nature; celui qui a troublé la paix et ses proches se voient accorder la paix légale, malgré la violation du droit, du moins dans les cas les moins graves, moyennant une prestation plus ou moins importante entre les mains de la communauté (argent de la paix, *Friedensgeld*). La vendetta déchaînée entre les tribus est écartée; la réconciliation, basée sur l'amende compensatrice versée à la tribu atteinte, est d'abord obtenue par entremise, puis elle devient obligatoire. Ainsi naît le second degré de l'évolution de la peine, le **système des compositions** (*componere*).

L'évolution fut fortement stimulée par le renforcement du pouvoir de l'Etat, s'élevant au-dessus des tribus et enlevant à la victime la disposition de la peine pour la remettre à des juges désintéressés et appréciant avec sang-froid. La gravité de la peine prononcée au nom de l'Etat se gradue suivant la gravité de l'atteinte à la loi; l'idée religieuse et ecclésiastique du talion donne à l'instinct de vengeance une mesure et un but. La peine, « objectivée » comme

peine d'Etat, est entrée dans sa troisième et dernière phase d'évolution.

Ainsi, le pouvoir pénal de l'Etat qui est en lui-même illimité, prend la forme de droit pénal d'Etat (voir plus haut, § 1, note 1). La loi pénale fixe non seulement la nature et l'étendue de la peine, mais aussi les conditions de son intervention, en déterminant la notion du crime : l'arbitraire est exclu et chaque espèce est soumise à des règles fixes et obligatoires.

IV. — Mais il y a encore un pas à faire. L'idée de but, force produisant le droit, se reconnaît également dans la peine et cette constatation donne la possibilité de mettre au service de la protection des intérêts vitaux humains les effets très divers de la menace et de l'exécution de la peine (voir plus loin, §§ 13 et sq.). Bien que le passé de la peine ne veuille pas disparaître complètement de notre souvenir, bien qu'encore aujourd'hui, l'instinct de vengeance revendique pour lui la théorie de la justice réparatrice, la transformation que nous constatons dans l'évolution de l'individu s'accomplit cependant sans cesse dans l'histoire de la peine : l'acte instinctif inconscient, sans règle, se transforme en l'acte voulu, établi avec mesure pour un but donné. En opposition avec les théories du droit pénal sur le but de la peine, se manifeste le point de vue du législateur, détourné de plus en plus de la défense préventive générale et qui conduit à considérer comme but de la peine l'adaptation ou la suppression du criminel. Une **politique criminelle** faite de sang-froid et avec but est la nécessité inéluctable qui résulte pour nous de l'histoire et de l'évolution de la peine.

§ 3. — Le droit pénal des Romains.

BIBLIOGRAPHIE. — Tous les travaux anciens sont repris dans le chef-d'œuvre de *Mommsen*, Droit pénal des Romains (Römisches Strafrecht, 1899.) — *Hitzig*, Rev. pén. Suisse, XIII, 182. — *Ferrini*, Diritto penale romano, Théorie générale, 1899).

I. — *Jusqu'au VIIe siècle de la ville.*

La propriété la plus significative du très ancien droit pénal romain, au temps des lois attribuées aux Rois, consiste dans la décision, inconnue aux autres législations indo-germaniques au début de leur évolution, avec laquelle le crime est considéré comme une violation de l'ordre légal établi et maintenu par l'Etat, la peine comme une réaction de l'Etat contre le crime.

Il est vrai qu'il ne manque pas de traces nombreuses et importantes d'une conception plus ancienne et **religieuse** (sacrale) du droit pénal (1), qui nous apparaît, dans l'*expiatio* et l'*execratio capitis* avec la *consecratio bonorum*, comme la réconciliation de la divinité avec le coupable repentant, et comme l'exclusion du criminel hors de la communauté religieuse. Il en est ainsi dans le mauvais traitement des parents par les enfants, dans la *fraus*, dans les rapports entre patrons et clients, dans le déplacement de la pierre servant de borne, dans le meurtre du bœuf de labour et, même plus tard, dans la violation des lois sacrées et des personnes sacro-saintes. De même, la victime expiatoire dans le meurtre involontaire porte ce caractère religieux. Mais la séparation entre *jus* et *fas* s'accomplit sans interruption et avec elle triomphe la peine appartenant à l'Etat.

La **vendetta** et la **composition** (*Sühnegeld*) ne se manifestent également que dans des limites restreintes, notamment dans le droit de mort fermement conservé au mari sur l'adultère surpris en flagrant délit et au propriétaire sur le voleur nocturne, ainsi que dans le contrat de composition qui se présente parfois (*si membrum rupit, ni cum eo pacit, talio esto. Festus*), dans les taux d'amendes fixés d'une façon ferme pour *l'os fractum aut collisum* et autres in-

(1) Cf. MOMMSEN, 900.

jures (remplacés plus tard par l'*actio injuriarum* estimatoire) et particulièrement dans les nombreux **délits privés** pour lesquels la plainte pénale du droit civil réclame le double, le triple, le quadruple du dommage, remplaçant en somme partout le contrat de composition extra-judiciaire (ποινή, *pœna* signifiant argent de réparation, *Sühnegeld*).

Les crimes commis contre les biens juridiques de la communauté et de l'individu se classent en deux catégories idéales : *perduellio* et *parricidium*. *Perduellio*, la guerre méchante, mauvaise, la guerre contre la propre patrie, au sens moderne du mot, la haute trahison est le point de départ du crime politique. Au *parricidium* (le meurtre des proches, d'après Mommsen), meurtre de l'individu appartenant à la même tribu (loi présumée de Numa, dans Festus ; *si quis hominem liberum dolo sciens morti duit, parricida esto*), se rattache le grand groupe des crimes de droit commun. C'est précisément dans le fait que le meurtre est considéré comme une atteinte à l'ordre public, dont la punition n'est pas laissée à l'arbitraire privé des proches de la victime, que se trouve la différence la plus sensible entre la conception juridique des Romains et celle des Germains. Mais, en dehors du *perduellio* et du *parricidium*, nous voyons menacer de vindicte publique l'incendie volontaire, le faux témoignage, la corruption du juge, la calomnie, le *furtum manifestum*, les réunions nocturnes et les enchantements (*alienos fructus excantare* ; *alienam segetem pellicere*).

La conception publique (*staatlich*) du droit pénal apparaît, en dehors du nombre et de l'importance des crimes mentionnés, d'une part, dans la sévérité des peines sanctionnant les crimes (la peine de mort domine), d'autre part dans la forme de la procédure criminelle, qui ne porte pas encore en elle-même, comme plus tard, le caractère de la procédure sur plainte privée.

Le caractère sévère de la législation semble être épuisé avec la loi des XII Tables. Les anciennes dispositions pénales ne sont pas augmentées et même elles tombent en partie dans l'oubli, comme par exemple, la mise à mort du faux témoin. De même, pour les délits privés, le dommage aux choses fait l'objet d'une réglementation détaillée et importante daus la *lex Aquilia*. L'esprit du temps, qui cherche à limiter la jurisprudence du magistrat (lois de provocation),n'est pas favorable à l'extension du droit pénal. La puissance pénale du père de famille et la réprimande du censeur sont chargées du maintien de l'ordre et des mœurs. La peine de mort et les graves peines corporelles sont limitées et écartées; le bannissement, sous la forme de l'*aquæ et ignis interdictio* liée à la perte des droits civils, constitue la conséquence régulière du crime. La jurisprudence pénale a pris un caractère hautement politique.

II. — *L'époque de la procédure des quæstiones.*

Mais c'est précisément dans ce caractère hautement politique que le droit pénal romain devait puiser ses éléments de renaissance. En l'an 605 de l'ère romaine, apparut une innovation d'abord peu sensible, mais qui devait être grosse de conséquences. Jusqu'alors, le tribunal sénatorial des *recuperatores* s'était prononcé sur les plaintes élevées par les provinciaux contre les proconsuls, tendant à la restitution des *repetunda*. Il fut alors constitué, pour juger ces cas, en concordance avec la *lex Calpurnia de repetendis*, une commission permanente du Sénat, sous la présidence d'un préteur, qui fut la première *quæstio perpetua*.

Bientôt, les chefs du parti populaire reconnurent l'importance de cette institution comme arme de combat contre la classe dominante. La *lex Sempronia* de 631 transféra aux chevaliers les fonctions de juge dans la procédure des questions et le droit d'ordonner non seulement la restitution des exactions, mais aussi de prononcer des peines, y compris celle du bannissement. **Ainsi, la procédure des questions était devenue une procédure criminelle.** Dans les années qui suivent, des lois nombreuses règlent cette procédure et en étendent la compétence à d'autres crimes. Mais la nouvelle procédure ne s'occupe toujours que des crimes pouvant être commis par l'ordre dirigeant des sénateurs, c'est-à-dire de délits d'une signification éminemment politique ; comme par le passé, les crimes de droit commun lui échappent.

De 672 à 674, intervient la réforme de la législation pénale par Sylla (2). La procédure des questions, qui avait été jusqu'alors une arme des partis politiques au service de leurs passions, devint la base sur laquelle s'éleva le nouveau droit pénal romain ; Sylla augmente dans les *leges Corneliæ* (*de sicariis*, *testamentaria-nummaria*, *de majestate*, etc.) le nombre des questions existantes, en rend la juridiction aux sénateurs et attribue à la procédure des questions les crimes de droit commun, dont la nature est déterminée avec détails. Les *leges Juliæ* de César et d'Auguste donnent un terme provisoire à cette évolution par l'établissement d'un *ordo judiciorum publicorum* homogène.

Ainsi apparaît, à côté des délits privés, qui se sont précisément très sensiblement développés dans cette période par l'Edit Prétorien, et que la victime devait poursuivre devant les tribunaux civils par une plainte pénale civile tendant à amende, un nouveau groupe de crimes : les **crimina publica** (*legitima ordinaria*). Ils font l'objet de lois distinctes, qui fixent pour chaque crime la nature de celui-ci et la

(2) Cf. Hitzig, *Schweizer Zeitschrift*, n° 13, 196.

pœna legitima (le plus souvent l'interdiction), qui règlent la procédure et qui attribuent la décision à une *quæstio* existante ou à créer. L'accusation appartient à chacun dans le peuple. Le *dolus* est nécessaire, la tentative et la complicité sont (régulièrement) punies et le sont autant que la perpétration complète et l'acte du principal auteur. Les juges doivent répondre coupable ou non coupable ; une sentence se réglant sur le cas isolé est impossible.

Se rangent dans ce groupe les crimes suivants : les abus dans l'exercice de la fonction, qui avaient été la cause de toute l'évolution, c'est-à-dire le *crimen repetundarum*, l'*ambitus* et le *crimen sodaliciorum*, le *crimen peculatus et de residuis;* la haute trahison (le *crimen majestatis* remplaçant graduellement l'ancien *perduellio*)*;* la violation de la paix publique par des actes de force (*vis publica et privata*, ayant un caractère surtout politique), l'enlèvement de la personne humaine (*plagium*) et le faux (*falsum*), le meurtre prémédité (*crimen sicariorum et veneficorum*) ; le *parricidium* comme meurtre des membres de la parenté : les coups et blessures et la violation du domicile (*injuriæ atroces* : *pulsare, verberare, domum vi introire*)*;* enfin les délits contre les bonnes mœurs (*Fleischesverbrechen*) de la *lex Juliæ de adulteriis*, année 736 de la Ville, d'abord soumis au pouvoir pénal de l'Etat : l'adultère, l'outrage aux mœurs, l'excitation à la débauche et le mariage incestueux (*adulterium*, *stuprum*, *lenocinium*, *incestus*.

Un groupe moyen indépendant est constitué par les **actiones populares** (interdits, plaintes prétoriennes et édiliennes, plaintes résultant d'affaires coloniales et municipales), qui peuvent être soulevées par chaque individu du peuple, mais qui n'ont pour sanction qu'une amende pécuniaire atteignant le plus souvent l'accusateur.

III. — *L'époque impériale.*

Le déclin de l'ancien *ordo judiciorum publicorum*, à partir de la fin du second siècle après J.-C., n'atteint pas d'abord la matière du droit pénal. En particulier, le contraste entre les *crimina publica* et les *delicta privata* subsiste. A la vérité, les circonstances des temps font disparaître de la jurisprudence précisément les faits délictueux auxquels se rattache la nouvelle constitution du droit romain, c'est-à-dire les crimes dans l'exercice de la fonction reconnue sous la République, tandis que d'autres délits, tels que le *crimen majestatis*, subissent une transformation essentielle et profonde. Mais, dans l'ensemble, les *leges Corneliæ* et les *leges Juliæ* restent la base solide sur laquelle la science juridique classique continue de construire et de transformer son édifice.

Ce n'est que graduellement que se manifeste, dans le droit pénal, la force plus grande d'une puissance publique plus homogène. En même temps que la poursuite d'office (*von Amts wegen*) prend toujours plus d'extension et se fraie un chemin avec une volonté toujours plus consciente, de leur côté, les délits privés perdent toujours plus de terrain au profit de la sanction pénale proprement dite. Le nouveau groupe des **crimina extraordinaria**, qui est d'une haute importance pour le développement du droit pénal, apparaît et prend de l'extension; il constitue un terme moyen entre le *crimen publicum* et le *delictum privatum*, mais il est plus près de celui-là que de celui-ci. Les *crimina extraordinaria* ne doivent pas leur existence à une décision du peuple, mais bien à des ordonnances impériales et à des décisions du Sénat ou bien à l'art de l'interprétation juridique; ils ont pour conséquence, non pas l'invariable *pœna ordinaria*, mais une peine que l'appréciation du juge mesure à l'importance propre de chaque cas. La plainte pénale est à la disposition de la victime et elle l'adresse aux magistrats de la juridiction pénale ; le côté subjectif du fait est placé au premier plan comme dans les *criminibus publicis*, le *dolgus mallus* est exigé, la tentative et la complicité sont punies.

Nous pouvons distinguer dans les *crimina extraordinaria* trois sous-groupes.

1° Parmi les délits privés, les cas les plus graves sont mis à part et frappés de sanctions pénales. Ainsi, dans le *furtum* : le crime des *saccularii*, *effractores*, *expilatores*, des *balnearii*, des *abigei* (*quasi artem exercentes*) et l'*expilatio hereditatis*. Parmi les *rapinæ*, le crime des *latrones* (avec allusion au vol à main armée) et des *grassatores*. Parmi les *injuriæ*, les *libelli famosi* : le crime des *directarii* et autres cas.

2° En outre, nous rencontrons un grand nombre de nouveaux faits délictueux tels que le recel (*crimen receptatorum*), l'escroquerie (*stellionatus* et, comme cas particulier, la *venditio fumi*, c'est-à-dire la représentation d'une influence non existante en vue de faire obtenir une fonction) ; la *concussio* ; le *raptus* ; l'*abactus partus* ; l'*expositio infantium*. Il faut y joindre encore des délits jusqu'alors inconnus au droit romain et qui se créent sous l'influence du Christianisme : le blasphème, le trouble du service divin, l'apostasie et l'hérésie ainsi que la sorcellerie qui se rapproche le plus de la précédente.

3° Enfin, il semble que l'évolution conduit à donner à la victime, vers la fin de la période, dans la plupart des délits privés (et non plus seulement pour le *furtum* et les *injuriæ*), le choix entre l'action civile, *actio ex delicto*, et l'action pénale, *accusatio extra ordinem*, sans qu'une disposition législative dans ce but ait besoin d'être specifiée (Cf. 1, 92, D. 47, 2 ; I, 45, D. 47, 10).

Le système pénal subit également une transformation essentielle. L'*aquæ et ignis interdictio* s'est survécue ; elle a perdu sa signification pratique. Elle est remplacée par un système de peines corporelles, de peines privatives de la liberté, avec ou sans travail forcé, de peines infamantes et pécuniaires ; ce système est très varié, il est gradué d'après la position sociale du condamné, mais en général il a une tendance à une sévérité exagérée.

Par contre, le caractère juridique des dispositions pénales du droit romain reste invariable. Comme par le passé, il n'y a ni clarté ni certitude dans la conception de la nature des crimes; et, plus la période approche de sa fin, plus l'influence de cette pseudo-éthique, anti-juridique, arbitraire et sans frein, qui caractérise les derniers édits impériaux, est néfaste. Nous n'avons donc pas à nous étonner en constatant que la conception générale du droit pénal, qui est le devoir le plus élevé et le plus difficile de la science criminaliste, ne dépasse pas des données sans lien entre elles et sans principes fondamentaux. Le droit pénal romain aurait été absolument impropre à s'appliquer en Allemagne si, dans les siècles qui suivirent, l'Italie du Moyen Age n'avait pris pour elle le travail que les jurisconsultes romains avaient transmis, non résolu, à la postérité (3).

§ 4. — Le droit pénal allemand au Moyen Age.

I. — *Des premiers siècles du Moyen Age au XIIIe siècle.*

Bibliographie. — Etude générale et fondamentale : *Brunner*, Deutsche Rechtsgeschichte, t. II, 1892, p. 536-690. — *Wilda*, Das Strafrecht der Germanen, 1842. — *Osenbrüggen*, Das Strafrecht der Langobarden, 1863. — *Bethmann-Hollweg*, Der Zivilprozess des germ. Rechts in geschichtlicher Entwicklung, t. IV à VI, 1868. — *Schröder*, Lehrbuch der deutschen Rechtsgeschichte, 3e édit., 1898. — *Löffler* (Voir Bibliographie du § 2), p. 32 et 113. — *Maschke* (Voir Bibliographie, § 2), p, 237. — *Schreuer*, Die Behandlung der Verbrechenskonkurrenz in den Volksrechten, 1896. — *Maschke*, Cap. 24 et 26 de la Lex francorum Chamavorum, Thèse Königsberg, 1898. — *His*, Das Strafrecht der Friesen im Mittelalter, 1901. — Articles dans Z, t. II et sq.

(3) La plus grande partie des dispositions pénales se trouve dans le liv. IV, Tit. 1 à 5 et 18 des *Institutes*, dans les liv. XLVII et XLVIII du *Digeste* et dans le livre IX du *Codex*.

1. — L'évolution du droit pénal apparaît moins clairement dans les sources allemandes que dans les sources romaines. Cependant, l'ordre juridique établi par l'Etat s'est déjà placé, dans les législations des divers peuples, au-dessus du lien groupant la tribu. Il en résulte que la conception religieuse du droit pénal, d'une part, et, d'autre part, la mise hors de la paix ainsi que le talion se placent à l'arrière-plan. Le système des compositions constitue sans conteste le centre des dispositions pénales. Mais, à l'intérieur de la communauté que forme l'Etat, nous rencontrons toujours comme groupement du droit public, le clan (*Sippe*), fondé sur les liens du sang; c'est le clan qui garantit à ses membres la protection et l'expiation, qui défend l'individu attaqué et qui venge la victime. Aussi les traces d'une ancienne phase de l'évolution du droit pénal se retrouvent-elles jusqu'à une époque avancée du Moyen Age allemand.

2. — Des souvenirs de religion païenne rappellent le caractère sacré du droit pénal primitif; dans la violation du temple et dans la magie, dans le faux serment et le vol des morts, dans la profanation des cadavres et la violation des tombes, dans l'inceste et le meurtre des parents, la justice terrestre emprunte aux dieux le glaive du châtiment (1); et ce n'est que graduellement et avec une force relative que l'Eglise chrétienne prend la place du paganisme supplanté.

3. — La mise hors de la paix (*Friedlosigkeit*), peine

(1) Cf. BRUNNER, t. II, p. 684. Voir aussi (important) His, qui, adoptant l'opinion moyenne entre Brunner et v. Amira, admet dans le très vieux droit germanique, la coexistence d'un droit pénal temporel et d'un droit pénal religieux, ce dernier aboutissant à la mise hors la paix (Friedlosigkeit), et l'autre à la peine de mort. — Il faut citer aussi le célèbre passage du droit des Frisons. Add, 12, I : *Qui fanum effregerit et ibi aliquid de sacris tulerit, ducitur ad mare, et in sabulo, quod accessis maris operire solet, finduntur aures ejus et castratur et immolatur diis, quorum templa violavit.* — Cf. aussi plus loin note 9.

caractéristique des législations de la Germanie du Nord pour tous les crimes graves (violations de la paix), ne nous a laissé que des traces isolées dans les législations des peuples allemands (2) et, lorsqu'il en est fait mention, elle n'apparaît pas comme une punition du crime commis, mais comme une conséquence juridique de la rébellion de l'accusé refusant de se soumettre à la procédure (3).

Cependant, on peut, avec nos plus éminents historiens juridiques (Brunner, Schröder) conclure à une application plus étendue, même dans les temps historiques.

4. — Les droits des différents peuples constatent le droit, appartenant à la victime de l'attentat et à ses proches, de tuer purement et simplement l'auteur de l'attentat, non seulement en cas de vol et d'adultère, mais même dans beaucoup d'autres cas (4). Mais fréquemment déjà, le droit de l'offensé a pour condition le refus du coupable de se laisser enchaîner, et au droit de mettre à mort, se substitue peu à peu le droit d'amener devant la justice, enchaîné ou ligoté, le coupable pris sur le fait, et de provoquer sa condamnation à une peine afflictive

(2) Sal. em. 55, 2. Behrend, *Si quis corpus jam sépultum effoderit aut exspoliaverit, wargus sit, hoc est, expulsus de eodem pago, usque dum parentibus defuncti convenerit, ut et ipsi parentes rogati sint pro eo, ut liceat ei infra patriam esse, et quicumque antea panem aut hospitalitatem ei dederit, etiamsi uxor ejus fecerit. DC den. qui faciunt sol. XV culpabilis judicetur.* Rib. 85, 3 (Sohm). N'est plus déjà qu'en seconde ligne pour la violation de sépulture. Cap. I sur Sal : La femme qui épouse un esclave, est *expellis.*

(3) Sal. 56, 1. *Si quis ad mallum veniret contempserit*, etc., 2... *Tunc rex extra sermonem suum ponat eum. Tunc ipse culpabilis et omnes res erunt suas.*

(4) Bajuv. 9, 5; Sax. 4, 4; Ribb. 77. *Si quis hominem super rebus suis comprehenderit, et eum ligare voluerit, aut super uxorem, aut superfiliam, vel his similibus, et non prævaluerit legare, sed colebus ei excesserit, et eum interficerit, coram testibus in clita eum levare debet et sic 40 seu 14 noctes custodire et tunc ante judice in harao conjurit, quod eum de vita forfactum interfecisset.*

par une procédure expéditive, ce qui, dans le langage du Moyen Age allemand plus récent, est défini *die verstärkte Klage bei unvernachteter That.*

5. — La vengeance (*Blutrache,* vendetta) est, comme le montre déjà Tacite (5), le droit et le devoir de tout le clan, lorsqu'il n'y a pas flagrant délit. Elle se rachète par le paiement d'une somme d'argent, la composition (*compositio*). Le clan offensé avait, à l'origine, le choix entre la lutte et l'acceptation de la somme de rachat; et ce n'est qu'après un dur combat que laissent nettement reconnaître les Capitulaires, que le pouvoir renforcé de l'Etat réussit à imposer juridiquement la conclusion, par voie judiciaire, du contrat de composition. La vengeance est alors remplacée par le système des compositions. Mais les formes de la procédure allemande au Moyen Age montrent encore l'origine du droit dans la vengeance ; l'assistance par le serment remplace l'assistance par les armes : de même que celle-ci, celle-là est le droit et le devoir des membres du clan qui, complètement armés, se donnant la main, renforcent d'une voix commune le serment prêté par le principal intéressé.

I. — C'est dans la fixation exacte des compositions à payer, c'est-à-dire dans la réglementation fixe du **système des compositions**, que réside, comme nous l'avons déjà dit, la caractéristique principale des dispositions pénales des droits des différents peuples germaniques. Sa haute antiquité ressort des constatations de Tacite (6).

(5) Germ. cap. 21. *Suscipere tam inimicitias patris seu propinqui quam amicitias necesse est.*

(6) Germ. cap. 12. *Sed et levioribus delictis pro modo pœna; equorum pecorumque numero convicti multantur. Pars multæ regi vel civitati, pars ipsi qui vindicatur vel propinquis ejus exsolvitur.* Cap. 21. *Nec implacabiles durant (inimicitiæ). Luitur enim etiam homicidium certo armentorum ac pecorum numero, recipitque satisfactionem universa domus.*

Les différentes violations du droit sont taxées dans des graduations multiples ; pour chacune des dents, pour chacun des doigts, pour chaque injure, pour chaque attouchement indécent sur une femme ou une jeune fille, la somme expiatoire est exactement fixée. Nous trouvons, dans les taux de compositions des différents peuples, deux nombres fondamentaux, c'est-à-dire un maximum et un minimum ; celui-là, comme *Wergeld* (*Manngeld*, prix de l'homme), pour le meurtre et les cas assimilés ; celui-ci comme pénitence (*Busse*) pour des délits moindres (7). Mais ce n'est pas seulement la gravité du crime commis, c'est aussi l'état de la personne, le peuple auquel il appartient, l'âge et le sexe de la victime qui servent à fixer le taux de la composition. Outre le montant à payer à la victime et à son clan, il faut encore verser à la communauté, qui a servi d'intermédiaire pour la conclusion de la convention d'expiation, le prix de la paix (*Friedensgeld*, *fredus* ou *fredum*).

La composition et le prix de celle-ci ont pour base l'organisation de la tribu, exactement comme la vengeance dont ils sont sortis. Ce que Tacite nous dit : *recipitque satisfactionem universa domus*, est brillamment confirmé par d'autres sources. La participation de la famille au paiement comme à la réception du *wergeld*, indiquée seulement par quelques traces isolées dans les droits des peuples germaniques, s'est maintenue pendant longtemps dans les droits bas-allemands et septentrionaux et, dans ces derniers, en partie jusqu'au XVIe siècle (8).

(7) Le Wergeld se monte, suivant les tribus, à 150, 160 et 200 schillings, et la Busse, à 10, 12 et 15 schillings. Cf. BRUNNER, t. I, p. 226, t. II, p. 612. Or, d'après les mêmes sources, un bœuf coûtait 1 à 3 schillings, un cheval de 6 à 12 schillings. Il ne faut pas non plus oublier que fréquemment, en cas de meurtre, le Wergeld était porté à neuf fois sa valeur. Cf. les citations faites par WAITZ, II, 1, 279.— D'après SCHRÖDER, le Wergeld a la valeur d'une ferme libre de charges.

(8) Sal. 58, 62. *Sic cujuscumque pater occisus fuerit, medietate*

II. — Mais la **peine publique** n'a pas été inconnue aux plus anciennes législations allemandes. La paix d'ordre supérieur, qui doit régner dans l'armée en campagne, dans les assemblées populaires, dans les temples et les églises, pousse à remettre le pouvoir de punir dans la main de la communauté et de ses représentants (9). Ce sont en particulier les crimes d'une nature politique et militaire, à peu près comme la trahison en temps de guerre et la haute trahison, qui, dès les temps les plus reculés, sont frappés d'une peine de caractère public (10). Mais, dès le temps de la royauté mérovingienne, et bien plus encore sous la royauté carolingienne, apparaissent toujours de nouveaux crimes sur le domaine de la peine publique, en même temps que s'affirment plus clairement et que se poursuivent plus âprement les

compositionis filii collegant et alio medietate parentes qui proximiores sunt, tam de patre quam de matre, inter se dividant (*Erbsühne et Magsuhne*); Sax. 18, 19. WILDA, p. 395; WAITZ, I, 71, note 3, 75, note 3. BRUNNER, *Zeitschrift der Savigny-Stiftung*, III, 1. HEUSLER, *Institutionen*, II, p. 541. GUNTHER, I, p. 176, note 42.

(9) Cf. TACITE. Germ. Cap. 7. *Ceterum neque animadvertere neque vincire ne verberare quidem nisi sacerdotibus permissum : non quasi in pœnam nec ducis jussu sed velut deo imperante quem adesse bellantibus credunt.* Cap. 11. *Silentium per sacerdotes, quibus tunc* (c'est-à-dire dans l'assemblée populaire) *et cœrcendi jus est, imperatur.* Cap. 6. *Scutum reliquisse præcipuum flagitium. Nec aut sacris adesse aut concilium inire ignominioso fas : multique superstites bellorum infamiant laqueo finierunt.* Cap. 12. *Licet apud consilium accusare quoque et discrimen capitis intendere. Distinctio pœnarum ex delicto. Proditores et transfugas arboribus suspendunt; ignavos et imbelles et corpore infames cœno ac palude, injecta in super crates, mergunt. Diversitas supplicii illuc respicit, tanquam scelera ostendi oporteat, dum puniuntur, flagitia abscondi* (Cf. sur ce passage, WAITZ, I, 425).

(10) Rib. 69, I : *Si quis homo infidelis extiterit, de vita componat, et omnes res ejus fisco censeantur.* Bajuv. II, 1, 2. *Ut nullus liber Bajuvarius alodem aut vitam sine capitali crimine perdat, id est si in necem ducis consiliatus fuerit, aut inimicos in provinciam invitaverit aut civitatem capere ab extraneis machinaverit.* Il faut joindre à cette énumération les nombreuses dispositions contre *herisliz.*

buts poursuivis par l'Etat (11). La législation des Capitulaires, qui débute au milieu du vi^e siècle, menace de sanctions pénales le brigandage et le vol, le meurtre et l'inceste, la sorcellerie et l'empoisonnement, le faux serment et le faux témoignage, la falsification des monnaies et des documents. Par la croissance de l'inégalité dans la propriété, ce mouvement se trouve fortement stimulé ; celui qui ne peut payer le prix de la composition paie avec son corps, comme anciennement l'individu non libre. En particulier, la puissance du ban du roi devient un facteur éminent de la formation du droit ; de nombreuses sanctions pénales, n'ayant pas seulement pour but la protection des églises et des monastères, des veuves, des orphelins et des pauvres, mais aussi le maintien de la paix publique contre les actes de violence les plus divers, apparaissent, en vertu d'un droit créé par l'autorité, à côté du droit populaire (12). Enfin, il ne faut pas négliger l'influence de l'Eglise; bien que celle-ci n'eût pas un pouvoir pénal proprement dit, elle n'en agit pas moins indirectement, par des livres de pénitence et des décisions de conciles, sur les conceptions juridiques du peuple, ainsi que sur la législation royale, et elle contribua à combler les lacunes que présentait encore le droit pénal laïque (13).

(11) C'est ainsi que la *Lex Ribuaria* menace d'une peine publique l'insulte à un document royal (60, 6), le vol proprement dit (79), la corruption du juge (88), le rapt d'une femme libre par un esclave (34, 4), la falsification de documents royaux (59, 3), le meurtre d'un parent et l'inceste (60, 2). Dans le droit saxon, le faux serment, la violation de domicile (*Hausfriedenbruch*), l'incendie criminel, le vol de plus de 3 schillings, étaient punis de mort. Charlemagne chercha à adoucir ces dispositions, mais de son côté il frappa de la peine capitale les sacrilèges (Cf. Waitz, III, 131 ; Günther, I, 182 ; Schröder, 338).

(12) Cf. Waitz, III, 319; Brunner, II, 34. *Summula de bannis* (Boretius, cap. 224).

(13) Nous ne pouvons donner ici un exposé du droit canonique.

Ainsi triompha, vers la fin de la période, au temps de l'apogée de la monarchie franque, la conception publique (*staatliche*) du crime et de la peine. Le plus grand nombre (et de beaucoup) des crimes commis contre les intérêts de la collectivité sont frappés d'une peine de caractère public et sont poursuivis par l'autorité.

II. — Avec la chute de la monarchie franque, commence un **mouvement de recul général** qui détruisit ou du moins refoula au second plan, en les obscurcissant pour longtemps, les institutions de droit pénal nouvelles créées au temps carolingien et maintenues par un fort pouvoir central, mais qui étaient encore bien loin d'être profondément enracinées.

Ainsi disparurent les législations des différents peuples écrites en langue étrangère et la législation des Capitulaires tomba dans l'oubli ; c'est le règne au droit coutumier, créé par la conviction juridique populaire et se manifestant par la jurisprudence des échevins (*Schöffen*). Alors reparaissent les antiques conceptions germaniques du droit qui avaient été, du temps de la monarchie franque, fréquemment écartées par des principes juridiques étrangers de caractère romain et canonique. Immédiatement se manifeste la caractéristique éminente de l'esprit populaire allemand : la force d'organisation, se manifestant en créations extrêmement nombreuses, amène un morcellement croissant du droit par peuples, même par districts et communes, en opposition avec la tendance de centralisation et d'unification de la période précédente.

Conjointement à ce premier mouvement, se pro-

Cf. l'exposé complet de HINSCHIUS, *Kirchenrecht*, IV, 691 à 864 (Droit romain et mérovingien), V, 1re partie (jusqu'au XIVe siècle), V, 2e partie (du XVe siècle à nos jours) ; HOLLWECK, *Die kirchlichen Strafgesetze* (les lois pénales du droit canon), 1899 ; KNAPP, Z, XXI, 312. Dans le *Corpus juris canonici*, le Ve Livre des décrétales.

duit le réveil de la conception civile et privée du droit pénal, l'élimination de la puissance pénale de l'Etat qui, ayant pour condition un pouvoir central fort, ne put dominer à une époque où l'autorité royale était en train de disparaître et où la formation de la suzeraineté territoriale n'était pas encore terminée. Aussi, l'idée de poursuivre le crime au nom de l'autorité se perd-elle presque complètement ; la composition étend son domaine d'application aux dépens de la peine publique ; la victime peut, à son gré, se décider soit à poursuivre sa plainte, soit à entrer en marché (*Ledigung*, *Taidigung*) avec le coupable qui, pour le délit simple (*Frevel*) (en opposition avec le crime, *Ungericht*) peut également détourner de lui, purement et simplement, par le paiement d'une somme d'argent, la peine corporelle qui le menace (sans toutefois pouvoir se soustraire à la perte de l'honneur).

L'incertitude dans l'exercice de la justice produit le droit de guerre ouverte que le Moyen Age allemand nomme *Fehderecht* ; il diffère sensiblement de l'ancienne vengeance, car il appartenait à celui qui avait le droit de porter les armes, lequel en disposait comme d'un droit pour le cas de nécessité, lorsqu'il avait essuyé le refus (*Absage*)(*diffidatio*) d'obtenir une aide légale contre des atteintes au droit civil ou pénal ; cette institution ne fut que peu à peu amoindrie par les trèves légales (paix dans le pays, *gesetzliche Landfrieden*, de 1085 jusque dans le XVIe siècle), passagèrement suspendue par les trèves contractuelles et seulement définitivement écartée par les trèves perpétuelles (14) (paix perpétuelles dans le pays, *ewige Landfrieden*).

(14) Böhlau, *Nove consitutiones domini Alberti, d. i. der Landfriede, v. J.* 1235 (1858). — Bibliographie récente dans Löning, Z, v, 226 ; Günther, Z, xi, 185. En outre, Huberti, *Gottesfrieden und Landfrieden*, I, 1892 ; Heilborn, Z, xviii, 1, qui fait remarquer avec raison que les trèves provinciales (*Provinziallandfrieden*), ne

II. — *Les temps récents du Moyen Age. Du* XIIIe *jusque dans le* XVIe *siècle.*

BIBLIOGRAPHIE. — *Kohler*, Studien II à IV, 1895 et sq. (Das Strafrecht der italienischen Statuten). — *John*, Strafrecht in Narddeütschland zür Zeit der Rechtsbücher, 1858. — *Osenbrüggen*, Das alamannische Strafrecht im deutschen Mittelalter, 1860. — *Hälschner*, Geschichte des brandenburgisch preussischen Strafrechts (1re partie de son Droit pénal prussien), 1855. — *Frauenstadt*, Blutrache ünd Totschlagsühne, 1881. — *Gengler*, Deutsche Stadtrechtsaltertümer, 1882. — *Lindner*, Die Veme, 1888 ; Titelaùsgabe, 1896 (à ce sujet *Günther*, Z, XIV, 257). — *Frauenstädt*, Z, 10, 1 (Breslau). — *Knapp*, Z, XII, 200, 473 (Nuremberg). — *Cattier*, Evolution du droit pénal germanique en Hainaut jusqu'au XVe siècle, 1893. — *Caspar*, Darstellung des strafrechtlichen Inhalts des Schwabenspiegels ùnd des Augsburger Stadtrechts (Thèse Berlin, 1892). — *Friese*, Das Strafrecht des Sachsenspiegels (*Gierkes* Untersùchüngen, Heft 55), 1898. — *Knapp*, Das alte nürnberger Kriminalrecht, 1896. — *Zallinger*, Das Verfahren gegen gemeinschädliche Leute in Süddeutschland, 1895. — *Lüppe*, Beiträge zùm Totschlagsrecht Lübecks im Mittelalter (Thèse Kiel, 1896). — *Frauenstädt*, Z, XVIII, 331, Gaunertum des deùtschen Mittelalters), — *Harster*, Das Strafrecht der freien Reichsstadt Speier, 1900. — Comptes rendus dans Z, II et sq. Il n'existe pas d'ouvrage général. Rickenbacher, Das Strafrecht des alten Landes Schwyz, Thèse Leipzig, 1902. — Bauchon, La justice criminelle du magistrat de Valenciennes au Moyen Age, 1905.

L'évolution du droit pénal est en relation étroite avec les fluctuations de la puissance de l'Etat. Lorsque se forme la souveraineté territoriale et lorsque les communes deviennent prospères, le développement de la conception qui fait du crime et de la peine des objets du droit public, reprend plus fortement après l'interruption de la période précédente. Dans de nombreuses *Landfrieden* (trèves, paix territoriales) et dans d'autres lois d'Empire, dans les législations des communes, des Etats et des Cours, dans la doctrine et dans les traités de jurisprudence, le droit proprement

se bornant pas à combattre la *Fehde*, présentent fréquemment le caractère de codes pénaux étendus.

dit est mis en relief et le droit coutumier est repoussé au second plan. Par des sources toujours plus nombreuses et avec un cours toujours plus rapide, le droit étranger entre sur les terres allemandes, d'abord dans le sud, puis au nord et il dispute la suprématie aux coutumes indigènes. Les plus remarquables ouvrages juridiques sont, avec les législations communales, comme des points de cristallisation autour desquels se groupent, abstraction faite de certainos différences de détail, des législations similaires, qui sont en quelque sorte l'équivalent des anciennes législations des différents peuples disparus.

Ainsi sont établies les conditions péliminaires pour l'extension et le renforcement de la peine publique. Le wergeld et l'expiation sont mentionnés par les ouvrages juridiques comme le droit des temps passés; le premier est toujours de plus en plus limité aux cas d'homicide involontaire, la seconde (15) n'est souvent prescrite que comme une forme servant aux juges pour établir une appréciation : elle se transforme en une amende réelle. Mais les peines capitales et corporelles se multiplient aussi. Le *Sachsenspiegel* (II, 13) menace de la corde le vol de trois schillings et au-dessus, ainsi que le vol nocturne; il punit de la roue le meurtre et le vol lorsque ce dernier est commis en violation d'une paix particulière, la trahison, l'incendie suivi de mort et l'infidélité dans l'exécution d'une mission; celui qui commet un meurtre, un enlèvement, un vol à main armée, un viol ou un adultère grave, celui qui met le feu, qui attente à la paix publique doit avoir la tête tranchée; l'apostasie de la croyance chrétienne, la sorcellerie et l'empoisonnement sont punis du bûcher. A côté des peines capitales frappant les crimes, il y a de

(15) Voir par exemple, *Sachsenspiegel*, III, 45 ; GRIMM, *Rechtsaltertümer*, 679 ; OSENBRUGGEN, *Alam. Strafrecht*, 82. Très fréquemment aussi dans les Maximes ou Sentences autrichiennes (*Osterreichische Weistümer*).

nombreuses peines corporelles ainsi que des amendes pour les délits moindres.

C'est surtout la vie communale qui, avec un nouvel ordre de choses, produit de nouveaux crimes, et dont le développement régulier nécessite de nouvelles dispositions pénales. Les législations communales, notamment dans le sud de l'Allemagne (Cf. Nuremberg) se distinguent par des dispositions pénales sévères et même fréquemment cruelles.

Il ne faut pas négliger l'influence sur l'évolution du droit pénal d'une autre circonstance qui est le combat contre la criminalité professionnelle (c'est-à-dire contre les malfaiteurs publics qui sont les chevaliers pillards aussi bien que les vagabonds).

Ce combat stimule la poursuite au nom de l'autorité, qui est tout à fait dans l'esprit du temps et qui, prenant les formes les plus diverses, mais en particulier celle de la mise en jugement sur mauvaise réputation (*Richten auf bösen Leumund*) gagne toujours davantage en énergie et en force expansive et qui emploie, comme moyen particulièrement efficace pour amener la condamnation, le procédé, extra-judiciaire et non réglé par la loi, de la torture.

Mais, plus l'idée de but domine le droit pénal et la procédure criminelle, plus les vieilles formes cessent de s'adapter, plus pressant est le besoin de reconnaître légalement la transformation depuis longtemps accomplie et de combattre les abus des différents pays par une **réglementation impériale** de la procédure pénale. Cette tâche, dont l'accomplissement fut énergiquement réclamé à la diète de Lindau, en 1496, par le tribunal d'Empire (*Reichskammergericht*) qui venait d'être créé, mais qui n'aboutit qu'en 1532, après de durs combats, consistait à fondre, en un texte légal, les sources étrangères admises en Allemagne avec le droit indigène allemand. De nombreux travaux préparatoires de différente nature avaient facilité la solution de cette tâche; elle fut accomplie grâce surtout au mérite de *Hans v. Schwarzenberg*.

§ 5. — L'ordonnance criminelle de Charles-Quint.

I. — Le droit étranger qui avait pénétré en Allemagne, et plus spécialement le droit pénal, y compris la procédure criminelle, n'était pas le droit des sources juridiques romaines, mais un droit essentiellement transformé et adapté à une situation juridique modifiée. Depuis la renaissance des études juridiques, les juristes italiens avaient travaillé sans interruption, bien qu'inconsciemment, à la continuation du droit romain. Les glossateurs et les postglossateurs, en particulier Azo (mort en 1230), Bartole (mort en 1357), Baldus (mort en 1400) ; les canonistes, parmi lesquels Boffredus (mort en 1250) et Durantis (mort en 1296), sont particulièrement intéressants pour la procédure criminelle ; et les « praticiens italiens », parmi lesquels Roland de Romanciis (mort en 1284), Albertus Gandinus (mort en 1290) ; Jacques de Belvisio (mort en 1335), Boniface de Vitalinis (mort en 1340), Angelo Aretin (mort en 1450), doivent être mentionnés également ici (1). Tous ces juristes présentèrent le droit pénal romain d'après la *generalis consuetudo*, la coutume générale de leur temps, telle qu'elle s'était développée sous l'influence des règles juridiques germano-lombardes, des besoins de la pratique et des généralisations scientifiques, de la législation papale et impériale, ainsi que des us et coutumes judiciaires. Ce n'est plus, pouvons-nous dire, du droit romain pur, mais du droit italien qu'ils exposent dans leurs œuvres. Et il n'est pas nécessaire de faire spécialement ressortir que ce droit devait

(1) Cf. SEEGER, *Zur Lehre vom Versuch der Verbrechen inder Wissenschaft des Mittelalters*, 1869 ; LÖFFLER (Cf. Bibliographie du § 2) ; ENGELMANN, *Die Schulldehre der Postglossatoren und ihre Fortentwicklung*, 1895.

pénétrer beaucoup plus facilement en Allemagne que celui des *Libri terribiles* ou du *Codex*. Mais il fut d'une très grande importance que la jurisprudence italienne du Moyen Age ait donné une attention particulière aux principes généraux du droit pénal et qu'elle ait ainsi jeté les premiers fondements de la connaissance scientifique de cette matière.

II. — Il n'y a pas lieu d'exposer ici comment et par quel chemin se fit la pénétration. Un seul facteur doit être pris en considération. Les travaux des juristes italiens avaient passé en Allemagne en manuscrits et en livres imprimés ; mais l'influence qu'ils exercèrent indirectement fut plus étendue et plus forte, notamment par le travail que leur fit subir la **littérature juridique populaire** de l'Allemagne (2). Parmi le grand nombre des écrits appartenant à cette branche spéciale de la littérature allemande, se distingue, tant par sa valeur intrinsèque que par son importance historique, le *Klagspiegel* qui, conçu dans le premier quart du xv° siècle, imprimé dès 1470 environ, fut édité en 1516 par Sébastian Brant (mort en 1521). Azo, Roffredus, Durantis, Grandinus sont les références où puise l'auteur du *Klagspiegel*, en reproduisant plus ou moins adroitement leurs opinions.

III. — La seconde moitié du xv° siècle et la première moitié du xvi° présentent un nombre appréciable d'**ordonnances criminelles** (*Halsgerichtsordnungen*) (HGO) qui, se basant en principe sur le vieux droit allemand, mais subissant plus ou moins l'influence des droits étrangers, règlementent en première ligne la procédure criminelle, mais contiennent aussi un certain nombre de dispositions purement pénales.

Il faut notamment mentionner (voir Stobbe, *Geschichte der deutschen Rechtsquellen*, II, 237) : 1° les ordonnances crimi-

(2) Stintzing, *Geschichte der populären Litteratur des römisch-kanonischen Rechts in Deutschland*, 1867 ; *Du même : Geschichte der deütschen Rechtswissenschaft*, I, 1880 ; v. Schulte, *De criminalibus causis*, 1888.

nelles de Nuremberg, notamment de 1481 et de 1526 (*Nürnberger Halsgerichtsordnungen*) ; 2° l'ordonnance criminelle tyrolienne du 30 novembre 1599 (*Tiroler Malefizordnung*), imitée à Radolphzell en 1506 et à Laibach en 1514 ; 3° l'ordonnance judiciaire de la Basse-Autriche du 21 août 1514 (*Niederösterreichische Landgerichtsordnung* (3), transformée en 1540.

Bien au-dessus de tous ces essais législatifs, dont certains ne sont pas dépourvus de valeur, il faut placer, comme se distinguant par une connaissance profonde et une exposition claire d'un sujet aride et étendu, ainsi que par la simplicité et l'exacte portée de ses idées fondamentales, un remarquable monument de la conception juridique allemande, l'**Ordonnance criminelle de Bamberg** (*Bamberger Halsgerichtsordnung, mater Carolinæ*) de 1507, qui fut introduite en 1516 avec peu de changements dans les principautés brandebourgeoises d'Anspach et de Bayreuth (*soror Carolinæ*) (4).

L'auteur de l'ordonnance criminelle de Bamberg fut Johann, baron de Schwartzenberg et Hohenlandsberg (5). Né en 1463, remarquable par une force physique presque fabuleuse, il passa sa jeunesse, suivant la coutume de sa caste et de son temps, dans les cours souveraines des pays rhénans, à boire et à jouer, jusqu'au moment où il fut rappelé par une lettre sévère de son père. Après une expédition en Terre Sainte, il vint près de Maximilien Ier et prit une part glorieuse aux campagnes de celui-ci (1485-1486). Peu de temps après, il entra au service de l'évêché voisin de Bamberg, et il fut, sous cinq évêques, de 1521 à 1525, maître de la Cour et Président du Tribunal aulique, composé de juristes. En 1521,

(3) Un projet plus ancien est mentionné par V. Chorinsky, *Die Erforschüng der österreichischen Rechtsquellen des 16. ünd 17. Jahründerts*, 1895, p. 15.

(4) Sur les éditions de la *Bambergensis*, cf. Leitschuh dans le *Repertorium für Kunstwissenschaft*, IX, 1886 ; Frauenstaedt, Z, x, 3, a démontré que les tribunaux de Breslau jugeaient d'après la *Bambergensis*.

(5) E. Herrmann, *Johann Fr. zù Schwartzenberg*, 1841 ; Stintzing, *Geschichte der deütschen Rechtswissenschaft*, I, 612 et sq.

il vient à la Diète de Worms où il joue un rôle comme membre du gouvernement impérial (1522-1524) et passagèrement (1523) comme représentant du Lieutenant Impérial. — Entre temps, la situation s'était modifiée à Bamberg. Depuis 1522, gouvernait l'évêque Weigand von Redwitz, inféodé au pape ; et Schwartzenberg qui avait pris, par la parole et par l'action, fait et cause pour la Réforme, se vit obligé d'entrer en 1524 au service des Margraves Casimir et Georges de Brandebourg, en qualité de maître de la cour. Il mourut à Nuremberg, le 21 octobre 1528, laissant de grands regrets ; Luther le couvrait d'éloges bien des années après sa mort. Schwartzenberg fut également un écrivain populaire zélé et apprécié ; dans des poèmes frustres, mais d'une grande portée morale, dans des pamphlets contre les abus de l'époque, dans des traductions de Cicéron et dans des libelles antipapistes, il chercha à exercer une influence efficace sur toute la vie intellectuelle de son époque. — Ce n'est pas à un juriste et en somme ce n'est pas à un savant que nous devons la première législation compréhensive destinée à l'Empire allemand, mais c'est à un véritable esprit allemand, vigoureux et sain, à un guerrier et à un homme d'Etat, à un poète et à un des premiers champions de la Réforme.

Schwartzenberg se servit, pour sa tâche, des sources suivantes (6) : 1° le droit indigène de Bamberg ; 2° la jurisprudence de l'Allemagne du Sud et en particulier celle de Nuremberg ; 3° la Réformation de Worms de 1598, et peut-être encore l'une ou l'autre des autres législations de l'Allemagne du Sud ; 4° la littérature juridique populaire et, indirectement avec elle, les écrits des Italiens (il n'est pas douteux qu'il a utilisé le *Klagspiegel* et il a probablement consulté la *Summa Angelica* ou l'une de celles qui l'ont précédée) ; 5° quelques lois impériales telles que la *Landfrieden* de 1495.

IV. — A la suite des plaintes du Tribunal de l'Empire

(6) BRUNNENMEISTER, *Die Quellen der Bambergensis*, 1879 ; GAHN, *Beiträge ür Quellengeschichte des Bamberger Civil-ünd Kriminalrechts*, 1893.

(*Reichskammergericht*) (7), la diète de Fribourg de 1498 avait déjà résolu « d'entreprendre une **réforme générale et une réglementation s'étendant à tout l'Empire** pour la façon dont on doit procéder *in criminalibus* ». Mais on n'alla pas plus loin et la question ne fut reprise qu'à la diète de Worms en 1521. Une commission fut chargée de l'élaboration du projet ; elle prit comme base l'Ordonnance de Bamberg, qui s'était déjà répandue grâce au *Layenspiegel* (1509) d'Ulr. Tengler (mort en 1510), mais elle utilisa également le *Bamberger Korrektorium*, collection des ordonnances complétant la Bambergensis de 1507 à 1516. Mais il se produisait constamment de nouveaux obstacles. Le projet établi à Worms (1521) fut transformé trois fois : à la diète de Nuremberg (1524), à celle de Spire, en 1529, et à celle d'Augsbourg, en 1530 (8). A partir de 1529, les tendances particularistes s'étaient opposées au désir général d'une législation homogène ; en particulier, en 1530, la Saxe électorale, le Palatinant rhénan et le Brandebourg électoral s'étaient mis en garde contre l'amoindrissement des droits souverains à eux accordés. Et, lorsqu'en 1532, à la diète de Ratisbonne, le projet devint enfin une loi, le dispositif préparatoire contenait la clause dite *clausula salvatoria* : « Cependant, nous ne voulons, par ce rappel gracieux, enlever aux Electeurs, aux princes et aux Etats rien de leurs us et coutumes anciens, jusqu'à présent maintenus, conformes au droit et justes » (9).

(7) MALBLANK, *Geschichte der peinlichen Gerichsordnüng Karls*, V, 1783 ; GÜTERBOCK, *Entstehüngsgeschichte der Carolina*, 1876 ; STINTZING, I, 607.

(8) Dès 1527 et 1528, l'archevêque Albert de Mayence avait promulgué le projet à titre de loi dans les territoires urbains soumis à son autorité. Cf. SCHRÖDER, *Oberrheinische Stradtrechte*, 1897, I, 202.

(9) La plus ancienne édition connue (princeps ?) est de 1533. Celle de Zöpfl, 1883, contient, en exposé synoptique : I. Les or-

V. — Comme les ordonnances qui l'ont précédée et dont l'influence apparaît à l'examen même le plus superficiel, la **Carolina** (PGO ou CCC) s'attache avant tout à la réglementation de la procédure criminelle. Elle a, en cette matière, posé les règles qui, malgré des écarts nombreux, contenus dans les législations particulières, ont cependant donné à la procédure pénale du droit commun allemand son caractère indéniable. Le droit pénal proprement dit, traité dans les articles 104 à 180, est relégué au second plan. Il n'y a, en cette matière, qu'une seule règle qui soit posée comme absolument obligatoire ; elle est contenue dans l'article 104 : aucune action ne peut être punie d'une peine capitale et corporelle, c'est-à-dire de la mort ou d'une mutilation, si le droit romain n'a pas sanctionné cette action (ou une autre équivalente, art. 105), d'une peine capitale ou corporelle ; par contre, la nature de la peine peut être déterminée d'après la coutume locale. D'ailleurs, la loi ne veut être rien de plus qu'un exposé du droit en vigueur à l'usage des échevins appelés à remplir l'office de juges, mais inexpérimentés en matière de droit écrit. Et la Carolina a excellemment rempli ce but ; sa langue simple et claire, précise et facile à comprendre, en fait une œuvre modèle pour son temps. Mais elle ne voulait et ne devait pas dépasser ce but. Elle ne voulait pas être l'obstacle à une meilleure connaissance ou à un meilleur exposé du droit en vigueur. Et, en effet, Schwatzenberg mit ses efforts les plus scrupuleux à conserver à la doctrine son influence vivifiante sur la jurisprudence, en répétant constamment que, dans tous les cas douteux, il

donnances criminelles de Brandebourg et de Bamberg ; II. Le projet de 1521 ; III. Celui de 1529 ; IV. La loi impériale. — Edition critique (d'après le manuscrit de Ratisbonne de 1532, récemment retrouvé), de KOHLER et SCHEIL, 1900. — Edition *scolaire* par les mêmes, 1900. — ABEGG a publié en 1837 les traductions latines de la PGO, par GOBLER (1543) et REMUS (1594).

faut consulter les jurisconsultes. C'est à cette idée que nous devons nous tenir si nous voulons apprécier exactement l'importance de ce code et si nous voulons en particulier apprécier les rapports entre la législation locale et la Carolina. Les quelques prescriptions qui ont caractère de droit obligatoire doivent être sévèrement séparées des autres.

Mais, si, en examinant précisément ce second groupe de dispositions, nous ne considérons pas la Carolina comme un code, au sens moderne du mot, mais seulement comme un livre de droit, analogue au *Spiegel* (miroir) du XIIIe siècle, sa valeur est très importante pour l'évolution ultérieure du droit pénal. Non seulement les différents crimes sont définis plus exactement et, le plus souvent, avec un sens juridique aigu (10), mais aussi les différentes circonstances se rapportant à l'acte, telles que la tentative, la légitime défense, l'imprudence, etc., sont commentées et exposées avec plus ou moins de détails avec références aux Italiens. Ainsi la Carolina est devenue, par sa valeur intrinsèque, la base sur laquelle a reposé, pendant trois siècles, le droit commun pénal allemand.

§ 6.—Le droit commun pénal allemand.

Bibliographie. — *Wächter*, Gemeines Recht Deütschlands, insbes. gemeines deütsches Strafrecht, 1844. — *Hälschner*, Geschichte des brandenb.-preussischen Strafrecht, 1855. — *Seeger*, Die strafrechtlichen Consilia Tubingensia, 1877. — *Hegler*, Die

(10) Les infractions traitées par la *Carolina* sont les suivantes : 106, Blasphème et sacrilège ; 107. Faux serment ; 108. Rupture de la paix publique ; 109. Sorcellerie ; 110. Ecrits diffamatoires ; 111 à 114. Faux monnayage, Faux en écritures publiques, etc. ; 115. Infidélité de l'ami juridique (*Rechstfreündes*) ; 116 à 123. Attentats aux mœurs (Actes contre nature, Inceste, Rapt, Viol, Adultère, Bigamie, Proxénétisme) ; 124. Trahison ; 125. Incendie volontaire ; 126. Brigandage ; 127. Emeute ; 128. Domination d'un

praktische Thätigkeit der Juristenfakultäten des 17. ùnd 18. Iahrhùnderts in ihrem Einfluss aùf die Entwicklùng des deùtschen Strafrechts von Carpzov ab. 1899 (avec, p. 117, un index des consilia). — *Stintzing*, Geschichte der deùtschen Rechtswissenschaft ; fortgeführt von Landsberg, 1880 et sq. T. III, 1re partie, 1898. — *Stobbe*, Geschichte der deùtschen Rechtsquellen, II. — *Schletter*, Die Constitutionen Augusts von Sachsen, V, 1752, 1857. — *Gessler*, Zeitschr. für deùtsches Recht, XX (Projet wurtembergeois de 1609). — *Oppenhoff*, Die Strafrechtspflege des Schöffenstuhls zù Aachen seit dem Iahre 1657, 1884. — *Nöldeke*, Eine kriminalrechtspflege in Celle, insbesondere im 16. ùnd 17. Iahrhùndert, 1896. — *Lobe*, Die allgemeinen Strafrechtlichen Begriffe nach Carpzow, 1894. — *Holtze*, Strafrechtspflege ùnter König Friedrich Wilhelm I, 1894. — *Frauenstadt*, Z, xvi, 518, xvii, 712 (Peine des galères, vagabonds). — *Von Maasburg*, Die Galeerenstrafe in den deùtschen ùnd böhmischen Erbländern Oesterreichs, 1885. — *Nypels*, Les ordonnances de Philippe II (1579), 1856. — *Günther*, Wiedervergeltùng, II et III. — *Pfenninger*, Strafrecht der Schweiz, 1890, p. 93 (et aussi *E. Huber*, Schweizer Privatrecht, IV, 124). — *Dargun*, Die Rezeption der PGO in Polen, Zeitschrift der Savignystiftùng, X. — Kantorowicz, Goblers Karolinenkommentar und seine Nachfolger (Séminaire crim. de Berlin N. F. 4) 1904. Holz. GA 54, 268 (Application de la PGO à Brandebourg). — L'étude des sources est encore loin d'être épuisée.

I. — *La législation jusqu'au milieu du* XVIIIe *siècle.*

Comme l'activité de l'Empire, en matière de droit pénal, se borna à sanctionner quelques actes peu nombreux et le plus souvent relevant de la police (1), et

pays par la force (*Landzwang*) ; 129. Guerre privée (*Befehdùng*) ; 130 à 156. Meurtres (Empoisonnement, Infanticide, Abandon d'enfant, Avortement, Suicide, Assassinat, etc.) ; 157 à 175. Vol et abus de confiance ; 180. Complicité dans l'évasion de prisonniers (*Entweichenlassen von Gefangenen*).

(1) Par exemple, les jurements et serments, l'ivrognerie, l'adultère et le concubinat ; cependant cette législation s'occupe aussi du trouble de la paix publique (*Landfriedensbrùch*), de l'usure, des écrits diffamatoires, de l'escroquerie et des faux. La consultation (*Gutachten*) de 1668 contre le duel n'eut pas force de loi, mais elle inspira de nombreuses ordonnances princières contre le duel. — Il y a lieu de mentionner, en dehors des pays allemands, les Ordonnances criminelles de François Ier en France (1539) et de Philippe II dans les Pays-Bas (1570).

comme cette activité ne prit un essor plus vigoureux que dans les ordonnances pour la police de l'Empire de 1548 et de 1577, il fut réservé aux divers Etats de procéder en toute indépendance à une formation plus complète du droit pénal. Et, dans le fait, la législation des Etats, dans la seconde moitié du XVIᵉ et dans la première moitié du XVIIᵉ siècle, montra une activité extrêmement vive et féconde. L'Autriche et la Bavière, le Wurtenberg et la Saxe, le Palatinat électoral et le Brandebourg rivalisèrent à l'envi, ainsi que les petits Etats, pour promulguer des codes pénaux étendus, tantôt originaux, tantôt puisés dans les droits locaux, se rattachant par la lettre ou par l'esprit à la Carolina, ou bien réglant plus librement l'application de la matière légale existante, mais tenant toujours compte des dispositions de la loi d'Empire qui ont un caractère réellement obligatoire.

Vers le milieu du XVIIᵉ siècle, l'activité de la législation des Etats se paralyse ; les codes pénaux étendus et complets sont remplacés par un certain nombre d'ordonnances de chancellerie, longues par leur texte et courtes par leur durée, et qui ne peuvent qu'exceptionnellement renier l'esprit d'un absolutisme ignorant. Un certain nombre d'actes criminels doivent leur existence et leur détermination plus complète à la législation des Etats, par exemple, la haute trahison, la révolte et la rébellion, la résistance à l'autorité, le duel, le suicide, la banqueroute, le braconnage, les coups et blessures, etc.

Nous mentionnons ici les plus importants travaux législatifs de cette période.

I. *Autriche.* — 1. Dans le *Tyrol*, l'ordonnance criminelle de 1499 a été recueillie dans les ordonnances locales de 1526, 1532 (celle-ci constitue la base de l'ordonnance de Henneberg de 1539) et 1573. Influence partielle de la Carolina. Cf. v. Sartori-Montecroce, *Beiträge zur osterreichischen Reichs-und Rechtsgeschichte* 1895. — 2. Dans la *Basse-Autriche* l'ordonnance locale de 1514 fut remplacée, le 30 décembre 1556, par une ordonnance locale pénale détaillée de Ferdinand III. Des projets postérieurs (1666-1721) n'aboutirent pas. Commentaire excellent de Bratsch, 1751. — 3. L'ordonnance locale de la *Haute-Autriche*, du 1er octobre 1559, repose sur celle de la Basse-Autriche de 1514. Réimpression (non pas revision, comme dit inexactement Stobbe, II, 409) en 1627. Une nouvelle ordonnance locale (et non pas une simple revision), qui concorde dans l'ensemble avec l'ordonnance de Ferdinand III pour la Basse-Autriche de 1656, fut promulguée par Léopol Ier, le 14 août 1675. L'ordonnance pour la Carniole du 18 février 1535, se base sur l'ordonnance pour la Basse-Autriche de 1514 et sur la Carolina. — 4. Par contre l'ordonnance pour la Carinthie, de 1577, ne contient que peu de dispositions pénales. — 5. En Styrie, Charles II promulgua l'ordonnance du 24 Décembre 1574, qui se réfère beaucoup à la Carolina. Au XVIIe siècle, il est certain que la Ferdinandea de 1656 fut en vigueur en Styrie et elle le fut peut-être aussi en Carinthie et en Carniole (si par suite, la Theresiana mentionne la Carolina, il faut alors comprendre sous ce terme l'ordonnance pénale de Charles-Quint et non pas, comme on le suppose presque unanimement, l'ordonnance pénale pour la Styrie). — 6. Pour la *Bohême*, il faut mentionner l'ordonnance de Ferdinand Ier de 1548, l'ordonnance de Ferdinant II de 1627 et l'ordonnance de 1755. — 7. En *Moravie* l'ordonnance du 1er juillet 1628 a pour modèle l'ordonnance de 1627 pour la Bohême. —8. En *Silésie*, l'ordonnance pénale de de Joseph Ier était en vigueur depuis 1707.

II. *En Saxe*, l'électeur Auguste promulgua le 21 avril 1572, les Constitutions de la Saxe Electorale, dont l'influence se fit sentir, sur le développement du droit pénal, bien au delà des frontières du pays. Les très importants travaux préparatoires des Constitutions sont contenus dans les *Consultationes constitutionum Saxonicarum*, plusieurs fois réimprimées (édition de Friderus Mindanus, 1616). En 1661, furent en outre promulguées les *Decisions electorales*.

III. *Prusse*. — 1. Dans l'*Ordenslande*, fut surtout en vigueur la coutume de Magdebourg, dans le recueil connu sous le nom de *Jus culmense*. Il y eut, au XVIe siècle, de nombreux essais de revision, en particulier, en 1594, le *Jus culmense revisum*, le *Dantziger Culm* qui, sans avoir force de loi, fut cependant utilisé par les tribunaux. (Influence de la

Carolina et des Constitutions saxonnes. — 2. Sur la demande des Etats (Assemblée) de la *Prusse Orientale*, il fut procédé à une nouvelle revision, qui produisit le Droit local (composé par Levin Buchius) du Duché de Prusse, de 1620 (le sixième livre est consacré au droit pénal. Influence Damhouder). — 3. D'autres revisions sont constituées par la Coutume brandebourgeoise revisée du Duché de Prusse, en 1685, et par la Coutume revisée de Friedrich Wilhelm pour le Royaume de Prusse, 1721, rédigée par S. v. Cocceji (6e livre, Droit pénal, influence de Carpzov). Un projet de Code pénal (par Berger), terminé en 1721, eut aussi peu de résultat qu'un Ordre royal de 1736 (Hälschner *1*, 173). — 4. Dans la *Marche de Brandebourg*, les projets des deux Diestelmeir père et fils (1572-1574), n'ont abouti à aucune loi. — 5. En 1582, fut réimprimée, avec quelques modifications, l'ordonnance brandebourgeoise de 1516. D'après la préface, il faut supposer que ce code était également en vigueur en Prusse, de même que très probablement il l'avait déjà été en Brandebourg avant 1582. Cf. à ce sujet Günther, Z, XII, 646, XIV, 269.

IV. En *Bavière*, il faut mentionner la Réformation de la Coutume bavaroise de 1518 et la Coutume de 1616 pour la Haute et Basse-Bavière, dans laquelle l'influence des Constitutions saxonnes est visible et qui, d'autre part, tranche fréquemment les questions discutées de la Carolina.

V. La Coutume du *Palatinat Electoral*, de 1582 (cinquième livre, Droit pénal ; sur la Carolina, mais tient compte des Constitutions saxonnes) fut également introduite en 1606 dans le Haut-Palatinat (Amberg).

Lorsque cette province devint bavaroise, ladite coutume fut remplacée par celle de 1657, qui est une imitation de la coutume Bavaroise de 1616.

VI. Dans le *Margraviat de Bade* furent publiées une Coutume pour Baden-Baden, en 1588 (qui copie la Coutume palatine) et une Coutume pour Baden-Durlach, en 1654 (celle-ci imprimée dès 1622).

VII. En *Wurtenberg*, les Etat avaient demandé, dès 1551, l'élaboration d'un Code pénal. Cependant, le projet terminé seulement en 1609 (qui s'appuie sur la Carolina et sur les Constitutions Saxonnes) ne reçut jamais force de loi. Toutefois, la Coutume de 1610 et l'Ordonnance de 1621 contiennent une série de dispositions pénales.

VIII. Dans les autres pays, on se borna simplement à reproduire la Carolina ou à ordonner l'application de celle-ci aux Tribunaux. Mais, dans les contrées où il ne fut pas procédé ainsi et où peut-être les Codes réimprimés ne contenaient que du vieux droit, ce qui fut le cas pour les Réformations pénales de Lubeck de 1586 et de Hambourg, de 1603, il n'est pas douteux que la Carolina n'ait été effectivement en vigueur. Sur l'influence de la Carolina, en Suisse. Cf. Pfenninger 80.

II. — *La Doctrine.*

La littérature pénale allemande du XVIe siècle présente d'abord un aspect absolument désolé. Elle est entre les mains de copistes dépourvus d'esprit critique, qui sont aussi ignorants du droit romain que du droit allemand. Zasius (mort en 1535) fut une exception honorable, Perneder (mort en 1540) domine pendant longtemps la situation, surtout en Bavière et dans le Tyrol, avec son Ordonnance criminelle (édition de 1544) ; il faut citer à sa suite Gobler (mort en 1567), qui a laissé de nombreux écrits), Kœnig (mort en 1526, *Practica*, publiées en 1541), Rauchdorn (*Practica*, 1564), Dornek (*Practica*, 1576), Sawr (*Strafbuch*, 1577). Leurs compilations sans goût se répètent et se multiplient en éditions successives (Stinzing, I, 630).

Entre temps, la doctrine pénale avait pris un rapide et brillant essor hors d'Allemagne. Tandis que les Italiens atteignaient l'apogée de leur évolution, vers le milieu du siècle, avec Hippolite de Marsiliis (mort en 1529), Agidius Bossius (mort en 1542) et Julius Clarus (mort en 1575), puis déclinaient avec Tib. Decianus (mort en 1581), Jacobus Menochius (mort en 1607) et Prosper Farinacius (mort en 1618), la nouvelle méthode juridique de la synthèse, le *mos gallicus* triomphait en France et en Espagne (Tiraquellus-Tiraqueau, mort en 1568), et Covarruvias, mort en 1577). Le représentant le plus important de cette tendance en droit pénal, Anton Matthaüs II, appartenant à la fameuse famille de juristes hessois, mais résidant en Hollande, vécut à la vérité à une époque postérieure (il mourut en 1654, sa principale œuvre, *De criminibus*, parut d'abord en 1644 et, en dernier lieu, en 1803); il exerca sur la littérature allemande une influence beaucoup moindre que son aîné Jod. Damhouder, qui se réclamait de l'école italienne (mort en 1581) (2). Cependant, même en Allemagne, les progrès ne sont pas niables dans la seconde moitié du XVI° siècle. De plus en plus, le prononcé des jugements criminels était confié aux facultés de jurisconsultes, surtout par la transmission qu'on leur faisait des dossiers ; ces facultés commencèrent bientôt (d'abord à Tubingue, à Iéna, à Rostock et à Ingosltadt) à consacrer des cours spéciaux au droit criminel ; et une fois de plus, comme dans l'Italie du Moyen Age, l'union de la doctrine et de la jurisprudence se montra féconde pour chacune d'elles.

De nombreuses collections de consultations et de controverses en fournissent la preuve. Il faut mentionner Bocer, professeur à Tubingue, auteur de *Disputationes*, publiées en 1596 et années suivantes (classis IV, de *Criminibus*) ; Petrus Theodoricus, professeur à Iéna (mort en 1640, *Collegium Criminale*, 1618, 1671) ; Hunnius, professeur à Giessen (mort en 1636, *Collegii criminalis disputationes*, 1621) ; Theodor Petrejus, docteur de Marbourg, *Thesaurus controversarum conclusionum criminalium*, 1598 ; G. Lokamer, Professeur à Strasbourg (mort en 1637, *Centuria quæstionum criminalium*, 1623) ; Ad. Volkmann, *Tractatus criminalis*, 1629 (3° partie, *Consilia criminalia*).

(2) Voir, sur les relations de Damhouder avec Philippe Wieland, de Gand, dont il aurait copié l'œuvre, VAN HAMEL (Cf. Bibl. du § 9, II), I, 51, note 29 et KANTOROVICZ (Gobler) 21.

Le premier qui appliqua en Allemagne la méthode synthétique au droit criminel, fut Nic. Vigelius, prof. à Marbourg (mort en 1600), dans ses *Constitutiones Carolinæ publicorum judiciorum*, 1583, dans lesquelles il s'efforce d'accorder la Carolina avec le droit romain. Dans la même tendance, il faut citer les professeurs de Tubingue Val. Volz (mort en 1581) et Joh. Harpprecht (mort en 1639, *Tractatus criminalis*, 1603), ainsi que le Hessois Gilhausen (mort en 1642; *Arbor judiciaria criminalis*, 1606). De plus en plus, la Carolina devient le centre des travaux des criminalistes. Les commentaires de la Carolina de Musculus, 1614, de Zieritz, 1622, de Stefani, 1626, de Bullaus, 1631, de Manzise, 1650, de Blumblacher, 1670, de Clasen, 1684, d'Otto, 1685, tiennent compte des nécessités de la jurisprudence.

La doctrine du droit commun pénal allemand, basée sur la Carolina, doit son épanouissement aux **jurisconsultes saxons** du XVIIe siècle. Ceux-ci, qui représentaient une conception juridique profondément enracinée dans bien des contrées de la Basse-Allemagne, non ébranlée par les législations étrangères, maintenue par le Sachsenpiegel ; qui, d'autre part, s'appuyaient sur une législation consciente de son but, et jouissant d'une réputation étendue ; qui enfin étaient stimulés par la pénétration active et réciproque de la doctrine et de la jurisprudence, ceux-ci conquirent le rôle dominant dans la législation, la littérature et la jurisprudence. A Mathieu Berlich (mort en 1638, *Conclusiones practicabiles*, 1615 à 1619) se rattache, le dominant de beaucoup, Benedikt Carpzow (1595 à 1666) qui, par sa *Practica nova Imperialis Saxonica rerum criminalium*, 1635, et par d'autres écrits, devint le fondateur de la méthode empirique et, par suite, d'une nouvelle doctrine allemande. Membre du Tribunal des Echevins de Leipzig (*Leipziger Schöffenstuhl*) et professeur ordinaire à la Faculté de droit de Leipzig, remarquable par une grande érudition, une grande capacité scientifique et une expérience pratique étendue, il a, pendant un siècle, donné à la jurisprudence pénale de l'Allemagne l'empreinte de son esprit (3). Ce n'est qu'au XVIIIe siècle que JSF. Böhmer (mort en 1772, *Observationes ad Carpzovii practicam*, 1759) parvint à ébranler et peu à peu à diminuer le crédit de Carpzow, que n'avaient pu entamer les adversaires de celui-ci au XVIIe siècle, parmi lesquels il faut citer Oldekopp (mort en 1667, *Observationes criminales practicæ*, 1633, 1639, 1654) et Brunnemann (mort en 1672, *Tractatus de inquisitionis processu*, 1648 ; Commentaires au Codex et aux Pandectes, 1663 et 1670).

La constitution de la doctrine juridique pénale, commencée par les jurisconsultes saxons, se dégage nettement au XVIIIe siècle dans de nombreux com mentaires de la Carolina ; à côté de Stefani, 1702, de Ludovici, 1704, de Beyer, 1714, de Meckbach, 1756, de Dcopp, 1758, etc., se distinguent particulièrement par d'excellents travaux Kress (*Commentatio Succincta*, 1721) et JSF Bohmer (*Meditationes*, 1770)

Il faut rattacher aux études florissantes de la haute doctrine un certain nombre d'exposés systématiques du droit pénal basés sur la Carolina, qui se suivirent rapidement, notamment ceux de : Kirchgeisner 1706, Frölich v. Frölichsburg, 1709 (pas de commentaire, malgré le titre), Beyer, 1714, Gartner, 1729, Kemmerich, 1731, JSF Bohmer, 1732 (premier manuel ayant une valeur scientifique), Engau, 1738, Meister père, 1755, Koch, 1758, Richter, 1763, Quistorp, 1770, Pittmann, 1779, Müller, 1786, Meister fils, 1789, etc. ; tous ont composé des manuels plus ou moins détaillés, tandis que d'autres, tels Struve (mort en 1692, *Dissertationes criminales*, 1671), Leyser (mort en 1752, *Meditationes ad Pand.* 1717 et années suivantes),

(3) Excellent portrait de Carpzov dans STINTZING, II, 55 ; voir aussi LÖNING, Z, V, 579.

Schilter (*Exercitationes ad Dig. lib* 47 *et* 48, 1675 et suivantes) traitent diverses questions du droit pénal en se basant sur les *Libri terribiles*, et en se livrant à des recherches plus ou moins approfondies.

III. — *La Jurisprudence.*

En général, jusqu'au milieu du XVIIIe siècle, la législation de l'Empire et de ses différents Etats, ainsi que la doctrine, se basèrent bien sur la Carolina ; cependant, les adaptations aux besoins ainsi qu'aux idées du temps amenèrent une transformation toujours plus profonde du droit commun pénal allemand. Abstraction faite de la détermination, déjà mentionnée, de nouvelles entités criminelles et du développement d'entités plus anciennes, cette transformation touche surtout au système des peines de la Carolina. Tout d'abord, le domaine d'application de la *pœna ordinaria* posée par celle-ci est, d'une part, notablement réduit par une restriction artificielle apportée à la nature du crime (ainsi l'*immissio seminis* est exigée dans les crimes de la chair, la consommation de la mort l'est également dans les cas d'empoisonnement, la viabilité de l'enfant dans les cas d'infanticide, etc.) et, d'autre part, il est fait un usage presque sans limites, lorsque les éléments de fait manquent, de la *poena extraordinaria*, qui, à la vérité, ne doit jamais être, d'après Clarus et Carpzov, la peine de mort. Mais, et ceci est d'une importance plus grande encore, les procédés pénaux de la Carolina sont en partie éliminés par d'autres. Ainsi certaines sortes de morts aggravées et de mutilations corporelles sont toujours plus rarement employées : elles sont remplacées par la condamnation, qui semble empruntée au droit romain, aux travaux publics, aux corvées de voirie et de construction de forteresses, au service militaire, aux galères, concurremment avec l'exposition au pilori, la marque, la correction corporelle) ; mais elles se voient surtout substituer, sous l'influence de l'idée de l'amélioration du délinquant, la détention dans des maisons de correction et de travail, bien que toutefois cette mesure ne se soit d'abord appliquée que pour la mendicité et les délits s'y rattachant. Comme tout élément fixe d'appréciation manquait pour établir un rapport entre les nouvelles et les anciennes catégories de peines, ainsi qu'entre ces nouvelles peines et le délit, l'évaluation de la peine fut de plus en plus un acte remis à l'arbitraire du juge. Et c'est précisément sur ce point qu'apparut le plus nettement et le plus impérieusement la nécessité d'une réglementation fondamentale.

Un phénomène caractéristique de cette période est constitué par les **poursuites contre les sorcières** (4). Bien que les dispositions pénales contre la magie n'aient été inconnues ni au droit romain ni à celui du Moyen Age, le crime proprement dit de sorcellerie, lié avec la *heretica pravitas*, et caractérisé par les relations de toute nature avec le diable, ne s'est formé qu'au XIIIe siècle. Après avoir été un crime contre la personne et la vie d'autrui, il devient un crime contre la religion et, comme tel, il relève de la juridiction ecclésiastique. Déjà, le *Sachsenpiegel* (2, 13, 7) avait groupé la sorcellerie avec l'hérésie et l'empoisonnement et les punissait de la peine du feu. Cependant les poursuites contre les sorcières ne se développèrent que lentement en Allemagne. Malgré la bulle *Sunnis desiderantes* d'Innocent VIII (1484) et malgré le *Malleus maleficarum* d'Institor et Springer, paru en 1489, la Carolina s'en tient, dans son ar-

(4) Cf. Waechter, *Beiträge zür Deütschen Geschichte*, 1845 ; Soldan-Heppe, *Geschichte der Hexenprozesse*, 2e édition, 1880 ; Stintzing, I, 641 ; Riezler, *Geschichte der Hexenprozesse in Bayern*, 1896. — En outre, Löning, Z, v, 236, vii, 689 ; Gunther, Z, xi, 177, xii, 638, xiv, 263, xv, 397, xvi, 461, 872, etc. Sur le *Reichs kammergericht*, cf. Z, xii, 909.

ticle 109, à la conception du droit laïque et elle punit de la peine du feu, seulement la sorcellerie nuisant à autrui, tandis que, pour les autres cas de magie, elle remet le prononcé de la peine aux juges. Mais bientôt la jurisprudence va plus loin : s'appuyant sur la dangereuse théorie des *delicta excepta*, elle s'affranchit des limitations opposées par la loi ; le *Hexenhammer* (Marteau des sorcières) devient son guide et un emploi sans mesure de la torture rend possible la grande quantité d'exécutions de sorcières par le feu dont le XVIIe siècle fut l'époque de paroxysme. En vain, des hommes d'esprit calme, tels que Molitoris (1489), Agrippa von Nettesheim (mort en 1537), Weyer, 1563, le jésuite Fr. V. Spee, avaient élevé la voix ; leurs adversaires, ayant à leur tête Bodin, 1579, Del Rio, 1599, restèrent triomphants. Les Constitutions saxonnes de 1572, s'écartant de la Carolina, punissent de mort, sans distinction, tous les cas de sorcellerie ; elles furent imitées par la Ferdinandea autrichienne de 1656 et par la Coutume Prussienne de 1685. L'influence considérable de Benedict Carpzov fut d'un poids énorme pour la perpétuation de la croyance aux sorcières et ce ne furent que les écrivains de l'époque philosophique (il faut citer comme leur précurseur Thomasius (5), mort en 1728, auteur de : *De crimine magiæ*, 1701, *de Origine ac progressu processus inquisitorii contra sagas* 1712), qui parvinrent à éliminer peu à peu de la jurisprudence les poursuites contre les sorcières. La législation suivit lentement le mouvement. Tandis que la Coutume Prussienne de 1721 (sixième livre, titre 5, article 4), allant plus loin que l'Edit du 13 décembre 1714, fait de la sorcellerie une folie, le *Codex criminalis bavaricus* de 1751 et l'Ordonnance autrichienne du 5 novembre 1766 (sur laquelle se fonde l'article 58 de la *Theresiana* de 1768) maintiennent le crime de

(5) Sur Thomasius, voir LANDSBERG (Bibl. du § 7), p. 71.

sorcellerie, toutefois avec un prudent scepticisme. La dernière exécution d'une sorcière en Allemagne eut lieu en 1749, à Wurzbourg. A Glaris, en Suisse, la sorcière Anna Göldi fut torturée et décapitée en 1782.

IV. — *La législation depuis 1750.*

La législation pénale de la Bavière et de l'Autriche, qui se rattache au droit commun bien qu'elle semble l'exclure, porte au milieu du XVIIIe siècle les marques de la décadence. Tels des témoins du grand passé du droit commun se dressent, dans le nouvel âge commençant, les créations les plus importantes, à cette époque, d'une doctrine déjà ébranlée :

1. Le *Codex juris criminalis bavarici* du 7 octobre 1751, rédigé et commenté par Kreittmayr (mort en 1790) (6) ;

2. La *Constitutio criminalis Theresiana* pour les pays héréditaires de la couronne d'Autriche du 31 décembre 1768, où règnent surtout les conceptions de J. S. F. Böhmer.

Cf. *Wahlberg* Klein, Schriffen *2* 115, *v. Massburg*, Zur E Entstehungsgeschichte der Theres. Hals GO. 1880. *J L. Banniza*, Delineatio juris crim. secundum constitutionem Carolinam ac Theressianam, second volume 1773. *Berner*, Die Strafgestzgebung, von 1751 bis sur Gegenwart 1867.

§ 7. — La période philosophique.

BIBLIOGRAPHIE. — *Löning*, Z, III, 219. — *Cantù*, Beccaria e il diritto penale, 1862 (traduction française de *Lacointa et Delpech*, 1885). — *Frank*, Die Wolffsche Strafrechtsphilosophie ùnd ihr Verhältnis zùr kriminal-politischen Aufklärùng im 18. Iahrhùndert, 1887. — *Hertz*, Voltaire ùnd die französische Strafrechts

(6) Sur Kreittmayr, voir le discours solennel (ou jubilaire, FESTREDE) de BECHMANN (1896), et la thèse de Matthis (Fribourg-en-Brisgau, 1901).

pflege im 18. Iahrh. 1887. — *Stölzel*, Karl Gottlieb-Suarez, 1885. — *Du même*, Brandenburg-Preussens Rechtsverwaltung urd Verfassung, 1888. — *Günther*. II, 160. — *Du même*. GA, xlviii, 1 (Ueber einen Vorläufer Beccarias, sur un précurseur de Beccaria). — *Stintzing-Landsberg*, Geschichte der deütschen Rechtswissenschaft, III, 1re partie, 1898 (surtout p. 386). *Overbeck*, Das Strafrecht der französichen Enzyklopädie 1902. — *Willenbücher*, Die strafrechts philosophischen Auschaungen Friedrichs des Grossen 1904 (Belines, 56). — *Masmonteil*, La législation criminelle dans l'œuvre de Voltaire, 1901.

I. — Depuis que l'autorité de Carpzov se trouvait diminuée par les attaques toujours plus vives de ses adversaires, la jurisprudence pénale allemande avait perdu son dernier point d'appui. La législation impériale restait muette et la législation des différents Etats s'épuisait en une quantité exagérée de petites ordonnances; savants et juges considéraient avec un égal mépris la Carolina. L'état de la jurisprudence étant ainsi devenu intolérable, d'autres circonstances contribuèrent encore à hâter le **déclin du droit pénal commun allemand.** Une nouvelle conception de l'univers avait pu, précisément au siècle de Carpzov, et grâce aux éminentes découvertes de savants tels que Copernic (mort en 1542), Kepler (mort en 1630), Galilée (mort en 1642), pénétrer triomphalement dans le domaine intellectuel. La science ayant cessé d'être la servante de la théologie, les conceptions de l'Etat et du droit durent comparaître au tribunal de la raison critique de l'homme. A peine Hugo Grotius (mort en 1645) eut-il placé le droit naturel au rang d'une science indépendante, que se déchaîna le combat sur les principes fondamentaux du droit pénal de l'Etat. Hobbes (mort en 1679), Spinoza (mort en 1677), Locke (mort en 1704) firent dériver la peine, ayant pour but l'amendement ou la destruction du criminel ainsi que la crainte à inspirer aux autres membres de la société, de l'instinct de la conservation, tandis que S. v. Cocceji, grand chancelier de Prusse (mort en 1755) en fait une juste revanche ordonnée par la divinité (1).

La discussion philosophique pénètre bientôt directement dans la vie quotidienne pratique. Les novateurs allemands s'appuient sur Pufendorf (mort en 1694), qui rejette expressément l'idée de revanche; leur porte-parole est le professeur de Halle, Christian Thomasius, habile à la discussion. Dans le combat contre le droit traditionnel romain et canonique, ils représentent toujours davantage le rationalisme de l'Etat chargé de la police, rationalisme dont Christian Wolff (mort en 1754) fait un système complet qui prend une influence décisive sur la législation prussienne (2).

De l'autre côté du Rhin, la discussion prend une tournure plus incisive. Montesquieu (mort en 1755) avait attaqué de ses fines railleries le droit pénal en vigueur et bientôt il chassa de l'esprit mobile de Frédéric le Grand les derniers restes de l'influence de Wolff. Voltaire (mort en 1778) et Jean-Jacques Rousseau (mort en 1778), continuent, l'un avec la souplesse de l'homme du monde, l'autre, avec les mots profonds du penseur inspiré, l'œuvre commencée par l'écrivain politique Montesquieu (3).

(1) Grotius, *De jure belli ac pacis*, 1625. Sur Grotius, cf. Pfenninger, *Der Begriff der Strafe untersucht an der Théorie des Hugo Grotius*, 2e édition, 1897 ; Hobbes, *De cive*, 1640 ; Leviathan, 1651 ; Spinosa, *Tractatus theologopoliticus*, 1670 ; Locke, *On government*, 1689 ; S. V. Cocceji, *Elementa justitiæ naturalis et Romanæ*, 1740 ; *Introductio ad Grotium illustratum*, 1751.

(2) Pufendorf, *De jure naturæ et gentium*, 1672 ; Thomasius (voir plus haut, § 6, note 5), dans de nombreux écrits ; D. Fischer, *De pænarum humanarum abusu*, 1712 ; Chr. G. Hoffmann, *De insignioribus defectibus jurisprudentiæ criminalis germanicæ eorumque emendandorum ratione, ac mediis*, 1731 ; Engelhard, *Versuch eines allgemeinen peinlichen Rechts aus den Grundsätzen der Weltweisheit und besonders des Rechts der Natur hergeleitet*, 1756 (très inspiré par Wolf).

(3) Montesquieu, *Lettres persanes*, 1721 ; *Esprit des lois*, 1748 ; Frédéric II, *Sur les raisons d'établir ou d'abroger les lois*, 1748 ;

Une cause extérieure mit en flammes l'édifice de l'ancien droit pénal où déjà couvait le feu. En 1762, le marchand protestant, Jean Calas, avait été, bien qu'innocent, condamné pour le meurtre de son fils et avait été roué. Lorsque Voltaire, malgré son grand âge, accusa dans un de ses écrits les plus brûlants les tribunaux français de meurtre judiciaire, il eut, d'un seul coup, toute l'opinion publique pour lui. Il en résulta que le Traité des délits et des peines de Beccaria (mort en 1794), publié en 1764, flétrissant sans pitié les abus de la jurisprudence pénale et réclamant hautement des réformes radicales, eut le plus grand retentissement dans tous les pays. Indépendamment de lui, mais à la même époque, les nouveaux enseignements étaient répandus en Autriche (à partir de 1764) par Sonnenfels (mort en 1817) et, en Allemagne, à partir de 1765, par KF. Hommel, professeur à Leipzig (mort en 1781). Ils eurent un allié influent en la persone du théologien de Gœttingue, JD. Michælis (mort en 1791). Des projets de législation complète furent composés d'après leurs idées par le professeur Claproth (1744), de Gœttingue, et le professeur Quistorp (1777 et 1782) de Rostock. Entre temps, les sujets de concours proposés par la Société d'Economie de Berne, en 1777, avaient fait donner le jour à une foule d'écrits, parmi lesquels le *Traité de la Législation Criminelle*, de Globig et Huster (paru en 1783), fut couronné (4).

VOLTAIRE, dans de nombreux écrits. J.-J. ROUSSEAU, *Contrat social*, 1762 ; Sur Rousseau, cf. LIEPMANN, *Die Rechtsphilosophie des J.-J. Rousseau*, 1898.

(4) A mentionner : WIELAND, *Geist der peinlichen Gesetze*, I, 1783, II, 1784 ; GMELIN (professeur à Tubingue), *Grundsätze der Gesetzgebung über Verbrechen und Strafen*, 1785 ; VON SODEN, *Geist der peinlichen Gesetzgebung Deutschlands*, 2e édition, 1792 (v. REDER), *Das peinliche Recht nach den neuesten Grundsätzen vollständig abgehandelt und meine Gedanken über den Entwurf zu einem neuen peinlichen Gesetzbuch*, 1783, 1784 ; FILANGIERIS (mort en 1788), *Scienza della legislazione*, traduit en allemand par Link (1784).

A peu près à la même époque, John Howard commença sa lutte victorieuse pour l'amélioration du système pénitentiaire. Globig continua d'ailleurs le cours de ses travaux ; en 1809, parut son *System einer vollanstdigen-Kriminal-u.s.w. Gesetzgebung* (Système d'une législation criminelle complète) qu'il composa sur l'ordre du gouvernement russe.

II. — Les idées fondamentales de la période philosophique (protection de la liberté individuelle contre l'arbitraire, abolition de la torture, suppression, ou du moins limitation de la peine de mort, prédominance de l'intérêt public de la peine, à l'exclusion de toute nécessité religieuse ou purement morale) devaient bientôt trouver une application logique dans la législation pénale des principaux Etats. En Russie, Catherine II avait, dès 1767, essayé, dans sa remarquable « Instruction pour la commission chargée d'établir un projet de nouveau code », de faire passer l'*Esprit des Lois*, de Montesquieu, dans la parole du législateur ; le Code pénal pour la Toscane, de 1786, promulgué par Léopold II, était rempli de l'esprit de Beccaria ; en Autriche, Sonnenfels triompha après de longs combats ; et en Prusse, Frédéric le Grand entra, dès son avènement, dans la voie des innovations (5).

1. En Autriche, Joseph II promulgua, le 2 avril 1787, la loi du 13 janvier 1787, sur les crimes et leur châtiment, laquelle présente sous tous les rapports le contraste le plus accentué avec la Theresiana (6). Ce code se distingue par sa langue concise, par le despotisme éclairé qui le domine, par la substitution à la peine de mort des peines privatives de liberté les plus cruelles pouvant atteindre une durée de cent ans, avec le maintien des peines corporelles publi-

(5) Sur le projet de Pflaum pour Bamberg, cf. GUENTHER, III, 1re partie, p. 84, note 182. Il est conçu d'après le projet de Quistorp de 1782. Cf. HEIMBERGER (Bibl. du § 49), p. 182.

(6) Cf. EISENMANN, Z, XIII, 524.

ques et de la marque par le feu, par l'exclusion du système de l'analogie et enfin par une conception défectueuse des définitions ; après que la peine de mort eût été rétablie pour la haute trahison, en 1795, ce code fut introduit, le 18 juin 1796 (pour entrer en vigueur le 1er janvier 1797), avec de nombreuses modifications, dans la Galicie occidentale qui venait d'être réunie à l'Autriche ; puis, le 3 septembre 1803, une nouvelle rédaction (entrée en vigueur le 1er juin 1804), présentant des améliorations nombreuses et essentielles, fut publiée dans toute la monarchie et constitue, par l'intermédiaire de l'édition améliorée de 1852, la base du droit pénal autrichien encore en vigueur.

Le Code pénal de 1787 servit également de base au Règlement Provisionnel pour la procédure criminelle (Bruxelles, 1787) promulgué en 1787 dans les Pays-Bas autrichiens, et, exerça ainsi, dans bien des points importants, une influence décisive sur la législation de la Révolution Française (Cf. Eisenmann, Z, 523).

II. — En Prusse, le gouvernement de Frédéric le Grand déployait une vive activité en matière de législation criminelle (vgl. Stolzel, *Brandenburg-Preussens Rechtsverwaltung*, II, 229). Cette activité se condensa, avec de nombreuses améliorations de détail, dans le *Allgemeinenes Landrecht* (Coutume générale) de 1794 (promulgué le 20 mars 1791 ; suspendu le 18 avril 1792, promulgué de nouveau le 5 février 1794 ; en vigueur le 1er juin 1794) qui, dans le titre 20 de la seconde partie, traite du droit pénal en 1577 articles. Klein (mort en 1810) a pris une part prépondérante à l'élaboration de cette œuvre, sur laquelle le traité de Globig et Huster n'est pas resté sans influence. Par sa largeur de vues, par son vif désir de bienveillance, par son souci poussé presque au ridicule d'édicter des mesures préventives, par ses dispositions pénales, en somme indulgentes, et par ses définitions pour la plupart pratiquement applicables, la partie pénale de la Coutume Générale constitue une expression caractéristique des conceptions régissant un Etat éclairé dans sa mission de police. Bien que répondant peu au modèle actuel d'un code, la Coutume Générale était cependant une production viable et de valeur, très susceptible d'un développement ultérieur.

III. — En France, le grand mouvement révolutionnaire détermina d'abord le Code pénal de 1791 et le Code des Délits et des Peines du 3 brumaire an IV, qui est l'œuvre de Merlin et règle principalement la procédure criminelle ; puis le Code pénal napoléonien de 1810 (projet de 1804, reprise des travaux en 1808, en vigueur à partir du 1er janvier 1811). Grâce à sa rédaction claire et à sa précision technique, qui constituent ses caractères dominants, ce Code a eu une influence profonde et étendue, bien que non toujours favorable, sur la législation des autres pays ; elle se manifesta surtout chez les nations latines, mais d'ailleurs aussi chez les autres peuples. Bien que les très graves pénalités qu'il comporte et qui sont inspirées par le principe de l'intimidation aient été, depuis 1832, l'objet d'atténuations répétées et importantes, le code de 1810 a maintenu jusqu'à ce jour la puissante armature de ses conceptions. La jurisprudence française doit sa grande clarté à cette longue période de repos; mais c'est aussi en elle qu'il faut chercher le motif de l'engourdissement de la doctrine pénale française qui, depuis des généra-

§ 8. — Législation pénale allemande jusqu'en 1870.

Bibliographie. — *Berner*, Die Strafgesetzgebung, von 1751 bis, zür Gegenwart, 1867 (Commentaires indiquant de nombreux documents et ouvrages). — *Stenglein*, Saumlung der deutschen Strafgesetzbücher, 1857 (Notes moins étendues que dans l'ouvrage précédent). — *Binding*, Die gemeinen deutschen Gesetzbücher (l'introduction seule a été publiée), 2e édition, 1877.

tions, manque de toute initiative témoignant de quelque force.

Après les troubles de la période philosophique commença, tant pour la législation que pour la doctrine pénale, une période nouvelle de travail paisible et fécond.

L'histoire de la législation pénale allemande, au XIXe siècle et jusqu'en 1870, se divise en deux grandes parties, que délimite l'apparition du Code prussien de 1851. Une vive émulation, comme il ne s'en manifesta à l'époque dans aucune autre partie de la législation, s'empara des différents Etats de la Confédération germanique; il s'agissait de fondre en un tout les traditions éprouvées du droit commun et les innovations nécessaires de la période philosophique avec les besoins de la vie juridique du nouveau siècle, avec les postulats de la philosophie spéculative et avec les recherches de l'histoire du droit.

I. — Les codes pénaux allemands avant 1851

1. Il faut citer en premier lieu la *Bavière*. Son Code, le premier en date parmi ceux de l'Allemagne, est aussi de beaucoup le plus important par son contenu. Malgré bien des défectuosités, il a été, même hors des frontières allemandes, une des gloires de la législation germanique, et il a pu lutter avantageusement avec le Code pénal français.

Feuerbach (1) publia en 1804 une critique du projet Kleinschrod de 1802; il fut en conséquence chargé de l'élaboration d'un nouveau projet. Son travail fut achevé en 1807, imprimé en 1810 après délibérations de la Commission de législation, et promulgué, après nouvelles délibérations, comme Code pénal le 16 mai 1813. Commentaire officiel (seul autorisé) de Gönner, 3 vol., 1813-1814. Introduit dans le grand-duché d'Oldenbourg en 1814. A inspiré la législation ultérieure en Saxe, en Wurtemberg, dans le Hanovre et le duché de Brunswick, ainsi que dans un certain nombre d'Etats non-allemands (notamment de l'Amérique du Sud).

(1) Sur Feuerbach, cf. plus loin § 19, note 1.

2. *Saxe.* — En 1810, Tittmann et Erhard furent chargés de l'élaboration d'un Code pénal. Leurs projets (celui de Tittmann de 1811, celui d'Ehrard de 1811/13) furent la base des travaux d'une commission, travaux qui aboutirent à un projet rédigé par Stübel en 1824. La mort de Tittmann et de Stübel interrompit l'œuvre entreprise. Ce fut un projet conçu par Gross en 1834 et 1835 qui devint le Code criminel du 30 mars 1838. — Commentaires de Gross, 1848, Weiss, 1841 et sq., Held et Siebdraht, 1848.

3. Il faut rattacher au Code saxon ceux des *Etats de Thuringe* : Codes de Weimar, 1839 (projet de 1822), d'Altenbourg, 1841, de Meiningen, 1844, de Schwarzbourg-Sondershausen, 1845. Le Code saxon inspira aussi le Code pénal « thuringien » (projet de 1849), adopté en 1850 à Weimar, Sondershausen, Rudolstadt, Anhalt, Meiningen, Cobourg et Gotha, introduit en 1852 avec quelques modifications de détail dans la principauté de Reuss ligne cadette, puis encore en 1864 dans celle d'Anhalt-Bernbourg, qui avait d'abord adopté le Code pénal prussien de 1851. Le Code thuringien fut enfin introduit en 1868 dans la principauté de Reuss ligne aînée. Par contre, Altenbourg conserva son code de 1841.

4. *Wurtemberg.*— Les quatre projets élaborés de 1808 à 1813 n'aboutirent pas, et il en fut de même de celui de von Weber (1823). On eut provisoirement recours à l'édit du 17 juillet 1824 sur les catégories de peines et sur les établissements pénitentiaires. Le Code pénal du 1er mars 1839 repose sur les projets de 1832, 1835 et 1838 (ce dernier d'après les délibérations des deux chambres). Modifications en 1849, 1853 et 1855.

Knapp, Das württembergische Kriminalrecht„ dargestellt in Zusatzen zù Feuerbachs Lehrbuch, 1828/29. *Wächter*, Die Strafarten ùnd Strafanstalten des Königreichs Würtemberg, 1832. Commentaires de Hepp, 3 vol., 1839/1842 ; *Hufnagel* (mort en 1848), 2 vol., 1840/44, et 1845.

5. *Hanovre.* — Les travaux commencés en 1823 aboutirent au projet publié en 1825 (élaboré surtout par A.. Bauer, qui l'édita avec commentaires en 1826, puis en 1828 et 1831), puis modifié de 1825 à 1830, pour être soumis à l'assemblée des États. Ceux-ci terminèrent leurs travaux en 1838. Le Code fut promulgué le 8 août 1840. Nombreuses lois complémentaires. Commentaire de Leonhard, 2 vol., 1846/51, et 1860.

6. *Brunswick.* — Projet élaboré surtout par von Schleinitz et Breymar, présenté aux États en 1839, aboutissant au Code pénal du 10 juillet 1840. Egalement en vigueur en Lippe-Detmold de 1843 à 1870.

7. *Hesse-Darmstadt.* — Projet de Knapp, 1824; modifié en 1831 après consultation de Mittermaier. Projet de Lindehof, 1837, modifié en 1839 (rapporteurs : Lindehof et Breitenbach). Code pénal promulgué le 18 octobre 1841, modifié en 1849. Commentaire de Breitenbach (seulement la partie générale), 1842/1844. Ce Code fut aussi en vigueur jusqu'en 1867 dans Hesse-Nassau (depuis 1849), à Francfort-sur-le Main (depuis 1857), dans Hesse-Hombourg (depuis 1859).

8. *Bade.* — Edit pénal de 1803, ayant pour objet d'unifier la jurisprudence criminelle sur la base du droit commun. Une commission élabora en 1836 un premier projet, déposé à la Seconde Chambre en 1839, modifié en 1840 à la suite des délibérations de cette Chambre, en 1844 à la suite des débats à la 1re Chambre. Code pénal promulgué le 6 mars 1845, et appliqué à partir du 1er mars 1851. — Commentaires de Thilo, 1845, et de Puchelt, 1866/68.

II. — Le code pénal prussien de 1851

L'importante ordonnance-circulaire du 26 février 1799, sur la répression des vols et infractions similaires, marque la fin de la vigoureuse et intelligente politique criminelle inaugurée par Frédéric le Grand. A partir du début du XIXe siècle s'élaborent de timides et hésitantes modifications.

Par l'ordre de cabinet du 24 juillet 1826, la grande commission de révision législative (présidée par le comte Dankelmann, ministre de la justice) fut chargée de la réforme générale de la législation prussienne. Une sous-commission spéciale (Députation) eut à s'occuper du droit pénal; elle eut pour président von Kamptz, directeur au ministère de la justice, pour membres Sack et Fischenich; les rapporteurs étaient Schiller, pour les attentats à la propriété, et Bode pour toutes les autres questions. Résultat : Le 1er projet (projet de la commission) imprimé de novembre 1828 à février 1829, avec 4 vol. d'exposé de motifs.

Mise en délibéré à la grande commission et au Ministère d'Etat. Résultat : le 2e projet (1re partie, Législation criminelle), 1830.

Von Kamptz ayant pris le ministère de la justice (1830), une nouvelle discussion eut lieu, et eut pour résultat le IIIe projet, 1re partie, Code criminel et motifs, 1833, 2e partie, Code des contraventions et motifs (formant le 5e vol. de motifs), 1833. En 1834, dispositions complémentaires, surtout en matière de contraventions.

Puis nouveaux travaux. En 1836, IVe projet (revisé). En même temps, l'exposé des lois pénales des pays étrangers (par Weil), en 5 parties, 1838-1841.

Par ordre de cabinet du 4 février 1838, l'examen ultérieur de la question fut confié à une commission de membres du Conseil d'Etat. Les travaux de cette commission durèrent de mars 1838 à décembre 1842. En même temps, la discussion générale des principes s'ouvrait dans l'assemblée plénière du Conseil d'Etat en décembre 1839 et durait jusqu'en janvier 1843. Résultat : le Ve projet, 1843, avec les procès-verbaux des débats (ceux-ci en 3 parties, 1839-1842). Exposé des trois projets (1° celui de 1836; 2° celui de la commission de membres du Conseil d'Etat (jusqu'alors non imprimé); 3° celui du Conseil d'Etat de 1843, publié par le ministre d'Etat von Kamptz, 1844.

Le projet fut d'une part soumis, au printemps de 1843, aux huit Landtags, avec un mémoire comprenant 64 questions, et d'autre part envoyé à un certain nombre d'administrations et de savants. A la suite de ces consultations (spécialement des avis des Landtags provinciaux, 1844) et en considération des critiques exprimées (le Landtag rhénan avait proposé un nouveau projet avec motifs), Bischoff élabora, von Savigny étant ministre de la justice, la revision en 3 volumes (1845) du projet de 1843 et le VIe projet (revisé) de 1845.

Les travaux furent continués par la Commission de membres du Conseil d'Etat, d'octobre 1845 à juillet 1846. En décembre 1846, cette commission soumit au Conseil d'Etat le VIIe projet. Cf. Travaux de ladite commission, 1846.

Dans le même temps, les Rhénans poursuivaient leurs efforts particuliers qui s'exprimaient dans un mémoire de Ruppenthal, 1846. Une nouvelle discussion aboutit au VIIIe projet motivé, 1847. Cf. Travaux de la commission, 1847.

Ce projet fut soumis, avec adjonction de 19 questions principales, à la commission des États réunis (Vereinigter ständischer Ausschuss), convoquée le 3 décembre 1847, et fut discuté, tant dans la section chargée de l'examen préparatoire qu'en assemblée plénière, jusqu'au 6 mars 1848. Cf. Bleich, Verhandlungen des usw. Ausschusses, 4 vol., 1848.

Les travaux furent interrompus par les événements de mars 1848. Ils furent repris par le ministre de la justice Simons. Le 3 janvier 1851, il déposa à la Seconde Chambre le IXe projet motivé (paru en 1851). Les efforts de tant d'années aboutirent enfin. Après des débats approfondis dans les deux Chambres, le roi sanctionna, le 14 avril 1851, le nouveau Code pénal, qui fut mis en vigueur le 1er juillet 1851 (1).

L'influence des juristes rhénans apparaissait manifestement, car le Code pénal prussien porte l'empreinte du Code pénal français dans les dispositions sur la tentative et la complicité, sur le système pénal et le droit pénal international, dans la division en 3 parties et les circonstances atténuantes, etc.

Bibliographie : Commentaires de *Goltdammer*, Materialien 2 Teile, 1851/1852 ; *Beseler*, 1851, *Oppenhoff*, 1856 et sq ; Manuels (Lehrbücher) de *Temme*, 1853, *Hälschner* 1855/68, *Berner*, 1857 et sq.

Le Code pénal prussien fut introduit, avec ou sans modifications, en 1852, dans Hohenzollern, dans Anhalt-Bernbourg (jusqu'en 1864), en 1855 dans Waldeck et Pyrmont, en 1858 dans Oldenbourg (où le Code pénal de 1814 avait été refondu et augmenté en 1837), en 1863 à Lubéck.

Une ordonnance du 12 décembre 1866 promulgua les deux premières parties du Code pénal à Francfort-sur-le-Main. L'ordonnance du 25 juin 1867 décidait que dans les territoires nouvellement acquis à la Prusse, le Code pénal prussien (et pour Francfort sa 3e partie) aurait force de loi à partir du 1er septembre 1867, dans la teneur de sa troisième édition officielle (de 1859). Ainsi disparaissaient : 1° dans Hesse-Nassau, Hesse-Hombourg et à Francfort-sur-le-Main le Code pénal hessois de 1841 ; 2° dans le Hanovre, le Code pénal de 1840 ; 3° dans Hesse-Cassel et le Schleswig-Holstein, le droit commun. — Pour la Hesse électorale, où un projet élaboré en 1849 n'avait pas été discuté, cf. *Kersting*, Das

(1) Le droit commun était à l'époque encore en vigueur dans la Poméranie antérieure et dans la partie du district de Coblentz sise à l'est du Rhin.

Strafrecht in Kurhessen, 2 vol. 1853/54. — Pour le Schleswig-Holstein (projet de Egers en 1808, projets de 1840, 1849, 1866), cf. *Kramer*, Versuch einer systematischen Darstellung des peinlichen Rechts, 1798; *von Schirach*, Handbuch des schleswig-holsteinischen Kriminalrechts, 2 vol., 1828-1829.

III. — La législation pénale en Allemagne après 1851

1. *Saxe.* — Les événements de 1848 avaient rendu indispensable une refonte du Code de 1838. Une commission convoquée en juin 1848 (rapporteur : Krug) déposa en juillet 1850 un projet qui n'aboutit pas. Un nouveau projet fut soumis en avril 1853 aux députations des états. Résultat : Le Code pénal du 13 août 1855, mis en vigueur le 1er octobre 1856. Ce code fut copié par le Code pénal de Reuss, ligne aînée, du 27 novembre 1861, mis en vigueur le 1er mai 1862. Le Code saxon fut refondu partiellement en 1868, surtout quant au système des peines.

Commentaires de *Krug*, 2e édit., 1861/62, *Siebdrat*, 1862, v. *Schwarze*, 1868. Exposé systématique de *Wächter*, 1857/58 (inachevé).

2. En *Bavière*, une refonte totale du Code pénal de 1813 s'imposa au bout de peu d'années. Mais les projets de Gönner (1822), de Schmidtslein (pour la plus grande partie) en 1827, de Stürzer en 1831, furent mal accueillis ou n'aboutirent pas. Les travaux furent repris seulement en 1848. Le ministre de la justice, von Kleinschrod, soumit aux Chambres en 1851 la 1re partie (générale) d'un 4e projet, puis, en 1853, un 5e projet complet et motivé (édit. in-8°, 1854). Ce dernier projet, non modifié, fut proposé de nouveau en 1855 par von Ringelmann, successeur de Kleinschrod. Les débats furent brusquement interrompus en mars 1858, en raison du désaccord complet qui existait entre le gouvernement et la représentation populaire. En juin 1860 seulement, le nouveau ministère soumit aux Chambres le 6e projet refondu. Dès lors, les travaux avancèrent rapidement ; le Code pénal du 10 novembre 1861, conçu dans le même esprit que le Code pénal prussien de 1851, entra en vigueur le 1er juillet 1862.

Commentaires de *Hocheder*, 1862, Weiss, 1863/65, *Dollmann* (mort en 1867) et *Risch*, 1862/68, *Stenglein*, 1861/62.

3. A *Hambourg*, on jugea à propos, en 1869, de promul-

guer un nouveau Code pénal, qui fut en vigueur du 1er septembre 1869 au 1er janvier 1871 (Projets antérieurs : en 1848, celui de Trummer pour les 3 villes hanséatiques, refondu en 1849 et 1851 ; en 1862, nouveau projet, publié en 1864).

4. L'état de la législation pénale en *Allemagne* était donc en 1870 le suivant :

Le droit commun n'était plus appliqué que : 1° dans les deux Mecklembourgs (où un projet avait échoué en 1850) ; 2° à Lauenbourg (où une loi du 4 décembre 1869 ordonnait la mise en vigueur du Code pénal prussien à dater du 1er avril 1870) ; 3° dans Schaumbourg-Lippe ; 4° dans une région du Hartz appartenant en commun au Hanovre et à Brunswick ; 5° à Brême (où n'avaient pas abouti les projets de 1861 et de 1868).

Dix codes pénaux différents étaient en vigueur : 1° Le Code de Brunswick de 1840 (appliqué aussi dans Lippe-Detmold) ; 2° le Code saxon de 1838, adopté en Saxe-Altembourg depuis 1841 ; 3° le Code hessois de 1841 ; 4° le Code thuringien de 1850 et sq.; 5° le Code prussien de 1851 ; 6° le Code saxon de 1868 ; 7° le Code hambourgeois de 1869 ; en outre, dans l'Allemagne du sud : 8° le code wurtembergeois de 1839 ; 9° le Code badois de 1845 ; 10° le Code bavarois de 1861.

L'éparpillement était grand, moindre cependant qu'il ne paraît au premier abord. Malgré toutes les divergences de détail, il régnait cependant une certaine homogénéité de principes. Mais surtout l'expansion directe ou indirecte du Code pénal prussien avait puissamment contribué à préparer le terrain pour la création d'un Code pénal commun à toute l'Allemagne. Dans ce domaine aussi, la Prusse devait récolter les fruits de sa politique (1).

§ 9. — La législation pénale étrangère du XIXe siècle.

BIBLIOGRAPHIE. — Ouvrage principal : La législation pénale comparée. Publié en français et en allemand par l'Union Internationale de Droit pénal (L'édition citée est l'édition allemande, sous l'abréviation L. P. C.). 1er volume, Etats Européens, sous la direction de *V. Liszt*, 1894 (à ce sujet *Birkmeyer* Z, XVI, 95). 2e vol., Etats hors d'Europe, sous la direction de *V. Liszt* et *Crusen*, 1898 (avec annexes pour le 1er volume). Complément dans les Mittei-

(1) Sur l'apparition et l'évolution du Code pénal d'Empire, cf. plus loin, § 11.

lungen (Bulletin de l'Union Internationale de Droit pénal), IX et sq. — Collection de codes pénaux étrangers publiés en allemand par la rédaction de Z. — Abondante documentation dans l'Annuaire de législation comparée, publié par la Société de législation étrangère de Paris.

I. Autriche-Hongrie

1. *Autriche.* — Cf. Hiller, LPC., I, 115. Le Code pénal du 27 mai 1852, encore en vigueur, est en somme une édition corrigée du Code pénal de 1803 (voir plus haut § 7, II, 1). Les travaux entrepris depuis 1861 n'ont pas encore abouti. Projets de von Hye, 1867, Glaser, 1874, Prazak, 1881, Schönborn, 1889 et 1891 (Z, XIV, 221). Les travaux continuent.

Principaux ouvrages : Herbst, Handbuch, I, 7e édit.. 1882, II, 7e édition 1884. Janka (mort en 1888 ; cf. Z, IX, 517) Lehrbuch ; 4e édit. publié par von Kallina, 1902. Finger Lehrbuch, 2e édit., 1902. Grundriss von Lammasch, 1899. La meilleure édition du texte du Code pénal de 1852 est celle de Cramer, 19e édit., 1902. Décisions de la Cour de cassation depuis 1876 (dans Manz). — Code pénal militaire du 15 janvier 1855.

Le Code pénal de 1852 est actuellement en vigueur dans la Cisleithanie, la Croatie, la Slavonie et la principauté de Lichtenstein. Sur le projet croate de 1879, cf. Tauffer, Gesammelte Wohlmeinungen, etc., 1882 (avec traduction allemande ; Silovic Mitteilungen, VI, 157.

La législation autrichienne a été introduite en 1880, avec quelques légères modifications, en Bosnie et Herzégovine. Edition officielle, Vienne 1881 (avec ordonnance de promulgation non datée : en vigueur à partir du 1er septembre de la présente année). Fait l'objet d'une refonte.

2. *Hongrie.* — Cf. von Wlassicz, LPC, I, 162, Fayer, LPC, II, 459, Mitteilungen, IX, 257. Le Code pénal autrichien fut en vigueur de 1852 à 1861. Projets divers, notamment de 1843. — Nouveau Code pénal en 1878, en vigueur depuis le 1er septembre 1880, inspiré par le Code allemand. Traduction allemande officielle, 1878. Complément en préparation. Code des contraventions du 12 juin 1879. Traduction officielle allemande, 1879. — Travaux de doctrine de Schnierer, Kantz, Horovitz, Fayer ; Commentaire de Illès, 3 vol.

II. Pays-Bas

Cf. van Hamel, LPC, I, 189. Le Code pénal français avait été mis en vigueur en 1811, à la place du Code hollandais du 31 janvier 1809, mais on s'efforça de bonne heure d'en secouer le joug. Les projets de 1827, 1839-1846, 1859 n'aboutirent pas. Enfin le projet de 1875 devint le Code pénal du 3 mars 1881, en vigueur depuis le 1er septembre 1886 ; c'est pour la plus grande partie le travail de A. F. J. Moddermann, Professeur et Ministre de la justice (mort en 1885). Traduction allemande en annexe à Z, I. Le nouveau Code pénal militaire (œuvre de van der Hœven) du 27 avril 1903 remplace les Codes militaire et maritime de 1814 et 1815. Aux Indes orientales, un code de 1866, modifié en 1875, s'applique aux Européens (Edition de de Pinto). Projet d'un nouveau code, 1891. Pour les indigènes, un code de 1872, modifié en 1876 et 1879. Aux Indes Occidentales (Surinam et Curaçao), Code pénal de 1868 (édition de van der Kinderen).

H. J. Smidt Geschiedenis van het Welbock von Strafrecht, 5 vol. 1881-1889. Commentaire de van Swinderen, 1889 et sq. Collection complète des textes et documents chez Gebr. Belinfanto, en 6 parties, 1879 à 1886 (Z 9,374). Excellent Manuel (Enleiding tot de Studie van het Nederlandsche Strafrecht) de van Hamel, 1889, 2e éd. 1907. Principes de Pols, 1889, Simons, I, 1904, II, 1907. — Revue : Tijdschrift voor Strafrecht, avec de très bons aperçus de bibliographie, de jurisprudence et de législation (depuis 1886).

III. Etats scandinaves

I. *Danemarck.* — Cf. Olrik, LPC, I, 207, Mitteilungen, VI, 210, IX, 215. Code pénal du 10 février 1866 ; Traduction allemande de Bittl en annexe à Z, XXI : Code pénal militaire du 7 mai 1881, Traduction allemande en annexe à Z II. Ouvrage principal : Goos, Den Danske Strafferet 1875 et sq. Le Code pénal islandais du 25 juin 1869 concorde en général avec le Code danois.

II. *Suède.* — Cf. Uppström, LPC, I, 244. Code pénal du 16 février 1864, en vigueur depuis le 1er janvier 1865. Modifié en partie par les lois du 28 octobre 1887 et 20 juin 1890. Projet en préparation (depuis 1888). Code pénal militaire du 7 octobre 1881. Traduction allemande en annexe à Z, II.

III. *Norwège.* — Cf. Getz, LPC, I, 227. Projet de 1832. Code pénal du 20 août 1842 (Traduction allemande de Thaulow. 1845), modifié le 3 juin 1874 et le 29 juin 1889. Commentaire de Schweigaard. Important projet (de Getz), 1893 et sq., discuté au Parlement. Traduction allemande de Rosenfeld et Urbye en annexe aux Mitteilungen, VII et XII. Trad. des Motifs. Partie générale de Bittl, 1907.

Code pénal militaire du 22 mai 1902.

Exposé du droit pénal des trois États par *Goos,* dans la Nordisk Retsencyklopadi (1882 et 1899).

IV. Etat russe

1. *Empire de Russie.* — Cf. LPC, I, 269. Code pénal de 1866 (refonte du Code pénal de 1845). Traduction allemande, Saint-Pétersbourg, 1868. Principaux auteurs de doctrine : Taganzeff et Foinitzky. Sur le manuel de ce dernier, cf. Wesnitsch, Z, X, 447 ; sur sa « Lehre von der Strafe in Verbindùng mit der Gefänginskunde » (1889), cf. Sliosberg, Z, XI, 701. En outre, Manuels de Spassovitsch, Sergejewski, Nekludoff, etc. Un projet de Taganzeff et Foinitzky (Partie générale, Infractions contre les personnes et contre la propriété, traduction allemande de Gretener), a fait l'objet d'un certain nombre de critiques allemandes (cf. Z, V, 745, VII, 595, 708). Etudes de Geyer, Z, III, 598, IV, 185, VI, 559 ; Schütze, GA, XXXVI, 226 ; Foinitzky, Iahrbuch der internationalen Vereinigùng fur vergleichende Rechtswissenschaft ùnd Volkswirtschaftslehre, I, Stielmann, Z, XXII.

2. *Grand-Duché de Finlande.* — Cf. Forsmann, LPC, I, 313. Nouveau Code pénal du 19 décembre 1889, mis en vigueur le 23 avril 1894 à la place de la législation suédoise de 1734 (modifiée en 1866). Traduction allemande en annexe à Z, XI ; Traduction française de Beauchet, 1890. Cf. Forsmann (mort en 1899), Z, XI, 578. Projets de 1875 et 1884. Code pénal militaire du 16 juillet 1886 (fait l'objet d'une refonte).

V. Etats balkaniques

1. *Bulgarie.* — Cf. Schischmanoff, LPC, I, 331. Le même, dans l'Annuaire de la Société internationale de droit com-

paré, II, 194. Jusqu'en 1895, droit turc. Un projet élaboré en 1888 par Stoïloff (sur le modèle du projet russe de 1885), fut à cette époque repoussé par les Chambres ; représenté en 1895, il fut promulgué comme loi du 4 mars 1896. Traduction allemande de Krüger, 1897, ainsi qu'en annexe à Z, XVIII.

2. *Grèce.* — Cf. Kypriades, LPC, I, 336. Le Code pénal du 10 janvier 1834, inspiré du Code bavarois (édition officielle grecque et allemande de 1834), a été plusieurs fois remanié, notamment en 1864. — Projet de 1871. — Ouvrages principaux : Manuel de Saripolos, 1868-1871 ; Manuel de Kosti, 3 vol , 1871 à 1879 ; 2e édit., 1892-93.

3. *Monténégro.* — Cf. Dickel. LPC, I, 339. Code pénal de Daniel Ier du 23 avril 1855. Traduction allemande, 1859. Wahlberg, Kleine Schriften, III, 340.

4. *Roumanie.* — Cf. Missir, LPC, I, 343. Tanoviceano, Mitteilüngen, IX, 261. Le Code pénal de 1864, dans la teneur du 17 février 1874, suit le Code pénal français. Modifié le 23 février 1894. Loi sur la justice militaire du 9 avril 1894.

5. *Serbie.* — Cf. Wesnitsch et Josefowitsch, LPC, I, 352. Le Code pénal du 27 mars 1860 est conçu sur le modèle du Code prussien de 1851. Code pénal militaire du 28 avril 1864. Système d'Awakumowitsch ; Commentaire de Zewitsch.

VI. Suisse

Cf. Teichmann, Gautier, Gabuzzi, LPC, I, 361. Gautier, Mitteilüngen, VI, 61, et IX, 232. Teichmann, Mitteilüngen, IX, 218. — Du 4 mai 1799 jusqu'en 1803, le Code pénal français de 1791 fut en vigueur comme Code pénal helvétique. Actuellement (1908), l'unité pénale n'existe en Suisse que dans les limites de la loi fédérale du 4 février 1853, qui concerne les crimes contre la Confédération, les crimes des fonctionnaires fédéraux ainsi que quelques autres infractions. En outre, un certain nombre de dispositions pénales sont contenues dans d'autres lois fédérales. La loi fédérale du 27 août 1851 embrasse le droit pénal des troupes fédérales ; ordonnance d'instruction criminelle militaire du 28 juin 1889. — Un Code pénal fédéral homogène est en préparation, et les travaux préparatoires sont confiés au professeur Stooss, de Vienne (précédemment à Berne). Collection des Codes pénaux suisses,

1890. Stoos, Die Grundzüge des schweizerischen Strafrechts, im Auftrage des Bundesrates vergleichend dargestellt. I, 1892, II, 1893. Avant-projet (rédigé par Stooss), 1893/94 (critique de v. Lilienthal, Z, XV, 97; Beling, Z, XVII, 303), Avant-projet de la commission des experts, 1896 (annexe aux Mitteilungen, VI). Bibliographie du projet par Teichmann dans la Schweizer Zeitschrift, XI, 189. La partie générale est la première réalisation des conceptions de politique criminelle de l'Union I. D. P.

Les règles pénales légales des 22 cantons (dans la mesure où les cantons ne sont pas dépourvus de toute réglementation pénale, basant alors leur justice criminelle sur des ordonnances isolées et sur la coutume judiciaire) diffèrent profondément, celles des cantons allemands reflétant plus ou moins fidèlement l'état actuel de la doctrine et de la législation allemandes, tandis que les cantons français, en particulier Genève, prennent le Code pénal français pour modèle. Cf. Pfenninger (mort en 1896), Das Strafrecht der Schweiz, 1890.

Uri et Nidwalden (partie du canton d'Unterwalden) n'ont pas de Code pénal. — Des lois anciennes sont en vigueur dans Vaud, 1843/44 (Projet de 1882), les Grisons, 1851, le Valais, 1858/9, Schaffhouse, 1859 (novelle de 1891). — Des codes plus récents existent à Lucerne, 1860-61 (Ed. Pfyffer, 1861 et sq.), en Obwalden, 1864/65, à Berne, 1866/67 (Ed. Stooss, 1696), à Glaris, 1867 (modifié le 7 mai 1899), en Thurgovie, 1868, à Zurich, 1871 (teneur du 6 décembre 1897, (Benz-Zürcher, 3e éd., 1898), à Bâle-Ville, 1872/73 (éd. de 1887), Bâle-Campagne, 1873, dans le Tessin, 1873, à Fribourg, 1873, à Genève, 1874, à Zug, 1876 (modifié en 1882), en Appenzell (Rhodes extérieures), 1878, à Schwyz, 1881, à Saint-Gall, 1885 (applicable le 1er mai 1886), à Soleure, 1885 (en vigueur le 1er juillet 1886), en Argovie, 1857, avec loi complémentaire de 1886 (éd. Stierli, 1887), à Neufchâtel, 12 février 1891 (élaboré par Cornaz), en Appenzell (Rhodes extérieures), du 30 avril 1899. A signaler tout particulièrement la Schweizerische Zeitschrift für Strafrecht (depuis 1888), fondée et dirigée par Stooss.

VII. France, Belgique, Luxembourg, Monaco

1. *France*. — Cf. Rivière, LPC, 1, 435, ainsi que Mittei-

lüngen, VI, 38. Le Code pénal de 1810 (voir plus haut § 7, II, 3) a été modifié profondément par diverses lois (1832, 1848, 1850, 1854, 1863, etc.). Code pénal militaire du 9 juin 1857, Code militaire maritime du 4 juin 1858. Ouvrages à mentionner : Chauveau et Faustin-Hélie, Théorie du Code pénal, 6e édit. (de Villey), 6 vol. 1887 et sq., Ortolan (mort en 1873), Eléments du Droit pénal, 5e édit., 2 vol., 1886. Villey, Précis d'un cours de droit criminel, 5e édit., 1891. Trébutien, Cours élémentaire de droit criminel, 2e édit., 1884. Blanche, Etudes pratiques sur le Code pénal, 7 vol., 1861-1872, 2e édit., 1888-1891. Boitard, Leçons de droit criminel, 13e édit. (par Villey), 1890. Laborde, Cours élémentaire de droit criminel, 2e édit., 1898. Garraud, Précis de droit criminel, 1904. Molinier-Vidal, Traité, 2 vol., 1893/94. Normand, Traité élémentaire, 1896 ; Vidal, Cours de droit criminel et de Science pénitentiaire, 3e édit., 1906 ; mais surtout Garraud, Traité théorique et pratique du droit pénal français, 5 vol., 2e édit., 1898 et sq., et Garçon, Code pénal annoté, 1901. — Revue pénitentiaire (publiée par la Société générale des prisons). — La refonte du Code pénal est à l'étude. Le projet concernant la partie générale est imprimé (Mitteilungen, IV, 165). Sur l'Inde française, cf. E. Fauvel dans le Journal du droit criminel, 1884. Le Code pénal a été introduit en Cochinchine en 1880.

2. *Belgique.* — Cf. Prins, LPC, I, 461, et Mitteilungen, VI, 202 ; Lentz, Mitteilungen, IX, 211. Le Code pénal français, sensiblement amélioré, est en vigueur depuis 1867. — Haus (mort en 1881), Principes généraux du Droit pénal belge, 3e édit., 2 vol., 1879. Nypels, le Code pénal belge interprété, 3 vol., 1867, 1878, 1884. Nouvelle édit. de Servais, 1896. — Thiry, Cours de droit criminel, 2e édit., 1899. Prins, Science pénale et droit positif, 1899. Code pénal militaire belge du 15 juin 1899.

3. *Luxembourg.* — Cf. Berg, LPC, I, 472. Le Code pénal de 1879 est entièrement inspiré du Code belge. — Edition française et allemande de Ruppert, 1879.

4. *Monaco.* — Cf. Turrel et Crusen, LPC, I, 475. Le Code pénal du 19 décembre 1874 (en vigueur depuis le 1er janvier 1875) se modèle absolument sur le Code pénal français.

VIII. La péninsule ibérique

1. *Espagne*. — Cf. Rosenfeld, LPC, I, 483. Code pénal de 1848, refonte du 1er janvier 1871. Plusieurs projets de 1880 à 1890. — Code pénal militaire du 17 novembre 1884. Codigo de justicia militar du 27 septembre 1890. Principal ouvrage : Silvela, El derecho penal, etc., 1874, 1879. Viada y Vilaseca, Codigo penal, etc., 4 vol., 1890 (1891). RR. Rueda, Elementos de derecho penal, 2e édit., 1889, 3 vol. — Critiques des projets par Kirchenheim, GS, XXXVII, 417 ; S. Mayer, GS, XL, 272. Codes inspirés du Code espagnol : à Cuba et Porto Rico, tous deux du 21 mai 1879, aux Philippines du 4 septembre 1884.

2. *Portugal*. — Cf. Tavares de Medeiros, LPC, I, 535. Le Code pénal du 10 décembre 1852 a fait l'objet d'une refonte datée des 14 juin 1884 et 16 septembre 1886.

IX. La péninsule italique

1. *Italie*. — Cf. Alimena, LPC, I, 581, II, 333 et Mitteilungen, IX, 263. I. Situation du droit jusqu'en 1890 : en Sardaigne et Piémont, le Code pénal Albertin du 26 octobre 1859 ; en Lombardie et Vénétie, le Code pénal autrichien de 1852 ; à Parme et Plaisance, le Code pénal de 1820 ; à Modène, le Code pénal de 1855 ; en Toscane, le Code pénal du 29 juin 1853 (refondu en 1856), inspiré du Code badois sous l'influence de Mittermaier ; dans les deux Siciles, le Code pénal de 1819 ; dans les Etats de l'Eglise, l'Ordonnance grégorienne de 1832. — II. Depuis 1859 le Code pénal sarde, a été étendu peu à peu à toute la péninsule (dans le Nord, dans la teneur de 1859, au Sud, dans celle de 1861), à l'exception de la Toscane. Dès la même date commençaient les travaux pour la confection d'un code nouveau et homogène ; ils aboutirent après plus de 20 ans (nombreux projets) à l'adoption du projet Zanardelli. — III. Le Code pénal du 30 juin 1889 est en vigueur depuis le 1er janvier 1890. Traduction allemande en annexe à Z, X, autre de Stephan, 1890 ; traduction française de Turrel, Lacointa, Sarraute, 1890. Cf. Lavori parlamentari del nuovo cod. pen. dans les volumes annexes de la Rivista penale, fondée et dirigée depuis 1874 par Luc-

chini. — Critiques du projet Zanardelli : von Liszt, Abhandlüngen des krim. Seminars, I, I, 1889 ; H. Seuffert, Mitteilungen aus dem Entwurf eines Strafgesetzsbuches für Italien, 1888, etc. — Travaux sur le nouveau Code de Gogliolo, Crivellari, Travaglia, Pessina, Puglia, Majuo, etc. Civoli, Lezioni di diritto penale, 2 vol., 1895/96. Lanza, Trattato teorgico pratico, 1896. Tuozzi, Corso di diritto penale, 4 vol., 2e édit., 1899 et sq. — Ouvrages ancieus : Carrara (mort en 1888), Programma del corso di diritto penale, 10 vol., 1863 et sq. — Lois pénales complémentaires dans la Rivista penale. — Nouveau code pénal militaire en préparation. — La Rivista di discipline carcerarie, qui avait cessé de paraître en 1891, est publiée de nouveau depuis 1897 sous la direction de Beltrani-Scalia.

2. A *Saint-Marin*, Code pénal du 15 septembre 1865. Cf. Alimena, LPC, I, 606.

X. Les États de droit anglo-américain

1. *Grande-Bretagne*. — Cf. l'excellent exposé de Schuster, LPC. I, 611 et Mitteilungen X, 52. Aschrott, Z, XVII, 1. Le droit anglais repose sur le common law, la jurisprudence (case law) et le statute law. Pour le droit pénal, sont surtout importants les Criminal law consolidation statutes de 1861, qui ont présenté sous une conception nouvelle les plus importants groupes d'infractions (Délits contre la propriété et crimes contre le corps humain et la vie). Un Code pénal ayant été promulgué aux Indes en 1860 (refondu en 1870, 1882 et 1886), grâce aux efforts de J. F. Stephen, l'idée d'établir une législation pénale homogène pour la Grande-Bretagne fut prise en sérieuse considération. Mais les projets de 1878, 1879 et 1880 se heurtèrent au Parlement à de si multiples difficultés qu'actuellement on ne peut guère prévoir l'apparition d'un Code pénal anglais.

Bibliographie : Aschrott, Strafensystem ùnd Gefängniswesen in England, 1887. J. F. Stephens, Digest of the criminal law (crimes and punishments), 6e édit., 1904. Le même, A history of the criminal law of England, 3 vol., 1883. Russel, A treatise on crimes and misdemenaors, 6e édit. (Smith), 3 vol., 1896. Harris, Principles of the criminal law, 7e édit. (Attenborough), 1896. Kenny, Outlines of criminallaw, 1902.

Philipps, Comparative criminal jurisprudence, 2 vol., 1889. Le même, Manual of Indian criminal law, 1883. Mayne, The criminal law of India, 1905. Nelson, The indian pénal Code act. usw. 1901. — Le Code pénal de l'Inde a inspiré le Code pénal de Singapore et dépendances (9 août 1871; cf. Philipps, LPC, II, 221. Sur le Canada, l'Australie et les autres colonies anglaises, cf. Buresch, LPC, II, 269. — Le droit anglais est également en vigueur à Malte depuis 1854. A Maurice, une ordonnance française de 1838 est encore en vigueur.

2. Le droit pénal des Etats-Unis repose en principe sur les mêmes fondements que le droit anglais et présente les mêmes particularités. Dans ces dernières années, des essais de codification pénale ont été tentés dans la plupart des Etats, mais n'ont pas toujours réussi. Code pénal de New-York de 1881 (important); traduction allemande, Z, IV. En fait de droit général, il n'existe que quelques lois féderales concernant des matières de droit pénal. Excellent exposé de Beale, LPC, II, 195. Ouvrages récents : Bishop, Commentaries on criminal law, 8e édit., 1892, 2 vol. Wharton, A treatise on criminal law, 10e édit. (Lewes), 1896, 2 vol. Mc Clain, Criminal Law, 1897, 2 vol. Projet d'un Code pénal fédéral, de 1901.

XI. Etats de l'Amérique du centre et du sud

1. *Mexique*. — Eisenmann, Z, XIV, 19 et LPC, II, 113. Code du 7 décembre 1871 (est valable dans toute la République pour les crimes commis contre la confédération, pour le reste dans la Basse-Californie seulement). Traduction allemande en annexe à Z, XIV.

2. *Costarica*. — Eisenmann, LPC, II, 140. Code pénal du 27 avril 1880. Etude de Orozco, 1882.

3. *San-Salvador*. — Eisenmann, LPC, II, 152. Code pénal du 19 décembre 1881.

4. *Honduras*. — Uclès, LPC, II, 133. Code pénal du 27 août 1880 (modèle : Chili); Code pénal militaire du 31 mai 1881. Tous deux ont fait l'objet d'une refonte (le premier sur le modèle du Code espagnol), mise en vigueur le 1er janvier 1899.

5. *Guatemala*. — Soravia, LPC, II, 146. Code pénal du 1er février 1889.

6. *Nicaragua.* — Selva, LPC, II, 129. Code pénal de 1891 (remplaçant celui de 1879).

7. *Brésil.* — Aranjo-Crusen, LPC, II, 169. Le Code pénal du 16 décembre 1830 (Commentaire de Tinoco, 1886, et de Vieira de Aranjo, 1889) a été remplacé par le Code pénal des Etats-Unis du Brésil du 11 octobre 1890 (sur le modèle du Code italien). Projet de 1893.

8. *Chili.* — Robustiano Vera, LPC, II, 13. Code pénal du 12 novembre 1874 (en vigueur le 1er mars 1875 ; édition officielle de 1889). Suit de près le Code pénal espagnol. Commentaire de Robustiano Vera, 1886. Traduction allemande en annexe à Z, XX.

9. *Bolivie.* — Eisenmann, LPC, II, 161. Code pénal du 3 novembre 1834.

10. *Pérou.* — Crusen, LPC, II, 55. Code pénal du 23 septembre 1862 (en vigueur depuis 1863).

11. *Colombie.* — Crusen, LPC, II, 89. Code pénal du 18 octobre 1890.

12. *République argentine.* — Pinero, LPC, II, 1. Code pénal du 25 novembre 1886, en vigueur le 1er mars 1887. Projets de 1891 et 1895 (Segovia). Ouvrage principal : Rivarola, Exposicion y critica del codigo penal, 3 vol., 1890.

13. *Uruguay.* — Martinez, LPC, II, 73. Code du 17 janvier 1889 (sur le modèle italien), en vigueur le 18 juillet 1890.

14. *Paraguay.* — Eisenmann, LPC, II, 81. Code pénal du 21 juillet 1880.

15. *Vénézuela.* — Code pénal du 20 février 1873, modifié le 17 mai 1897. Ochoa-Rosenfeld, LPC, II, 45. Ochoa, Exposicion del Codigo penal venezolauo, 1888.

16. *Equateur.* — Crusen, LPC, II, 21. Code pénal de 1873, refondu le 1er décembre 1890.

17. *Saint-Domingue.* — Codigo penal du 20 août 1884. Cf. LPC, II, 433.

18. *Haïti.* — Code pénal de 1835. Cf. Pradine, Code pénal et Code d'instruction criminelle annotés, Paris, 1883. Cf. LPC, II, 435.

19. Hawaï. — Code pénal de 1850.

XII. Turquie

Cf. Van den Berg, LPC, I, 710. Sachan, Muhamedanisches Recht nach Schaffittischer Lehre, 1897. — Code pénal du

25 juillet 1858 (plusieurs fois modifié), inspiré du droit français. Traduction française, 1883. — Sur l'Egypte, cf. Aboul-el-Fetouh, Mitteilungen, VI, 411, IX, 247. Code pénal du 13 novembre 1883 pour les indigènes. Traduction officielle française dans l'année 1883 du Bulletin des Lois et Décrets (au Caire). Fait actuellement l'objet d'une refonte. — Sur le Maroc, cf. LPC, II, 415.

XIII. Etats d'extrême-orient

1. *Chine*. — La Chine n'a pas de Code pénal ; les seules sources du droit sont les ordonnances impériales publiées au Journal Officiel. Lind, A chapter of the Chinese penal law, 1887. Kohler, Chinesisches Strafrecht, 1886. Staunton (Renouard de Sainte-Croix), Ta-tsing-leu-lee ou les lois fondamentales du Code pénal de la Chine, 2 vol., 1812 (Len-lee est le recueil des dispositions de droit pénal). Alabaster, Notes and commentaries on Chinese Criminal Law, 1899. Krebs, LPC, II, 369.

2. *Japon*. — Projets de 1871, 1875, 1888, Code pénal de 1880, en vigueur le 1er janvier 1882. Ce Code fait présentement l'objet d'une refonte. Edition officielle anglaise, Yokohama, 1882 (en in-4° et in-8°). Cf. Lönholm, LPC, II, 353. Boissonnade, Projet revisé de Code pénal pour l'empire du Japon, 1886. Rudorff, Kamporitsu oder Hiakkajo, Ein Japanisches Rechtsbuch aùsder Mitte des vorigen Iahrhùnderts, 1889. Michaelis, Zur Kenntniss der Geschichte des japanischen Strafrechts. — Projet de 1899, traduit par Okada en annexe au tome VIII des Mitteilungen. — (Code pénal du 23 avril 1907, n. du tr.).

3. — Pour le *Siam*, cf. Frankfurter dans l'Annuaire de l'Institut international de droit comparé, II, 98.

XIV. L'Etat du Congo

L'Etat du Congo possède un Code pénal, en vigueur depuis le 1er août 1888. Imprimé dans le Bulletin officiel de l'Etat indépendant du Congo, juin 1888. Compléments du 26 janvier 1889, du 19 déc. 1896.

§ 10. — La doctrine pénale allemande au XIXᵉ siècle.

BIBLIOGRAPHIE. — *Von Liszt*, dans Rechtsforschung und Rechtsunterricht auf den deütschen Universitäten, 1893, p. 72 (extrait de l'ouvrage publié pour l'Exposition universelle de Chicago : Die Deutschen Universitäten). V. *Lilienthal*, Heidelberg Lehrer des Strafrechts im 19 Iahrhundest, 1903.

I. — A la fin du XVIIIᵉ siècle, commence, pour la **doctrine pénale allemande**, une nouvelle période d'épanouissement, qui s'étend presque jusque vers 1860. La période de gestation est terminée. La doctrine dut s'occuper non seulement de l'activité inépuisable de la législation, mais elle eut aussi une double mission dont l'accomplissement fit sa grandeur : la conception homogène d'un droit encore morcelé dans les législations de différents pays, et le raccordement historique de ce droit à celui du passé.

Au début de cette période se place P. J. A. Feuerbarch, né en 1775, mort en 1833 (1). Imbu de l'esprit de la philosophie Kantienne, examinant critiquement les conceptions rationalistes de ses prédécesseurs, opposant à de fougueuses tentatives de réformes sa science et son expérience pratique, il a été, d'une part, par son Manuel (1801), le rénovateur de la doctrine pénale allemande, et, d'autre part, par sa

(1) L. FEUERBACH, *A. v. Feuerbachs Leben ünd Wirken*, 1852 ; GLASER, *Ges. kl. Schriften*, I, 19 ; GEYER, *Kl. Schriften*, 553 ; MARQUADSEN, *Allg. D. Biographie*, VI, 731. Le Manuel a été publié en 14ᵉ édition par MITTERMAIER, 1847, puis avec commentaire critique par Morstadt, 1852, et par OSENBRUGGEN, 1855. Parmi les autres écrits de Feuerbach, il y a lieu de mentionner surtout : *Revision der Grundsätze ünd Grundbegriffe des positiven peinl. Rechts*, 1799-1800. V. BREUER, *Die politische Gesinnung und Wirksamkeit des Kriminalisten A. v. F.* Thèse. Strasbourg, 1905. FLEISCHMANN, *A v. F. der Jurist, als Philosoph*, 1906. DORTING, *Feuerbachs Straftheorie und ihr Verhältnis zur Kantischen Philosophie* (Kantstudien, Ergänzungsheft, 3) 1907.

collaboration au Code pénal bavarois de 1813, il a ouvert la voie à la législation pénale allemande. A la même époque travaillaient à la renaissance de notre doctrine, non seulement les amis de Feuerbach, Grolman (mort en 1829) et von Almendingen (mort en 1827), mais aussi ses adversaires, Klein (professeur à Halle, mort en 1810) et von Kleinschrod (professeur à Wurzbourg, mort en 1824). A côté d'eux, il faut mentionner Stelzer comme auteur du premier manuel de droit pénal écrit en allemand (1793) et Stubel (manuel 1795).

Puis vinrent, comme auteurs de manuels : Tittmann (mort en 1834), Handb., 1806-10, 2e éd. 1822-24 ; Rosshirt (mort en 1873), professeur à Heidelberg, Lehrb. 1821, Geschichte und System 1838-39 ; Wirth, Handb., 1822. Martin (mort ne 1857), Lehrb., 1820-25, 2e édit. 1829. Wächter (mort en 1880 ; sur ce dernier, Windscheid, KG. von Wächter, 1880), Lehrb. 1825-6 (avec des commentaires historiques de valeur) ; Bauer (mort en 1843), Lehrb., 1827, 2e éd. 1833 ; Henke (mort en 1869), Handb., 1823-38 ; Jarcke (mort en 1852), Handb., 1827-1830 ; Heffter (mort en 1880), professeur à Bonn, Halle, Berlin, Lehrb., 1833, 6e éd. 1857 ; Klenze (mort en 1838), Lehrb., 1833 ; Abegg (mort en 1868), professeur à Königsberg et Breslau, System., 1826, Lehrb., 1836 ; Mazeroll (mort en 1873), professeur à Giessen et Leipzig, Kriminalrecht, 1841, 3e éd., 1856 ; Luden (mort en 1880), professeur à Iéna, Handb. I, 1842 ; Köstlin (mort en 1856), professeur à Tubingue, hégélien, Neue Revision, 1845, System, 1855 ; Häberlin (mort en 1898). Grundsätze, 1845 et sq. ; E. J. Bekker, professeur de droit romain à Heidelberg, Théorie, 1859. Geib (mort en 1864), Lehrb. 1861-62 (excellents éléments) ; Berner, Lehrb., 1re éd. 1857 ; Temme (mort en 1881), Lehrb. des gem.-deutsch. Strafrechts, 187 (triste anachronisme).

Parmi les nombreux autres auteurs qui s'occupèrent des diverses parties du droit pénal, K. J. A. Mittermaier (mort en 1867) occupe une place éminente, moins par la profondeur et la précision juridique de ses travaux que par son effort infatigable de rendre féconds pour la science allemande les travaux de l'étranger et de fondre, dans la science du droit pénal, en un tout homogène, les sciences dites auxiliaires de ce droit (Cf. K. und F. Mittermaier, *Bilder aus dem Leben K. J. A. Mittermaiers, 1886*).

Parmi les publications périodiques de cette époque, la première place, à côté de la *Bibliothek für Peinliche Rechtswissenschaft* (1798-1804), de Feuerbach et de Grolman, appartient à l'*Archiv des Krim.-Rechts* (1799-1807) fondé par Klein et Kleinschrod, continué plus tard par le *Neues Archiv* (1816-1833), enfin par l'*Archiv Neue Folge*, 1834-1857, édité par Kleinschrod, Mittermaier, Abegg, Heffter, v. Wächter, Zacharià, etc.

II. — **Les recherches de philosophie juridique** sur la nature et le but de la peine continuent le travail intellectuel du XVIIIe siècle. L'essai tenté par Kant pour séparer totalement la peine du droit et pour baser la revanche (dont le talion donne la mesure) sur l'impératif catégorique, resta sans influence essentielle sur le développement du droit pénal. Poursuivant les idées de Kant, Henké et Zacharià s'efforcèrent d'établir le droit pénal sur l'idée de talion, mais ils échouèrent sans trouver de continuateurs (3). L'opinion prépondérante justifia et détermina la peine par l'idée de protection d'ordre légal, et assura ainsi des bases solides pour les travaux ultérieurs de la doctrine et de la jurisprudence.

III. — Vers le milieu du XIXe siècle, il se produisit un changement de direction regrettable dans cette

(3) KANT (mort en 1804), *Critique de la Raison pratique*, 1788. *Metaphysische Anfangsgründe der Rechtslehre*, 1797 (Eléments métaphysiques de la doctrine juridique); HENKE, *Lehrbuch*, 1815; K. S. ZACHARIAE (mort en 1843), *Anfangsgründe des philosophischen Kriminalrechts*, 1805: Cf. SEEGER, *Die Strafrechtstheorien Kants und seiner Nachfolger im Verhältnis zu den allgemeinen Grundsätzen der kritischen Philosophie*, 1892.

évolution. Différentes causes contribuèrent à produire cette modification. La première fut l'adoption du droit pénal français par la législation prussienne de 1851. La Prusse se détacha ainsi du système des traditions du droit commun allemand. Les praticiens prussiens apprirent rapidement à voler de leurs propres ailes et prirent la haute main sur le développement ultérieur du droit. Goltdammer (mort en 1872), Conseiller au Tribunal Supérieur de Berlin, et Oppenhoff (mort en 1875), Procureur général à Berlin, eurent sur la jurisprudence une influence de beaucoup supérieure à celle de tous leurs contemporains occupant des chaires professorales de droit pénal. Ce fut un praticien qui fonda, en 1853, l'*Archiv des preussichen Strafrechts* et qui lui donna une vigoureuse impulsion; l'ancienne revue *Archiv des Kriminalrechts*, fondée et dirigée par des professeurs, disparut silencieusement en 1857.

La fissure entre la théorie et la pratique grandit encore à vue d'œil après que la doctrine juridique pénale fut tombée dans la dépendance de la philosophie hégélienne (4). Ce furent précisément les plus importants des criminalistes prussiens, Kostlin (mort en 1856 professeur à Thubinge) Hälschner (mort en 1889, professeur à Bonn) et Berner (professeur à Berlin) qui, du moins à leurs débuts, se firent les apôtres de l'hégélianisme le plus prononcé. Et bien que nous devions à cette école d'importantes contributions à l'analyse psychologique du crime, la dialectique hégélienne devait pourtant, par le fait qu'elle peut expliquer tout ce qui est accompli et justifier tout ce qui existe, troubler toute compréhension des besoins de la vie juridique ainsi que des nécessités de la politique criminelle. Par une circonstance pénible, mais dont la faute lui est imputable en partie,

(4) Hegel (mort en 1832), *Grundlinien der Philosophie des Rechts*, 1821 (8e vol. de l'édition Gans, §§ 82, 97).

la doctrine allemande qui, au temps du particularisme politique et juridique, avait gardé et augmenté le trésor des convictions juridiques communes, se trouva sans force et sans discipline lorsque le temps de créer un droit pénal commun pour tous les peuples allemands unis sur le champ de bataille, fut enfin arrivé.

IV. — L'unité juridique nouvellement conquise donna d'abord un nouvel essor à la **tendance dogmatique** de la doctrine pénale. Les exposés de Berner, Hälschner, Meyer, v. Liszt, Binding, Merkel (5), sont consacrés à l'analyse du droit impérial en vigueur; les Commentaires d'Olshausen et de Frank font concorder directement les résultats des travaux de la doctrine avec les besoins de la jurisprudence. La revue *Zeitschrift für die gesamte Strafrechtswissenschaft*, fondée en 1881, rassemble, en un travail commun, les tendances scientifiques les plus différentes.

Mais peu à peu s'accrut la conviction que, dans la pratique, le Code pénal impérial ne répondait pas aux espérances fondées sur lui et, en même temps, la constatation d'une augmentation rapide et dangereuse de la criminalité en Allemagne se fit plus pressante. Il en résulta, vers 1880, une réaction qui s'accentua toujours davantage. La **tendance** nouvelle de la **politique criminelle** (voir plus loin § 15) combat une jurisprudence qui se cristallise en formalisme et s'en prend au Code pénal lui-même dont elle demande une transformation radicale. C'est ainsi que la doctrine pénale actuelle se trouve dans une période de fermentation et de transition où luttent des idées et des tendances nouvelles, qui ne sont pas toujours nettement établies et qui cherchent à trouver une forme sensible et à se réaliser dans une législation. Ce manuel ne veut et ne peut passer sous silence ce

(5) Mort en 1897; *Notice nécrologique* de LIEBMANN, Z, XVII, 638.

mouvement, mais sa mission reste seulement d'exposer avec impartialité et d'une manière rigoureusement scientifique le droit en vigueur.

§ 11. — Apparition et évolution du Code pénal impérial.

I. — Les efforts tendant à la composition d'un Code pénal allemand unique remontent à une époque déjà assez reculée. Mais ils échouèrent tous contre les obstacles créés par la situation politique. Les projets de quelques auteurs (KS. Zachariä, 1826, v. Strombeck, 1828, v. Kräwel, 1862) n'éveillèrent guère l'attention. L'initiative prise par le Wurtemberg (1847) fut étouffée par les événements de 1848. Le § 64 de la Constitution Impériale du 28 mars 1849 chargeait le ministère prussien de la Justice d'élaborer un projet (1849) que les événements empêchèrent d'aboutir, sauf en quelques rares points. De même, la proposition faite en 1859 au Bundestag (Assemblée fédérale), par la Bavière, d'accord avec divers autres gouvernements, de discuter la possibilité et l'utilité d'établir une législation commune civile et pénale, n'eut pas d'autre résultat que de faire constater, par un rapport de commission du 12 août 1861, l'existence de l'impérieuse nécessité d'un Code pénal commun à toute l'Allemagne. A peu près à la même époque, la proposition de Kräwel de faire exprimer par le premier Congrès des Juristes allemands (1860) l'urgence d'établir une législation pénale homogène fut bien adoptée à la vérité, mais ne souleva que peu d'intérêt. Il semble que la même manière de voir régnait encore lorsque le projet d'une Constitution confédérale pour l'Allemagne du Nord fut établi. L'article 4, n° 13, qui soumettait à une juridiction commune le droit des obligations, le droit commercial et celui de la lettre de change ainsi que la procédure civile, ne mentionnait pas le droit pénal. C'est pour Lasker un titre durable de mérite d'avoir, par un amendement proposé par lui, soutenu par von Wächter, combattu par von Schwarze, déterminé le Reischtag à adopter l'incorporation du droit pénal dans le domaine de la législation commune (article IV, n° 13, de la Constitution Confédérale du 26 juillet 1867).

La question fut rapidement mise à l'ordre du jour. Sur une proposition faite le 30 mars 1868, par les députés Wagner et Planck, le Reischtag décida, le 18 avril 1868, « d'inviter le Chancelier fédéral à élaborer le plus rapidement possible les projets d'un droit pénal commun et d'une procédure criminelle commune, ainsi que les dispositions rendues nécessaires pour l'organisation judiciaire, et à les faire soumettre au Reischtag ». Le Bundesrat adopta cette proposition le 5 juin 1868 et, par lettre du 17 juin 1868, le Chancelier fédéral pria le ministre de la justice prussien, Leonhardt, de faire rédiger un **projet de Code pénal.**

1. Les travaux préparatoires furent confiés au conseiller intime de justice, Dr Friedberg ; l'assesseur Dr Rubo, et le juge de district Rüdorff, lui furent adjoints comme collaborateurs. Friedberg exposa son programme dans un mémoire remis au Bundesrat, le 21 novembre 1868. Dès le 31 juillet 1869, le projet (**projet I**) put être présenté au Chancelier et, en même temps, être publié. Un exposé de motifs et quatre annexes l'accompagnèrent (tableau des dispositions pénales prévues dans les législations allemandes et étrangères ; peine de mort ; questions de médecine légale ; durée maximum de la réclusion à temps). Le projet se rattacha au Code pénal prussien de 1851, mais non sans l'améliorer très sensiblement en plusieurs points importants.

2. Une commission de sept membres élue dès le 3 juillet 1869 par le Bundesrat se réunit le 1er octobre 1869, à Berlin, pour l'examen du projet.

Elle se composait du Dr Léonhardt, comme président, du Dr Friedberg, comme rapporteur, du Procureur Général Dr von Schwarze (Dresde), comme vice-président, du Sénateur Dr Donandt (Brême), de l'avocat conseiller de justice Dr Dorn (Berlin), du conseiller de Cour d'appel Bürgers (Cologne), du conseiller de Cour d'appel Dr Budde (Rostock). Le Docteur Rubo et M. Rüdorff furent nommés secrétaires.

Les « théoriciens », dont aucun ne figurait dans la commission, prirent part à cette œuvre nationale par des consultations manuscrites ou imprimées ; ce fut le cas pour Anschutz, Beseler (communications manuscrites), Berner, Binding, Geyer, Häberlin, Halschner, Heinze, H. Meyer (consultations imprimées), Gessler, Merkel, Seeger (travaux du 9e congrès de juristes allemands). John avait déjà manifesté le vif intérêt qu'il prenait à la question par son projet motivé d'un Code pénal pour la Confédération germanique (1868).

La commission termina ses délibérations en quarante-trois séances et remit, le 31 décembre 1869, le projet imprimé (**projet II**) au Chancelier fédéral (sans exposé de motifs). Le projet ne fut pas publié, mais il fut envoyé à diverses personnalités compétentes. Heinze, Vollert, v. Wachter écrivirent des dissertations à son sujet.

3. Le projet de la commission fit l'objet d'une courte délibération du Bundesrat, du 4 au 11 février 1870, et devint malgré quelques objections de la Saxe et du Mecklembourg, le **projet III** ; les modifications avaient été peu nombreuses (c'est ainsi que le § 2 de la loi d'introduction reçut sa teneur actuelle).

Le 14 février 1870, le projet fut soumis au Reischtag. Les quatre annexes du projet I et l'exposé de motifs de Friedberg et v. Schwarze, en partie modifié, y furent joints. Léonhardt et Friedberg furent chargés par les Gouvernements de soutenir le projet.

La première lecture eut lieu le 22 février. La motion von Schwarze, tendant à envoyer le projet à une commission de 21 membres, fut rejetée et, sur la proposition du député Albrecht, il fut décidé d'élaborer en séance publique la Première Partie (Générale) ainsi que les sections 5 à 7 de la Deuxième Partie traitant surtout des crimes politiques, et de ne soumettre au travail préliminaire d'une commission que les autres sections de 8 à 29.

Le 28 février, commença la seconde lecture, qui se termina le 8 avril 1870.

Il y a lieu de signaler la grande discussion qui s'éleva au sujet de la peine de mort, dont l'abolition fut décidée, le 1er mars 1870 par 118 voix contre 81.

Le début de la troisième lecture fut fixé au 21 mai 1870. Le Ministre de la Justice Léonhardt déclara alors au nom des Gouvernements Confédérés que ceux-ci subordonnaient l'achèvement de la loi au retrait de plusieurs des décisions adoptées au cours de la seconde lecture. Il s'agissait en première ligne du rétablissement de la peine de mort. La motion de Planck, d'après laquelle la législation des Etats ayant supprimé la peine de mort ne serait pas modifiée sur ce point, eut d'abord pour conséquence d'ajourner toute autre discussion, puis amena (22 mai) une décision du Bundesrat qui déclara que la motion de Planck était inacceptable comme lésant l'unité de législation dans un de ses points les plus importants.

Le 23 mai, la délibération fut reprise. Planck retira sa motion; après un grand discours du chancelier, le rétablissement de la peine de mort (motion von Luck) fut décidé par 127 voix contre 119. La loi elle-même fut adoptée le 5 mai, avec les modifications désirées par le Bundesrat; elle fut acceptée le même jour par le Bundesrat; elle fut sanctionnée, le 31 mai 1870, par la Souveraineté fédérale, en même temps que la loi d'introduction, et elle fut promulguée comme Code pénal pour la Confédération de l'Allemagne du Nord, dans le numéro 16 du BGBI paru le 8 juillet 1870. Ce Code entra en vigueur le 1er juillet 1871 (loi d'introduction, § 1).

III. — La fondation de l'empire allemand rendit nécessaire la **transformation du Code pénal de la Confédération du Nord en Code pénal de l'Empire.**

1. D'après l'article 80 de la Constitution de la Confédération allemande, d'abord conclue le 15 novembre 1870 avec le grand duché de Bade et celui de Hesse, le Code pénal du 31 mai 1870, avec sa loi d'introduction, entra en vigueur : *a*) dans le Grand Duché de Bade, le 1er janvier 1872 ; *b*) dans celui de Hesse (pour les parties n'ayant pas appartenu à la Confédération du Nord), le 1er janvier 1871.

2. D'après le traité conclu, le 25 novembre 1870, avec Wurtemberg, le Code pénal entra en vigueur dans ce royaume le 1er janvier 1872 (article 2, n° 6).

3. En Bavière, conformément au traité du 23 novembre 1870, l'introduction du Code pénal eut lieu le 1er janvier 1872 par application de la loi fédérale du 22 avril 1071, concernant l'introduction des lois de la Confédération du Nord en Bavière.

Entre temps, le § 2 de la loi du 16 avril 1871 concernant la Constitution de l'Empire allemand avait déclaré le Code pénal loi d'Empire.

La loi du 15 mai 1871 régla les modifications rendues nécessaires dans le texte du Code pénal de la Confédération du Nord pour faire de celle-ci le Code pénal de l'Empire allemand (ces modifications n'eurent pas lieu pour la Loi d'Introduction.)

4. En Alsace-Lorraine, le Code pénal (mais non la Loi d'Introduction), fut mis en vigueur, à dater du 1er octobre 1871, par la loi du 30 août 1871 (depuis plusieurs fois modifiée).

Ainsi, le Code pénal de l'Empire entra en vigueur :

a) Le 1er janvier 1871, sur les territoires de l'ancienne Confédération de l'Allemagne du Nord et dans la partie du Grand Duché de Hesse, au sud du Main;

b) Le 1er octobre 1871, en Alsace-Lorraine.

c) Le 1er janvier 1872, dans le Wurtemberg, le Grand-Duché de Bade et en Bavière.

5. Le Code pénal de l'Empire est devenu applicable à Héligoland, le 1er avril 1891 (ordonnance du 22 mars 1891).

IV. — Le Code pénal de l'Empire reçut, dès le 10 décembre 1871, une addition par la loi qui ordonnait l'introduction dans le Code du § 130 *a* connu sous le nom *Kanzelparagraph*. Puis, vinrent les lois du 30 novembre 1874, du 6 février 1875, qui supprimèrent les §§ 287 et 337 du Code.

La loi du 26 février 1876 eut une portée beaucoup plus grande (bien que cependant non générale dans la transformation qu'elle apporta au Code à peine paru et qui pourtant faisait déjà l'objet de nombreuses demandes d'améliorations).

Les délibérations commencèrent le 25 novembre 1875; la première lecture eut lieu le 3 décembre 1875, la seconde lecture, du 14 décembre 1875 au 25 janvier 1876 : la troisième lecture, les 9 et 10 février 1876; le projet fut accepté après de nombreuses et importantes modifications; les dispositions de la loi portaient sur les points suivants : 1° correction de différentes erreurs de rédaction; 2° dans un nombre de cas (§§ 176, 177, 240, 241, 296, 370 n° 4) l'obligation de la requête à fin de plainte fut supprimée; dans d'autres (§§ 263, 292) elle fut limitée et, en général, l'impossibilité de retirer la plainte fut posée comme règle (§ 64); 3° le minimum pénal fut relevé dans les §§ 113, 114, 117; la responsabilité fut étendue dans le § 4 n° 1; 4° furent introduits dans le Code les §§ 49 a (§ Duchesne), 103 a, 223 a, 296 a, 353 a (paragraphe Arnim), 366 a, 361 n° 9; le paragraphe 130 a, deuxième alinéa. Le Code pénal entier fut à nouveau promulgué (26 février 1876), dans cette nouvelle teneur, comme Code pénal de l'Empire.

V. — Le Code pénal a encore subi les **modifications suivantes** :

1. — Les §§ 281 à 283 ont été remplacés par le troisième livre du Règlement sur les faillites et liquidations, du 10 février 1877 (Nouvelle rédaction 20 mai 1898).

2. — Les §§ 302 a à 302 d ont été ajoutés par la loi sur l'usure, du 24 mai 1880.

3. — Un second alinéa a été ajouté au § 184, par l'article IV de la loi concernant les débats à huit clos, du 5 avril 1888.

4. — Les §§ 276, 317, 318 (318 a), 360 n° 4, 364, 367 n° 5 ont été transformés et complétés par la loi du 13 mai 1891.

5. — Le § 69 a été modifié par la loi du 26 mars 1893.

6. — Les dispositions concernant l'usure (§§ 302 a, etc., 367, chiffre 16) ont été modifiées et complétées par la loi du 19 juin 1893.

7. — Les §§ 89 et 90 du Code pénal ont été modifiés par la loi du 3 juillet 1893.

8. — Le § 361 a été modifié par la loi du 12 mars 1894.

9. — Le § 316 a été modifié par la loi du 27 décembre 1899.

10. — Différentes modifications ont été apportées par l'article 34 de la loi d'introduction du Code civil du 18 août 1896.

11. — Les §§ 180, 181, 362 ont été modifiés par la loi du 25 juin 1900 qui a également ajouté les §§ 181 a, 184 a et 184 b.

12. — Le § 360, 9, a été partiellement abrogé par le § 108, al. 3 de la loi du 12 mai 1901 sur les entreprises d'assurances privées.

§ 12. — Autres lois pénales de l'Empire.

Bibliographie. — *Hellweg* et *Arndt*, Die deutsche und preussische Strafgesetzgebung 1883; Complément, 1883 (à 1885, 1886. — *Borchert*, Kodex des deutschpreuss. Strafrechts und Strafprozesses, 1883 ; Complément, 1887. — *Werner*, Sammlung kleinerer strafrechtlicher Reichsgesetze, 1890. — *Olshausen*, Die Reichs-Straf-Nebengesetze, 1893. — *Stenglein* (avec *Appelius* et *Kleinfeller*), Die strafrechtlichen Nebengesetze des Deutschen Reiches. 1893, 3e éd. (par *Stenglein*, seul), 1901 (avec commentaire). — *Allfeld*, Die Strafgesetzgebung des deutschen Reichs,

1900. Important à consulter : Rapports critiques annuels de *H. Seuffert*, Z, XIV, 532 ; XV, 807 ; XVI, 547.

Les prescriptions du Code pénal ne constituent pas seules l'ensemble de notre droit pénal d'Empire. De nombreuses autres lois d'Empire (nommées improprement au point de vue du criminaliste « Lois accessoires ») contiennent d'importantes dispositions pénales qui ne peuvent être passées sous silence dans l'exposé d'un système juridique pénal. Ces lois sont données ci-dessous par ordre chronologique :

1867.

1. — Loi concernant la perception d'une taxe sur le sel du 6 octobre 1867.
2. — Loi concernant la nationalité des navires de commerce du 25 octobre 1867 : remplacée par la loi du 22 juin 1899 (cf. 1899).

1868.

1. — Loi concernant l'impôt sur les eaux-de-vie, etc., du 8 juillet 1868.

1869.

1. — Loi concernant la mise en circulation de timbrés d'affranchissement télégraphique, du 16 mai 1869.
2. — Loi concernant l'impôt du timbre sur les effets de commerce, du 10 juin 1869, modifiée par la loi du 4 juin 1879.
3. — Règlement des entreprises industrielles, du 21 juin 1869, avec de nombreuses lois modificatives (v. années ultérieures).
4. — Loi douanière fédérale, du 1er juillet 1869.
5. — Loi délimitant la frontière douanière du territoire hambourgeois non compris dans le territoire du Zollverein, du 1er juillet 1869 (loi analogue pour Brême du 28 juin 1872).

1870.

1. — Loi du 11 juin 1870 sur les droits d'auteur (non abrogée par la loi de 1876).

2. — Loi sur les actions du 11 juin 1870 (modifiée par la loi du 18 juillet 1884 et maintenant par le Code de commerce du 10 mai 1897).

1871.

1. — Constitution de l'Empire, du 16 avril 1871.
2. — Loi concernant les valeurs nominatives à primes du 8 juillet 1871.
3. — Loi concernant les postes, du 28 octobre 1871 (Cf. 1899).
4. — Loi sur les restrictions aux droits de propriétés foncières dans le voisinage des forteresses, du 21 décembre 1871.

1872.

1. — Loi concernant la perception de l'impôt sur les brasseries, du 31 mai 1872, applicable seulement dans une partie de l'Empire.
2. — Code pénal militaire du 20 juin 1872.
3. — Règlement sur les gens de mer, du 27 décembre 1872.
4. — Loi concernant l'obligation pour les navires marchands allemands de prendre à leur bord les gens de mer nécessiteux, du 27 décembre 1872.

1873.

1. — Loi sur les réquisitions militaires (*Kriegsleistungen*), du 13 juin 1873.
2. — Loi monétaire du 9 juillet 1873.

1874.

1. — Loi sur la vaccination du 8 avril 1874.
2. — Loi militaire de l'Empire, du 2 mai 1874.
3. — Loi sur la Presse, du 7 mai 1874.
4. — Règlement du 17 mai 1874 sur les échouements, épaves, etc., promulguée à Héligoland, le 20 juillet 1895.

1875.

1. — Loi sur les actes d'état-civil et sur le mariage, du 7 février 1875.

2. — Loi sur les banques du 14 mars 1875, modifiée le 7 juin 1899 (Cf. 1899).

1876.

1. — Loi concernant le droit de propriété d'auteurs d'œuvres d'arts plastiques, du 9 janvier 1876.
2. — Loi sur la contrefaçon des photographies, du 10 janvier 1876.
3. — Loi sur le droit de propriété des inventeurs sur les échantillons et modèles, du 11 janvier 1876.
4. — Loi concernant la désinfection des moyens de transport du bétail sur les voies ferrées, du 25 février 1876.
5. — Ordonnance concernant la conduite à tenir par les capitaines après une collision de navires sur mer, du 15 août 1876.
6. — Loi concernant la fermeture périodique de la chasse aux phoques, du 4 décembre 1876.

1877.

1. — Règlement impérial sur les faillites et les liquidations, du 10 février 1877 ; modifié par la loi du 17 mai 1898, nouvelle rédaction du 20 mai 1898.

1878.

1. — Loi du 21 mai 1878 concernant les infractions aux interdictions d'importation de bétail, en vue de prévenir les épizooties.
2. — Loi sur le timbre des cartes à jouer, du 3 juillet 1878.

1879.

1. — Loi concernant la manipulation et la vente des denrées alimentaires et autres objets de consommation, du 14 mai 1879.
2. — Loi concernant l'impôt sur le tabac, du 16 juillet 1879.
3. — Loi sur l'exemption de droit de l'alcool destiné à l'industrie, du 19 juillet 1879.

1880.

1. — Loi concernant les déclarations à faire par les

navires dans les consulats de l'Empire allemand, du 25 mars 1880 (ordonnance du 28 juillet 1880.

2. — Loi concernant l'usure du 24 mai 1880 (Cf. 1893).

3. — Loi concernant les mesures destinées à prévenir et à combattre les épizooties, fièvres aphteuses, etc., du 23 juin 1880 (modifiée le 1er mai 1894).

1881.

1. — Loi concernant le cabotage, du 22 mai 1881.

2. — Loi concernant les marques qui doivent être mises sur les récipients à boire pour en indiquer le contenu, du 20 juillet 1881.

1882.

1. — Loi modificative du tarif douanier, du 15 juillet 1879, promulguée le 23 juin 1882.

1883.

1. — Loi concernant l'assurance-maladies des ouvriers, du 15 juin 1883; nouvelle rédaction du 10 avril 1892.

2. — Loi sur les ports de guerre de l'Empire, du 19 juin 1883.

3. — Loi sur le phylloxéra, du 3 juillet 1883.

1884.

1. — Loi concernant le bulletin de vote émis dans les élections publiques, du 12 mars 1884.

2. — Traité international pour la police de la pêche dans la mer du Nord hors des eaux territoriales, du 6 mai 1882 (ratifiée le 15 mars 1884).

3. — Loi sur l'application de la convention internationale du 6 mai 1882 concernant la police de la pêche dans la mer du Nord, du 30 avril 1884.

4. — Loi concernant la fabrication et la taxation des allumettes, du 13 mai 1884.

5. — Loi modifiant la loi sur les Caisses de secours enregistrées (7 avril 1876), du 1er juin 1884.

6. — Loi concernant l'emploi criminel et contraire

à la sécurité publique des substances explosives, du 9 juin 1884.

7. — Loi sur le titre des objets d'or et d'argent, du 16 juillet 1884.

1885.

1. — Loi interdisant la contrefaçon du papier destiné à la confection des bons de caisse d'Empire, du 26 mai 1885.

2. — Traité avec la Belgique pour la répression des délits forestiers, ruraux, de pêche et de chasse commis sur les territoires des deux Etats, du 29 avril 1885.

3. — Ordonnance transférant des pouvoirs souverains au Statthalter d'Alsace-Lorraine, du 28 septembre 1885, renouvelée le 5 novembre 1894.

1886.

1. — Loi concernant la situation juridique des Colonies allemandes, du 17 avril 1886, modifiée par la loi du 15 mars 1888 (rédaction nouvelle du 19 mars 1888).

1887.

1. — Loi concernant l'impôt sur les alcools, du 24 juin 1887, modifiée par les lois du 8 juin 1891, du 16 juin 1895, du 4 avril 1898 et du 7 juillet 1902.

2. — Loi concernant la manipulation des objets contenant du plomb et du zinc, du 25 juin 1887.

3. — Loi concernant l'emploi de couleurs nuisibles à la santé dans la confection des aliments et objets de consommation divers, du 5 juillet 1887.

4. — Loi pour l'application du traité international pour la protection des câbles télégraphiques sous-marins (14 mars 1884) du 21 décembre 1887.

1888.

1. — Loi sur la protection des oiseaux, du 22 mars 1888.

2. — Loi sur l'interprétation de l'article 2 de la loi

du 30 août 1871, concernant l'introduction du Code pénal de l'Empire allemand en Alsace-Lorraine, du 29 mars 1888.

3. — Loi concernant les débats judiciaires à huis-clos, du 5 avril 1888.

4. — Instruction concernant l'ordonnance sur la jauge des navires, du 20 juin 1888, modifiée le 1er mars 1895.

1889.

1. — Loi concernant les syndicats d'achats et d'administration économique, du 1er mai 1889 (Cf. 1896).

2. — Loi sur l'assurance-invalidité et vieillesse, du 22 juin 1889, modifiée par la loi du 13 juillet 1899 (Cf. 1899).

3. — Ordonnance sur le régime des mines dans le Sud-Ouest africain, du 15 août 1889.

1891.

1. — Ordonnance pour l'introduction des lois de l'Empire à Héligoland, du 22 mars 1891.

2. — Loi sur les brevets, du 7 avril 1891 (remplaçant la loi du 25 mai 1877).

3. — Loi du 13 mai 1891 portant modification des dispositions du Code pénal.

4. — Loi concernant l'épreuve des canons et culasses des armes à feu, du 19 mai 1891.

5. — Loi concernant les droits sur le sucre, du 31 mai 1891, nouvelle rédaction du 27 mai 1896, modifiée par la loi du 6 janvier 1903.

6. — Loi du 1er juin 1891 modifiant le règlement industriel.

7. — Loi sur les modèles déposés, du 1er juin 1891.

1892.

1. — Loi sur les télégraphes de l'Empire allemand, du 6 avril 1892.

2. — Loi sur les sociétés à responsabilité limitée

(G. m. b. H.) du 20 avril 1892 (nouveau texte, 20 mai 1898).

3. — Loi sur les vins et sur les boissons à base de vin ou similaires du vin, du 20 avril 1892.

4. — Instruction concernant le règlement d'exploitation des chemins de fer allemands, du 5 juillet 1892. — Instruction concernant le règlement des lignes secondaires allemandes, du 5 juillet 1892. — Remplacées par l'instruction du 4 novembre 1904.

1893.

1. — Loi du 26 mars 1893 portant modification du § 69 du Code pénal.

2. — Loi du 19 juin 1893 complétant les prescriptions sur l'usure (Cf. 1880).

3. — Loi du 3 juillet 1893 réprimant la divulgation de secrets militaires.

1894.

1. — Loi du 4 mars 1894 pour l'application du traité international daté des 26 novembre 1887 et 14 février 1893, pour combattre le commerce de l'alcool parmi les pêcheurs de la mer du Nord opérant en haute mer.

2. — Loi du 12 mars 1894 modifiant la loi sur le domicile de secours et complétant le Code pénal.

3. — Loi pour la confection des dénominations des marchandises, du 12 mai 1894.

4. — Loi sur les maisons de vente à tempérament, du 16 mai 1894.

5. — Loi pour la protection des pigeons-voyageurs et pour le règlement de la poste par pigeons en temps de guerre, du 28 mai 1894.

1895.

6. — Loi sur l'application de l'entente douanière conclue avec l'Autriche, du 9 juin 1895.

7. — Loi sur la situation de la navigation intérieure en droit privé, du 15 juin 1895.

8. — Loi concernant la situation du flottage en droit privé, du 15 juin 1895.
9. — Loi pour la répression du rapt et du commerce des esclaves, du 28 juillet 1895.

1896.

1. — Loi sur la concurrence déloyale, du 27 mai 1896.
2. — Loi sur la bourse, du 22 juin 1896.
3. — Loi concernant les devoirs des négociants pour la garde de valeurs appartenant à des tiers, du 5 juillet 1896.
4. — Ordonnance pour la mise en vigueur des lois pénales militaires allemandes dans les colonies africaines, du 26 juillet 1896.
5. — Loi du 5 août 1896 modifiant le règlement industriel.
6. — Loi modifiant la loi sur les syndicats économiques d'achat et d'exploitation du 1er mai 1889, et concernant l'exploitation des organisations de consommation, du 12 août 1896. Nouvelle rédaction du 20 mai 1898.

1897.

1. — Ordonnance sur les mesures destinées à prévenir les collisions en mer, du 9 mai 1897. Modifiée par l'O. du 5 février 1906 (O. pénale maritime du 10 février 1906).
2. — Ordonnance sur les feux et signaux des bateaux de pêche et des vapeurs-pilotes, du 10 mai 1897.
3. — Code de commerce du 10 mai 1897.
4. — Loi sur l'émigration, du 9 juin 1897.
5. — Loi sur les beurres, fromages, saindoux et sur leurs succédanés, du 15 juin 1897.
6. — Loi modifiant le règlement industriel (loi d'organisation des métiers), du 26 juillet 1897

1898.

1. — Loi concernant les unités de mesure électriques, du 1er juin 1898.

2. — Loi concernant les édulcorants artificiels, du 6 juin 1898.
3. — Loi du 1er décembre 1898 d'introduction du Règlement sur la procédure pénale militaire.

1899.

1. — Loi du 7 juin 1899 modifiant la loi sur les banques du 14 mars 1875.
2. — Loi concernant les droits à payer pour la traversée du canal de Kiel (Kaiser Wilhelmcanal), du 20 juin 1899.
3. — Loi concernant le droit de pavillon des navires marchands, du 22 juin 1899.
4. — Loi sur les banques hypothécaires, du 13 juillet 1899.
5. — Loi sur les assurances-invalidité, du 13 juillet 1899 (rédaction du 19 juillet 1899).
6. — Loi concernant les droits communs de porteurs d'obligations, du 4 décembre 1899.
7. — Loi du 30 décembre 1899, portant quelques modifications à l'organisation des postes.

1900.

1. — Loi sur la juridiction consulaire, du 7 avril 1900.
2. — Loi sur la captation d'énergie électrique, du 9 avril 1900.
3. — Loi sur les ingénieurs-conseils (Patentanwälte), du 21 mai 1900.
4. — Loi sur l'inspection sanitaire du bétail et de la viande, du 3 juin 1900.
5. — Loi modifiant la loi sur le timbre d'Empire (27 avril 1894), du 14 juin 1900, modifiée par la loi du 3 juin 1906, texte du 7 juin 1906.
6. — Loi concernant les mesures à prendre pour combattre les maladies épidémiques et contagieuses, du 30 juin 1900.
7. — Loi du 30 juin 1900 modifiant le règlement des industries (texte du 26 juillet 1900).

8. — Loi modifiant les lois sur l'assurance-accidents, du 30 juin 1900.
9. — Loi modifiant la loi sur la situation juridique des colonies allemandes, du 25 juillet 1900 (texte du 10 septembre 1900 et Ordonnance du 9 novembre 1900, s'y rapportant).

1901.

1. — Loi sur les entreprises d'assurances privées du 12 mai 1901.
2. — Loi sur les vins et boissons à base de vin ou semblables au vin, du 24 mai 1901.
3. — Loi sur le droit d'édition, du 19 juin 1901.
4. — Loi sur le droit d'auteur d'œuvres littéraires et musicales, du 19 juin 1901.

1902.

1. — Loi du 22 mars 1902 relative à la protection du signe de neutralité de Genève.
2. — Loi du 9 mai 1902 sur les vins mousseux.
3. — Loi du 2 juin 1902 sur les gens de mer.
4. — Loi du 2 juin 1902 concernant l'obligation pour les navires de commerce de recueillir les gens à rapatrier.
5. — Loi du 2 juin 1902 concernant les bureaux de placement pour les marins.
6. — Loi du 7 juillet 1902 sur les matières sucrées.
7. — Loi du 25 décembre 1902 concernant le tarif des douanes.

1903.

1. — Loi du 30 mars 1903 concernant le travail des enfants dans les exploitations industrielles.
2. — Loi du 10 mai 1903 sur les marchandises inflammables.

1904.

1. — Loi du 6 juillet 1904 pour la lutte contre le phylloxéra.
2. — Ordonnance du 4 novembre 1904 concernant l'exploitation des chemins de fer.

1905.

1. — Loi du 4 juillet 1905 sur les paris aux courses de chevaux publiquement organisés.
2. — Ordonnance impériale sur les mines dans le Sud-Ouest africain du 8 août 1905.

1906.

1. — Ordonnance impériale sur les mines du 27 février 1906 pour les territoires africains à l'exception de ceux du Sud-Ouest et de la mer du Sud.
2. — Loi du 3 juin 1906 sur l'impôt des cigarettes.

1907.

1. — Loi du 9 janvier 1907 sur les droits d'auteurs (arts plastiques, photographie).
2. — Ordonnance du 7 février 1907, réglementation des signaux de pilotage.

En outre, des traités internationaux conclus par l'Empire allemand sur l'assistance judiciaire, l'extradition, la protection des droits d'auteur, les traités d'amitié de navigation et de commerce, contiennent de nombreuses dispositions pénales importantes. Il faut enfin mentionner que le Code civil pour l'Empire allemand du 18 août 1896 empiète sur le domaine du droit pénal, non seulement immédiatement par l'article 34 de la loi d'introduction, mais aussi indirectement par un assez grand nombre de dispositions.

II. — Principes de la politique criminelle

§ 13. — Le droit pénal servant à la défense des intérêts.

Bibliographie (concernant aussi l'idée d'intérêt juridique). — *Ahrens*, Naturrecht, I, 338. — *Von Ihering*, Der Zweck im Recht, 3e éd. 1893-99. — *Binding*, Die Normen ùnd ihre Ubertretung, I, 1872 ; II, 1877 (surtout I, 2e éd., 1890, p. 328, 338). — *Binding*, Handbuch, I, 1885. — *Thon*, Rechtsnorm ùnd subjektives Recht, 1878. — *Kohler*, Deutsches Patentrecht, 1878 (surtout p. 500). — *Von Lizst*, Z, III, 1 ; VI, 663 ; VIII, 134. — *E. Benedikt*, Z, VII, 481. — *Merkel*, 20. — *Le même*, Juristiche Encyklopädie, 2 éd., publié par *R. Merkel*, 1900. — *Gareis*, Encyklopädie ùnd Methodologie der Rechtswissenschaft, 2e éd., 1900. — *Finger*, GS, XL, 139. — *Bünger*, Z, VIII, 666. — *Seuffert*, Gutachten für den 21. deutschen Juristentag. Verhand lùngen, I, 227. — *Oppenheim*, Die Objekte des Verbrechens, 1894. — *Oetker*, Z, XVII, 493.

I. — Tout droit est fait pour l'homme. Il a pour but la défense d'intérêts vitaux humains. La défense d'intérêts est l'essence du droit, l'idée de but est la force productrice du droit.

1. Nous nommons intérêts juridiques, propriétés juridiques (*Rechtsgüter*) les intérêts défendus par le droit. L'intérêt juridique est donc l'intérêt protégé par le droit. Tous les intérêts juridiques sont des intérêts vitaux, intérêts de l'individu ou de la communauté. Ce n'est pas l'ordre juridique qui détermine l'intérêt, c'est la vie ; mais la défense par le droit fait de l'intérêt vital un intérêt juridique. La liberté de

l'individu, l'inviolabilité du domicile, le secret des lettres étaient, au même titre que les droits d'auteur ou d'inventeur, des intérêts vitaux, bien avant qu'ils aient été protégés par les textes constitutionnels contre les atteintes arbitraires de l'autorité gouvernementale ou par les lois pénales contre les attaques des individus. La nécessité détermine la défense et, en même temps que les intérêts, varient le nombre et la nature des intérêts juridiques (1).

Mais les intérêts vitaux résultent des rapports créés par la vie entre les individus, ou entre les individus et l'Etat et la société et réciproquement. Où existe la vie, existe la force qui lutte pour se manifester librement, pour se développer sans entraves. Les champs d'action des volontés entrent en contact, se pénètrent par des points innombrables. De ces rapports vitaux résulte l'intérêt qu'un individu peut trouver dans l'action ou dans la non action d'un autre individu, en raison de l'importance qu'ont pour sa propre activité cette action ou cette non action. Le locataire veut prendre possession de l'appartement qui lui a été donné en location, le créancier veut récupérer ce qu'il a prêté au débiteur ; personne ne doit me prendre ou ne doit endommager ce que j'ai gagné par mon travail ; personne ne doit toucher à mon bon renom ; l'Etat demande des impôts et le service militaire, le citoyen réclame la liberté de s'exprimer librement par la parole et par l'écrit. Pour éviter la guerre entre

(1) Un bien juridique n'est pas un bien créé par le droit ou l'ordre juridique (comme BINDING, ROSIN W., 2, 275, OTKER, 508 et d'autres le supposent), mais un bien humain reconnu et protégé par le droit. — Pour moi, la conception de la propriété juridique est plus étendue que celle du droit subjectif. — Contre l'équivalence de « biens » et d' « intérêts », cf. OPPENHEIM, 27. La controverse est purement terminologique et elle est absolument inféconde. Voir aussi MERKEL, 10 ; MEYER, 22, note 6 ; STOOSS, *Schweizer Zeitschrift*, 7, 350. *Contra*, OTKER, 495. Les propriétés juridiques sont des états résultant du droit.

ces éléments, il est nécessaire de créer un ordre produisant la paix, une délimitation des rayons d'action (*Machtkreise*), d'assurer la protection de tel intérêt et de repousser tel autre.

2. La volonté de tous, supérieure à celle de l'individu, se charge de cette tâche ; elle la résout dans l'**ordre juridique** (*Rechtsordnùng*) : dans la séparation des intérêts justifiés, et des intérêts injustifiés.

L'ordre juridique délimite les rayons d'action ; il décide dans quelle mesure la volonté peut agir librement, et en particulier dans quelle mesure elle peut s'immiscer dans le rayon de la volonté des autres, soit pour exiger, soit pour refuser ; il garantit la liberté, la possibilité de vouloir et interdit l'arbitraire ; par lui, les rapports de la vie deviennent des rapports juridiques, et les intérêts de la vie des propriétés juridiques ; il crée, de la situation existant dans la vie, une situation juridique, en rattachant des droits et des devoirs à des hypothèses données. Par leurs commandements et par leurs défenses, par la prescription d'agir ou de ne pas agir dans des hypothèses déterminées, les *normes* de l'ordre juridique sont le rempart des propriétés juridiques. La protection que l'ordre juridique garantit aux intérêts de la vie, est la protection par les normes (*Normenschutz*). La propriété juridique et la norme sont les deux notions fondamentales du droit (2).

(2) Au point de vue de la doctrine générale, mon point de départ est donc le même que celui de BINDING. Mais nous nous séparons aussitôt. Tant dans ses *Normen* que dans son *Manuel* (I, 155), Binding a fait arbitrairement de la notion de la norme la pierre angulaire de tout le système pénal, sans plus faire attention au bien juridique, que cependant la norme doit servir à protéger. Cf. sur ce point v. LISTZ, Z, VI, 673 ; VIII, 134. J'aurai plusieurs occasions de revenir sur les conclusions que BINDING tire de sa conception fondamentale. Je rappelle brièvement ici l'essence de la théorie de la norme : Le délinquant ne fait pas infraction à la loi pénale, mais à la norme, c'est-à-dire à ce com-

II. — Mais le droit n'est pas seulement une organisation de paix, c'est aussi, et cela en vertu de sa nature la plus intime, une **organisation de combat.** Pour remplir son but, la force, qui fait plier les résistances de la volonté individuelle, lui est nécessaire. Derrière l'organisation pacifique des rapports de la vie se dresse la puissance de l'État. Elle est assez forte pour imposer l'obéissance à ses normes, pour donner, lorsqu'il le faut, un pouvoir effectif au lien logique du fait et de la conséquence juridique. Ainsi se manifeste un nouvel élément dans l'idée de droit : **la force**

mandement ou à cette interdiction qui servent de base aux éléments de fait des lois pénales. Les normes sont des règles (*Rechtssätze*) juridiques indépendantes, appartenant au droit non formulé en lois, ce ne sont jamais des principes du droit pénal, mais des principes du droit public. « La norme est un ordre pur (un commandement), non motivé, et surtout non motivé par une menace pénale » (BINDING, I, 164). La loi pénale est, par contre, « tout principe juridique, d'après lequel, d'un délit donné, résulte ou ne résulte pas un droit pénal ou une obligation pénale » (I, 175). A l'obligation d'obéissance s'oppose le droit à l'exécution de la norme (*Recht auf Befolgung der Norm*), à la régularité (*Botmässigkeit*). Par contre, la loi pénale (I, 191) n'est pas un commandement, mais un principe *justifiant*, une détermination d'un rapport juridique entre celui qui est justifié à poursuivre la peine et le délinquant. Sur la distinction entre la norme et la loi pénale repose la distinction du délit (*Delikt*) et de l'infraction (*Verbrechen*). Le délit est la faute contre la norme, l'infraction l'élément de fait auquel se rattache la peine. Cette distinction (incontestablement insoutenable à l'égard du droit en vigueur) sert de base, dans la théorie des normes de BINDING, à toute une série d'autres conclusions qui ne nous intéressent pas encore. — Le défaut capital de la théorie de la norme réside dans la conception, de pure forme, du délit comme d'une atteinte à l'obligation d'obéissance (*Normen*, I, § 45), tandis que le point de vue de l'infraction contre les conditions de vie de la communauté humaine organisée juridiquement est complètement relégué à l'arrière-plan (Mais cf. aussi BINDING, *Grundriss*, I, 96). Citons parmi les partisans de la théorie de la norme (qui cependant évitent presque complètement l'exclusivisme de Binding) : BELING, BIERLING, FINGER, JANKA, OPPENHEIM, OETKER, V. ROHLAND, ROSIN, THON. Bibliogr. : GS, LXV, I (23, note 2).

(*Zwang*). Elle nous apparaît sous trois formes principales :

1° Exécution par contrainte (*Zwangsvollstreckùng*) ; 2° Rétablissement de l'ordre troublé ou dédommagement en argent ; 3° Punition de la désobéissance.

Quant à cette garantie la plus énergique de l'organisation juridique (et qui n'est cependant que médiate), c'est-à-dire la punition de l'auteur de l'infraction aux normes de l'Etat, nous étudierons plus loin dans quels cas elle intervient. Il s'agit présentement de la position de la peine dans le système juridique, et par là même de la signification propre du droit pénal (3).

III. — *Si le droit a pour mission générale la défense des intérêts vitaux humains, le droit pénal a pour mission spéciale la défense renforcée d'intérêts particulièrement dignes de protection et ayant besoin d'une protection spéciale, défense qui a lieu par la menace et l'exécution de la peine en tant que calamité frappant le délinquant.*

[Texte allemand : *Ist die Aufgabe des Rechts überhaupt der Schutz menschlicher Lebensinteressen, so ist die eigenartige Aufgabe des Strafrechts der verstärkte Schutz besonders schutzwürdiger ùnd besonders schutz bedürftiger Interessen dùrch Androhùng ùnd Vollzùg der Strafe als eines den Verbrecher treffenden Uebels.*]

1. **La menace de la peine** vient s'ajouter aux commandements et aux défenses de l'ordre juridique comme une mise en garde et un moyen de terreur. Elle montre au citoyen soumis au droit, et cela sous la forme la plus pressante, la valeur que l'Etat attache à son commandement (la menace pénale étant une « réprobation » de l'acte contraire au commandement, une expression du « mécontentement » (*Unwerturteil*) juridique et social) ; pour les natures plus grossières, elle laisse prévoir une calamité comme

(3) L'opinion personnelle de l'auteur est présentée ici dans son ensemble, et sans interruption. Le § 16 traite du conflit entre les différentes théories du droit pénal.

conséquence de leur conduite antijuridique, et cette prévision doit servir de contrepoids à leurs penchants criminels. Tant dans un sens que dans l'autre, la menace pénale s'adresse à la totalité des êtres subissant le droit (*Rechtsgenossen*); c'est la **prévention générale** (*Generalprävention*).

2. Mais c'est dans l'**exécution** (*Strafvollzug*) que la peine développe toute la force qui lui est propre, dans le maintien de la volonté de l'ordre juridique par l'imposition de la peine (*Strafzwang*). Celle-ci agit :

a) Sur la totalité des sujets juridiques (*Rechtsgenossen*), en réfrénant d'une part par la terreur qu'elle inspire les penchants criminels, et en raffermissant, en assurant par la réprobation répétée et renforcée l'esprit d'ordre et de légalité des citoyens de l'Etat (**Prévention générale**) ;

b) Sur celui qui a subi le dommage, auquel elle donne en outre la satisfaction de ne pas laisser impuni l'acte antijuridique dirigé contre lui ;

c) Tout particulièrement sur le criminel lui-même (**Prévention spéciale**). C'est par la nature et l'étendue de l'affliction pénale (*Strafübel*) que peut se différencier la mesure complète de l'effet (*Schwergewicht der Wirkung*) produit sur le criminel par l'exécution de la peine.

α) La peine peut tendre à refaire d'un criminel un membre utile de la société (adaptation artificielle). Suivant qu'il s'agit alors en première ligne, ou bien de renforcer les éléments propres à retenir le criminel, lorsque ces éléments sont ébranlés, ou bien d'agir sur le caractère du criminel pour le transformer, on peut distinguer l'**intimidation** ou l'**amendement** comme effet recherché par la peine.

β) Mais la peine peut tendre aussi à enlever définitivement ou temporairement la possibilité de commettre d'autres crimes au délinquant devenu inutile à la société, à le retrancher de la société (sélection artificielle). C'est la **mise hors d'état de nuire** (*Unschädlichmachung*).

Suivant que, le cas échéant, on a pour but l'un ou l'autre effet de la peine, l'exécution de la peine se manifeste de façon différente. C'est surtout l'effet désiré sur le criminel (prévention spéciale), qui détermine la nature (*Inhalt*, le contenu) et la portée (*Umfang*) de la peine. La politique criminelle tend à exiger l'utilisation la plus complète possible de l'appropriation de la peine comme moyen adéquat au but, ainsi que son adaptation aux besoins du cas individuel. Mais, tant dans la détermination des faits criminels que dans celle du contenu de la peine, la tendance générale de la législation pénale ne pourra ni ne devra perdre de vue les effets, soit de la menace pénale, soit de l'exécution de la peine, qui dépassent le criminel (Prévention générale).

IV. — Cependant dans toutes ses formes, et malgré sa nature propre, le droit pénal est un droit, c'est-à-dire une protection d'intérêts. Ce n'est pas la nature des intérêts protégés, lesquels peuvent appartenir aux domaines les plus divers du droit, mais la nature propre de la protection qui constitue l'essence (*Wesen*) du droit pénal. Droits de famille, propriété, vie humaine, territoire de l'Etat, droits du souverain, du citoyen, intérêts administratifs de l'Etat, intérêts des sociétés anonymes, honneur de la femme, sécurité de la circulation publique, — tous les intérêts sans exception peuvent bénéficier de la protection renforcée produite par la peine. Dans toutes les branches du droit le droit pénal intervient comme complément et comme élément de sécurité (nature *secondaire*, *complémentaire*, *sanctionnale* des prescriptions du droit pénal).

§ 14. — Les causes et les genres de la criminalité.

I. — L'utilisation consciente de la peine comme arme de l'ordre juridique luttant contre le crime devient impossible sans un examen scientifique du crime dans son phénomène réel, extérieur et dans ses causes intérieures qui se déduiront des faits. Cette « doctrine du crime » (causale, scientifique) peut être nommée « **criminologie** » (1).

On pourrait être tenté de distinguer en outre dans la criminologie comme doctrine du crime, la biologie ou anthropologie criminelle et la sociologie criminelle. La première aurait à dépeindre le crime comme événement dans la vie de l'individu, à examiner le penchant au crime dans sa formation individuelle et dans ses conditions individuelles, et se subdiviserait en somatologie (anatomie et physiologie) criminelle et en psychologie criminelle. Il appartiendrait au contraire à la sociologie criminelle de dépeindre le crime en tant qu'événement de la vie sociale, de l'examiner dans sa formation sociale ainsi que dans ses fondements sociaux.

Mais cette distinction n'est possible que par une double supposition. 1. Il faut bien ne pas perdre de vue que l'objet lui-même de l'enquête reste le même et que seule la méthode diffère : d'une part, l'obser-

(1) VAN HAMEL, Z, XXI, emploie l'expression « Etiologie de l'infraction ». Le défaut de l'ancienne école de la politique criminelle, relevant du XVIIIe siècle (cf. plus haut § 7), est que son fier édifice manque de fondations solides. Celles-ci ne pourraient s'établir qu'avec une connaissance scientifique de l'homme plus complète (Anthropologie dans le sens le plus large), avec une méthode sociologique sûre (statistique). L'ancienne tendance rationaliste de la politique criminelle prend fin dans les travaux de J. BENTHAM, mort en 1832; édition complète de BOWRING, 11 vol., 1843. Sa doctrine a été érigée en système par son ami et élève, le Genevois ETIENNE DUMONT; traduction allemande de BENEKE, *Grundsätze der Zivil-und Strafgesetzgebung aus den Handschriften.* J. BENTHAM, 2 vol., 1830. Depuis, cette tendance a été reléguée au second plan (quoique encore suivie par quelques auteurs, Bérenger et Bonneville de Marsangy en France, Oersted en Danemark, Mittermaier et Holtzendorff en Allemagne), tant par les rêveries de l'école philosophique, que par la suffisance (*Selbstgenügsamkeit*) de l'école historique.

vation systématique du cas individuel, d'autre part l'observation systématique de la masse (la statistique). Car le crime en tant que phénomène socio-pathologique se compose d'un certain nombre de crimes particuliers ; et chacun de ceux-ci n'est qu'une partie d'un phénomène social. 2. Il ne faut pas oublier que seule la réunion des deux méthodes, grâce à laquelle les résultats de l'une se trouvent réciproquement examinés et complétés par l'autre, peut conduire à l'intelligence exacte du crime (2).

(2) Ces considérations ayant été d'abord négligées, il s'était produit dans la criminologie une fissure, aujourd'hui presque entièrement disparue, entre deux tendances, l'une anthropologique, l'autre sociologique. La bibliographie en la matière étant très riche, nous ne pouvons citer que les ouvrages les plus marquants : I. L'observation individuelle systématique commence par la description psychologique de certains crimes remarquables. Cf. le « Vieux Pitaval », publié à Paris, 1735-1743, par GAYOT DE PITAVAL (mort en 1743), et qui a fait l'objet de nombreuses imitations ; adaptation allemande de H. BLUM (1885). Au XIXe siècle, FEUERBACH, *Aktenmässige Darstellung merkwürdiger Criminal rechtsfälle*, 1828 et sq., encore classique aujourd'hui. DESPINE, *Psychologie naturelle*, 3 vol., 1868 ; KRAUS, *Die Psychologie des Verbrechens*, 1884 ; VON LIZST, Z, XVI, 477 ; NACKE, Z, XVII, 85. Les travaux de la science pénitentiaire (voir plus loin, § 61) présentent aussi quantité de matériaux intéressants. — Sur l'histoire de la criminalité professionnelle, AVÉ-LALLÉMANT, *Das deutsche Gaunertum in seiner sozialpolitischen, litterarischen und linguistichen Ausbildung zu seinem heutigen Bestande*, 1858-62 (ouvrage important) ; VALENTINI, *Das Verbrechertum im preussischen Staate*, 1869 ; SCHRADER, *Das Verbrechertum in Hamburg*, 1879 ; STARKE, *Verbrechen und Verbrecher in Preussen*, 1854 à 1878, 1884 ; ΩΣ, *Die Verbrecherwelt* von Berlin, 1886 (Tirage à part de Z, IV, V, VI) ; LAURENT, *Les habitués des prisons de Paris*, 1890 ; GUILLOT, *Les prisons de Paris*, 1890 (sur ces deux ouvrages, cf. GAUTIER, Z, XII, 400), Les rapports administratifs de la Présidence de police (*Polizei præsidium*) de Berlin ont une grande valeur (1871 à 1900), 1882, 1892, 1902. Cf. aussi LINDENAU, Z, XXII, 287. Au point de vue pratique : GROSS, *Handbuch für Untersuchungsrichter als System der Kriminalistik*, 3e éd., 1899 (traduit en beaucoup de langues) ; *Du même*, *Kriminalpsychologie*, 1898 ; *Du même*, Z, XIV, 1. Les musées criminels organisés dans les grandes villes offrent de précieuses

II. — La réflexion nous apprend que chaque crime particulier résulte de la coopération de deux groupes de conditions, d'une part de la nature propre individuelle du criminel, et d'autre part des circonstances extérieures, physiques et sociales et surtout économiques qui l'encerclent.

ressources (GROSS, Z, XVI, 74). L'anatomie et la physiologie du criminel ont fait l'objet d'études assidues de la part des médecins et des naturalistes ; Cf. *Bibliographie sur la Psychiâtrie et la Médecine légale*, § 18, VIII. En Italie, les recherches sur les cerveaux des criminels et les crânes des meurtriers aboutirent à la fondation de l'école anthropologique par le médecin LOMBROSO, école ayant à sa tête les juristes E. FERRI et R. GAROFALO et se caractérisant par la prédominance qu'elle attache au type anthropologique du criminel ; ouvrages principaux : LOMBROSO, *L'uomo delinquente*, 1re éd., 1878, 5e éd., 1896 ; traduction allemande de FRANKEL, 1887 ; LOMBROSO, *Le crime, causes et remèdes*, 1899 ; FERRI, *I nuovi orizzonti del diritto e della procedura penale*, 1881, ayant pour titre, à partir de la 3e éd. : *Sociologia criminale* : traduction allemande de KURELLA (d'après la 4e éd.), sous le titre : *Das Verbrechen als soziale Erscheinung*, 1896 (Cf. ASCHAFFENBURG, Z, XVIII, 358) ; GAROFALO, *Criminalogia*, 2e éd., 1890, édition française (4°), 1895 ; LOMBROSO et FERRERO, *Das Weib als Verbrecherin ünd Prostituirte* (La femme criminelle et prostituée), trad. en allemand, par KURELLA, 1894 ; H. ELLIS, *Verbrecher, ünd Verbrechen*, trad. all. de KURELLA, 1894 ; FERRI, *L'omicidio nell' antropologia criminale* (*Omicida nato e omicida pazzo*). *Con atlante antropologicô-statistico*, 1895 ; FERRIANI, *Minderjährige Verbrecher* (mineurs criminels), trad. all. par RUHEMANN, 1897 ; FERRIANI, *Schlaue und glückliche Verbrecher* (criminels rusés et heureux), trad. all. par RUHEMANN, 1899 ; FERRIANI, *Schreibende Verbrecher* (criminels écrivains), trad. all. par RUHEMANN, 1900 ; LOMBROSO, *Die Anarchisten* (Les anarchistes, étude de psychologie criminelle et de sociologie), trad. all. par KURELLA, 1895 ; SIGHELE (trad. all. par KURELLA), *Die Psychologie des Auflaufs und der Massenverbrechen* (psychologie des crimes des foules), 1897. Parmi les ouvrages allemands : KURELLA, *Naturgeschichte des Verbrechers*, 1893 ; BLEULER, *Der geborne Verbrecher*, 1896 (tous deux exclusivement dans la tendance de Lombroso) ; BAER, *Der Verbrecher in anthropologischer Beziehüng*, 1893 ; NACKE, *Verbrechen ünd Wahnsinn beim Weibe mit Ausblicken auf die Kriminalanthropologie überhampt*, I, 1894 (BAER et NAECKE contre LOMBROSO. Cf. aussi NAECKE, Z, XIV, 337). *Jäger, Beiträge zür Lösung des Verbrechersproblems*,

C'est par la relativité des deux groupes l'un envers l'autre que se modifient le phénomène et la signification du crime.

Or, deux catégories principales se distinguent très nettement.

1895 (contre KURELLA); KOCH, *Die Frage nach dem gebornen Verbrecher*, 1894; FELISCH et HOGEL, GS, L, 81; LI, 321. Contre LOMBROSO (critiques aiguë); VARGHA, dans les ouvrages indiqués § 16; VIRCHOW au Congrès des anthropologistes de 1896; SERNOFF, *Die Lehre Lombrosos und ihre anatomischen Grundlagen im Lichte moderner Forschung*, trad. all. par WEINBERG, 1896 — Périodiques de l'école anthropologique : *Archivio di psichiatria, antropologia criminale e scienze penali per servire allo studio dell' uomo alienato e delinquente*, fondé à Turin en 1880 par Lombroso et ses amis; *Archives de l'anthropologie criminelle et des sciences pénales*, publiées de 1886 à 1892, par GARRAUD, GOUTAGNE et LACASSAGNE, depuis 1892 par ce dernier et TARDE (jusqu'à la mort de M. Tarde). *Archiv für Kriminalanthropologie und Kriminalistik*, de K. GROSS, fondé en 1899. Important à consulter : Débats des congrès internationaux d'anthropologie criminelle de Rome, 1885, Paris, 1889; Bruxelles, 1892 (ROSENFELD, Z, XIII, 161; FELISCH, GA. XLI, 333), Genève, 1896 (NACKE, Z, XVII, 390), Amsterdam, 1901. — II. La statistique criminelle ne s'est que peu à peu dégagée de la statistique judiciaire, dont elle ne s'est pas encore entièrement détachée. Fondateur (avec GUERRY), le Belge QUETELET (mort en 1874), d'abord dans son livre : *Sur l'homme et le développement de ses facultés* ou *Essai de physique sociale* (1835), puis dans une série d'écrits. Ouvrage principal pour l'Allemagne : A. v. OETTINGEN, *Die Moralstatistik in ihrer Bedeutung für eine Sozialethik*, 1re éd., 1868-69, 3e éd., 1882. — Cf. aussi v. OETTINGEN, Z, I, 414; FERRI, Z, II, 11; ASCHROTT, Z, V, 337; V. LISTZ, Z, VI, 372; BEURLE, Z, VIII, 325; WURZBURGER, VIII, 723; SICHART, Z, X, 36; BENNECKE, Z, X, 321; FÖLDES, Z, XI, 515; DAUNNE, Z, XII, 657; KÖBNER, Z, XIII, 615; MISCHLER. HG, I, 56; II, 473; VON MAYR, *Statistik und Gesellschaftlehre*, I, 1895; II, 1897 (extraits du *Handbuch des öffentlichen Rechts de Marquardsen*). — Matériaux de valeur, encore peu consultés, dans les publications de statistique officielle, paraissant en France sans interruption depuis 1827 (stat. de 1825); en Prusse, la *Statistik der zum Ressort des preussischen Ministeriums des Eunern gehörendeu Straf-und Gefangenenaustalten*, publiée depuis 1871 (stat. de 1869); pour l'Allemagne, la *Reichskriminalstatistik*, très bien conçue, et paraissant depuis 1883 (stat. de 1882). En outre, RETTICH, *Die württembergische Kriminalität*, 1895; A MEYER, *Die Verbrechen in ihrem Zusammenhang mit den wirt-*

1. L'impulsion extérieure prédomine. Dans une excitation momentanée, passionnée, ou sous l'impulsion d'un besoin pressant, le coupable jusqu'alors irréprochable est poussé au crime, qui, restant étranger à sa nature durable, forme dans sa vie un épisode demeurant isolé et amèrement regretté (ce crime a été nommé — pas très heureusement d'ailleurs — crime d'occasion ou crime monentané — ; criminalité aiguë).

2. Sous une impulsion extérieure insignifiante le crime résulte de la personnalité durable, des prédispositions profondément enracinées du criminel, dont il nous dévoile l'être le plus intime. La grossièreté brutale, la cruauté insensible, le fanatisme borné, la légèreté irraisonnée, la paresse invincible, la dépravation sexuelle mènent par étapes multiples vers des états sans aucun doute psychopathiques. Il est impossible de comprendre tous ces cas sous le nom de « crimes d'habitude ». On emploiera plus justement l'expression de « crimes statiques » (crimes résultant du caractère, crimes de tendance, criminalité chronique). Comme sous-espèce particulièrement fréquente et dangereuse nous rencontrons le crime en quelque sorte de carrière, crime professionnel dépassant de beaucoup le cadre des attentats à la propriété(3). Dans le cadre des criminels statiques il faut distinguer ceux qui sont capables de s'amender et les incorrigibles (4).

schaftlichen und sozialen Verhältnissen in Kanton Zurich, 1895; Fornasari di Verce, *La criminalità e le vicende economiche d'Italia dal* 1873 al 1890, 1894; Berg, *Getreidepreise und Kriminalität* (*Seminarabhdlgn. Neue Folge*, I, 2), 1902.

(3) *Sur le crime profesionnel*, cf. Von Listz, *Z*, xxi, 121.

(4) La détermination des catégories de crimes d'après leurs causes est une des tâches les plus importantes et les plus difficiles de la criminologie. La distinction entre le criminel d'occasion et le criminel d'habitude (Wahlberg ouvre cette voie dans de nombreux écrits) est insuffisante. Les subdivisions des Italiens n'ont guère avancé la question. A consulter : Olrik, *Z*, xiv, 76

III. — De ce que nous venons de dire résulte déjà que toute **conception purement biologique** du crime, c'est-à-dire sa dérivation exclusive de la personnalité physique et intellectuelle du criminel, est erronée. Et de ceci se déduit, comme d'ailleurs d'autres raisons encore, avec une logique impérieuse, qu'il est impossible de se représenter un type de criminel uniforme et anthropologique. Un pareil type s'écartant du type normal ne serait pas inadmissible s'il ne s'agissait que du crime « statique », pour lequel le motif extérieur reste tout à fait dans l'ombre. Mais, quoique les investigations strictement scientifiques aient trouvé chez les criminels statiques de nombreuses atypies (déviations du type normal), surtout parmi les dégénérés, elles n'ont pas eu comme résultat de présenter un type de criminel statique. Ainsi s'écroule la doctrine de Lombroso et de ses partisans (5).

IV. — Mais l'**influence des facteurs sociaux** n'apparaît véritablement que si l'on considère que la personnalité du criminel au moment de son acte s'est, partant de ses dispositions innées, développée et déterminée par les conditions extérieures qui l'entourent depuis sa naissance. Dans cette constatation apparaît la possibilité d'une influence, restreinte il est vrai, sur les penchants criminels latents dans l'âme de l'adolescent (par une éducation morale, intellectuelle et surtout physique). Mais bien mieux encore : c'est précisément cette doctrine, démesurément exagérée, en poésie comme en science, de l'hérédité atavique, des péchés des pères vengés dans leurs enfants, qui nous permet de jeter un regard d'espoir sur un avenir meilleur.

(Extrait d'un grand travail en danois). J'ai exposé mon opinion présente dans ma communication au Congrès d'anthropologie criminelle de Bruxelles, 1892.

(5) J'ai pris position vis-à-vis de LOMBROSO dans Z, IX, 462. Les

Lorsque des parents, dont la force de vie et de procréation a été épuisée par les circonstances sociales qui les entourent, laissent à leurs enfants l'héritage maudit d'une infériorité psychopathique, « d'une force de résistance affaiblie » dans la lutte pour la vie, nous pouvons être scientifiquement convaincus que toutes nos mesures de politique sociale agiront avec vigueur au profit des descendants. La politique sociale agit d'une façon infiniment plus grandiose et plus sûre que la peine et que toute mesure analogue, comme moyen de combat contre le crime, qui, comme le suicide, comme la mortalité infantile, comme tous les autres phénomènes sociaux pathologiques, a sa racine profonde dans les conditions sociales qui façonnent les générations successives (6).

§ 15. — Les exigences de la politique criminelle.

Bibliographie. — Bulletin de la IKV, 1889 et sq., 9 vol. parus. *Von Liszt*, Z, IX, 452 ; XVI, 477 ; Gutachten für den deutschen Juristentag, 1902. — *Lammasch*, GS, XLIV, 147. — *Zucker*, GS, 44, 1. — *Sichart*, Z, X, 401 ; XI, 478 ; XVII, 374 ; XVIII, 302. — *Zucker*, Einige dringende Reformen der Strafrechtspflege, 1896. — *Högel*, Straffälligkeit und Strafzumessung, 1897. — *Saleilles*, L'individualisation de la peine, 1898 (avec préface de Tarde). Important à consulter : *Günther*, III, 1re moitié. — *Maillard*, Etude historique sur la politique criminelle (utilitarisme), 1899. Cf. aussi Table générale (index) de Z. Aschaffenburg, Das Verbuchen und seine Bekaempfung, 2e édit., 1906.

travaux les plus récents ont confirmé l'exactitude de ma conception.

(6) Cette conception sociologique du crime déjà, présentée par Romagnosi et Henke, et plus tard par Quetelet et V. Oettingen, s'est peu à peu opposée dans les dernières années à la conception purement biologique. Cf. N. Colajanni, *Socialismo et sociologia criminale*, 1884 et sq. ; Prins, *Criminalité et répression*, 1886 ; *Le même, La Criminalité et l'état social*, 1890 ; Von Liszt, *Kriminal politische Aufgaben*, Z, IX, 452, 737 ; X, 51 ; XII, 162 ; Van Hamel, Z, XXI, 345 ; Tallak, *Penological and preventive principles*, 2e éd., 1895 ; W. O. Morrison, *Crimes audits causes*, 1891 ; Tarde, *Criminalité comparée*, 4e éd., 1898 ; Joly, *La France criminelle*, 1889 ;

I. — Tandis que le but de la politique sociale est la suppression ou tout au moins l'alténuation des conditions sociales du crime, la politique criminelle s'occupe du criminel en particulier. Elle exige, en général, **que la peine**, en tant que **peine utile** (cf. § 13), **soit en rapport dans sa nature et dans sa mesure avec la nature propre du criminel**, qu'elle veut empêcher par l'imposition d'un mal (par un empiètement sur ses biens juridiques : vie, corps, liberté, honneur, fortune), de commettre d'autres crimes dans l'avenir. Dans cette exigence réside d'une part le sûr moyen d'apprécier avec la critique convenable le droit courant, et d'autre part le point de départ pour le développement du programme d'une législation de l'avenir.

II. — On comprend aisément que l'examen critique du droit en vigueur ait pris d'abord une forme négative. Ce qui caractérise le début du mouvement de réforme, c'est la **lutte contre la courte peine d'emprisonnement** qui domine complètement notre jurisprudence pénale actuelle, qui, dans la forme où elle est appliquée aujourd'hui, n'amende ni ne détourne, et qui, loin de le rendre inoffensif, conduit très souvent le novice dans la voie définitive du crime. Il devient donc nécessaire de remplacer autant que possible la peine à court terme par d'autres mesures plus efficaces (travail forcé sans internement, peines dégradantes principales, telles que remontrance, interdiction de fréquent r le débit de boissons, arrêt à domi-

Le même, *Le combat contre le crime* (sans date) ; GARRAUD, *Le problème moderne de la pénalité*, 1889 ; FUHR, *Strafrechtspflege und Social politik*, 1892 ; ZURCHER, *Die neuen Horizonte im Strafrecht*, 1892 ; STOOSS, *Der Kampf gegen das Verbrechen*, 1894 ; W. MITTERMAIER, Z, XIX, 108. Dans le même esprit, l'association *Internationale kriminalistische Vereinigung*, fondée en 1889 par VON LISZT, PRINS et VAN HAMEL (Cf. Z, IX, 363 ; XVI, 111) ; de même ce que l'on nomme la « tierce école » d'Italie (Cf. ROSENFELD, *Mitteilungen*, IV, 1). Cette tendance ne néglige nullement la nature propre du criminel (cf. le texte). Cf. v. Liszt, Z, XX, 161, XXIII, 208 (Aufsätze, II, 284, 433).

cile, correction corporelle) ou alors de lui rendre, en l'aggravant, sa puissance exemplaire (1).

De la longue série des mesures positives proposées, nous ne pouvons mentionner ici brièvement que les plus importantes.

1. Notre législation actuelle fait de la peine comme moyen de lutte un usage surabondant. On peut se demander si le vieil axiome « **minina non curat praetor** » ne mériterait pas d'être restauré, soit comme principe de procédure (rupture du principe de légalité), soit comme règle resultant des circonstances matérielles même (acquittement pour insignifiance du délit). Un emploi plus large de l'amende dans le domaine du droit privé (cf. C.C.I., § 847) rendrait superflue plus d'une plainte, la procédure de réparation devant les arbitres éviterait de nombreuses condamnations (2). Mais il serait particulièrement important de séparer les contraventions du domaine de l'infraction criminelle.

2. Dans des cas particulièrement dignes d'attention, le criminel occasionel doit obtenir la possibilité d'éloigner de lui, par une conduite irréprochable, l'exécution de la peine prononcée. C'est la **condamnation dite conditionnelle** avec ou sans caution, cor-

(1) En particulier, ROSENFELD, *Welche Strafmittel können an die Stelle der kurzzeitigen Freiheitsstrafe gesetzt werden?* (*Abhandl. des Krim. Sem.*, II, 1890). *Verhandl. des 21. und des 23. deutschen Juristentags ;* KULEMANN, *Iahrbücher*, I, 130. — Sur la remontrance (*Verweis*), cf. ELLINGER (Bibl. du § 64). — Sur la correction corporelle (*Prügelstrafe*), cf. SONTAG, Z, I, 501 ; BENNECKE, Z, VII, 212 ; V. LISZT, Z, IV, 40 ; *Le même*, à la 72e assemblée annuelle de la Société pénitentiaire rhénane-westphalienne, HGI, 296, 312. 323, 332, 360 ; KRAUSSE, *Prügelstrafe*, 1899 ; H. SEUFFERT, *Anarchismus und Strafrecht*, 1899, p. 3. Cf. aussi Z, 15, 733. La correction corporelle, supprimée comme peine criminelle dans les Etats allemands, soit avant, soit après 1848, subsiste encore comme mesure disciplinaire dans les établissements pénitentiaires de Prusse, Saxe, Hambourg, Lubeck, Mecklembourg, Schwazbourg-Rudolstadt, Oldenbourg.

(2) Cf. DAMME, Z, XII, 657. 684.

respondant absolument aux conceptions de l'ancien droit germanique, et qui non seulement existe depuis assez longtemps dans la jurisprudence anglo-américaine, mais qui, introduite aussi en Belgique, en France, au Luxembourg, en Portugal, en Norwège et en différents cantons suisses, a été prise en considération dans d'autre pays. Dans les Etats allemands, elle a été introduite par voie d'ordonnances en 1895 et 1896, sous le nom de grâce conditionnelle (3).

3. Pour les **jeunes criminels**, la prison doit être remplacée aussi longtemps que possible par des mesures éducatives. Il faudra donc : étendre la majorité pénale jusqu'à la quatorzième année accomplie, écarter le discernement, régler par mesure de droit d'Empire l'éducation préventive, appliquer cette dernière à tous les cas d'abandon moral. De toutes ces exigences, la dernière a été remplie dans presque tous les Etats confédérés allemands à la suite de l'Art. 135 EG à BGB. (Loi d'introd. à C. C. I.). Particulièrement importante est la loi prussienne du 2 juillet 1900 (4).

(3) Table générale de Z, p. 135. Il manque un exposé complet du mouvement des dernières années. Nombreux matériaux dans *Mitteilungen der* IKV ; MEYER, 399 ; KIRCHENHEIM (Bibl. du § 18), 244, *Denkschriften* [*des Reichsjustizamtes*, 1896 et sq. ; MUMM, *Die Gefängnisstrafe ùnd die bedingte Verurteilung im modernen Strafrecht*, 2e éd., 1896 ; GAUTIER, *Mitteilungen*, V, 27 ; OETKER, Z, XVII, 569. *Sur les ordonnances allemandes*, cf. *Mitteilungen der* IKV, V et VI ; BACHEM, *Die bedingte Verurteilung*, 1895 ; BIRKMEYER, Z, XVI, 317 ; STADEL, GS, LII, 301 ; MEVES, GA, XLIV, 1. Pour la France, MORNET, *De la suspension des peines en cas de première condamnation*, thèse Paris, 1895. Sur la *caution*, cf. SCHIERLINGER, *Die Friedensbürgschaft*, 1877 ; v. HOLTZENDORFF, HG, I, 404 ; VON JAGEMAN, H G, II, 124 ; VON LISZT, Z, IX, 773 ; PFENNINGER, *Strafrecht der Schweiz*, 1890, surtout p. 828 ; FUHR, *Strafrechtspflege ùnd Sozial politik*, 1892 ; v. MASSOW, *Blätter für Gefängniskunde*, XXIX, 3, a proposé la *mise en tutelle* des majeurs comme peine principale pour les délits légers ; c'est une idée analogue à celle qui inspire la condamnation conditionnelle. VARGHA (Bibl. du § 16) veut en général remplacer la peine par la mise en tutelle.

(4) A citer dans la bibliographie : APPELIUS, *Die Behandlung*

4. La législation et la jurisprudence doivent tenir compte, plus qu'elles ne l'ont fait jusqu'à présent, de la nature propre du criminel (non du motif de son action) (5). A l'égard du « criminel d'un moment », il suffit de présenter à sa conscience le souvenir vivant de l'appareil répressif des commandements et des défenses édictés par l'Etat (**Intimidation**).

La menace absolue de la peine de mort en cas de meurtre est tout à fait erronée. L'aggravation de la courte peine de prison, se heurte à des difficultés pratiques à peine surmontables. Par contre, une application plus étendue de l'amende promet, précisément ici, un résultat, quand elle se règle sur la situation de fortune du condamné et que sa transformation en peine de prison se trouve autant que possible exclue (6).

5. Aussitôt que l'acte du criminel révèle un penchant criminel enraciné (criminalité innée) il faut rendre le criminel **inoffensif** pour assurer l'ordre juridique. Ce devoir, la peine le remplira pour l'homme sain d'esprit, comme l'asile le fera pour le criminel fou. Une difficulté particulière résulte des nombreux

jugendlicher Verbrecher und verwahrloster Kinder, 1892. *Verhandl. der deutschen Landesgruppe der* IKV, 1892, Z, XIII, 741 ; BERNER, *Jugendschutz und Jugenbbesserung*, 1 vol., 1897 (très bons matériaux) ; LENZ, *Die Zwangserziehung in England*, 1894 : ZUCKER, *Ueber die Behandlung der verbrecherischen und arg verwahrlosten Jugend in Oesterreich*, 1894. *Le même, Ueber Schuld und Strafe der jugendichen Verbrecher*, 1899. En outre, Z, XIV, 285 ; XV, 759 ; XVI, 354 ; XVIII, 704 (*Denkschrift des Centralausschuss für innere Mission*).

(5) Sur le *motif :* V. LISZT, Z, XVI, 477 ; THOMSEN, Z, XVII, 277 ; KRAUS, Z, XVII, 467, et aussi BIRKMEYER, Z, XVI, 327 ; RIGAUD, *De l'influence du motif en matière criminelle*, 1898 ; LIEPMANN, 115 ; V. LILIENTHAL, Z, XX, 20, 447 ; M. E. MAYER (Bibl. du § 28), 40.

(6) Sur *l'amende*, cf. la deuxième Assemblée allemande de la IKV et la troisième Assemblée générale de la même association, 1891, *Mitteil.*, III, 236 ; *Verhandl. des 22. und 23. deutschen Juristentag*, et notamment la communication de FELISCH sur la compensation en travail (*Abverdienen*) de l'amende. SCHMÖLDER, Amende, 1902.

états de transition. On peut parler alors de « responsabilité atténuée » et faire usage de peines plus légères ; l'essentiel reste de rendre inoffensifs, pour l'organisation juridique, les criminels libérés en les internant dans un asile spécial ou dans une section d'asile (7). Il n'est pas besoin d'une récidive répétée : dès le premier crime porté devant la justice, le penchant criminel enraciné peut être reconnu sans hésitation (8).

(7) L'état de défense créé par l'organisation juridique ne doit pas être troublé par les discussions psychiatriques (par exemple discussion sur la notion de « l'aberration morale »). Les ivrognes doivent être mis en traitement dans des établissements spéciaux, ou être mis hors d'état de nuire. Dans cette voie : le projet de Code pénal suisse.

(8) Il ne suffit donc pas de demander la mise hors d'état de nuire des « récidivistes invétérés » ou des « malfaiteurs d'habitude incorrigibles ». Cf. MITTELSTAEDT, GENNAT, SICHART, *Jahrbücher*, I, 28, 40, 81. Sur la récidive, cf. FRIEDLAENDER, *Der Rückfall im gem. deutschen Recht*, I. *Die Entwickelung der Lehre mit Einschluss der Karolina*, 1872, OLSHAUSEN, *Einfluss von Verbestrafungen*, 1876 ; VON LILIENTHAL, *Collektivdelikte*, 1879 ; SACKER, *Der Rückfall*, *Abhandl. des Krim. Sem.*, III, I, 1892. Les casiers judiciaires servent à constater la récidive. Cf. H. SEUFFERT dans WV, II, 565 ; MARCHAND, *Das Strafregister in Deutschland unter besondere Berücksichtigung Preussens*, 1900. — Le système des mensurations corporelles (BERTILLON) a une grande importance pour établir l'identité. Cf. VON LISZT, Z, IX, 459 ; BERTILLON, *Le signalement anthropométrique*, trad. en all. par Sury, 1895 ; PAUL, *Beiträge zur Einführung des anthropometrischen Signalements*, 1897. — La mise hors d'état de nuire a comme moyen, à côté de la peine de mort (dont les effets radicalement sûrs ont pour contrepartie bon nombre d'inconvénients) et de l'internement à vie, la *déportation*. Cf. FOINITZKI : *La transportation russe et anglaise*, avec une étude historique sur la transportation (édition Bonet-Maury), 1895 ; KORN, *Ist die Deportation unter den heutigen Verhältnissen als Strafmittel praktisch verwendbar ?* (Prix de la *Holtzendorff-Stiftung*), 1898 ; W. MITTERMAIER, Z, XIX, 85 ; XX, 613 ; tous deux adversaires de la déportation ; parmi les partisans, Bruck, Freund, Frank, Bornhak. — Il faut distinguer de la déportation l'encouragement à l'émigration volontaire des libérés amendés. — Comme mesure de sûreté publique intervient, après l'accomplissement de la peine, la *Surveillance de la haute police ;* mais son

6. Si l'acte révèle un penchant au crime non encore enraciné mais prêt à se développer (criminel né en voie de manifestation) il faut essayer par une peine durable et énergique de provoquer l'extermination de la disposition criminelle (amendement civique, non nécessairement moral) (9). Le succès d'une pareille action n'est pas impossible, surtout quand il s'agit de criminels professionnels encore jeunes.

7. La ferme entente organique entre la justice pénale et l'administration chargée de l'exécution de la peine est une condition absolue du succès. Sur l'application de cette idée, les opinions sont encore des plus divergentes.

Le principe d'après lequel le jugement ne doit pas prononcer une peine précise, cette dernière ne devant être définitivement fixée, dans les limites d'un maximum et d'un minimum, qu'à la suite d'une détermination plus exacte du caractère du criminel (**condamnations indéterminées**), a trouvé autant de défenseurs énergiques que d'adversaires résolus (10). Les partisans

action n'est bienfaisante que si elle est liée à une assistance protectrice régulière. Cf. FUHR, *Strafrechtspflege und Sozialpolitik*, 1892 ; ZUCKER, *Die Polizeiaufsicht nach österr. Recht*, 1894 ; FUCHS, *Die Gefangenen-Schutzthätigkeit und die Verbrechens-Prophylaxe*, 1898 ; *Sur la castration des criminels*, proposée plusieurs fois, cf. SCHINZ, *Des causes pathologiques de la responsabilité diminuée*. Thèse Lausanne, 1899.

(9) La *maison du travail* servira à l'amélioration civique par l'éducation ayant pour but le travail. Mais elle ne remplira son rôle que si elle ne reçoit que des éléments susceptibles d'amendement. Exposé complet par VON HIPPEL, *Die strafrechtliche Bekämpfung von Bettel, Landstreicherei und Arbeitsschen*, 1895. *Verhandl. der* IKV, groupe allemand, 1895 (Z, XII:, 741) et 1893 (*Mitteil.*, V).

(10) *Indeterminate sentences*. Cf. les quatrième et cinquième assemblées générales de IKV, 1893 et 1894, *Mitteil.* IV (avec autres références). Important, le rapport officiel nordaméricain pour le Congrès pénitentiaire de Bruxelles, 1900. Sur le même sujet, FUHR (cf. note 8) ; STERNAN, Z, XIII, 17 ; HEIM, *Iahrbücher*,

de cette institution, introduite avec succès déjà dans les Etats-Unis d'Amérique (à Elmira et ailleurs), diffèrent d'avis en ce sens que les uns (van Hamel) réservent la décision définitive à un jugement pénal ultérieur, tandis que les autres (v. Liszt) veulent la remettre à une autorité spéciale (Office exécutif de la peine). On n'est pas non plus tombé d'accord sur les cas dans lesquels la condamnation indéterminée doit être appliquée. Par contre, on ne conteste plus aujourd'hui que toute l'exécution de la peine, et en particulier l'exécution de la peine privative de liberté, doit servir à un but précis de politique criminelle, déterminée par les lois et jugements, et que le fait de séparer de la législation pénale l'ensemble du système pénitentiaire, a été une faute lourde de conséquences funestes.

8. La lutte consciente contre le crime suppose enfin **une formation professionnelle** de toutes les personnes qui participaient à l'exercice du droit pénal, surtout dans ce sens que celles-ci doivent se familiariser complètement avec tout ce qui touche à la vie et à l'activité du monde criminel sous toutes ses formes (12).

III. — Pour l'application conséquente de la peine utile, plusieurs restrictions importantes résultent directement de l'idée même qui préside au but proposé.

1. La liberté de l'individu ne doit pas être sacrifiée

I, 351 ; Lévy, *Des sentences indéterminées*, 1896 (important) ; Vargha (Bibl. du § 16), II, 506 ; Teichmann, *Schweizer Zeitschrift*, XI, 230. Adversaires : Wach, Gautier, Tarde, etc.

(12) Sur la « Criminalistique » comme objet d'enseignement, cf. Gross, Z, xiv, 1 ; Von Liszt, Z, xx, 161. Les travaux de Gross indiqués plus haut, § 14, note 2 ; en outre, Paul, *Handbuch der kriminalistischen Photographie*, 1900. *Le même*, Z, xix, 1. Sixième assemblée générale de IKV, *Mitteil.*, V, Z, xvi, 916. *Blätter fur Gefängniskunde*, xxvii, 45 (sur les cours faits dans le grand duché de Bade et en Wurtemberg) ; Bennecke et Juhgsaunn, *Iahrbücher*, I, 172 et 198. *Verhandl. der deutschen Landes gruppe der* IKV, 1898, *Mitteil.*, VII, 217.

sans protection à l'intérêt général. Quelque différentes que l'on conçoive les limites de cette protection, selon les opinions en cours aux différentes époques sur la mission de l'Etat et du Droit, l'application de la peine dans l'Etat juridique ne se justifie que lorsque le malfaiteur a prouvé ses intentions hostiles par un acte précis et légalement bien délimité (13).

2. La législation doit tenir compte, comme d'un facteur puissant et précieux, des conceptions juridiques existant dans le peuple, des « réprobations traditionnelles » (Merkel). Elle doit se garder de rompre subitement avec elles; mais elle ne doit pas oublier non plus, qu'elle peut et même qu'elle doit guider et éduquer peu à peu la conception juridique du peuple.

3. Au sujet de l'effet de la peine sur le criminel, il n'est pas permis de perdre de vue ses effets réflexes, c'est-à-dire ses effets sur la collectivité (voir plus haut § 13, III, 1). Exagérer l'idée d'amendement serait à la longue aussi funeste à la conscience juridique de la population entière et par là à la vitalité de l'Etat que le serait une dureté inflexible à l'égard du criminel d'occasion ou une cruauté brutale à l'égard de l'incorrigible. L'idée du but à atteindre se limite et se sauvegarde d'elle-même. Il n'apparaîtra jamais comme utile de placer le moyen au-dessus du but.

4. Mais de même, la constatation que le crime a ses profondes racines dans les conditions sociales, nous gardera de toute exagération de l'idée de finalité. La conviction d'une faute collective de la société (A. v. Oettingen) modérera l'activité pénale de l'Etat. Il apparaîtra comme plus important et plus précieux, pour l'individu comme pour la société, de

(13) Dans ce sens, la loi pénale apparaît comme la *magna charta* du criminel. Elle empêche que le danger social prenne la place de la culpabilité individuelle. Cf. plus loin § 17, 1. — Von Listz, Z, XIII, 325.

prévenir l'accomplissement du crime, que de punir le fait accompli.

§ 16. — Le conflit des théories du droit pénal.

BIBLIOGRAPHIE. — Sur les théories anciennes, cf. *Heinze*, HH, I, 239. — *Von Bar*, I, 201. — *Laistner*, Das Recht in der Strafe, 1872. — *Gunther*. — Dans l'importante bibliographie allemande des dernières années, il faut citer : *Kohler*, Das Wesen der Strafe, 1888. — *Löning*, Ueber die Begründung des Strafrechts, 1889. - *Merkel*, Ueber den Zusammenhang zwischen der Entwicklung des Strafrechts ùnd der Gesamtentwicklung der öffentlichen Zustände ùnd des geistigen Lebens der Völker, 1889. — *Le même*, Vergeltungsidee und Zweckgedanke im Strafrecht, 1892. — *Mittelstadt*, Gegen die Freiheitsstrafen, 1879. — *Le même*, Z, II, 419 ; GS, XLVI, 237, 387 ; XLVII, 1. — Contre *Merkel* et *Mittelstädt* : *V. Listz*, Die deterministischen Gegner der Zweckstrafe, Z, XIII, 325. — *R. Schmidt*, Die Aufgaben der Strafrechtspflege, 1895 (à ce sujet *Lammasch*, Z, XV, 633). — *H. Seuffert*, Ueber einige Grnndfragen des Strafrechts, 1886. — *Le même*, Was will, was wirkt, was soll die staatliche Strafe ? Discours rectoral, 1897. — *Vargha*, Die Abschaffung der Strafknechtschaft, 2 vol., 1896-97. — *Liepmann*, Einleitung et Z, XVII, 638. — *V. Bar*, Probleme des Strafrechts, Discours rectoral, 1896. — *Oetker* Z, XVII, 493. — *Van Calker*, Strafrecht ùnd Ethik, 1897. — *Netter*, Das Prinzip der Vervollkommung als Grundlage der Strafrechtsreform, 1900. — *Tarde*, La philosophie pénale, 5e éd., 1900.

Bibliographie des dernières années : *H. Seuffert*, Ein neues StGB für Deutschland, 1902. — *Wach*, Die Kriminalistischen Schulen und die Strafrechtreform, Rektoratsrede, 1902. — *V. Bar*, Die Reform des Strafrechts, 1903. — *Heimberger*, Der Begriff der Gerechtigkeit im Strafrecht, 1903. — *Berolzheimer*, Die Entgeltungstheorie im Strafrecht, 1903. — Du même dans le Ve vol. de sa philosophie du droit, 1907. — *Von Calker*, Ethische Werte im Strafrecht, 1904. — *Kohlraush*, Uber descriptive und normative Elemente im Vergeltungsbegriff des Strafrechts, Konigster, jubilé de *Kant*, 1904. — Travaux dans l'*Academisch-juristichen Verein zu München* par *V. Listz*, *Birkmeyer*, *Kraepelin*, *Lipps*, 1906. — *Birkmeyer*, Was lasst, *V. Liszt*, vom Strafrecht übrig ? Eine Warnung von der modernen Reichtung im Strafrecht, 1906. — *V. Liszt*, Z, XXVII, 213, *Tesar* d'après *Gross*, XXVI, 50. — *Torp*, dans Tidsskr. f. Rechtsv. 1907, 15. — *Birkmeyer*, Strafe und sichernde Mossnahmen, Rektoratrede,

1906. — *Nagler*, GS, LXX, 6. — *Zucker*, (§ 15, note 8), 41. — *Olker*, GS, LXX, 321. — *V. Hippel*, Strafrechtsreform und Strafzwecke, 1907. — *Liepmann*, Z, XXVIII, 1. — *Kohler*, Moderne Rechtsprobleme, 1907.

On appelle **théories de droit pénal** les opinions concernant la base juridique et le but de la peine (1). J'ai exposé plus haut (§ 13) mon opinion. Il s'agit ici de déterminer sa position dans le conflit des théories émises d'autre part, et de ramener à sa juste expression la contradiction des opinions représentées dans notre doctrine actuelle.

I. — **La base juridique de la peine infligée par l'Etat se trouve dans la nécessité du maintien de l'ordre juridique.**

1. La base juridique de la peine se trouve dans la nécessité de celle-ci et non dans son opportunité. Sur ce point, les représentants des différentes opinions sont tout à fait d'accord.

C'est une altération complète de la vérité, que d'opposer, comme on le fait régulièrement, les théories d'opportunité et les théories de nécessité, et de compter l'opinion défendue dans ce livre parmi les dernières.

2. Le droit pénal peut et et doit se contenter d'insister sur la nécessité de la péine pour le maintien de l'ordre juridique. La science du droit pénal n'a pas à produire la justification de l'Etat et de l'ordre juridique. Elle peut d'autant mieux y renoncer, que le droit de l'Etat n'est attaqué que par la théorie anarchiste, la justification de l'ordre juridique et de la contrainte juridique ne l'étant que par une partie des théoriciens anarchistes (2).

(1) *Contrà* NETTER, 289, mais à tort. Il s'agit, dans l'historique des théories pénales, des deux questions traitées dans le texte.

(2) Cf. ELTZBACHER, *Der Anarchismus*, 1900. La justification de la contrainte pénale et par suite de la peine est reconnue par Proudhon, Bakounine, Kropotkine, Tucker.

3. Il est tout à fait erroné de ramener la finalité de la peine à celle de l'Etat. Car tout en faisant abstraction du fait que la finalité suprême, absolue et universelle de l'Etat ne peut jamais être déterminée que dans sa forme, et non dans son contenu, la peine reste, autant dans sa base juridique que dans son but, indépendante de la conception scientifique et de l'application pratique de la finalité suprême de l'Etat. Quelle que soit l'idée qu'on se fasse de l'Etat ou quelle que soit sa constitution effective, il aura toujours besoin de la peine comme d'un moyen pour le maintien de l'ordre juridique (3).

4. Il est tout à fait erroné de chercher la base juridique soit de la peine seule, soit de l'Etat et de la peine, dans des raisons situées au delà de la connaissance scientifique. La spéculation métaphysique ne peut donner une solution scientifique du problème de la peine; et point n'est besoin d'une semblable justification métaphysique, aussi longtemps qu'on ne peut contester la nécessité de la peine juridique et qu'en fait on ne la conteste pas (4). Et en ceci aussi

(3) Il faut écarter par suite la tentative faite par VAN CALKER et ses partisans (Netter), pour constituer comme principe suprême, tant de l'Etat que de la peine, le « principe du perfectionnement » (Développement de l'individu par le développement de l'espèce) ; VAN CALKER se référait au *Soziales Ideal* de Stammler, mais avec adjonction du droit et de la morale.

(4) Donc : I. La peine ne peut être ramenée à un commandement divin. Dans le sens critiqué, Protagoras. Puis S. V. COCCEJI (voir plus haut § 7, note 1) ; JARCKE (mort en 185?), *Handbuch des gemeinen deutschen Strafrechts*, I, 1827 ; E. J. BEKKER, *Theorie des heutigen deutschen Strafrechts*, I, 1859 ; STAHL (mort en 1861), *Die Philosophie des Rechts nach geschichtlicher Ansicht*, 1830 à 1837, 5e éd., 1878. — II. A repousser également la justification panthéiste de la peine dans PLATON (Gorgias), LEIBNIZ (mort en 1716, dans sa *Théodicée*), Kohler (*Théorie de l'expiation, de la force de la douleur*). — III. De même, la déduction (par la science naturelle) de la peine d'une loi tellurique-cosmique, dans POST (Bibl. du § 2). — IV. De même, KANT, qui ramène la peine à l'impératif catégorique, comme un postulat de la raison pratique (cf. plus

les représentants de la science moderne sont tout à fait d'accord, abstraction faite de quelques exceptions isolées.

II. — **La diversité des opinions n'a plus trait aujourd'hui à la base juridique, mais au but, à la finalité de la peine.** En la matière, on oppose d'habitude la peine prise comme compensation à la peine utile. Mais cette opposition est erronée.

1. Le fait que la peine prise comme compensation et la peine utile ne sont pas des contradictions résulte déjà de ce que la réparation peut être admise comme but de la peine.

2. Il est faux de chercher une contradiction dans l'opposition du *quia peccatum* est (peine de compensation) et du *ne peccetur* (peine utile). Car même les représentants de la peine utile tiennent absolument à ce que la peine soit liée à l'accomplissement d'une action méritant la peine ; et comme ils placent le but dans la prévention spéciale nécessaire, ils se refusent à punir le criminel afin que d'autres ne commettent pas de crime (c'est le sens historique du « ne peccetur »).

3. La contradiction des opinions ne doit pas être cherchée dans l'opposition des philosophies idéalistes et matérialistes. Car les partisans modernes de la peine utile relèguent toute philosophie, aussi bien matérialiste qu'idéaliste, dans le domaine de la foi et exigent que la science du droit pénal comme toute science ne se meuve que dans les limites de la connaissance scientifique.

4. La contradiction ne peut donc pas se trouver non plus dans l'opposition de l'indéterminisme au

haut, § 10, note 2). — V. De même, HEGEL, qui fait dériver la peine de la connaissance absolue, qui la conçoit comme une réalisation dialectique de la connaissance juridique : la peine (comme négation du crime) est la négation de la négation du droit, par suite la position, la restauration du droit (cf. plus haut, § 10, note 3).

déterminisme. Car le déterminisme scientifique, qui seul touche au droit pénal, ne représente que l'application inattaquable du principe de la raison suffisante aux actions humaines, en tant que celles-ci appartiennent au monde des phénomènes ; il enseigne donc que le crime, lui aussi, ne peut être compris que s'il est ramené à sa cause suffisante. Il n'est pas en contradiction avec l'indéterminisme « d'au-delà » qui « postule » le libre arbitre pour le domaine de la foi situé au delà de la connaissance humaine. Et il n'affirme pas non plus le déterminisme « d'au-delà » qui, en corrélation avec la philosophie matérialiste, nous mène, autant que celle-ci, au-delà du domaine de la connaissance scientifique. Ce n'est qu'avec l'indéterminisme d'en deça que le déterminisme scientifique entrerait en contradiction, mais cette conception de l'indéterminisme qui se refuse à ramener les actions humaines à une raison suffisante, même dans le monde des phénomènes, serait en général la fin de toute connaissance scientifique. Il ne faut pas au droit pénal, pour se fonder, un déterminisme sans cause, pas plus qu'un libre arbitre qui échapperait à la loi de causalité. Il suffit bien plutôt d'une idée, que personne ne conteste sérieusement, et qui est que toute action humaine est causée psychiquement (non mécaniquement), qu'elle est décidée, déterminée, motivée par les représentations [se produisant dans l'esprit ou autrement] (*Vorstellungen*) (5).

(5) La controverse sur l'indéterminisme d'au-delà n'a pas par suite, pour le droit pénal, plus d'importance que par exemple la croyance à l'immortalité de l'âme ou à un Dieu personnel. Quiconque permet à sa conception métaphysique l'accès de ses recherches scientifiques commet une faute contre l'esprit de la science même. Ce principe n'est nullement en contradiction avec l'affirmation que le droit pénal ne peut être fondé que sur la base du déterminisme d'en-deçà. Il y a donc un malentendu dans Netter, 328, et on peut considérer comme au moins inutile l'essai de M. E. Mayer (Bibl. du § 28), qui veut résoudre « l'antinomie » par l'hypothèse d'une « détermination envers

III. — La controverse entre les théories de droit pénal a présentement pour pivot rèel la relation entre la prévention générale et la prévention spéciale.

1. Au lieu d'une discussion entre les théories « absolues » et les théories « relatives », nous avons donc une discussion qui reste dans le domaine des théories relatives. D'ailleurs, on ne discute plus pour la suprématie absolue, mais uniquement pour la prépondérance de l'une ou l'autre théorie. Ainsi nous nous rapprochons considérablement de la possibilité d'une entente.

2. On reconnaît les anciennes théories relatives à ce qu'elles poursuivent avec une logique exclusive un seul but pénal (6). En ne montrant donc qu'un côté

l'indéterminisme ». Poussé à l'extrême, l'indéterminisme d'en deçà sortirait de ses gonds le droit pénal, car la peine n'a de sens que pour celui qui admet la « motivité » de la volonté humaine. Mais les partisans du « libre arbitre » (*Willensfreiheit*) parmi les criminalistes renoncent tous, sans exception, à tirer toutes les conclusions de leur conception fondamentale, et ils ne contestent pas la motivité de la volonté humaine. De là, la possibilité d'une entente. — Tandis que dans la littérature philosophique, le déterminisme, enseigné de tout temps par saint Augustin, saint Thomas d'Aquin, Luther, Calvin et d'autres théologiens, domine presque sans conteste aujourd'hui, les criminalistes sont divisés en deux camps de force à peu près égale Du côté des indéterministes : BELING, BERNER, BINDING, BIRKMEYER, GRETENER, KOHLER, LAMMASCH, V. MEYER. Cf. par exemple MEYER, *Die Willensfreiheit und das Strafrecht*, 1890. Parmi les déterministes : A. MERKEL, LIEPMANN, VAN CALKER, NETTER, V. HIPPEL, FRANK, H. SEUFFERT, V. LILIENTHAL, FINGER, TRAEGER, ZUERCHER. En particulier, FINGER, *Zur Begrundung des Strafrechts von deterministischen Standpunkte*, 1887 ; LIEPMANN, 157. Aussi STAMMLER, *Wirtschaft und Recht nach der materialistischen Geschichtsauffassung*, 1896 ; JELLINCK, *Sozialethische Bedeutung von Recht, Unrecht und Strafe*, 1878. Contre l'assertion que la législation pénale moderne repose sur un fondement indéterministe, rappelons que MODDERMANN, l'auteur du C. P. hollandais, a été un déterministe convaincu et conséquent avec lui-même.

(6) On peut les diviser en deux grands groupes. I. **Théories de la prévention générale.** 1° *Intimidation de tous par la menace de la peine. a)* Il faut citer en premier lieu la théorie de la

particulier de la question, elles devaient nécessairement échouer. Les théories de prévention spéciale surtout (la théorie d'amendement est typique en ce sens) ont méconnu la diversité existant dans les groupements de criminels (voir § 14, II) et en même temps la nécessité d'une différenciation des pénalités. La politique criminelle actuelle insiste sur les différences parmi les criminels et préconise par conséquent l'importance égale des trois buts de la peine : l'intimidation, l'amendement et la mise hors d'état de nuire. En cela elle accorde une importance particulière à l'effet que produit l'application de la peine sur le criminel, donc à la prévention particulière, mais sans méconnaître cependant l'effet que peut

contrainte psychique (le criminel est retenu par la calamité pénale qui le menace) ; indiquée par Aristote, développée entièrement par Hobbes, Pufendorf, Beccaria (entre autres), elle a dominé pendant plusieurs générations la doctrine et la jurisprudence et a trouvé en A. Feuerbach (§ 10, note 1) son plus important partisan. En dehors de diverses brochures, cf. Anti Hobbes, 1798. *Revision der Grundsätze und Grundbegriffe*, 1799. *Ueber die Strafe als Sicherungsmittel*, 1800. *Lehrbuch*, 1801. *b*) La théorie de la mise en garde (*Warmungstheorie*) de Bauer, a moins d'importance (*Archiv.*, 1827, IX, 429; *Die Warnungstheorie*, 1830 ; *Abhandlungen*, I, 1840); d'après elle, la menace de la peine ne s'adresse pas seulement aux sens de l'homme, mais aussi à son être moral. 2° *Intimidation de tous par l'exécution de la peine.* — II. **Théories de la prévention spéciale.** 1° *Intimidation du criminel par l'exécution de la peine.* Reprise de nos jours par Mittelstädt et autres. 2° *Théorie de l'amendement* (adaptation sociale du criminel par la peine). De grande importance pour l'évolution du système pénitentiaire (déjà lors de la fondation et de l'organisation des anciennes maisons de réclusion, voir plus loin § 61) et presque dangereuse par son exclusivité (exagération de l'isolement cellulaire). Partisan le plus important : Röder (mort en 1879), *Zür Rechtsbegründung der Besserungsstrafe*, 1846 ; *Besserungsstrafe und Besserungsanstalten als Rechtsforderung*, 1864. 3° *La théorie de la mise hors d'état de nuire du criminel* considéré comme un malade ; soutenue par Lombroso (cf. 14, note 2) et ses disciples. 4° *Théorie similaire de la mise en tutelle* de v. Massow, Vargha (§ 15, note 3) et autres.

produire la menace de la peine et son application sur l'ensemble des justiciables.

3. L'idée de compensation a été amoindrie par ses défenseurs modernes, qui en ont fait la prévention générale. Nous rencontrons encore chez Kant le principe du talion (œil pour œil, dent pour dent, sang pour sang) dans son ancienne forme grandiose et sanglante. Pour A. Merkel, au contraire (7), la compensation n'est qu'un contrepoids du méfait ou du bienfait, qui, agissant contre l'auteur de l'acte, a pour but la rectification du malentendu provoqué par lui entre les personnes qui y prennent une part active ou passive. Par la répétition expresse de la réprobation sociale et morale de l'acte, impliquée dans l'exécution de la peine, réprobation déjà exprimée d'une manière particulièrement pathétique dans la menace même de cette peine, il s'agit de combattre les effets psychiques du crime, l'ébranlement de l'ordre juridique et de la conscience juridique provoqué par lui, d'affirmer la puissance de l'ordre juridique et d'accroître la conscience juridique du peuple.

4. Il est clair que la prévention générale et la prévention particulière appliquées d'une manière exclusive et logique doivent arriver à des résultats tout à fait différents. Celle-ci devra avoir surtout pour objet le criminel, celle-là le crime, celle-ci l'auteur de l'acte, celle-là l'acte lui-même, celle-ci l'état d'esprit, celle-là le résultat. La prévention générale s'ef-

(7) A. Merkel, *Lehrbuch*, 187 ; Liepmann, 190 ; R. Schmidt (en s'appuyant, tout à fait à faux, sur Feuerbach). De même, déjà auparavant la théorie du dédommagement ou de la restauration de Welcker (mort en 1869), dans *Die letzten Gründe von Recht, Staat und Strafe*, 1813, *Encyklopädie*, 1829. Un assez grand nombre d'écrivains modernes se rattachent également, avec plus ou moins de décision, à cette idée : Binding (*Bewährungstheorie*) ; V. Bar (*Reprobationstheorie*) ; Van Calker, Von Hippel, Oetker, Lammasch (*Die konstanten « Strafzwecke », insbesondere die ethische Reprobation*) ; Finger, Löffler, Stooss.

forcera de séparer minutieusement de tous autres les états criminels, auxquels elle rattache la réprobation dans la menace et dans l'application de la peine, et elle devra ainsi insister surtout sur l'élaboration de la partie spéciale des lois pénales ; la prévention particulière devra, par contre, s'occuper avant tout de la délimitation des groupements de criminels entre eux et par suite de l'élaboration du système pénal. Celle-là cherchera l'équivalence, la proportion entre la peine et le crime, dans la gravité objective du dommage causé par l'acte dans le monde juridique, celle-ci dans l'intensité de l'intention anti-sociale du criminel ; celle-là se trouvera exposée au danger d'une conception matérielle exagérée, celle-ci d'une conception morale outrée.

5. Cet antagonisme scientifique n'exclut pas une rencontre des partisans des deux tendances en un travail législatif commun. Il ne s'agit pas alors, comme on l'a souvent prétendu, d'éclectisme scientifique, mais seulement d'un compromis politique, qui devient possible, dès qu'on renonce à la logique exclusive de l'idée fondamentale. Un tel renoncement est d'autant plus facile que très peu de défenseurs des deux tendances se refusent absolument à prendre en considération le point de vue opposé, et que d'ailleurs le droit en vigueur reconnaît déjà à l'intention de l'auteur (exceptionnellement il est vrai) une influence sur le genre et la mesure de la peine. Les partisans de la prévention générale veulent, eux aussi, agir par l'application de la peine sur le criminel lui-même ; et les représentants de la prévention spéciale n'ont jamais contesté l'effet de la menace et de l'application de la peine sur l'ensemble des justiciables (8). Les propositions de réformes traitées au

(8) Déjà lors de la lutte entre les théories absolues et relatives, des tentatives avaient été faites à plusieurs reprises pour arriver à la conciliation. C'est à ces tentatives que se réfèrent les *théories*

§ 15, peuvent être prises en sérieuse considération par les défenseurs de la prévention générale et même être acceptées par eux sans qu'ils aient à sacrifier leur conception fondamentale. C'est en somme de la réalisation de l'entente entre les deux tendances que dépendent les chances de succès des travaux préliminaires dont pourrait sortir une refonte de notre Code pénal allemand.

dites d'*union* ou *mixtes*. Cf. ABEGG, *Die verschiedenen Straftheorien in ihrem Verhältnis zu einander* 1835 (application de la méthode dialectique de Hegel à l'évolution historique de la peine); GROLMANN (mort en 1829), *Grundsätze der Criminalrechtswissenschaft*, 1798. *Ueber die Begründung des Strafrechts und der Strafgesetzgebung*, 1799. — HENKE (mort en 1869), *Ueber den Streit der Strafrechtstheoricen*, 1811. *Lehrbuch*, 1815. *Handbuch*, 1823. TRENDELENBURG (mort en 1872), *Naturrecht auf dem Grunde der Ethik*, 2e éd., 1868. (Tous trois trouvent la racine de l'infraction dans l'état d'esprit de l'auteur, et par suite l'extirpation de la faute dans son amendement. — Il faut citer aussi toute l'école d'HERBERT; en particulier GEYER (mort en 1885 *Geschichte und System der Rechtsphilosophie*, 1863, son introduction dans la *Rechtsencyklopädie* de VON HOLTZENDORFF, 4e éd., 1882, *Kleine Schriften*, 65) et WAHLBERG (mort en 1900), *Grundzüge der strafrechtlichen Zurechnungslehre*, 1857, et *Ges. kleine Schriften*, I, 1.

III. — Les sources du droit pénal de l'Empire

sources — bibliographie — domaine

§ 17. — Sources

I. — D'après les conceptions juridiques actuelles, le **droit écrit** (la loi dans le sens large du mot) **est la seule source** des principes du droit pénal.

Toutes les prescriptions du droit pénal appartiennent donc au droit écrit (1). La législation pénale d'aujourd'hui se fonde sur l'idée qu'elle est complète pour exiger son exclusivité. Elle exprime cette exigence par le principe suivant, qui reparaît toujours depuis la période philosophique (Constitution française du 3 sept. 1791) et qui se trouve reproduite au Code pénal de l'Empire, § 2, al. 1 : Une action ne peut être frappée d'une peine, que si cette peine était légalement fixée avant que l'action fût commise (cf. aussi Const. Pruss. Art. 8). **Nullum crimen sine lege, nulla pœna sine lege.** Seules les actions expressément menacées d'une peine dans la loi peuvent être punies, et seules peuvent être appliquées les peines expressément fixées dans la loi.

Cette conception se trouve en relation inséparable avec le devoir que le droit pénal en vigueur pose

(1) Dans un autre sens, seulement Binding, I, 197, 201 et Z, I, 4.

au juge pénal. Et ce devoir à son tour se trouve limité et déterminé par la relation politique de la puissance de l'Etat avec la liberté individuelle (voir plus haut § 1, note 1). Dans le cas seulement où le juge pénal n'est pas uniquement l'organe de l'application du droit, mais aussi celui de la création du droit, et en tant qu'il peut agir comme tel, il existe d'autres principes de droit pénal que ceux qui sont écrits. C'est pourquoi, en opposition à la procédure des questions, l'Empire romain permettait au juge de punir *ad exemplum legis* « (l. 7, § 3, D. 18, 4) ; c'est pourquoi au Moyen Age le « créateur de jugements » puisait des principes juridiques dans sa propre conviction juridique ; c'est pourquoi le droit pénal commun de l'Allemagne, s'appuyant sur l'article 105 de la PGO, laissait former ses principes ultérieurs par la coutume et par la doctrine. La Theresiana s'en tenait encore à cette conception. Mais depuis la période philosophique (en Autriche déjà en 1787), le juge n'était plus que le proclamateur de la loi, lié non par l'esprit de celle-ci, mais par son texte. On alla même, comme jadis au temps de Justinien, jusqu'à vouloir défendre toute interprétation de la loi (2). Nous sommes revenus aujourd'hui de ces exagérations, et nous abandonnons au juge l'application du droit, reconnu d'après son contenu essentiel, c'est-à-dire scientifiquement. De ceci résulte immédiatement qu'on ne peut attribuer (au moins en ce qui concerne le droit pénal impérial) à l'usage judiciaire (par lequel seul le droit coutumier pourrait se manifester) une force créatrice de droit, soit qu'il s'agisse de mettre en vigueur de nouvelles prescriptions ou de rendre caduques des prescriptions existantes (*desuetudo*) (3). Et, de même, la

(2) Cf. Binding, I, 23, note 18 ; Geib, *Lehrbuch*, 1861-2, I, 328 ; Löning, Z, iii, 320 ; Stölzel, *Brandenburg-Preussens Rechtsverwaltung* (Bibl. du § 7), II, 209.

(3) *Contra* Binding, I, 210 ; Frank, § 2, I ; Haelschner, I, 85 ; pour le droit des Etats confédérés ; Meyer, 104.

doctrine se voit refuser aussi le pouvoir de créer le droit. Elle doit, par l'art de l'interprétation, éclaircir le contenu des prescriptions juridiques ; par le développement des conceptions, elle peut découvrir des prescriptions juridiques qui ne sont pas exprimées expressément et immédiatement, mais elle ne peut pas, par sa propre force, créer ou détruire des prescriptions. Seule la loi possède une force créatrice de droit.

Mais ces principes doivent être limités à un double point de vue.

1. Le droit coutumier peut, étant en vigueur en d'autres domaines du droit, agir d'une façon médiate en droit pénal, et souvent le législateur attribue à la jurisprudence basée sur la doctrine la solution de questions importantes, et par cela même la détermination de prescriptions juridiques.

2. L'interprétation est limitée par l'interdiction de l'analogie, exprimée au § 2, al. 1, lorsqu'il s'agit de la détermination d'états criminels et de menaces de peine.

II. — La législation impériale est donc la seule source des prescriptions juridiques du droit pénal de l'Empire. Or le commandement émis par le législateur impérial se présente à nous sous un triple aspect : 1° comme loi, au sens étroit, constitutionnel ; 2° comme ordonnance, lorsqu'exceptionnellement un droit de règlementation est expressément accordé, dans le domaine du droit pénal, aux organes de l'Empire (4) ; 3° comme traité d'Etat, en tant que ce traité

(4) Cf. Arndt, Z, xxi, 259 ; Seuffert, LPC, I, 33 (à propos du droit étendu de réglementation pénale accordé par les lois sur les assurances) ; Rosin, *Das Polizeiverordnungsrecht in Preussen*, 2e éd., 1895 ; Biermann, *Privatrecht und Polizei in Preussen*, 1897. Important : § 51 de la loi sur les juridictions consulaires du 7 avril 1900 (droit de réglementation des consuls), ainsi que le § 15 de la loi sur les colonies du 10 septembre 1900 (droit de réglementation du Chancelier de l'Empire).

est devenu un engagement régulier pour l'État, et une obligation pour les sujets de ce dernier.

III. — On appelle **loi dans le sens étroit du mot**, la volonté de la collectivité se manifestant par la collaboration constitutionnelle des facteurs législatifs, et promulguée dans la forme constitutionnelle (Const. Imp., art. 2, 5, 17).

La loi est la volonté déclarée de la collectivité; non pas la volonté non déclarée et non pas la déclaration non voulue. La déclaration s'effectue par la décision du Reichstag et du Bundesrat, par l'élaboration et par l'ordre de promulgation de l'Empereur.

C'est d'après ces éléments que nous avons à juger « les erreurs de rédaction (5) ». Elles se présentent quand la volonté déclarée repose elle-même sur une erreur. Comme ce qui est déclaré est voulu, et ce qui est voulu déclaré, nous nous trouvons dès lors en présence d'une loi qui lie, et ne peut être supprimée que par une nouvelle loi; c'est ce qui a eu lieu en effet dans une série de cas (non pour tous), par la loi complémentaire du 26 février 1876. Il faut ne pas confondre avec ces erreurs la non concordance entre le texte de la promulgation et celui des décisions prises (fautes d'impression). La décision promulguée par erreur n'est pas une loi, pas plus d'ailleurs que la décision prise, mais non promulguée. Seule, une nouvelle promulgation, rectificative, peut intervenir en ce cas. Il suit de ce que nous venons de dire que les « matériaux » législatifs, en particulier l'exposé des motifs et les débats parlementaires, ne peuvent être employés qu'avec la plus grande prudence comme moyens d'interprétation. Car ces matériaux ne sont pas la volonté déclarée de la collectivité, et ils ne nous donnent tout au plus que les mobiles qui

(5) Schuftze, GA xx, 351; Sontag, *Die Redaktionsverschen*, 1874, v. Waechter, GS, xxix, 321; Binding, I, 460; Merkel, HH, IV, 76; Wach, I, 265; Lindemann dans LA, xiv, 145. Cf. rectification du § 137 de la Prac (*Mil.*, G. O, n° 6 du *Reichsgesetzsblatt* de 1899.

ont pu déterminer les membres isolés de l'un des organismes législatifs à la déclaration de leur volonté (1).

IV. — **Les sources légales du droit pénal impérial sont** :

1° Le Code pénal avec ses compléments (plus haut § 4).

2° Les lois pénales dites complémentaires (plus haut § 12).

IV. — Nous nous trouvons devant un phénomène singulier, en présence des règles du droit pénal dans lesquelles seule la menace de peine est exprimée par la loi d'Empire, alors que la détermination des faits est laissée à d'autres pouvoirs, soit à l'Empereur, au Bundesrat, à l'administration de la justice, à la législation d'un Etat confédéré ou à la police, voire même à une législation non allemande. Nous en trouvons des exemples dans le Code pénal §§ 145, 327, 328, 361, 366, 367, 368 ; dans la loi sur les comestibles de 1897, §§ 6 et 7, et dans quantité d'autres lois complémentaires. Intéressante surtout est la loi concernant les infractions aux lois de douane de l'Autriche-Hongrie du 9 juillet 1895, §§ 2 et 3.

On parle bien de lois en blanc seing (Blancketgesetze) (Binding), de menaces pénales « cachées » ou « manifestes » (Janka, Heinze). Mais dans tous ces cas, la force de contrainte résultant de la relation du fait et de sa conséquence juridique, c'est-à-dire de la prescription pénale même, repose sur une réglementation légale de l'Empire.

(6) Dans ce sens, déjà Von Waechter, *Archiv*. 1839, p. 345. Aujourd'hui opinion dominante. Cf. Binding, I, 471 ; Glaser, I. 317 ; Wach, I, 282. Il esi vrai que R (décisions du *Reichsgericht*. va plus loin, dans de nombreuses décisions, en partie contestables.

§ 18. — Bibliographie du droit pénal de l'Empire et de ses sciences auxiliaires.

Une bibliographie complète fait défaut. Pour le droit déjà ancien, *G W. Böhmer*, Handbuch der Litteratur des Criminalrechts in seinen allgemeinen Beziehungen mit besonderer Rücksicht auf Criminalpolitik nebst wissenschaftlichen Bemerkungen, 1816. — *Kappler*, Handbuch der Litteratur des Criminalrechts ùnd dessen philosophischer und medizinischer Hilfswissenschaften, 1838. — Pour la période moderne, l'ensemble bibliographique le plus complet est constitué par l'Index général alphabétique et systématique des 12 premiers volumes de Z (Systematisch-alphabetisches Generalregister zù Z), auquel nous renvoyons une fois pour toutes. Aperçu abrégé dans *Von Kirchenheim*, Juristischer Litteraturbericht, 1884 à 1894, 1896 (Strafrecht und Kriminalpolitik, p. 231-265). Sur les lois complémentaires, cf. plus haut, § 12. Sur la bibliographie étrangère à l'Allemagne, cf. plus haut, § 9.

Comme ouvrages les plus importants il faut citer :

1° Textes (Code et lois) : *Rüdorff*, 22° éd. 1907 (par *Appelius*). *Olshausen*, 8° éd., 1905. — *Daude*, 10° éd., 1907. — *Dalcke*, 10° éd., 1907. — *Standinger*, 9° éd. 1907. *Binding* et *Nagler*, 1905. — Pour la Bavière, *Henle et Schierlinger*, 2° éd., 1903. — Pour la Saxe, *Mauckisch*, 1898. — Pour Bade, *Traub*, 6° éd., 1897.

2° Exposés systématiques : Manuels (Lehrbücher) de *Berner*, 1re éd., 1857, 18° éd., 1898. — *Schütze* (mort en 1897), 2° éd., 1874. — *H. Meyer* (1re édit., 1875), 6° éd., par *Allfeld*, 1907. — *Merkel*, 1889. *Finger*, 1 vol. 1904. — *Von Holtzendorff* (mort en 1889), Handbuch des deutschen Strafrechts in Einzelbeiträgen von verschiedenen Verfassern, 4 vol., 1871-77. — *Von Wachter*, Deutsches Strafrecht. Cours publié (Vorlesungen, herausgegeben von) par *O. V. Wächter*, 1881. — *Hälschner*, Das gemeine deutsche Strafrecht, systematisch dargestellt, 1er vol., 1881 2° vol., 1884-87. — *Von Bar*, Handbuch des deutschen Strafrechts, 1er vol., Geschichte des deutschen Strafrechts and der Strafrechts theoricen, 1882. — *Binding*, Handbuch des Strafrechts, 1er vol. 1885 (articles de Merkel, Z, VI, 496, de *v. Listz*, *Z*, VI, 663). Grundrisse de *Beling*, 1905. — *Binding*, Allg. Teil., 7° éd., 1907 ; Bes. Teil, 1re partie (« Lehrbuch »), 1902, 2° partie, 1904-1905. — *Birkmeyer*, 6° éd., 1905. — *Geyer*, 1884 85. — *V. Lilienthal*, 2° éd., 1900. — *Löning*, 1885. — Exposés résumés de *Birkmeyer* dans son *Encyklopædie*, 2° éd., 1904, de *Wachenfeld* dans l'Encyklopädie de *V. Holtzendorff Kohlers*, 1904. — *Liepmann*, Einleitung in das Strafrecht, 1900. — *Beling*, Die Lehre vom Verbrechen 1906. — *Von Bar*, Gesetz und Schuld im Strafrech, 2 vol. 1906-1907. — *Thomsen*, Grundiss des deutschen Verbrechensbekampfungsrechts, Part. gén., 1905, Part. spéc., 1906. — Important, l'exposé de *Seuffert* dans la Strafgesetzgebung der Gegenwart, I, 1894.

3° Parmi les commentaires, il faut citer *Meyer* (Thorn). *Kirchmann*, *Blum*, *Hahn*, *Puchelt*, *Rubo*, puis *Oppenhoff*, 14e éd. 1901, publié par *Delius*, *Rüdorff*, 4e éd. (par *Stenglein*), 1892. — *Von Schwarze*, 5e éd., 1884. Mentionnons spécialement *Olshausen*, 1re éd., 1880, 7e éd. (2 vol), 1905, et *Frank*, 1re éd., 1897, 7e éd., 1907.

4° Etudes de caractère général : *Seeger*, Abhandlungen aus dem Strafrechte, 1858. — *Köstlin*, Abhandlungen aus dem Strafrecht (publiées après la mort de l'auteur par Gessler), 1858. — *Glaser*, Abhandlungen aus dem österreichischen Strafrecht, 1858. — *Du même*, Kleine Schriften über Strafrecht und Strafprozess, 2e éd., 1883. — *Merkel*, Kriminalistische Abhandlungen, 1867. *Wahlberg*, (mort en 1901) Gesammelte kleinere Schriften und Bruchstücke über Strafrecht, u. s. w., I, 1875 ; II, 1877 ; III, 1882. — *Binding*, Die Normen und ihre Uebertretung, I, 1872 (2e éd., 1890) ; II, 1877. — *Hertz*, Das Unrecht und die allgemeinen Lehren des Strafrechts, I, 1880. — *Hrehorowicz*, Grundbegriffe des Strafrechts, 2e éd. 1882. — *Bünger*, Ueber Vorstellung, Wille und Handlung als Elemente der Lehre vom Verbrechen und von der Strafe, 1888. — *Geyer*, Kleinere Schriften strafrechtlichen Inhalts (publiés par Harburger), 1889. — *Kohler*, Stüdien aus dem Strafrecht, I à VI, 1890 et sq. — *Von Buri*, Beiträge zur Theorie des Strafrechts und zum Strafgesetzbuch. Gesammelte Abhandlungen, 1894. — *Thyren*, Abhandlungen aus dem Strafrecht und der Rechtsphilosophie (s. d. [1894, 1896]). — *A Merkel*, Gesammelte Abhandlungen aus dem Gebiot der allgemeinen Rechtslehre und des Strafrechts, 2 vol. 1899 (publiés par R. Merkel). *V. Litsz*, Strafrechtliche Aufsatze und Vortrage, 2 vol. 1905.

5° Périodiques : « Archiv für preussisches Strafrecht », fondé en 1853 par *Goldtammer*, publié depuis 1900 comme « Archiv für Strafrecht ünd Strafprozess », par *Kohler* (collaborateurs réguliers : *Olshausen Goldscgmidt* et *Maas*). — « Der Gerichtssaal », fondé en 1849 par Jagemann, publié depuis 1873 par v. Schwarze, depuis 1904 par *Olker* et *Finger*. — « Zeitschrift für die gesamte Strafrechtswissenschaft, fondée en 1881, par *Dolchow* et *von Lisiz*, publié (Dolchow étant mort en 1881) par von Liszt et von Lilienthal, ainsi que, à partir de 1905, par *von Hippel* et Kolraush (collaborateurs réguliers : Beling, Frank, Knapp, Mittermaier, Steidle). — « Mitteilungen der Internationalen

Kriminal-Vereinigung » (Bulletin de l'Union internationale de droit pénal), depuis 1889. — « Abhandlungen des (preuss.) kriminalistischen Seminars, publiées depuis 1889 par von Liszt (nouvelle série depuis 1901 — Strafrechtliche Abhandlungen, publiées (avec le concours d'autres criminalistes allemands) de puis 1896, par Bennecke, depuis 1898, par Beling, depuis, 1906 par *V. Lilienthal.*

6° Recueils d'arrêts et jugements : Die deutsche Strafrechtpraxis, 1er vol., 1877, par Pezold, Stiegele und Köhn, 2e vol , 1880, par Zimmerle. — Die Rechtssprechung des Deutschen Reichsgerichts in Strafsachen. A cessé de paraître à la fin de 1888 ; 10 vol. en tout — Entscheidungen des Reichsgerichts in Strafsachen, publiées par les magistrats du Reichsgericht, et aussi, à partir du 19e volume, par les avocats à cette Cour. — Sammlung der Entscheidungen des obersten Gerichtshofes von Bayern in Gegenstanden des Strafrechts und Strafprozesses, 1872 et sq. Sammlung der Entscheidungen des Oberlandesgerichts München in Gegenständen des Strafrechts ùnd Strafprozesses, 1882 et sq. — Entscheidungen des Hanseatischen Oberlandesgerichts in Strafsachen, 1879 à 1897, publié par Vogt, 1899. — *Franz*, Rechtssprechung des Oberlandesgerichts in Strafsachen, 1886, 1891, 1897. — *Apt*, Die grundlegenden Entscheidungen des deutschen Reichsgerichts auf dem Gebiete des Strafrechts, 2e éd., 1898. — Kritische Ueberschau über die Rechtssprechung des Reichsgerichts dans Z, par Frank et Beling. — *Stenglein*, Lexikon des deutschen Strafrechts nach den Entscheidungen des Reichsgerichts, 1900. Dazu Erganzungsband von Galli, 1904.

7° Casuistique. Ouvrage ancien : Casuistik des Criminalrechts, par *Osenbrüggen*, 1854. — *Von Bar*, Strafrechtsfälle, 1875. — *Von Liszt*, Strafrechtsfälle zùm akademischen Gebranch, 8e éd., 1909 (1re par Dolchow, 1876). — *Kohler*, Strafaufgaben zùm Gebranche bei dem akadem. Strafrechtspraktikum, 1re partie, 1889 ; 2e partie, 1899. — *Schultze*, Rechtsfälle aus der Praxis der Strafsenate des Reichsgerichts als Strafsrechtsaufgaben mitgeteilt, 1891. — *Harburger*, Strafrechtspraktikum, 1892. — *Frank*, Strafrechtliche Fälle zum akademischen Gebranch, 3e éd., 1901. — *Stelling*, Praktische Strafanzeigen (Strafrechtsfälle), 1902. *Stoss*, Strafrechtfælle für Studierende 1906. — *Lucas*, Anleitung zur Strafrechtlichen Praxis, 2e édit., 1907.

8° Sciences auxiliaires :

a) Criminologie et Politique criminelle, voir plus haut, §§ 14 et 15 ; Sciences pénitentiaires, voir plus loin, § 61 ; Psychologie : *Ebbinghaus*, *Grundzüge*, 1902. — *Höffding*, 2e éd. allemande, par *Bendixen*, 1893. — *Wundt*, Grundiss dar Psychologie, 6e éd., 1904.

b) Médecine légale et Psychiâtrie : Manuel (Handb.) de *Casper-Liman*, 2 vol., 8e éd., 1889-90. — *Maschka*, Handbuch in Einzelbeiträgen, 4 vol., 1881 et sq. — *Hofmann*, Lehrbuch, 8e éd., 1898. — *Strassmann*, Lehrb. der gerichtl. Medizin, 1895. — *Von Kraft-Ebing*, Lehrb. der gerichtl. Psychopathologie, 9e éd., 1899. — *Du même*, Grundzüge der Criminalpsychologie für Juristen, 2e édit., 1882. — *Kräpelin*, Psychiatrie, 6e éd., 1899. *Cramer*, Gerichtliche Psychiatrie, 2e éd. 1900. — *Delbrück*, Gerichtliche Psychopathologie, 1897. — *Hoche*, Handbuch der gerichtl. Psychiatrie, 1901. — *Weygandt*, Atlas und Grundriss der Psychiatrie, 1902. — *Von Kraft-Ebing*, Psychopathia sexualis, 10e éd., 1898. — *Moll*, Die conträre Sexualempfindung, 3e éd., 1899. — *Eulenburg*, Sexuale Neuropathie, 1896. — *Forel*, Der Hypnotismus, 3e éd., 1895. — *Moll*, Hypnotismus, 3e éd., 1896. — *Von Lilienthal*, Z, VII, 281. — *Rieger*, Z, VIII, 315. — *Forel*, Z, IX, 131. — *Hitzig*, Der Querulantenwahn, 1895. — Sur l'épilepsie en matière pénale, *Ilberg*, Z, XXI, 440. — Périodique : Friedreichs Blätter für gerichtliche Medizin und Sanitätspolizei, publiées par Messerer et depuis 1898, par Gudden.

c) Police criminelle : *Ortloff*, Lehrbuch der Kriminalpolizei, 1881. — *Avé-Lallemant*, Physiologie der deutschen Polizei, 1882. — *Seuffert*, WV, I, 885. — Ouvrages de *Gross* et *Paul* cités plus haut, § 14, note 3 et § 15, note 11. — *Weingart*, Handbuch für das Untersuchen von Brandstiftungen, 1895.

§ 19. — Application, dans le temps, des prescriptions pénales.

Bibliographie. — *Berner*, Wirkungskreis des Strafgesetzes nach Zeit, Raum und Personen, 1853. — *Seeger*, Ueber die rückwirkende Kraft neuer Strafgesetze, 1858 (Abhandl., II, 1). — *Schmid*, Herrschaft der Gesetze nach ihren räumlichen und zeitlichen Grenzen, 1863. — *Binding*, I, 225. *Normen*, I, 168. — *O. Lehmann*, Das zeitliche Herrschaftsgebiet der Strafrechtssätze, namentlich mit Rücksicht auf das schweizerische Strafrecht. Thèse Berne, 1896. — *Geers*, Das mildeste Gesetz im Sinn des § 2, al. 2. C. P. I. Thèse Strasbourg, 1897. — *Vosberg*, Ueber die Rückwirkung des Strafgesetzes, etc. Thèse Erlangen, 1898. — *Silberschmidt*, Z, XXII, 58.

I. — Le moment où le Code pénal impérial est entré en vigueur dans les différentes parties de l'Empire allemand, a été établi déjà plus haut. Quant aux autres prescriptions du droit pénal allemand, le commencement et la fin de leur action se déterminent d'après les règles générales. Elles deviennent donc obligatoires, sauf disposition contraire, le quatorzième jour après l'expiration du jour où a été publiée à Berlin la partie du Reichsgesetzblatt les concernant (Const. Imp. art. 2). Dans les circonscriptions de juridiction consulaire, ce délai comprend, d'après le § 30 de la loi du 7 avril 1900, deux mois, quand les circonscriptions se trouvent situées en Europe, en Egypte, ou sur les bords asiatiques de la mer Noire ou de la Méditerranée; quatre mois dans toutes les autres circonscriptions. Ces prescriptions s'appliquent de la même façon aux colonies, en vertu du § 3 de la loi du 10 septembre 1900. Et les prescriptions du droit pénal cessent d'être applicables, quand elles ne fixent pas elles-mêmes le moment où elles ne seront plus obligatoires ou la condition qui mettra fin à leur action, par leur abrogation expresse ou tacite par le pouvoir législatif. La loi est la seule source autant de l'origine que de la disparition des prescriptions du droit pénal.

En ce qui concerne l'**abrogation tacite**, il faut s'en tenir au principe que la loi postérieure supprime les dispositions de la précédente dans les matières qu'elle règle elle-même. Ce que l'on entend par « matière » se détermine conformément aux règles énoncées plus loin (§ 20).

Ce principe s'applique d'abord au rapport existant entre les lois pénales de l'Empire, sans considérer si la loi antérieure ou postérieure est une loi dite complémentaire ou le Code pénal lui-même. Elle s'applique ensuite au rapport existant entre les lois pénales de l'Empire et les lois pénales antérieures des Etats allemands (mais non réciproquement). Voir plus loin § 20. Elle s'applique enfin également aux rapports des différents domaines du droit impérial entre eux (cf. aussi § 2 EG.). C'est pourquoi le

Code pénal impérial se trouve souvent modifié, surtout par les prescriptions correspondantes du Code civil.

II. — Dire qu'un article de loi est en vigueur, signifie que les suites juridiques attachées par lui à un état de choses, interviennent dès que l'état de choses existe. Il en résulte que toute disposition de la loi ne peut être appliquée qu'aux états de choses qui se sont produits pendant qu'elle était en vigueur, sauf si la loi déclare elle-même vouloir appliquer cette disposition aux faits existant après ou avant sa période d'application.

Ceci est également vrai pour les prescriptions de la loi pénale. Elles n'ont, comme toutes les autres, ni force postactive ni rétroactive, à moins que législateur ne la leur donne pas expressément. (1) De là découle la règle implicitement reconnue dans l'al. 1 § 2 du Code pénal : Les prescriptions du droit pénal s'appliquent aux actes commis pendant qu'elles sont en vigueur, jamais elles ne s'appliquent à ceux commis avant ou après cette période.

Le législateur ne prend en considération que les prétentions d'une clémence que l'on peut approuver (quoique non fondée juridiquement), quand il admet l'exception suivante, sans toutefois supprimer la règle (Code pénal, § 2, chap. 2) : **Quand il y a différence entre les lois pénales depuis le moment où l'action est commise jusqu'au moment où elle est jugée, la loi la plus modérée doit être appliquée.**

Les prescriptions pénales plus modérées acquièrent ainsi une force rétroactive. Mais on reconnaît en même temps, et de la même façon, qu'après qu'une prescription a cessé d'être en vigueur, une condamnation pour une action commise avant ce terme est

(1) En concordance avec l'opinion commune. Pour la rétroactivité, BINDING, I, 230 ; BIRKMEYER, 1074 ; HAELSCHNER, I, 116 ; SCHUETZE, 48. D'autres auteurs, comme MEYER, 109, veulent toujours, par principe, voir appliquer la loi la plus douce.

impossible (exemple : expiration de la période d'application de la loi contre les socialistes au 1er octobre 1890 (2).

Le point de vue une fois posé, il n'était plus que logique de prescrire la prise en considération : *a*) de la loi en vigueur au moment du délit; *b*) de celle en vigueur au moment du jugement et enfin *c*) des lois intermédiaires éventuelles (par exemple, la suppression passagère de la peine capitale dans certains États allemands).

III. — Quand le juge est appelé à choisir parmi deux ou plusieurs lois la plus modérée, il doit d'abord décider le cas qui lui est soumis selon l'une des lois en question, puis selon l'autre, puis selon les autres lois qui peuvent encore entrer en considération, ensuite fixer l'état des faits selon chacune de ces lois et déterminer la peine. Toute réunion de lois pénales différentes doit être rejetée d'une manière absolue. Le résultat le plus favorable à l'accusé est décisif. Pour cela il faut considérer non seulement l'étendue et le contenu de la peine, mais toutes les normes pénales pouvant agir en l'espèce. Ainsi, par exemple : les peines accessoires, l'influence des circonstances aggravantes et atténuantes, les prescriptions déterminant la récidive, la participation, la tentative, les condi-

(2) Car la considération accordée à l'adoucissement de peine le plus étendu, peut encore moins être refusée à l'absence de pénalité lorsqu'elle vient à se produire. Il n'y a aucune différence à cet égard entre une abrogation expresse de la loi ou une abrogation tacite. Dans le même sens, BINDING, I, 237, 258, et Grundriss, I, 66 ; FRANK, § 2, IV ; HAELSCHNER, I, 123 ; MEYER, 113. *Contrà* OLSHAUSEN, § 2, 16, R, XXI, 294 ; XXXII, 1 0. Il ne faut pas confondre, avec l'abrogation d'une loi, le cas où la loi prévoyait une peine pour les actes commis dans une circonstance déterminée, par exemple pendant la durée d'une interdiction d'importation de bétail, c'est-à-dire lorsque l'infraction constitue pendant un temps donné un élément de fait. Même après l'expiration de ce temps, rien ne s'oppose à l'application de la loi, lorsque les actes ont été commis pendant ledit temps.

tions de la responsabilité, etc. Lorsque de cet examen résultent d'une des lois en question, soit l'absence de pénalité, soit des peines légères (parce que, par exemple, cette loi n'admet pas la tentative, ou l'aggravation en cas de récidive), il faut appliquer cette loi, comme étant la plus modérée, à l'exclusion de toute autre. Il en va de même quand il s'agit de motifs pouvant supprimer la peine, et surtout de la prescription (3); dès que la poursuite de l'acte ou l'exécution du jugement se prescrivent selon l'une ou l'autre loi — auquel cas il faut prendre comme point de départ, pour la loi antérieure comme pour celle qui suit, le moment de l'accomplissement de l'acte, ou celui où le jugement entre en vigueur —, un acquittement s'impose. Par contre, il ne faut pas tenir compte des empêchements de procédure, qui font obstacle à la poursuite de la plainte. Comme la plainte elle-même doit être considérée comme une condition préalable de procédure (voir plus loin § 45), son introduction ou son élimination devrait rester sans influence sur l'appréciation d'actes déjà anciens ; mais l'art. III de la Novelle du 26 février 1876, qui doit être très certainement généralisé, se prononce en sens contraire. Les dispositions en dehors du droit pénal interviennent en tant que par elles la situation pénale se trouve altérée dans son contenu : des exemples en sont offerts par les §§ 904 ou 859 du Code civil (4). Lorsque les lois à comparer sont d'une modération égale, la règle générale reprend sa place. Il en est de même quand une comparaison des peines est impossible.

(3) Expressément admis : R, XXXII, 247.

(4) De même, BINDING, I, 257 ; SEUFFERT, LPC, II, 456 ; PRETSCH, *Das Notstandsrecht und seine Bedeütung fur das Strafrecht*. Thèse Rostock, 1899. *Contrà*, l'opinion commune, en particulier R, XXVII, 98 ; XXXI, 226 ; XXXIII, 184 ; XXXIV, 157.

§ 20. — Application réelle des prescriptions du droit pénal Droit d'Empire et droit des Etats

BIBLIOGRAPHIE. — *Heinze*, Staatsrechtliche ùnd strafrechtliche Erörterungen, 1870. — *Le même*, Das Verhæltuiss des Reichsstrafrechts zùm Laudesstrafrecht, 1871. — *Binding*, Der antagonismus zwischen d^m D. StGB. ùnd dem Entwurf des bad. Einf. Ges. 1871. — *Hälschner*, I, 80. — *Binding*, I, 270. — *Matthiesen*, In welchem Umfange sind die Vorschriften im allgemeinen Teil des StGB. für die Landesgesetze bindend? Thèse Kiel, 1894. — *Rosin*, Das Polizeiverordungsrecht (cf. plus haut, § 17, note 4). — *Seuffert*, LPC, I, 94

Par le Code pénal impérial, les codes des différents Etats n'ont pas été à proprement parler abrogés. D'après l'article 2 de la Constitution de l'empire, celui-ci exerce le droit de légiférer dans les limites tracées par la Constitution et avec cet effet que les **lois impériales priment les lois des Etats**. La législation des Etats ne peut se mettre en opposition avec les dispositions de la législation impériale, que celles-ci soient exprimées expressément ou tacitement ; elle ne peut pas davantage les confirmer; si elle le fait cependant, ses soi-disant ordres n'ont pas de pouvoir impératif, ce ne sont pas des lois. D'une part donc, la législation des Etats en vigueur jusqu'alors est abrogée en tant que les prescriptions du droit impérial s'emparent du domaine régi par elle, soit en s'opposant à cette législation, soit en concordant avec elle, et cela sans qu'une abrogation expresse soit nécessaire ; et, d'autre part, d'après le même principe et dans la même mesure, la législation d'un Etat sera dans l'avenir sans effet.

Ce principe de la Constitution impériale se trouve exprimé d'une manière peu heureuse dans la loi d'introduction, §§ 2 et 5, qui déclare que le droit pénal des Etats se trouve abrogé, « en tant qu'il concerne des matières qui sont l'objet du Code pénal de l'empire allemand ». Or, on entend par **matière**, c'est-à-dire objet du Code pénal, les actions déclarées punissables (1). La législation des Etats se trouve donc abrogée :

1. Lorsque la législation impériale a expressément déclaré une action punissable.

2. Quand la législation impériale a déclaré expressément ou tacitement une action non punissable.

Comme cette dernière déclaration est régulièrement tacite, le silence de la législation impériale peut avoir une double signification : ou bien celle d'une disposition tacitement négative (« silence qualifié »), ou celle d'une attribution de réglementation à la législation des Etats. Dans l'un ou l'autre cas, nous avons à nous prononcer, non seulement en étudiant l'origine de la loi, mais avant tout en partant de la loi elle-même, du rapport existant entre des dispositions juridiques expressément exprimées. La question

(1) Mais non pas les « notions dites générales » (*sog. allgemeine Lehren*), qui n'ont de signification que par rapport au délit pris isolément. Dans le domaine laissé à la législation des Etats, celle-ci peut donc prendre des dispositions concernant la tentative, la participation, la responsabilité, la prescription, etc., susceptibles de s'écarter de celles du Code Pénal Impérial. Elle a d'ailleurs largement fait usage de cette faculté. Cf. notamment les lois sur la police rurale et forestière, et les lois pénales forestières ; ZIEGNER-GNUECHTEL, Z, VIII, 231. La question est très controversée. — 1. Pour l'affirmative, BELING, 81 ; V. LILIENTHAL, 10 ; MATTHIESEN, OLSHAUSEN, EG, § 2, 12 ; SEUFFERT, LPC, I, 86, 87, R, II, 34 ; X, 220, 302 ; XXX, 31. — 2. *Contrà*, BERNER, 42 ; BINDING, I, 307, qui considère la législation des Etats comme absolument liée. — 3. Egalement *contrà*, FRANK, EG, § 2, VI ; HAELSCHNER, I, 110 ; MERKEL, 7 ; MEYER, 101, qui prétendent distinguer dans les dispositions du droit d'empire des dispositions liant les Etats et d'autres ne les liant pas. — Il faut concéder à FRANK que le § 2, al. 1 et le § 9 contiennent des dispositions constitutionnelles, liant par conséquent les Etats ; mais en ce qui concerne les normes du droit pénal pur (Responsabilité, prescription, etc.), sa distinction manque de base juridique. L'opinion exposée dans le texte trouve un appui dans le fait que les notions générales du Code pénal impérial ne revendiquent pas non plus leur application pour le droit pénal spécial de l'Empire

du domaine laissé à la législation d'Etat est une question d'interprétation de la loi impériale. En l'espèce, nous devons, en vertu de l'article 4, n° 13 de la Constitution impériale, nous prononcer dans le doute pour la non admission d'une réglementation par la législation des Etats. De même on ne devra pas perdre de vue la gravité des pénalités dont dispose cette dernière législation (E. G., § 5).

Exemples : De l'énumération arbitraire d'infractions contenue dans la dernière section du Code pénal impérial résulte la faculté, pour les Etats, de légiférer en matière d'infractions de police, faculté qui peut s'exprimer notamment par la promulgation de codes complets de police (2). Grâce à cette situation, l'interdiction de mettre publiquement en vente des remèdes secrets persiste dans la Prusse rhénane (R., XVI, 359).

De même, l'absence de système de la section 25 du C. P. I. permet de soutenir la persistance d'application du § 270 du Code pénal prussien et de l'art. 412 du Code pénal français concernant la liberté de l'offre dans les ventes aux enchères (R, en dernier lieu, XXVII, 106; *contrà*, Meyer, 101, note 12). Les dispositions prises par les Etats contre les avocats clandestins ne sont pas non plus abrogées. Par contre, sont en opposition avec le droit impérial les sanctions prévues par les Etats contre le jeu dans les loteries étrangères, la fausse déclaration faite sans serment, les duels d'étudiants, le concubinage, les faits de grève, etc. ; il en est ainsi, même lorsque les Etats punissent ces faits à titre d'infractions de

(2) Citons, parmi les codes de police : Celui de la Bavière, du 26 déc. 1871 (RIEDEL, 5e édit., par Pröbest, 1894), celui du Wurtemberg du 27 déc. 1871. (SCHICKER, 3e éd., 1899), celui de Bade du 31 oct. 1863, modifié en 1871 (SCHLUSSER, 1897), celui de Hesse de 1877. Pour Brunswick, cf. Ude, 2e éd., 1909. La Saxe, la Prusse, l'Alsace n'ont pas de législation de police homogène. — Cf. aussi J. GOLDSCHMIDT, *Das Verwaltungsstrafrecht*, 1902, p. 455.

police. Cf. sur ces questions la Partie spéciale. Le C. P. I. règle également la « matière » de l'aide personnelle (*Selbsthilfe*), rendant caduques toutes les sanctions prévues par les Etats (3). Par une loi du 29 mars 1888, la persistance de la sanction des « cris séditieux » a été reconnue expressément, après que R (Jurisprudence du Tribunal d'Empire) eut nié à plusieurs reprises que l'art. 8 de la loi française du 25 mars 1822 ait encore été en vigueur.

Les peines privées du droit commun sont abrogées, en tant qu'elles représentent des peines réelles, c'est-à-dire lorsqu'elles dépassent un dédommagement pécuniaire de la partie lésée, y compris la satisfaction (en argent) à fournir pour l'atteinte à des intérêts autres que des intérêts pécuniaires.

II. — Dans les **matières non réglées par le droit impérial**, la législation d'Etat a le champ libre. Les lois existantes des Etats restent en vigueur, de nouvelles peuvent être édictées. Cette règle est énoncée § 2, al. 2 de E. G., quoique le texte puisse provoquer une erreur en opposant au Code pénal les « dispositions spéciales ». La position apparente d'une disposition juridique dans un Code pénal général, ou dans un Code de police, ou encore dans une loi complémentaire, n'a aucune importance pour la question qui nous occupe.

C'est seulement à titre d'exemples que le § 2 cite : les lois sur la police de la presse, sur la police postale, fiscale, douanière, sur la pêche, la chasse, la police forestière ou rurale, les prescriptions sur l'abus du droit de réunion et d'association et sur le vol de bois dans les forêts (4).

(3) *Contrà* Binding, I, 318 ; Frank, EG, § 2, III.

(4) Les lois pénales forestières (pour la Prusse : Loi sur les vols forestiers du 15 avril 1878 ; Loi sur la police forestière et rurale du 1er avril 1880 ; pour l'Alsace-Lorraine, la Saxe, la Hesse. — En Bavière, dans le grand duché de Bade, en Wurtemberg, les dispositions en la matière se trouvent dans les Codes de

III. — Mais il existe certaines limites, même dans le domaine abandonné en soi à la législation d'Etat, donc dans les matières non réglées par la loi impériale :

1. Lorsque dans les lois des Etats il est fait allusion, soit expressément, soit tacitement, à des prescriptions pénales que le Code pénal pour l'empire allemand rend caduques, les prescriptions correspondantes de ce Code remplacent les premières (E. G. § 3). Lorsque donc dans la loi d'Etat sur le vol forestier, on renvoie, pour la tentative ou la complicité, au Code pénal d'Etat, ce sont les prescriptions correspondantes du Code pénal impérial qui doivent être appliquées.

2. Depuis le 1er janvier 1871 (1872), peuvent être seules prononcées les pénalités contenues dans le Code pénal impérial. Le système de peines du Code pénal impérial constitue donc un droit qui lie d'une manière absolue (5). N'est exceptée que la corvée communale ou forestière intervenant aux lieu et place de la prison ou de l'amende (E. G. § 6) (6).

3. Alors que les restrictions exposées sous 1) et 2) concernent au même titre la législation des Etats ac-

police) sont relevées dans Binding, I, 308, note 3, ainsi que dans Lehr, Thèse Giessen, 1894, p. 40. — Lorsque la législation des Etats ne fait pas usage de sa faculté de réglementation, c'est le droit commun qui intervient, de telle sorte que les sanctions pénales du droit impérial contre le vol et le dommage aux choses conservent une application subsidiaire.

(5) C'est dire que les châtiments corporels (corrections corporelles) se trouvent exclues, toutefois seulement comme peine, et non comme mesure disciplinaire. Contre ce dernier point de vue, Seuffert, LPC, II, 89. — Les maxima et les minima prévues pour les diverses catégories de peines par le droit impérial lient la législation des Etats. Il en est ainsi pour le minimum de l'amende dans le § 27 du C. P. I. La pratique générale procède autrement.

(6) Font exception, seulement les dispositions déjà existantes dans la législation des Etats. Mais cette législation n'a pas tenu compte de cette restriction.

tuelle ou future, les lois futures des Etats ne pourront (sans que d'ailleurs les lois actuelles des Etats puissent subir en quoi que ce soit l'effet immédiat de ces dispositions) (7) prononcer comme sanction que l'emprisonnement jusqu'à deux ans, l'arrestation, l'amende, la confiscation de certains objets et la déchéance des fonctions publiques (E. G., § 5).

IV. — Par une disposition expresse du droit impérial (E. G., § 8), la législation des Etats a conservé le droit, d'ailleurs naturel, de mettre en harmonie, par des mesures transitoires, les lois pénales d'Etat restées en vigueur et qui comme telles ne furent pas touchées par la législation impériale, avec les prescriptions du Code pénal impérial. Des lois de cette nature (abstraction faite de l'Alsace-Lorraine (voir plus haut, § 11) ont été promulguées dans tous les Etats confédérés à l'exception de la Prusse (avec Lauenbourg et Waldeck) (8).

§ 21. — Domaine territorial d'application des lois pénales

BIBLIOGRAPHIE. — *Berner* (Bibl. du § 19). — *v. Bar*, Lehrbuch des internationalen Privat-ùnd Strafrechts, 1892. — *Von Rohland*, Das internationale Strafrecht, I, 1877. — *V. Liszt*, Z, II, 50. — *Geyer*, Z, III, 619. — *Harburger*, Das strafrechtliche

(7) C'est aussi l'opinion commune. *Contrà* BINDING, I, 298; HEINZE, GS. XXX, 561 ; HAESCHNER, I, 103.

(8) Bibliographie de la législation des Etats (en dehors des ouvrages indiqués plus haut, § 12) : GROSCHUFF, EICHHORN UND DELIUS, *Die preussischen Strafgesetze*, 1894 ; CÖRMANN, *Die Strafgesetz-Elsass-Lothringens*, 1897 ; *Das StGB. für das Deutsche Reich in seiner Anwendùng im Königreich Bayern*, 5e éd., 1889 (Bamberg) GÖSCH ùnd v. DURING, *Mecklenburg-Schwerinsches Landesstrafrecht*, 1887 ; *Mecklenburg-Strelitz sches Landesstrafrecht*, 1887; FEILITZSCH, *Das Königl. sächsische Landesstrafrecht*, 2 vol. 1902. Pour le droit français, cf. SCHERER. GS, XXXIX, 614. Sur la remarquable loi d'introduction bavaroise, cf. SEUFFERT, LPC, I, 93; sur le droit pénal bavarois proprement dit, même ouvrage, p. 98, et en outre BIRKMEYER, GRUNDRISS.

Begriff Inland, 1882. — *Lammasch*, Auslieferungspflicht und Asylrecht, 1887. — *Le même*, GS, XLI, I. — *Von Martitz*, Internationale Rechtshilfe in Strafsachen, I, 1888; II, 1897. — *Heinze*, Universelle ünd partikuläre Strafrechtspflege, 1896. — *Beling*, Z, XVII, 303. — *Von Weichmann*, Die Vielehe deutscher Reichsangehöriger in den muhammedanischen Staaten, Thèse Greifswald, 1895. — *H. Neumeyer*, Diegemeinrechtliche Entwickelung des internationalen Privat-ünd Strafrechts bis Bartolus, 1901. — *Hubli*, Thèse Lausanne, 1901.

I. — Depuis Bentham, on désigne d'habitude sous le nom de **droit pénal international** les règles juridiques du droit national qui concernent les limites « dans l'espace » dans lesquelles s'applique ce dit droit. Le terme manque tout à fait de justesse.

1. Les prescriptions de droit pénal qui forment le droit pénal international dans le sens propre du mot sont celles qui sont édictées, non pas par un Etat isolé, mais par la collectivité des Etats civilisés, donc par la collectivité soumise au droit des gens. Les premiers éléments d'un pareil droit international se trouvent dans la faculté de réglementation pénale des Commissions internationales fluviales et sanitaires (1).

Ces dispositions juridiques ne rentrent pas, en raison même de leur caractère international, dans le système du droit pénal allemand.

2. Par droit pénal international, on pourrait encore comprendre les conventions internationales concernant la protection pénale des biens juridiques. Par exemple, la convention concernant le phylloxéra (1881), le traité pour la protection des câbles sous-marins (1884), les actes généraux de Bruxelles de 1890 contre l'esclavage, etc. De pareils traités impliquent pour les Etats signataires l'obligation, fondée sur le droit des gens d'édicter des lois pénales na-

(1) Cf. sur ce sujet, V. LISZT, *Völkerrecht*, 2e éd., 1902, § 31, III, 2.

tionales correspondantes. C'est ainsi que se forme dans des Etats différents un droit semblable quant à son contenu. Mais c'est la loi nationale, et non la convention internationale, qui rend ce droit obligatoire dans le droit de l'Etat. Les lois pénales, que l'Empire allemand a promulguées en raison d'obligations internationales acceptées par lui, doivent être étudiées avec les autres lois pénales de l'Empire allemand dans la Partie spéciale du système. Elles n'ont pas d'intérêt pour le moment.

3. Du principe fondamental du droit des gens, c'est-à-dire de la reconnaissance réciproque de l'indépendance et de l'égalité juridique des Etats appartenant à la communauté du droit des gens, résulte pour chaque Etat l'obligation de prendre en considération, dans sa propre législation, la législation des autres Etats, d'éviter des empiètements et de combler des lacunes. Ainsi se forme une série de règles juridiques du droit des gens, qui se posent comme autant d'exigences dont le législateur national devra tenir compte. L'examen de ces règles appartient au droit des gens, et ne relève pas du système du droit national en vigueur. Cependant, ce paragraphe sera consacré à établir la relation existant entre ces exigences du droit des gens et le droit allemand en vigueur.

4. On peut enfin entendre, par droit pénal international, les règles de droit d'après lesquelles un Etat prête à l'autre un appui juridique en matière pénale, surtout sous la forme de l'extradition. Ces règles de droit se fondent sur des conventions internationales entre les Etats participants; mais elles appartiennent aussi, en tant que les conventions d'extradition ont acquis un effet juridique national, au droit national. C'est pourquoi nous en parlerons plus en détail au § 23.

II. — Du principe de la souveraineté territoriale, posé par le droit des gens, nous arrivons à cette déduction que chaque Etat doit faire usage de son droit pénal propre, toutes les fois qu'il s'agit d'actions criminelles commises dans son domaine, c'est-à-dire à l'intérieur du pays. Aucune distinction ne peut s'établir du fait que le délinquant ou la victime est un national ou un étranger. La poursuite et la punition d'actes répréhensibles commis à l'étranger sont abandonnées à l'Etat où l'infraction a été commise (**principe de la territorialité**). Non seulement la certitude d'une application facile et logique de la loi, mais encore les avantages indiscutables que présentent la poursuite et le jugement sur les lieux mêmes de l'action, militent en faveur de cet arrangement.

III. — Mais l'acceptation et l'application du principe territorial ne sont possibles, pour chaque Etat en particulier, que sous deux conditions. D'abord il importe que chaque Etat exige la reconnaissance du même principe par tous les autres Etats, afin d'éviter aussi bien les empiètements d'une puissance isolée, que les lacunes dans la poursuite de l'action pénale. Ensuite chaque Etat doit être assuré que toute attaque à ses intérêts, commise en pays étranger, se trouve fortement poursuivie par la législation pénale du pays où l'action a été commise. Ces deux conditions ne sont pas réalisées à l'heure actuelle, et ne peuvent être amenées que par des conventions internationales. Ainsi le droit pénal se voit obligé d'étendre son action hors des frontières de son propre pays d'origine. Mais cette extension par delà les frontières ne pourra pas dépasser les limites tracées par une indiscutable nécessité, ne serait-ce qu'en raison des inconvénients inévitables que présentent la poursuite et le jugement intervenant dans un autre lieu que celui où l'action a été commise. Et cette nécessité ne peut être admise que lorsque l'action commise à l'étranger est dirigée : *a*) ou contre la collectivité du pays d'origine lui-même et contre ses intérêts vitaux ;

b) ou contre les biens juridiques des nationaux.

Cette extension des limites territoriales d'application du droit pénal est dénommée « **principe de protection** », « principe réel » ou « principe de participation à l'ordre juridique ». Défendu jadis surtout par Feuerbach, Arnold, etc., il a été accepté de nos jours par Beling, Binding, Heinze, Meyer, v. Rohland, H. Seuffert, v. Wächter.

IV. — Le principe de droit public, de ne pas extrader des nationaux à l'étranger en vue d'une poursuite ou d'une condamnation (voir plus loin § 23), implique l'obligation de soumettre les nationaux, pour les actions répréhensibles commises à l'étranger, au droit pénal national, dans le cas où les conditions fixées plus haut n'existent pas.

Il serait erroné de ramener cette extension à un « **principe de nationalité** » de nature juridique pénale; et il faut considérer comme une contradiction l'idée de vouloir placer sous le régime de règles juridiques étrangères la poursuite et la condamnation exercées et prononcées dans l'intérieur du pays.

V. — La communauté d'intérêts de tous les Etats civilisés, en ce qui concerne certaines manifestations de la vie, amène en outre à punir certaines actions dirigées contre des intérêts généraux selon le droit de l'Etat qui engage la poursuite, et cela sans tenir compte du lieu du délit. Ces intérêts communs semblent être : le mouvement du commerce international, la sécurité des grandes voies de communication, la sécurité des relations monétaires, la défense contre les ennemis internationaux, les *hostes gèneris humani*, tels que les pirates, les marchands d'esclaves, les dynamiteurs anarchistes; le combat contre l'abus de la Croix rouge, etc. Mais cette exception au principe de territorialité ne peut également se justifier que si l'extradition du malfaiteur à l'Etat dans lequel est situé le lieu du délit n'assure pas suffisamment la sanction pénale; cette exception ne peut donc avoir qu'une importance subsidiaire.

VI. — Par contre, le « principe de l'extraterritorialité absolue des lois pénales », ou principe « d'universalité », ou « système du droit mondial », ne peut être soutenu scientifiquement et ne peut être appliqué pratiquement. Ses partisans demandent que chaque Etat, comme représentant de la communauté internationale civilisée, prenne sur lui, au moins provisoirement, d'exercer la justice contre les criminels saisis par lui, et cela pour tous les crimes sans distinction de lieu de commission. Cette conception ne semble pas se rendre compte de la très profonde différence des lois pénales, même entre des pays limitrophes; elle ne voit pas assez les difficultés d'une action pénale à laquelle manque la possibilité d'une administration de preuve immédiate ; et malgré tout elle n'accorde pas à l'ordre juridique national une protection essentiellement plus importante que celle obtenue par l'expulsion de l'étranger suspect ou convaincu de crime. Il faut citer parmi les partisans de cette opinion Geyer, Hælschner, Leutner, Ullmann, et surtout Lammasch et v. Martitz (voir bibliogr. plus loin page 156), dans une certaine mesure aussi v. Bar, Harburger, Heinze et v. Lilienthal (2).

§ 22. — Suite. Le point de vue de la législation impériale allemande.

I. — D'après le paragraphe 3 du Code pénal impérial (1), les lois pénales de l'empire allemand sont

(2) LAMMASCH part du « principe de la norme identique », et arrive ains. à la conception de la norme de BINDING, que pourtant il combat. HEINZE demande une justice mondiale pour les infractions à des « normes universelles » qui régissent toute l'humanité civilisée, constituant ainsi un droit commun mondial absolu.

applicables à toutes les actions répréhensibles commises sur son territoire.

1. La nationalité du malfaiteur n'a donc en général (tant qu'il ne s'agit pas d'un pays de protectorat, d'une colonie ou d'une circonscription de justice consulaire) aucune signification. Sans doute le texte de plus d'une prescription ne parle que de « l'Allemand » (Code pénal, § 87), tandis que d'autres dispositions pénales parlent seulement de « l'étranger » (Code pénal, § 296 a).

Cependant, dans le premier cas l'étranger, dans le deuxième cas l'Allemand peuvent être poursuivis comme participant (instigateur ou complice) ou comme auteur indirect (voir plus loin § 50), mais non pas comme complice immédiat.

Parmi les sujets de l'Empire, il faudra faire une distinction entre les nationalités des Etats confédérés lorsqu'il s'agira du cas le plus grave de haute trahison (§ 80) ou du crime de lèse-majesté (§§ 94 et suiv.). Il y aura lieu d'appliquer le § 50 du C. P. I. aux sujets de l'Empire dont la nationalité particulière ne répond pas aux conditions exposées ici.

2. De même, l'équivalence entre les biens juridiques nationaux et étrangers, qu'exprime tacitement le § 3 du Code pénal, subit des exceptions. Ainsi, d'après une opinion très combattue il est vrai (et que nous aurons à justifier dans la Partie spéciale), lorsqu'il s'agit d'attaques contre les pouvoirs publics, et seulement dans certains cas spécialement établis par la loi, le gouvernement étranger jouit d'une protection générale sur le territoire national, sans être cependant mis sur le pied d'égalité complète avec le gouvernement national. De même, les droits

(1) Il ne s'agit ici que du domaine d'application des lois pénales impériales, et non de celui des lois particulières des Etats allemands. Cf. sur ce dernier, FRANK, § 6, I ; HAELSCHNER, I, 181 ; HARBURGER (Bibl. du § 21), 93 ; HEINZE (Bibl. § 21), 43. En outre, SEYFERTH, Thèse Giessen, 1900.

des inventeurs étrangers bénéficient d'une protection pénale égale ou au moins semblable à celle dont jouissent les inventeurs nationaux, non pas il est vrai en vertu du Code pénal mais en raison de conventions spéciales internationales.

L'équivalence dépend en partie de la condition de réciprocité ; par exemple, le § 23 de la loi sur la dénomination des marchandises de 1894, le § 16 de la loi sur la concurrence de 1896. On peut citer aussi les §§ 102, 141, 144, 275, etc. du Code pénal.

II. — On appelle territoire national, au sens pénal, le domaine homogène dans l'étendue duquel les lois pénales sont en vigueur.

1. Le territoire national est donc d'abord le territoire fédéral, conformément à l'article 1er de la Constitution de l'empire, avec l'Alsace-Lorraine et Helgoland (2). Mais la date à partir de laquelle les différentes parties de l'empire allemand actuel ont réalisé l'unité pénale, ne se fixe pas par la mise en vigueur de la loi du 16 avril 1871 concernant la Constitution de l'empire (4 mai 1871) (3), mais bien par celle de la mise en vigueur du Code pénal. C'est pourquoi, du 1er janvier au 1er octobre 1871, les pays de l'ancienne Confédération germanique du Nord (avec la Hesse du Sud) formèrent à eux seuls le territoire national dans le sens pénal; à cette date, l'Alsace-Lorraine y fut jointe, puis, le 1er janvier 1872, la Bavière, Bade, le Wurtemberg et le 1er avril 1891 Helgoland.

(2) C. P. I., § 8 : « Le territoire étranger, au sens de cette loi pénale, est tout territoire n'appartenant pas à l'Empire allemand ». Le territoire neutre de Moresnet, soumis à un condominium germano-belge, se trouve dans une situation juridique très particulière. Le Code pénal français y étant en vigueur, ce territoire doit en somme être considéré comme étranger. *Contrà* R, XXI, 259 ; MEYER, 118 ; OLSHAUSEN, § 8, 2. Dans notre sens, BINDING, I, 407.

(3) *Contrà* l'opinion dominante. Dans notre sens, BINDING, I, 407.

2. Sont en outre territoire national pénal les circonscriptions de juridiction consulaire, car, en vertu du § 19, chiffre 2, de la loi du 7 avril 1900, les prescriptions des lois impériales relevant du droit pénal y sont applicables aux sujets et protégés de l'Empire allemand, dans la mesure où ces prescriptions ne supposent pas une organisation et une situation faisant défaut dans la circonscription de juridiction consulaire (§ 20). L'Allemand qui commet un délit en Turquie doit donc être traité comme si le lieu du délit se trouvait à l'intérieur de l'Empire allemand; le Français, d'autre part, comme s'il avait commis le délit en France. C'est pourquoi les délits commis dans ces circonscriptions par un Allemand ou un de nos protégés doivent être jugés d'après le § 3 et non le § 4 du Code pénal; les condamnations antérieures qui y sont subies sont considérées comme ayant été encourues en Allemagne et vice versa; la poursuite se règle d'après le principe de légalité. Il est vrai, qu'il peut être décidé autrement par ordonnance impériale (§ 26), mais jusqu'à ce qu'elle soit promulguée, la règle juridique résultant des principes généraux exposés conserve sa valeur (4).

3. Le territoire national comprend aussi les colonies allemandes, mais non pas les sphères d'influence. Car dans ces dernières aussi, s'applique en vertu du § 3 de la loi sur les colonies du 10 septembre 1900, le § 19, déjà cité, de la loi sur les juridictions consulaires; pour les indigènes cependant (d'après le § 4), seulement dans la mesure fixée par ordonnance impériale (5). Par ordon-

(4) *Contrà* BELING, *Z*, XVII, 198, *Grundzüge*, 83 ; FRANK, § 8, I. Dans notre sens, l'opinion dominante ; parmi les professeurs de droit public, G. MEYER, v. STENGEL, ZORN.

(5) Cela ne s'est produit que pour l'Est-Africain. D'ailleurs, des dispositions pénales diverses ont été promulguées. Un code pénal spécial pour les indigènes est en préparation (suivant la nécessité admise par toutes les puissances coloniales). Cf. en outre V. STENGEL, L. P. C., II, 387.

nance impériale également, peuvent être assimilées aux indigènes certaines autres parties de la population. D'après le § 77 de la loi sur les juridictions consulaires du 7 avril 1900, il peut être décidé par ordonnance impériale, que les lois pénales de l'Empire allemand seront appliquées également en partie ou complètement dans des territoires qui ne sont « soumis à aucun gouvernement ». Dans ce sens ces territoires aussi devraient être, au point de vue pénal, considérés comme territoire national.

4. L'idée de « territoire national », fixée par le droit public, est élargie par les principes bien connus du droit des gens (6).

a) Sont considérés comme territoire national les mers qui baignent les côtes et la colonne d'air au-dessus du territoire national, les unes comme les autres en tant que l'autorité publique s'y exerce réellement, surtout par la force des armes. (Dans les conventions entre Etats, la limite des mers territoriales est le plus souvent fixée à 3 milles maritimes du niveau d'eau le plus bas).

b) Sont considérés aussi comme territoire national les vaisseaux en pleine mer, et les vaisseaux de l'Etat (non pas seulement les vaisseaux de guerre) même dans les eaux étrangères.

5. Par traités entre Etats voisins, il peut être convenu que certaines dispositions pénales prises par un Etat, par exemple par des lois douanières et fiscales, seront également en vigueur sur le territoire limitrophe de l'autre Etat. Des immeubles administratifs (bureaux de douane, par exemple) situés en territoire étranger, peuvent donc être considérés comme territoire national (7).

(6) Cf. V. Liszt, *Völkerrecht* (Droit des gens), § 9.

(7) R, XIII, 410; XVIII, 242. Cf. le traité austro-allemand du 2 déc. 1890 sur l'incorporation de la commune autrichienne de Mittelberg (*Vorarlberg*) dans le système douanier de l'Empire

6. En ce qui concerne l'extension du rayon d'application des lois pénales prévue par le Code pénal militaire, conformément aux principes du droit des gens et pour le cas de guerre, voir la Partie spéciale.

7. Il faut enfin considérer que toutes les lois pénales allemandes ne s'appliquent pas dans toutes les parties du territoire intérieur, que, bien plus, cette application est exclue pour certaines parties de l'Empire, ou qu'elle peut dès le principe n'être ordonnée que pour certaines régions. Ainsi, d'après le § 1 de la loi du 8 août 1898 sur la presse, la loi impériale sur la presse n'est appliquée en Alsace-Lorraine qu'en exceptant les § 14, 23 à 29, 31. A Helgoland, différentes lois impériales ne sont pas entrées en vigueur ; des dispositions particulières ont été prises pour les colonies allemandes en ce qui concerne la recherche des métaux précieux.

III. — Mais le principe posé au début est rompu par plusieurs exceptions. En ce sens, il faut distinguer entre les crimes et les délits d'une part et les contraventions d'autre part. Les contraventions commises à l'étranger (si d'ailleurs elles tombent sous le coup de la législation impériale) ne doivent être punies que s'il en a été ordonné ainsi par des lois spéciales ou par des conventions constitutionnellement obligatoires (Code pénal, § 6). Ainsi, d'après la convention germano-belge du 29 avril 1885, les Allemands qui se sont rendus coupables d'une infraction forestière ou d'une infraction de pêche ou de chasse dans la zone frontière belge, sont poursuivis conformément au droit allemand. De semblables dispositions existent également dans des traités avec d'autres Etats.

IV. — Pour les crimes ou délits commis à l'étran-

allemand. Il va de soi que dans ce cas le traité international doit être ratifié conformément au droit constitutionnel.

ger, la loi fait une nouvelle distinction en soumettant le national au droit national dans un plus grand nombre de cas que l'étranger. Dans tous ces cas, la poursuite est soumise à l'appréciation consciencieuse (et non arbitraire) de l'autorité accusatrice (Code pénal, § 4, ch. 2) (8).

1. Le national (9) peut être poursuivi conformément au droit national.

a) Sans autre condition, quand il a commis un crime de haute trahison contre l'Empire ou un Etat confédéré, ou un crime de lèse-majesté contre un prince confédéré (non pas contre les membres des familles régnantes), ou un crime de faux monnayage, ou enfin, comme fonctionnaire de l'Empire allemand ou d'un Etat confédéré, une action qui doit être considérée, d'après les lois de l'Empire allemand (non seulement d'après le Code pénal) comme crime ou délit dans l'exercice des fonctions (Code pénal, § 4, n°s 1 et 2).

Il en est de même pour l'emploi criminel ou abusif des explosifs (§ 12 de la loi de 1884, concernant les crimes prévus aux §§ 5, 6, 7, 8 et 10 de cette loi), pour la trahison des secrets militaires (§§ 1, 3, 5 de la loi de 1893 et § 10), pour le rapt et le commerce d'esclaves (§ 5 de la loi de 1895), ainsi que pour la violation des §§ 33, al. 2, 36, 41, al. 3 de la loi sur l'émigration de 1897 par le capitaine du navire (§ 43, al. 3).

b) En d'autres cas, quand les conditions suivantes sont réalisées simultanément : 1° L'acte commis doit pouvoir être considéré d'après les lois de l'Empire allemand comme crime ou délit. 2° Il doit être sanctionné d'une peine par les lois du lieu du délit (cela

(8) L'auteur de l'infraction *peut* être poursuivi ; exception au principe de légalité (Règlement d'instruction criminelle [R. I. C.], § 152, al. 2).

(9) La loi du 1er juin 1870 est décisive en ce qui concerne l'acquisition ou la perte de la nationalité d'Empire.

est douteux, par exemple, pour le duel consommé en France). Lorsque l'action est commise en territoire non gouverné, par exemple pendant un voyage d'exploration à l'intérieur de l'Afrique ou au Pôle Nord, en pleine mer et hors du vaisseau (par exemple à la nage) le droit allemand doit être appliqué sans aucun doute (10). Il est indifférent que le droit du lieu de l'action sanctionne cette action au même point de vue ou à un point de vue différent, que celui du Code pénal allemand. 3° Les tribunaux étrangers ne doivent pas avoir déjà connu juridiquement de l'affaire, et un acquittement ne doit pas avoir eu son plein effet ou une peine prononcée avoir été pleinement exécutée. Dans ce dernier cas cependant, une action ultérieure concernant la déchéance des droits civiques est admise (Code pénal, § 37; cf. plus loin § 66, IV). 4° Lors du début de la procédure (11), la poursuite et l'exécution de la peine ne doivent être prescrites d'après les lois de l'étranger et la peine ne doit pas avoir fait l'objet d'une grâce. 5° La plainte de la victime exigée par les lois de l'étranger doit avoir été déposée. Ce n'est que lorsque ces cinq conditions sont toutes réalisées que la poursuite d'après le droit national peut être admise (Code pénal, § 4, n. 3, § 5).

Pour décider si le délinquant est un national ou un étranger, le moment de l'accomplissement de son acte doit être seul pris en considération.

2. L'étranger peut, pour des crimes ou délits commis à l'étranger,

a) Etre poursuivi conformément au droit natio-

(10) Précédemment très controversée, la question est actuellement tranchée dans notre sens par le § 77 de la loi du 7 avril 1900 sur les juridictions consulaires. Par suite, la poursuite est également « possible et valable », lorsque l'action a été commise dans une région « qui n'est soumise à aucune autorité d'Etat ».

(11) Dans le même sens, R. XXII, 341; OLSHAUSEN, § 5, I. *Contrà* BELING, Z, XVIII, 269; FRANK, § 5, II.

nal, quand il s'agit de haute trahison contre l'Empire allemand ou un Etat confédéré ou d'un crime de faux monnayage, (non pas d'un délit de faux monnayage) ou quand cet étranger a commis comme fonctionnaire de l'Empire allemand ou d'un Etat confédéré une action qui doit être considérée, d'après les lois de l'Empire allemand, comme crime ou délit dans l'exercice des fonctions (Code pénal, § 4, n° 1). De même, d'après le § 12 de la loi sur les matières explosives de 1884 et le § 5 de la loi sur le rapt d'esclaves de 1895.

b) Par contre, à une seule exception près, toute poursuite est exclue en tous autres cas. Mais lorsque le délinquant n'était pas de nationalité allemande au moment de commettre son acte, qu'il l'est cependant devenu ensuite, une instance peut être ouverte contre lui, quand les conditions énumérées plus haut (1, *b*) sont réalisées, et que les autorités, compétentes en droit des gens, du pays où l'acte fut commis, demandent des poursuites. Dans ce cas, le droit pénal étranger doit être appliqué, s'il est plus indulgent et dans la mesure de cette indulgence (Code pénal, § 4, n. 3, ch. 2.) Mais même alors, seules les peines édictées par le Code pénal impérial peuvent être appliquées (E. G. § 6).

Dans tous les cas traités sous 1 et 2, il doit être tenu compte d'une peine subie à l'étranger, lorsque pour le même acte une nouvelle condamnation est prononcée sur le territoire de l'Empire allemand (Code pénal, § 7) ; il en est de même, quand, pour un acte commis à l'intérieur du pays, une peine a été subie à l'étranger (§ 3).

V. — A côté de ces dispositions, nous en trouvons souvent d'autres que nous devons citer ici, pour être complet.

1. C'est ainsi que les lois qui règlent les relations juridiques en pleine mer ou sur les autres voies navigables internationales, ne font souvent aucune diffé-

rence entre les actes commis à l'intérieur du pays ou à l'extérieur. Comme exemples, il faut citer : le § 100 de l'ordonnance sur les gens de mer de 1872; la loi sur la pêche des veaux marins de 1876 (contrées comprises entre le 67° et 75° des latitudes nord et le 5° de latitude est et le 17° de latitude ouest); la loi allemande de 1884, pour l'exécution du traité de La Haye de 1882 concernant la réglementation de la pêche dans la mer Baltique (§ 1); le § 24 de la loi sur le pavillon de 1899; les dispositions prévues par le § 145 du Code pénal; la loi de 1894 sur l'exécution du traité de La Haye de 1887, concernant la répression du commerce de l'eau-de-vie parmi les pêcheurs de la Baltique; la loi de 1887 pour l'exécution du traité de Paris de 1884 sur la protection des câbles sous-marins.

2. Mentionnons aussi : le Code pénal, § 102 (« un Allemand qui en territoire national ou à l'étranger... »), § 140 (« un conscrit qui séjourne hors du territoire confédéré, etc... »), § 298 (sans distinguer si le délit a été commis à l'intérieur ou à l'extérieur du pays »...). De même les dispositions du Code pénal militaire s'appliquent souvent au delà des limites territoriales fixées par le Code pénal impérial (voir Partie spéciale).

§ 23. — Suite. Réciprocité juridique internationale.

BIBLIOGRAPHIE. — Parmi les ouvrages cités au § 21, celui de *v. Martitz* a une importance particulière. Il contient (annexes au Tome II) les lois d'extradition des différents pays, ainsi que tous les traités d'extradition. Citons aussi *Delius*, Das Aûslieferungsrecht, 1899. — *Grosch*, Das Deutsche Aûslieferungsrecht ùnd die Rechtshilfe in Strafsachen im Verhæltniss zùm Reichsland mit den annotierten Aùslieferùngsvertrægen des deùtschen Reichs ùnd der Bundesstasten, 1902. — *Von Liszt*, Völkerrecht, § 32. *Mittgenberg*, Die Attentats Klausel im deutschen Auslieferungsrecht, 1906.

I. Les lacunes résultant de la limitation territoriale

d'application des lois pénales, sont comblées par la réciprocité juridique internationale. Un acte de cette réciprocité (non le seul, mais le plus important) est l'extradition des criminels en fuite (accusés ou condamnés) (1).

Le régime de l'extradition est réglé dans certains Etats par des lois qui forment l'immuable fondement des conventions d'extradition à conclure; dans les autres Etats, ce régime se détermine par la coutume ou par l'entente internationale réalisée par traités (2). Mais même lorsqu'il n'existe pas de système général d'extradition obligatoire dans un Etat sollicité d'extrader, rien ne s'oppose (et c'est ce qui concorde avec l'usage de la plupart des Etats) à l'extradition pour chaque cas particulier, du moins si des prescriptions de droit interne (comme dans le droit anglo-américain) ne la rendent pas impossible.

Jusqu'à présent, l'Empire allemand s'est borné à conclure des traités particuliers d'extradition avec les pays suivants : Etats-Unis, 22 février 1868 (extention à tous les Etats de la Confédération de l'Allemagne du Nord du traité prussien du 16 juin 1852); Italie, 31 oct. 1871 (axec convention germano-italo-suisse du 25 juillet 1873, cf. Pr. J. M. Bl. du 15 janv. 1878); Grande-Bretagne, 14 mai 1872; Suisse, 24 janvier 1874; Belgique, 24 déc. 1874, avec circulaire du 29 déc. 1878 (R. G. Bl. 1875, p. 73 et 1879, p. 2) et traité complémentaire du 28 nov. 1900 (R. G. Bl., 1901, p, 203); Luxembourg, 9 mars 1876; Brésil, 17 sept. 1877 (R. G. Bl. 1878, p. 293); Suède

(1) L'extradition est un acte de réciprocité (ou assistance) juridique internationale, mais non de justice mondiale. Sur la portée de cet aphorisme, cf. v. Liszt, Z, II, 60; il est admis anjourd'hui, d'une manière presque générale. Cf. notamment v. Martitz, I, 440. *Contrà* Lammasch, 142.

(2) Sur les projets de constitution d'une union internationale d'extradition, cf. v. Liszt, Z, II, 60 (et Congrès des juristes allemands), v. Martitz, II, 767.

et Norwège, 19 janv. 1878; Espagne, 2 mai 1878; Uruguay, 12 février 1880 (R. G. Bl. 1883, p. 287); Etat du Congo, 25 juillet 1890 (pour les colonies allemandes d'Afrique, R. G. Bl. 1891, p. 91); Grande-Bretagne, 5 mai 1891 (pour les colonies et protectorats allemands et les territoires soumis à S. M. Britannique); Hollande, 31 déc. 1896 (R. G. Bl. 1897, p. 731); Hollande, pour les colonies et protectorats allemands et les colonies et possessions hors métropole hollandaises, 21 sept. 1897. Pour l'Alsace-Lorraine, traité avec la France du 11 déc. 1871. Cf. aussi convention consulaire avec la Serbie du 6 janvier 1883, art. 25; Traité d'amitié et de commerce avec la République sud-africaine du 22 janv. 1885, art. 31 (R. G. Bl. 1886, p. 209; Traité de commerce et de navigation avec le Japon du 4 avril 1896). — Les Etats allemands ne peuvent conclure de traité d'extradition que dans la mesure où l'Empire lui-même ne fait pas usage de son pouvoir et que si ces traités ne sont pas en contradiction avec les principes exprimés dans les lois et traités de l'Empire. Sur les traités de la Russie avec la Prusse et la Bavière, des 1er janvier et 12 novembre 1885, cf. Gessner, H. V. III, 10, v. Holtzendorff, H. V. II, 144, v. Kries, 185, Laumasch, 81, v. Martitz, I, 241, Seuffert, L. P. C. I, 59. L'extradition des marins du commerce déserteurs est réglée par les traités de commerce et de navigation et par les conventions consulaires.

II. — Une étude plus approfondie des traités d'extradition conclus par l'Empire allemand révèle un accord complet dans les points les plus essentiels.

1. L'obligation d'extradition se réduit aux actes délictueux énumérés dans les traités. Parmi ceux-là ne figurent pas, ordinairement, les faits de peu de gravité; de même les délits involontaires, le duel, certains délits de mœurs, les délits religieux, le manquement aux devoirs militaires, les contraventions en matière de douane et d'impôts, etc.

2. L'extradition n'a lieu que lorsque l'action est délictueuse selon les lois des deux pays (de celui qui la demande et de celui auquel on la demande) et si la pénalité ne se trouve pas supprimée par des raisons spéciales. Il n'y aura donc pas extradition si l'action doit être considérée comme couverte par la prescription, ne serait-ce que d'après le droit de l'Etat sollicité.

3. Un Allemand ne peut pas être extradé à un Etat étranger, pour y être poursuivi ou puni (Code pénal § 9). Cette règle correspond au principe de non-extradition des nationaux, admis unanimement par les Etats continentaux européens, principe qui, dans les dernières années, a été très combattu, et avec de bonnes raisons, par des représentants autorisés du droit des gens (3).

4. On accorde le droit d'asile aux criminels politiques d'après un principe exprimé dans la loi belge de 1833, repris depuis dans presque tous les traités et dont la justification soulève des hésitations fondées (4). L'idée de crime politique elle-même est

(3) Cf. MAYR, *Die Auslieferung eigener Unterthanen*, Thèse Erlangen, 1891. Dans le sens du texte, la conception anglo-américaine, de nombreux auteurs étrangers, et aussi HAMAKER, L. A. I. 279 ; HARBURGER, Z, XX, 588 ; MAYR. Contre l'extradition, v. BAR, *Lehrbuch*, 311 ; BINDING, I, 400 ; HEINZE (Bibl. du § 21), 11 ; VON LILIENTHAL, 21 ; v. MARTITZ, I, 307 ; MEYER, 126, note 56. Opinion intermédiaire LAMMASCH, 396, et H. V., III. 515. — D'après le traité allemand avec l'Etat du Congo, les indigènes des colonies allemandes ne sont pas non plus extradés. C'est là un principe qui pourra se généraliser. Les protégés sont assimilés aux sujets de l'Empire.

(4) « Qu'il sera expressément stipulé que l'étranger ne pourra être poursuivi ou puni pour aucun délit politique antérieur à l'extradition ni pour aucun fait connexe à un semblable délit. » — Cette phrase manque dans les traités russes avec la Prusse et la Bavière de 1885, ainsi que dans le traité allemand avec l'Etat du Congo de 1890. — HOMBERGER, Thèse Munich, 1893 ; BADER, *Der Begriff des politischen Delikts nach schweiz. Gesetzgebung...* Thèse Zurich, 1894 (2e éd. 1900). Tous deux dans notre sens, De même, pour l'essentiel, v. MARTITZ.

cependant très contestée et la plupart du temps elle est traitée négativement et éludée par l'énumération des délits pouvant amener l'extradition.

On entend par crimes politiques, d'après l'interprétation devenue classique du droit belge, tous les crimes commis avec préméditation contre l'existence et la sûreté de l'Etat (même étranger), ou contre le chef de l'Etat et les droits politiques des citoyens (non pas contre l'administration de l'Etat) ; dans le sens du Code pénal de l'empire, les sections 1, 2, 3, 4 et 5 de la IIe partie.

Le droit d'asile est, sur le modèle de la législation belge, étendu le plus souvent à des crimes qui, sans être des crimes politiques proprement dits, se trouvent en relation avec ces derniers (délit connexe ou complexe), c'est-à-dire à des crimes de droit commun tels qu'ils semblent être le moyen ou la couverture d'un crime politique (5).

5. L'extension large du droit d'asile accordé aux criminels politiques répugne à la conscience juridique de notre époque. On demande donc sa limitation, sans avoir trouvé jusqu'ici, il est vrai, une formule juridiquement possible à ce désir.

Le plus souvent, le régicide seul est expressément exclu du droit d'asile des criminels politiques. Les traités d'extradition (les traités allemands depuis 1874) ont d'habitude recours, dans ce cas, à la formule-type de la loi belge du 22 mars 1856 (provoquée par l'attentat de Jacquin contre Napoléon III, septembre 1854), dite « clause d'attentat belge » (6) et qui, quoique tout à fait justifiée en fait, donne lieu, par

(5) v. MARTITZ, II, 518. La question se résout donc d'après des caractéristiques objectives, et non d'après le motif de l'auteur.

(6) « Ne sera pas réputé délit politique, ni fait connexe à un semblable délit, l'attentat contre la personne du chef d'un gouvernement étranger ou contre celle d'un membre de sa famille, lorsque cet attentat constitue le fait soit de meurtre, soit d'assassinat, soit d'empoisonnement. »

son expression juridiquement imprécise, à bien des difficultés. Seules l'Italie, l'Angleterre et la Suisse se sont refusées jusqu'ici à accepter la clause belge dans les traités conclus par elles.

§ 24. — Application personnelle des lois pénales.

Bibliographie. — *Bærensprung*, Die Unverantwortlichkeit des Regenten, Thèse Göttingen, 1900. — *Binding*, I, 667. — *V. Bar*, Redefreiheit der Mitglieder gesetzgebender Versammlüngen, 1868. — *Heinze*, Straflosigkeit parlamentarischer Rechtsverletzüngen, 1879. — *Schwedler*, Parlamentarische Rechtsverletzüngen nach deütschem Reichrescht, 1898 (*Beling*, livraison 16). — *Von Kries*, L. A., V, 338. — *Von Liszt*, Pressrecht, §§ 45, 55. — *Hubrich*, Parlamentarische Redefreiheit ünd Disziplin, 1899. *Beling*, Die strafrechtliche Bedeütüng der Exterritorialität, 1896. — *Von Liszt*, Völkerrecht, §§ 13, 14, 15.

I. — Sont dispensés, pour des **raisons de droit public**, de la soumission aux lois pénales :

1. Le chef de l'Etat, donc l'Empereur, les souverains (mais non les membres des familles souveraines), le régent (1) ;

2. Les représentants du peuple, c'est-à-dire les

(1) L'irresponsabilité du monarque, déjà admise en droit romain (*princeps legibus solutus* : l. 31, D. I, 3) est devenu un principe du droit public de l'Empire allemand depuis la réception en Allemagne du droit romain. Il en était autrement dans le Moyen Age allemand, le roi pouvant alors être renvoyé devant le tribunal aulique royal [*Kgl. Hofgericht*] (Ssp. III, 52, 53 ; *Bulle d'or*, 1356, c. v, § 2). L'irresponsabilité du **régent** est contestée. Dans le sens du texte, l'opinion commune. De même, Hancke, *Regentschaft ünd Stellvertretung des Landesherrn nach deütschem Staatsrecht*, 1887. *Contrà* : Merkel, 282. Cf. Pieper. Thèse Rostock, 1900. — La dispense pénale des souverains doit être admise comme illimitée, même en cas de haute trahison envers l'Empereur et l'Empire. *Contrà*, John, II, 16. Dans notre sens, v. Kries, L. A., V, 360, *Lehrbuch*, 85. Leur dispense au point de vue des lois pénales des divers Etats allemands ne rentre pas dans notre étude (*The King can do no wrong*. Constitution prussienne, art. 43).

membres du Reichstag allemand, d'après l'article 30 de la Constitution de l'Empire, et les membres d'un Landtag ou d'une Chambre d'un Etat appartenant à l'Empire (Code pénal, § 11), en ce sens qu'en dehors de l'assemblée à laquelle ils appartiennent, ils ne peuvent être rendus (pénalement) responsables (2) ni de leurs votes, ni des manifestations accomplies par eux dans l'exercice de leurs fonctions. Par manifestation, il faut entendre toute expression d'une opinion soit en parole, soit en action, soit par abstention contraire au droit (le fait de rester assis lors d'un Hoch ! en l'honneur de l'empereur ou du chef de l'Etat ?). Jouissent également de ce privilège les membres du Landesausschuss d'Alsace-Lorraine, mais non pas les membres du conseil fédéral ; de même les Bürgerschaften (assemblées des bourgeois) et non pas les Sénats des villes hanséatiques (3).

Dans les deux cas, il s'agit de motifs personnels d'exemption, rien n'étant changé quant au caractère délictuel et pénal de l'action. Des tiers peuvent être rendus pénalement responsables, comme complices, instigateurs ou auxiliaires du chef de l'Etat ou des représentants du peuple ; la légitime défense est admise.

II. — Sont exemptés pour des **raisons de droit international :**

1. Les souverains étrangers ainsi que leur famille et leur suite ; de même les régents et les présidents de républiques étrangères ; enfin le pape, quoique n'étant pas chef d'Etat.

2. Les corps de troupes étrangères en territoire

(2) Le C. P. I. ne parle pas de la responsabilité disciplinaire. *Contrà*, Frank, § 11, IV, Hubrich, 388.

(3) Bénéficient seules de la dispense pénale, les assemblées législatives qui sont en même temps des représentations populaires. En ce qui concerne le Landesaússchüss d'Alsace-Lorraine, l'opinion contraire est soutenue par G. Meyer, *Staatsrecht*, 5e éd., 441 (avec bibliographie sur la question).

national, ainsi que les navires d'Etats étrangers séjournant dans les eaux nationales.

3. Les chefs et les membres des missions étrangères accrédités auprès de l'Empire allemand ou d'un Etat confédéré, les membres de leurs familles et leur personnel administratif, ainsi que leurs domestiques, s'ils ne sont pas Allemands (G. V. G. §§ 18-21).

L'exemption pénale a, dans ces trois cas également, une cause personnelle; il faut appliquer ici ce que nous avons dit plus haut sous I (4).

Les consuls étrangers, en fonctions dans l'empire allemand, sont soumis par contre à la juridiction nationale, si (ce qui se fait d'ailleurs régulièrement) des conventions particulières n'ont pas été stipulées dans les traités de l'Empire allemand avec les autres Etats (5).

4. Les représentants d'Etats confédérés accrédités auprès d'un autre Etat confédéré sont, d'après le droit impérial, soustraits à la juridiction de cet Etat seulement, mais non à l'action des lois pénales allemandes.

(4) Par suite, l'ambassadeur étranger ne peut être poursuivi sur le territoire national, même après avoir résigné ses fonctions, pour un acte passible d'une peine commis avant cette résignation. Telle est l'opinion dominante. *Contrà*, avec BELING (et BENNECKE-BELING, 38, note 19). BINDING notamment, I, 686; FRANK, § 3, V; MERKEL, 282; OLSHAUSEN, § 3, 21; ZORN, *Staatsrecht*, II, 441, qui n'admettent que la dispense de la contrainte judiciaire, mais qui perdent alors de vue que pendant la durée de ses fonctions, l'exterritorial reste soumis aux lois du pays qui l'envoie, et qu'il ne peut être soumis en même temps à celles du pays où il séjourne.

(5) Il se produit des difficultés en ce qui concerne les représentants d'Etats non allemands accrédités près d'un des Etats allemands confédérés. D'après la teneur du § 18, al. 2 G. V. G, et d'après l'opinion dominante, ils ne sont soustraits qu'à la juridiction de cet Etat, mais restent soumis aux lois pénales d'Empire. Mais cette conception conduit à des conséquences inacceptables.

5. Les agents étrangers, qui se trouvent en service officiel sur le territoire national, ne sont pas justiciables de la juridiction nationale pendant leur séjour officiel.

6. Le témoin qui a été convoqué à l'étranger et qui a comparu, ne peut être poursuivi en raison d'infractions antérieures, et de même le délinquant extradé ne peut l'être pour des infractions autres que celle qui a motivé l'extradition.

III. — Quant à ceux qui ont la qualité de militaires allemands, ils sont d'une manière générale soumis aux lois pénales de l'Empire, dans la mesure où les lois militaires n'en décident pas autrement (C. P. I. § 10 ; cf. plus loin § 204).

§ 25. — Droit de paix et droit de guerre.

Les lois pénales qui forment comme lois générales, dans le sens du paragraphe précédent, l'objet de notre exposé, sont modifiées en partie par l'entrée en vigueur du droit de guerre.

I. — Ces changements consistent en ce que, dans certains cas de haute trahison ou pour certains crimes contre la sûreté générale (§§ 81, 88, 90, 307, 311, 312, 315, 322, 323, 324 du C. P. I.), la peine de mort prend la place de la réclusion à perpétuité (voir plus loin, § 60), lorsque les faits en question sont commis dans une partie du territoire confédéral que l'Empereur a déclarée, d'après l'art. 68 de la Constitution impériale (c'est-à-dire, jusqu'à la promulgation d'une loi d'Empire, d'après les prescriptions de la loi prussienne du 4 juin 1851) en état de guerre (E.G. § 4).(1).

Pour la Bavière, cette disposition n'est pas appli-

(1) La loi prussienne du 4 juin 1851 doit être considérée comme écartée par la loi d'introduction du C. P. I. (EG), toutes les fois qu'elle prononce la peine de mort dans d'autres cas que ceux mentionnés dans le § 4 EG. — Cf. Seuffert, LPC. I, 82.

cable « jusqu'à nouvel ordre » (§ 7, al. 2 de la loi du 22 avril 1871).

II. — Aux crimes commis pendant une guerre contre l'Empire allemand sur le théâtre de la guerre (§§ 57-59 et 134 du C. P. Mil.), s'applique maintenant le § 160 de cette loi (non le § 4 E. G.) d'après lequel les étrangers sont soumis, comme les Allemands, aux dispositions du C. P. Mil. (2).

III. — Enfin il faut mentionner le § 30 al. 1 de la loi sur la presse du 7 mai 1874, d'après lequel les dispositions spéciales prises à l'égard de la presse pour le temps de guerre menaçante, de guerre effective, d'état de guerre ou de siège proclamé, ou de troubles intérieurs, restent en vigueur jusqu'à nouvel ordre (3).

(2) Dans ce sens Frank, EG, § 4, 1, Olshausen. EG, § 4, 3, contre l'opinion commune. Dans les cas prévus aux §§ 81, 307, 311, 312, 315, 322, 323, 324, la peine de mort n'est donc pas applicable malgré le § 4, EG.

(3) Cf. v. Listz, *Pressrecht*, § 12.

PARTIE GÉNÉRALE

PREMIER LIVRE

L'INFRACTION

§ 26 — Concept de l'infraction.

Bibliographie. — Sur le préjudice civil et criminel : *Merkel*, Kriminalistiche Abhandlungen, I, 1867. — v. *Ihering*, Das Schuldmoment im römischen Privatrecht, 1857. — *Le même*, Der Zweck im Recht, I (3e éd.) 490. — *Pernice*, Labeo, II, 1. — v. *Bar*, Die Grundlagen des Strafrechts, 1869. — *Heinze*, HH, I, 321. — *Binding*, Normen, I, 255, 426. — *Hälschner*, I, 15. — v. *Liszt*, Die Grenzgebiete zwischen Privatrecht und Strafrecht, 1889. — *Le même*, Die Deliktsobligationem im System des bürgerlichen Gesetzbuchs, 1898. — *Heinemann* (Bibl. § 28) 15. — *Liepmann*, 4. — *Kiepe*, Thèse Fribourg, 1900. — *J. Goldschmidt*, Materielles Justizrecht ; dans les Festgaben für Hübler, 1905. — *Beling*, Die Lehre vom Verbrechen, 1906. — *Graf zü Dohma*, Z, xxvii, 329. — Cf. aussi la Bibl. du § 28.

I. — **L'infraction est le fait auquel l'ordre juridique rattache la peine comme conséquence juridique** (définition formelle).

1. Si nous examinons ce fait de plus près, nous y trouvons les caractéristiques suivantes :

a) L'infraction est toujours une action humaine, c'est-à-dire la cause volontaire ou le non empêchement volontaire d'un changement dans le monde extérieur. Des événements fortuits, indépendants de la volonté humaine, ne suffisent jamais pour la constituer (1).

b) L'infraction est en outre une action contraire au droit, c'est-à-dire une action qui, contrevenant formellement à un commandement ou à une interdiction de l'ordre juridique, implique matériellement la lésion ou la mise en péril d'un intérêt juridique (bien) (*Rechtsgut*) (2).

c) L'infraction est enfin une action imputable à faute (*schuldhafte Handlung*), c'est-à-dire l'acte commis intentionnellement ou imprudemment par un individu responsable (*schuldfähig*).

Nous obtenons ainsi la règle suivante :

L'infraction est l'action fautive illicite. — L'infraction se range par suite, avec l'action illicite du droit civil, dans le même concept catégorique de tort (injustice, dommage) (*Unrecht*) ou de délit (*Delikt*) (3).

(1) Action est synonyme de « conduite » et embrasse la commission ainsi que l'omission. Les objections soulevées par RADBRUCH et le COMTE DE DOHNA contre ce concept sont de caractère purement terminologique. Lorsque, dans GS., LXV, 310, l'action est définie « volonté objectivée », cela concorde absolument avec le texte. Exact BELING *Verbrechen*, 9, 15, FRANK, *Einleitende Bestimmungen*, I.

(2) D'où il résulte que la contravention de police (*Polizeiunrecht*) n'est pas, de par son essence, infraction. Cf., à ce sujet, plus loin, III.

(3) L'hypothèse, admise par nous, d'un concept unique du tort pour le droit civil et le droit pénal, est d'une importance fondamentale pour toute l'édification de la théorie du délit. Du concept du délit se détachent non seulement les « circonstances (états) illicites » (*rechtswidrige Zustände*), mais aussi les actions illicites non fautives ; or ceci s'applique aussi bien au droit civil qu'au droit pénal. Il n'y a donc pas lieu de s'inquiéter ici davantage de la controverse sur le « tort (dommage) non fautif » (*schuldloses Unrecht*), que des principes civils sur la responsabilité qui font abstraction de l'existence d'une faute. — Parmi les essais déjà anciens tendant à trouver une différence qualitative entre le

Le délit se présente donc comme une action appréciée en droit suivant deux tendances : dans l'élément caractéristique de l'illégalité est impliquée l'appréciation réprobative de l'acte, dans la culpabilité est contenue l'appréciation réprobative quant à l'auteur. Le concept de l'action à apprécier juridiquement est ainsi fixé comme concept fondamental de la théorie du délit.

Si l'une des trois caractéristiques du concept fait défaut, il n'y a pas de délit. Il est alors inexact de parler de la présence d'un motif d'exclusion du délit ; il peut être fait une distinction entre motifs d'exclusion de l'action, motifs d'exclusion de l'illégalité, motifs d'exclusion de l'imputabilité.

2. Mais le législateur ne rattache pas à toute injustice la conséquence juridique de la peine. Il choisit bien plutôt, dans la quantité à peine concevable des délits, certaines actions exactement circonscrites, et il en constitue les circonstances de fait (*Tatbestände*) les définitions particulières des diverses infractions sanctionnées par la peine. Et même, dans certains cas, il fait dépendre l'intervention de la peine de la présence d'autres conditions de culpabilité (4).

tort civil et l'infraction, il faut placer au premier rang ceux de HEGEL et de son école. HEGEL définit le tort criminel comme *conscient*, et le tort civil comme *inconscient*. Ainsi que MERKEL notamment l'a démontré d'une façon péremptoire, cette scission est en contradiction avec des faits indéniables de la vie juridique : l'infraction non intentionnelle d'une part, le dol civil d'autre part. Il faut de même considérer comme vains les efforts suivis de HAELSCHNER pour arriver, en partant du point de vue de HEGEL, à une conception stable de ladite différence. Mais cf. récemment LIEPMANN, 13.

(4) BELING a eu le mérite, dans sa « Lehre von Verbrechen », 1906, de faire ressortir, mieux qu'il n'avait été fait jusqu'à présent, la « définitivité » (*Tatbestandmässigkeit*), comme caractéristique du concept de l'infraction. Mais il a été trop loin. Sa définition est : « L'infraction est l'action définie, illicite, coupable, à laquelle peut s'appliquer une menace pénale lui convenant, et qui suffit aux conditions de la menace pénale » ; elle concorde dans l'ensemble

Le concept générique de l'infraction est donc celui du tort (dommage injuste) criminel : **L'infraction est l'action fautive illicite menacée par la peine** (5).

Ainsi, le concept (l'état de fait général) de l'infraction est constitué par quatre caractéristiques (6) ; les trois premières sont les caractéristiques catégoriques du délit, la quatrième est la caractéristique générique de l'infraction.

II. — A côté des **caractéristiques** (nécessaires) du concept qui doivent se retrouver dans toute infraction, nous devons aussi examiner exactement les **formes contingentes** (déterminées par les circonstances) sous lesquelles peut se présenter l'infraction isolée. Ce sont :

1. La tentative et la consommation ;
2. L'action principale et la complicité ;
3. L'unité et la pluralité de l'infraction.

III. — D'après le droit en vigueur, **le délit de police** (*Polizeidelikt*, contravention) rentre également dans le concept de l'infraction. La peine que le législateur rattache au fait du délit de police est une peine criminelle. C'est là le point de vue auquel doit s'en tenir l'exposé du droit en vigueur. Mais cet exposé doit aussi bien faire ressortir qu'à ces faits, l'essence du dommage, la lésion ou la mise en péril d'un intérêt juridique, n'est pas nécessaire, et que par suite ce

avec mon concept. — Cf. aussi GOLDSCHMIDT, GA, LIV, 20, BINDING, *Grundriss*, 86.

(5) Sur les motifs qui déterminent le législateur à menacer de la peine certains faits créant le tort (dommage), cf. plus loin § 44.

(6) Ces quatre caractéristiques sont toutes positives. Le concept de caractéristiques de fait négatives (circonstances dont la non-existence est impliquée par l'état de fait légal, par exemple la légitime défense) est complètement erroné. Ce concept soutenu par MERKEL, 82, LÖFFLER dans *Grünhut*, XX, 775, MERICKA (Bibl., § 37) 125, FRANCK, *Einleitende Bestimmungen*, I, est combattu par BELING, *Verbrechen*, XXXVI, 164, *Graf zu Dohna* (Bibl., § 32), 33, FINGER, GA., L. 37, *Kohlrausch*, Z, XXIV, 731, LEMÊME (Bibl., § 36), 59, ME. MAYER (Bibl., § 28).

serait un des devoirs les plus importants du législateur que de les détacher du concept de l'infraction et par là même de l'infraction (7).

§ 27. — Division des infractions.

BIBLIOGRAPHIE. — *O. Meyer*, Bedeutung und Wert der Dreiteilung der Strafbœren Handlungen, Thèse, Berlin 1891. — *Rosenberg*, Z, XXIV, 1. — *Jakobi*, Z, XXII, 161.

I. — **Historique.** — Le Moyen Age allemand avait réparti les actions répréhensibles en « causæ majores et minores » (*Ungerichte*, *Malefiz*, d'une part, *Frevel* d'autre part), les premières ayant pour conséquences des peines capitales et corporelles (*peinliche Strafen an Hals und Hand*), et les autres des peines moins graves ou des peines civiles (*Nicht peinliche oder bürgerliche Strafen an Haut und Haar*). La P. G. O. s'était placée au même point de vue. Cependant, déjà dans les sources du Moyen Age et de l'époque qui suivit, on rencontre un degré intermédiaire (le *nicht pür laùtere*

(7) Cette idée, déjà exprimée par LORENZ v. STEIN et O. MEYER, a été, de la part de J. GOLDSCHMIDT, l'objet d'un examen approfondi. Pour lui, le délit de police (délit administratif, *Verwaltungsdelikt*) n'est pas une action illicite, mais une action contraire à l'ordre administratif ; ce n'est pas la lésion d'un intérêt protégé par le droit, mais celle d'un intérêt exprimé administrativement, soit l'omission de soutenir l'administration de l'Etat agissant pour le développement du bien public. Cf. GOLDSCHMIDT, *Das Verwaltungsstrafrecht*, 1902 ; LE MÊME dans GA, XLIX, 71, et dans la *Festgabe der Berliner Jurist. Gesellschaft* pour KOCH, 1903 (à ce sujet FLEISCHMANN, Z, XXIV, 774) ; LE MÊME, *Deliktsobligationen des Verwaltungsrechts*, 1905 (extrait des *Mitteilungen*, XII, 220). GOLDSCHMIDT revendique pour le droit adminitratif, déjà par application *de lege lata*, tous les délits pouvant être réglés par voie administrative (délits postaux, délits fiscaux, contraventions de police). Cf. aussi SCHULTZENSTEIN, *Verwaltungsarchiv*, XI, 149, GUDERIAN, Z, XXI, 828, DRONKE, Z, XXVI, 632. Se rattachant à GOLDSCHMIDT : *Umhauer*, Thèse Fribourg, 1904. D'après M. E. MAYER (Bibl. § 32), les normes du droit administratif sont sans importance au point de vue civilisation (*kulturell indifferent*). — Sur les débats de la IKV. Cf. KITZINGER (Bibl. § 15), 31.

Malefiz du droit autrichien). A partir du XVIIe siècle prédomina, sous l'influence des juristes saxons s'inspirant de Julius Clarus, et surtont sous celle de Carpzov, une divison tripartite, qui, sous des dénominations variables, distinguait dans le groupe des crimes graves des « atrociara » et « atrocissima crimina », ces derniers étant ceux qui encouraient la peine de mort aggravée (et pour lesquels le « conatus proximus » est mis sur le même pied que l'exécution). Ce fut également la conception tant de l'Autriche, 1768, que de la Bavière, 1751. — C'est sur un autre fondement que repose la division tripartite soutenue fréquemment dans la littérature pénale à partir du début de la période philosophique. D'après elle, on distingue, à côté des *contraventions* de police, entre les *crimes*, dirigés contre les droits naturels, tels que la vie, la liberté, etc., et les *délits*, dirigés contre les droits créés seulement par le contrat social, tels que la propriété, etc. — Grave de conséquence pour la législation du XIXe siècle a été la division du droit français qui, depuis 1791, distingue entre *crimes, délits* et *contraventions* suivant la gravité de la peine poursuivie pour l'action. Cette « trichotomie » du droit français passa dans un certain nombre de codes pénaux allemands (Code bavarois de 1813, Code prussien de 1851) et fut admise dans le C. P. I., malgré la vive résistance de la doctrine allemande. Mais pour ce dernier on déclara que ce serait la gravité de la peine fixée comme menace et non celle de la peine poursuivie qui serait décisive(1).

II. — **Division tripartite des infractions** : D'après le § 1 du Code pénal impérial, l'infraction, (*Verbrechen* crime au sens large du mot) est :

1. Un **crime** (*Verbrechen* au sens étroit), lorsque la peine prévue est la peine capitale, la réclusion ou la détention dans une enceinte fortifiée de plus de 5 ans (*Tod, Zuchthaus* ou *Festungshaft*).

2. Un **délit**, (*Vergehen*) lorsque la peine prévue est la détention dans une enceinte fortifiée pour

(1) L'erreur que constitue la division tripartite est aujourd'hui presque généralement reconnue. L'Italie, la Hollande, la Norwège ainsi que le projet suisse l'ont laissé disparaître.

moins de 5 ans, l'emprisonnement (*Gefängniss*) ou l'amende (*Geldstrafe*) au-dessus de 150 Marks.

3. Une **contravention**, (*Übertretung*) quand la peine est la détention simple (*Haft*) ou l'amende jusqu'à 150 Marks (2).

III. — Il faut retenir, pour **l'application de cette division tripartite**, les règles suivantes (3) :

1. La peine déterminante est non pas celle qui sera prononcée, mais celle qui est inscrite dans la loi ; ce sera la plus grave, lorsque la loi laisse le choix entre plusieurs peines. Une action menacée « d'emprisonnement ou de détention simple » est toujours un délit.

Pour les amendes qui sont un multiple ou une fraction (voir plus loin § 63, III) d'un montant déterminé (surtout en matière douanière ou fiscale), c'est le maximum produit pour chaque cas particulier qui est décisif, sauf si la loi fixe déjà elle-même un minimum (comme dans le § 55 de la loi sur la Banque d'Empire de 1875) classant l'action parmi les délits (4).

2. En cas de modification du degré de la peine par l'admission des circonstances atténuantes générales, le maximum du degré primitif (c'est-à-dire du plus

(2) Le législateur perd ici complètement de vue le rapport entre la valeur des diverses peines privatives de liberté établi par lui, § 21. Il oublie aussi qu'il n'existe pas de différence appréciable dans l'exécution de la peine de la réclusion et dans celle de la peine d'emprisonnement. — Le Code pénal militaire, § 1, ne connaît que les crimes et les délits ; la troisième catégorie d'infraction relève de la réglementation pénale disciplinaire.

(3) La distinction entre les crimes et les délits d'une part, et les contraventions d'autre part, apparaît, dans le C. P. I., dans les §§ 4, 57, n° 4 ; 43, 49, 49 *a*, 257 ; 27, 29, 67 ; 74, 79 ; 126, 240, 241 ; 151 ; 157, n° 1.

(4) En ce sens l'opinion commune avec R. v, 23, XIII, 224. Cf. notamment JACOBI, Z, XXX, 166, MEYER-ALLFELD, 28 ; OLSHAUSEN, § 1, 10 ; WEBER, GS, LVIII, 63. *Contrà* BINDING, I, 515, et Grundriss, 190, ainsi que FINGER, I, 126, FRANK, § 1, II, d'après lesquels il faut admettre dans tous les cas qu'il y a délit, parce que le maximum possible dépasse 150 marks.

sévère) reste déterminant pour tous les cas. Par contre, de nouveaux degrés pénaux indépendants se créent dans les cas où interviennent des circonstances spéciales, soit atténuantes, soit aggravantes (C. P. I, § 313, al. 2, ou § 221 al. 3). Cela se conçoit encore mieux pour les sous-genres indépendants, soit plus graves, soit moins graves, d'une infraction, comme par exemple dans le cas du § 216, C. P. I.

3. Les réductions de peine pour les cas de tentative, d'assistance, de minorité, doivent être considérées comme une modification du minimum régulier de la peine, et non comme des menaces de peines indépendantes (5).

(5) Opinion commune. Avec elle Finger, I, 127, *Contrà*, Binding, I, 516, Frank, § 1, iv, Olshausen, § 1, 8.

PREMIÈRE SECTION

Les éléments constitutifs de l'infraction.

I. — L'INFRACTION EN TANT QU'ACTE

§ 28. — Concept de l'acte en général.

BIBLIOGRAPHIE. — *Radbruch*, Der Handlungsbegriff, 1904. — *Liepmann*, 19. — *Bekker*, Theorie des Strafrechts, I, 243. — *Hälschner*, I, 185. — *Zitelmann*, Irrtum ùnd Rechtsgeschäft, 1879, p. 29. — *Lammasch* dans Grünhùt, IX, 90. — *Bünger*, Z, VI, 291 ; VIII, 520. — *Von Liszt*, Z, VI, 663. — *Janka*, Die Grùndlagen der Strafschùld, 1885. — *Janka*, *Z*, IX, 499. — *Weismann*, Z, XI, 80. — *Heinemann*, Die Bindingsche Schùldlehre, 1889. — *Heinemann*, Die Lehre von der Idealkonkurrenz, 1893. — *Wachenfeld*, Die Verbrechenskonkurrenz, 1893. — *Thyrén*, Abhandlùngen (voir plus haut § 18, IV), II, 66. — *Köhler* (Bibl. du § 54). — *M. E. Mayer*, Die schùldhafte Handlùng ùnd ihre Arten im Strafrecht, 1901. — *Kitzinger* (Bibl. § 31). — *Eltzbacher*, Die Handlungsfähigkeit, 1903, p. 78. — *Bierling*, Juristische Principienlehre, 3e vol. 1905, p. 16. — Sur la conception du « danger » : *J. v. Kries*, Die Prinzipien der Wahrscheinlichkeitsrechnùng, 1886 ; Ueber den Begriff der objektiven Möglichkeit ùnd einige Anvendùngen desselben, 1888 ; Z, IX, 528. — *Binding*, Normen, I, 324, note 10. — *Merkel*, 45. — *Finger*, Der Begriff der Gefahr ùnd seine Anwendùng im Strafrecht, 1889 (*Contrà* v. *Kries*). — *Finger*, I, 104. — v. *Rohland*, Die Gefahr im Strafrecht, 2e éd, 1888. — *M. Rümelin*, Der Zùfall im Recht, 1896. — *Celichowski*, Thèse Göttingen, 1897. — *Bùsch*, Gefahr ùnd Gefährdungsvorsatz in der Dogmatik des modernen Strafrechts, 1897. — Sur la possibilité de la commission d'infractions par des personnes morales(*Körperschaften*) : *Gierke*, I, 528.— v. Kirchenheim, G. S, xxxvii, 421, xl, 25. — *Isaac*, Z, xxi, 648 (Zwangsstrafe). — *Mestre*, Les personnes morales et le problème de leur responsabilité pénale, 1899. — *Meurer*, Die juristischen Personen nacth deutschem Reichsrecht, 1701. — Mais surtout *Hafter*, Die Delikts-und Straffähigkeit der Personen verbände, 1903 et à ce sujet *Zürcher* dans la Schweizer Z, xvi, 311. — *Kleinfeller*, KVS, xlv, 595. — v. *Bar*, Gesetz, II, 133. — *Hinschius*, Kirchenrecht, V, 916. — *Kohler*, III, 188.

L'acte c'est le fait volontaire de causer ou de ne pas empêcher un changement dans le monde extérieur.

I. — L'idée d'acte suppose donc avant tout une façon d'agir volontaire du délinquant, **une manifestation de volonté.**

1. Or, on appelle « manifestation de volonté » toute conduite, qui, libre de contrainte physique ou physiologique, se trouve déterminée (motivée) par des « représentations » (*Vorstellüngen*). La manifestation de la volonté peut consister dans l'accomplissement ou dans l'omission d'un mouvement du corps.

Il n'y a pas acte, lorsque quelqu'un endommage des objets appartenant à autrui dans un accès d'épilepsie, ou se trouve empêché par un évanouissement d'accomplir son devoir, ou enfin se trouve obligé à une certaine façon d'agir par une force irrésistible (C. P. I., § 52). La volonté exigée ici n'a rien de commun avec le « libre arbitre » (plus haut § 16, note 5).

L'idée de motif (*Motiv*) est donc inséparable de l'idée d'acte. Il n'y a pas d'activité sans motif. Le motif de chaque manifestation de volonté est la représentation du sentiment de plaisir que celui qui agit attend de la manifestation de sa volonté. Ce motif provenant toujours en dernière ligne du monde extérieur, constitue l'un des facteurs de la manifestation de la volonté. L'autre facteur est constitué par la nature propre de celui qui agit, quant à sa pensée, à sa sensibilité et à sa volonté, par sa disposition psychique habituelle, et par la réaction résultante qui lui est personnelle.

Le vouloir, qui caractérise la manifestation de la volonté, et en même temps l'acte, signifie dans le sens de cette conception uniquement l'impulsion de la volonté. On peut définir celle-ci physiologiquement comme innervation, on peut la concevoir psychologiquement comme « le phénomène de conscience, par lequel nous posons des causes ». Dans l'un comme dans l'autre cas, toujours seule la manifestation de la volonté est voulue, et jamais son résultat extérieur. Par suite, parler d'un « vouloir » du résultat ne peut qu'induire en erreur (1).

2. D'après les conceptions juridiques actuelles, l'homme seul peut être l'auteur d'une manifestation de volonté relevant du droit, c'est-à-dire telle que ses suites puissent être imputées à celui qui a agi (2).

(1) De même, BÜNGER, Z, VI, 321, FRANK, Z, X, 204, ME. MAYER, 29, OLSHAUSEN, § 59, 16, ZITELMANN, 136. L'opinion dominante fait rapporter le vouloir précisément au résultat. Cf. aussi à ce sujet BIERLING, 102. Au contraire, d'après RADBRUCH, la manifestation de volonté est à la vérité causée par la volonté mais n'est pas voulue. D'après BELING, *Verbrechen*, 11, la question de ce qui est voulu se détache du concept de l'acte. — L'ensemble de la façon d'agir ne perd pas la propriété d'être volontaire par le fait que certains de ses éléments s'accomplissent automatiquement en raison d'un exercice répété.

(2) Par contre, les peines infligées aux animaux et les procès faits aux bêtes ont existé non seulement au temps des législations anciennes, mais même encore du XIIIe au XVIIe siècle. Ces pratiques s'expliquent en partie par l'influence d'idées religieuses (meurtre du bœuf de labour, voir plus haut p. 10 ; droit mosaïque, *Exode*, XXI, 28) ; en partie par le désir de constater, dans une procédure spéciale, l'état du dommage causé par l'animal, afin d'y rattacher la responsabilité de son propriétaire ; en partie par l'acte ecclésiastique de l'exorcisme. La mise à mort de l'animal employé à des pratiques criminelles (bestialité, etc.) n'apparaît plus comme une peine, lorsqu'elle a pour but l'anéantissement

Mais dans le droit actuel, la capacité juridique n'appartient pas seulement à l'homme, elle appartient aussi aux **personnes morales**. Cependant, en matière pénale, abstraction faite de certaines dispositions spéciales, cette extension de capacité n'a pas lieu. *Societas delinquere non potest.* Dans tous les cas, seuls les représentants agissant individuellement, mais non pas la collectivité qu'ils représentent, peuvent être rendus responsables de leurs actions. La responsabilité solidaire, imposée souvent par les lois pénales complémentaires de l'Empire aux sociétés, pour l'amende qui frappe en premier lieu le coupable (plus loin § 58, 1, 2) n'est pas une peine, quoique dans ses effets elle soit absolument semblable à celle-ci. Toutefois il faut constater et maintenir que l'admission d'un crime collectif, en tant qu'une collectivité est capable d'agir, et la punition de cette collectivité, en tant qu'elle est en possession indépendante de biens, apparaissent comme possibles et utiles (3).

du souvenir de l'action coupable. Toutes ces idées fondamentales ont également inspiré et justifié historiquement les poursuites engagées contre des objets sans vie.

(3) La conception exacte (qui a son expression incontestable dans le *délit* du droit des gens, dont l'État seul peut être le « sujet »), ne domine pas seulement le Moyen Age tant allemand qu'italien, elle est aussi depuis Bartolus l'opinion commune de la doctrine pénale (cf. déjà la Bavière en 1751). Ce n'est qu'à la fin du xviiie siècle, sous l'influence des romanistes (v. Savigny), que l'opinion opposée gagne du terrain pour dominer enfin exclusivement la doctrine pénale à partir de Feuerbach. Cependant, actuellement, la conception de la capacité pénale des collectivités, tant en matière privée que pénale, trouve dans la doctrine un nombre de partisans toujours croissant, à commencer par Gierke. Parmi les criminalistes elle est représentée actuellement par Mestre et Hafter, inspirés de Gierke ; cf. aussi Bierling 225. Dans la législation allemande moderne, cf. le § 79 de la loi sur les syndicats de 1889 : « Si un syndicat se rend coupable d'une action ou d'une abstention contraires à la loi, et pouvant nuire au bien commun... il peut être dissous. » Il en est absolument de même

II. — La notion d'acte exige en plus l'apparition d'un **changement dans le monde extérieur** (subi par les hommes ou par les choses). Nous appelons ce changement **résultat**. Le résultat forme donc une partie intégrante de la notion d'acte (1).

1. Toute infraction exige donc un résultat extérieur. Sans doute, ce résultat peut se dégager plus ou moins clairement de la manifestation de la volonté, et en ceci une différenciation quantitative

pour les corporations et associations corporatives : Règlement sur l'industrie (texte du 26 juillet 1897), §§ 97, 104 et sq. En sens différent l'opinion dominante, en dernier lieu avec v. Bar, Beling, *Verbrechen*, 8, Frank, *Einleitende Bestimmungen* I, Meyer-Allfeld, 120. Goldschmidt (*Mitteilungen*) restreint le délit corporatif (collectif) au domaine du droit administratif. — L'opinion que nous exprimons dans le texte ne repose pas sur une pure spéculation, mais bien sur l'expérience de la vie. Le délit corporatif (collectif) est juridiquement possible, car d'une part les conditions supposant la responsabilité d'une collectivité en matière pénale ne sont pas autres qu'en matière civile ou (ce qu'on néglige systématiquement) que dans le droit public : Quiconque peut contracter, peut aussi conclure des contrats trompeurs ou léonins ou ne pas tenir les contrats de livrer (C. P. I., § 329) qu'il a conclus ; et, d'autre part, une collectivité détient des biens juridiques (droits attachés à la fortune, droit de vote, existence, droits attachés à l'honneur) qui peuvent être pénalement réduits ou détruits (par exemple, retrait du privilège d'émettre les banknotes, § 49 de la loi sur la Banque d'Empire de 1875). — Et il est recommandable d'admettre cette conception. Car d'une part l'action atteint une autre signification, plus élevée, car derrière elle se trouve, non pas un ou plusieurs individus, mais la collectivité, le groupement (*Körperschaft*) ; d'autre part, il est aussi contraire au sentiment de l'équité qu'aux principes d'une politique criminelle exacte, de laisser le véritable coupable impuni, en imposant, au contraire, la responsabilité pleine et exclusive à l'organe de la volonté d'autrui.

(1) C'est par une controverse purement terminologique que Binding, Buenger, Zitelmann et récemment M. E. Mayer, 19, etc., veulent détacher le résultat de l'idée d'action et opposer à l' « action » le « fait » embrassant le résultat. Bierling, III, 22, préfère à l'expression que j'ai choisie celle d'« influence exercée (*Einwirkung*) sur le monde extérieur ».

entre les diverses infractions est possible. Mais il est erroné de vouloir faire de cette différence quantitative une différence qualitative et d'opposer aux « délits matériels » qui supposent l'idée d'un résultat, les « délits formels » ou purs « délits d'activité ». Même l'injure verbale ou l'expression obscène ne peuvent être imaginées sans qu'une autre personne ne les aït perçues par les sens. Il n'est donc nullement erroné de désigner, avec cette portée, le résultat comme le changement dans le monde extérieur perçu par les sens (5).

2. Comme toute transformation dans le monde extérieur implique d'autres transformations, nous avons à distinguer entre le résultat immédiat et le résultat éloigné. Nous trouvons, dans les définitions du Code pénal impérial, le résultat défini tel que le considère notre synthèse, car le législateur a rattaché à son apparition la menace de la peine. Pour l'idée pénale du meurtre, seule la mort de la victime est importante, non pas la blessure mortelle et non pas d'autre part les conséquences pécuniaires, qui sont peut-être cependant de longue portée et d'importance décisive en droit privé.

3. En ceci réside l'explication de l'**idée de danger.** Le danger est aussi en soi un résultat, un état survenu dans le monde extérieur. Mais ce résultat ne tire son importance que de son rapport avec un autre résultat non survenu, mais conçu par nous. Nous pouvons donc dire : le danger est l'état de choses qui, étant donné les circonstances, soit apparentes pour tous au moment de l'accomplissement de la volonté,

(5) La portée de cette controverse est en maintes parts exagérée. Pour la distinction repoussée dans le texte : BELING, BIRKMEYER, FINGER, FRANK, KITZINGER, LAMMASCH, LIEPMANN, LÖNING, etc. Il faut naturellement faire abstraction ici de la contravention de police, qui n'appartient pas au concept de l'infraction (plus haut § 26, III).

soit même connues seulement de l'auteur, permet d'admettre librement et sans prévention la possibilité proche (probabilité), et par suite le souci fondé de l'apparition d'un dommage comme résultat.

Bien des situations délictueuses reposent sur l'idée du danger; ainsi l'exposition d'enfant ou le duel comme dangers menaçant la vie, le jeu de hasard comme danger menaçant la fortune; le trouble du crédit, les troubles de la paix publique; les crimes de danger public, comme l'incendie, l'inondation, etc. Le législateur s'occupe beaucoup du « danger immédiat pour la vie et pour le corps » (*Leben und Leib*). Notamment la nature propre de la tentative criminelle se caractérise par l'idée de danger. Mais la « possibilité proche » de l'apparition d'un résultat se trouve exclue, lorsque cette apparition peut être écartée par des circonstances que l'auteur peut provoquer, ou qu'il peut attendre avec certitude (6).

III. — Aux deux éléments de la notion d'acte examinés jusqu'ici, il faut ajouter une autre caractéristique pour réunir ces éléments en un tout : **le rapport du résultat avec la manifestation de la volonté.**

1. Ce rapport existe objectivement, quand, par la manifestation de la volonté, le résultat est, ou causé, ou non empêché : c'est le fait de commettre ou celui de s'abstenir (plus loin §§ 29 et 30).

2. Ce rapport existe subjectivement, quand l'auteur, lors de la manifestation de sa volonté, a prévu le résultat, ou du moins aurait pu le prévoir : intention ou négligence (voir plus loin § 31 et § 39 et sq).

(6) Cf. plus loin, § 47 (tentative impossible). En général d'accord avec le texte, R, en dernier lieu, XIV, 135; XXX, 179; XXI, 180, ainsi que d'ailleurs l'opinion courante. Cf. FRANK, § 1, VII, mais qui distingue l'état de danger « normal » et demande un jugement sur expertise. Par contre, l'idée de danger est absolument niée par v. BURI, GS, XL, 503, XLIV, 321, FINGER, JANKA, LAMMASCH, THON (dans les ouvrages cités §§ 28 et 29).

§ 29. — 1. De l'acte de commission.

BIBLIOGRAPHIE. - *Von Bar*, Die Lehre vom Kausalzùsammenhange, 1871. — *Le même*, Gesetz, II, 161 à 243. — v. *Buri*, Kausalität, 1873; Die Kausalität ùnd ihre strafrechtlichen Beziehùngen, 1885. — *Binding*, Normen, I, 112; II, 224. — *Birkmeyer*, Ursachenbegriff ùnd Kausalzùsammenhang im Strafrecht, 1887, publié dans GS, XXXVII, 257. — *Birkmeyer*, Die Lehre von der Teilnahme, 1890. — *Janka*, Z, IX, 499. — *Merkel*, 95. — *Kohler*, I, 83. — *R. Horn*, Der Kausalitätsbegriff in der Philosophie ùnd im Strafrecht, 1893. — *Thon*, Ueber den Begriff der Verùrsachùng (Blätter für Rechtspflege in Thüringen, XLII, 1). — *Thyrén*, Abhandlùngen, I. Bemerkùngen zù den kriminalistischen Kausalitätstheorien (1894). — *Hess*, Ueber Kausalzùsammenhang ùnd ùnkörperliche Denksubstrate, 1895. — *Müller*, GS, L, 241. — *Kühlen*, Thèse Munich, 1895. — *A. Horn*, GS, LIV, 321. — *Von Brünneck*, Thèse Halle, 1897 (avec très bonne critique de *Thyrén*). — *Guthmann*, Thèse Giessen, 1898. — *Liepmann*, 47. — *M. E. Mayer*, Der Kausalzùsammenhang zwischen Handlùng ùnd Erfolg im Strafrecht, 1899. — *M. Rümelin*, Die Verwendùng der Causalbegriffe im Strafùnd Civilrecht, 1900. — *Hartmann*, Das Kausalproblem im Strafrecht, 1900 (Beling Heft 27). — *Radbruch*, Die Lehre von der adäquaten Verursachung 1902 (Berliner Seminar-Abhandl, I, 3). — *Genzmer*, Der Begriff des Wirkens, 1903 (Berliner Seminar-Abhandl, II, 1). — v. *Rolhand*, Die Kausallehre des Strafrechts, 1903. — *Träger*, Der Kausalbegriff im Straf-und Zivil Recht, 1904. — *Graf zu Dohna* dans *Aschaffenburg*, II, 425. — *Litten*, Die Ersatz pflicht des Tierhalters, 1905 (avec bonne polémique contre Träger). — *Wiechowski*, Die Unterbrechung des Kausalzusammenhanges, 1904 (*Beling*, Heft, 55). — *Guex*, Thèse Lausanne, 1904. — *Kohler*, GA, LI, 327. — *Reinach*, Ueber den Ursachenbegriff im geltenden Strafrecht, 1905. — *Kriegsmann*, GS, LXVIII, 134. — *Liepmann*. GA, LII, 326. — *Zeiler*, Z, XXVII, 493. — *Bierling*, (Bibl. § 28), III, 31.

Commettre (*Thun*), c'est causer (provoquer) volontairement un résultat.

I. — La manifestation de la volonté apparaît ici comme volontaire, c'est-à-dire sous la forme d'un mouvement du corps (*Körperbewegung*) motivé par des représentations (1).

(1) Dans le même sens, quoiqu'en y comprenant l'abstention, R, XX. 146.

II. — Le résultat doit être causé par un mouvement du corps; le mouvement du corps et le résultat doivent être l'un à l'autre dans le rapport de cause à effet (rapport de causalité) (2).

Le **rapport de causalité** entre le mouvement du corps et le résultat existe donc lorsque le résultat n'aurait pas eu lieu sans le mouvement du corps, c'est-à-dire si l'on ne peut faire abstraction du mouvement du corps sans que le résultat ne doive en même temps disparaître. Naturellement le résultat n'est envisagé alors que dans sa forme concrète. Il importe, non pas que B eut pu, en somme, mourir sans la manifestation de volonté de A, mais qu'il soit mort à tel jour, de telle façon. Si, dans la forme indiquée, il devient nécessaire de lier ensemble le mouvement du corps et le résultat, nous nommons alors le mouvement du corps la cause (*Ursache*) du résultat, et le résultat l'effet (*Wirkung*) du mouvement du corps, c'est-à-dire que nous appliquons à la relation du mouvement du corps et du résultat la catégorie de causalité (comme une forme de notre connaissance) (3). Cela signifie en

(2) La question de la présence du rapport causal doit être strictement séparée de celle de l'existence d'une culpabilité de l'auteur. Cf. sur celle-ci, plus loin, § 36 et sq. Dans ce sens, dès 1840, Luden, et, depuis v. Buri (qui soutenait l'opinion inverse avant 1866), l'opinion courante. *Contrà*, Glaser, v. Bar, Merkel et aujourd'hui les partisans de la « cause adéquate » (cf. plus loin, VI, 4) à l'exception de Ruemelin et de Traeger. Cf. (contre elle M. E. Mayer (Bibl. § 28), 120, Radbruch (Bibl , § 28), 107.

(3) Il faut s'en tenir absolument au fait que la « loi causale » ne se rapporte qu'aux changements survenant dans l'espace et le temps, mais non au lien logique entre les conceptions ou à l'appréciation sociale et morale de l'action. La confusion (voulue ou inconsciente) de l'examen causal avec l'examen téléologique ne se rencontre que trop souvent dans la doctrine moderne; par exemple, dans Binding, Kohler (*Kaüsalismüs der sozialen Ordinüng* ; J. v. Kries, Liepmann, 81 (*Veränderüng in der Rechtswelt*) ; v. Rohland (*rechtlicher Züsammenhaug*) ; Zitelmann, etc. Dans

même temps que devant l'examen du droit pénal, cause et provocation, cause et condition s'identifient; plus exactement, la provocation du résultat est toujours suffisante, le fait de le causer (pour lequel la manifestation de la volonté ne suffirait jamais en soi) n'est jamais exigé. Toutes les conditions du résultat sont donc par suite de même valeur (4). La cause connexe (*Mitursache*) est, elle aussi, une cause au sens juridique. Et la conception de la cause, telle qu'elle se pose en première ligne, n'est pas exclue par l'apparition simultanée ou ultérieure de causes connexes.

III. — De cette démonstration dérivent immédiatement deux conséquences d'une très grande portée pratique.

1. Le résultat doit être rattaché au mouvement du corps comme à sa cause, même dans le cas où il ne se serait pas produit sans les circonstances particulières de l'action, ou sans celles qui se sont ajoutées à cette dernière. La blessure est la cause de la mort, même dans le cas où le décès ne se serait pas produit sans l'état de faiblesse physique générale du blessé, ou dans celui où un incendie de l'hôpital se serait ajouté à la blessure non mortelle par elle-même. Il n'est donc pas besoin que le mouvement du corps ait été la cause nécessaire, suffisante en

notre sens, BELING, Verbrechen, 41, 207, HEINEMANN (Bibl. du § 41), 31 ; LANDSBERG (Bibl. § 30), 28.

(4) La distinction, faite par FRANK (§ 1, V, 3e sect. I et V) et GUTHMANN, entre les conditions positives et les conditions négatives (par exemple empêcher le sauvetage d'une personne qui se noie), ainsi qu'entre les conditions physiques et les conditions psychiques (c'est-à-dire ayant besoin de l'intervention ou de la volonté d'une personne agissant librement), est superflue dans sa première partie, le sauvetage omis n'étant précisément pas causal (cf. plus loin § 30), et inexacte dans sa seconde, dans la mesure où elle dépasse le principe posé dans le texte sous III, 1. — Sur la causalité physique et psychique, cf. BIERLING, 54.

elle-même, du résultat (par exemple caractère absolument mortel de la blessure).

2. Le résultat doit être rattaché au mouvement du corps comme à sa cause, également dans le cas où il ne se serait pas produit sans l'intervention simultanée ou subséquente d'autres actions humaines. Et, notamment, le rapport causal est admis sans obstacle même s'il existe une négligence concomitante de la part d'un tiers, ou une façon d'agir imprudente de la part de la victime (la compensation de faute n'existe pas en droit pénal.)

3. Par contre, le rapport causal s'exclut lorsque la suppression du mouvement du corps n'aurait modifié en rien la production du résultat. C'est notamment le cas lorsque le résultat, auquel tendait la manifestation de la volonté, se trouve amené par une nouvelle série causale indépendante, c'est-à-dire non provoquée par la manifestation de la volonté. Si A blesse mortellement le batelier B, et si B se noie avant que la blessure ait causé la mort, parce que son bateau aura chaviré par suite d'un coup de vent inattendu, le rapport causal entre la manifestation de volonté de A et le résultat survenu fera défaut, et A ne pourra être condamné que pour tentative de meurtre. Si, au contraire, la série causale qui semble nouvelle a été provoquée par la manifestation de la volonté, c'est-à-dire si elle ne pouvait exister sans celle-ci, il y a eu rapport causal entre la manifestation de la volonté et le résultat. Supposons que le batelier blessé ait été mis hors d'état, précisément par sa blessure, de manœuvrer les voiles et que, par suite, le bateau ait chaviré, ce serait alors A qui aurait causé la mort de B par immersion.

IV. — Le principe posé en dernier lieu (voir plus haut, III,3) devrait également s'appliquer de soi-même si la nouvelle série causale se produisait par la manifestation de volonté d'une personne autre que l'auteur. Il faudrait donc admettre le rapport causal dans le cas où cette nouvelle manifestation de volonté ne se serait pas produite sans que la première ait existé. Le braconnier A a abandonné le chasseur blessé à mort dans la forêt; le braconnier B survient et tue sur le champ le chasseur d'un coup de poignard au cœur. L'acte volontaire de B, tel qu'il s'est produit réellement, concrètement, n'aurait pas eu lieu sans l'acte volontaire de A; l'application du principe posé plus haut mènerait donc à la conclusion que la mort du chasseur a été causée immédiatement par B, et médiatement par A.

Mais le droit en vigueur rend cette déduction impossible.

D'après la conception de notre Code pénal, l'instigation *(Anstiftung)* ne doit pas être considérée comme une cause indépendante médiate du résultat, comme une action première intellectuelle, mais bien comme une participation à l'acte d'un autre (sur ce point cf. plus loin, § 49). Il en est de même de l'assistance (*Beihilfe*). Le motif de ce traitement singulier de l'instigation réside dans le fait que le législateur voit constamment dans l'acte de l'auteur principal, même si cet acte est provoqué par un tiers, l'apparition d'une série causale nouvelle et indépendante. C'est avec peu de bonheur que l'on parle en ce cas d'une « interruption du rapport causal ».

Il faut supposer alors l'acte libre (c'est-à-dire non imposé au sens du § 52 C. P. 1) et intentionnel (plus loin § 39) d'un auteur principal responsable (plus loin § 38). Au delà de la limite tracée par cette règle, il faut par contre appliquer le concept général de cause. Il en est ainsi dans les cas d'action médiate *(mittelbare Täterschaft*, cf. plus loin § 50, II) (5).

(5) Cette rédaction se base sur le C. P. I., § 48. Le C. C. I., § 830, se place en somme à un autre point de vue et ne connait pas, par suite, la règle exposée dans le texte. Cf. v. Liszt, *Deliktsobligationen*, 75.

Il faut également admettre qu'il existe, au sens de la loi, une nouvelle série causale indépendante, lorsque l'acte de l'auteur principal n'est frappé par aucune loi pénale. Si, à l'instigation de A, la personne responsable B commet un suicide, A n'aura pas alors causé la mort de B, et ne pourra donc pas être poursuivi pour meurtre intentionnel. L'omission (*Unterlassen*, cf. § 30), contraire au droit est, quant à son influence sur l'interruption du rapport causal, mise sur le même pied que l'acte de commission (*Das Thun*) (6).

En cas de complicité ainsi que d'action connexe simultanée ou successive (plus loin § 50 II), il faut s'en tenir à la règle générale que tout individu, qui a posé une condition du résultat, est considéré comme auteur (*Verursacher*) du résultat (7)

V.— La recherche des cas dans lesquels la cause du résultat peut être impliquée par l'action, remonte très loin dans le passé. Tandis que, d'une part, le droit romain offrait aux commentateurs un certain nombre de textes à la vérité contradictoires (Pernice Labeo, II, 36), le Moyen Age allemand essayait, d'autre part, de trancher la question par l'instauration de signes extérieurs fixes et certains (par exemple, il ne pouvait y avoir coup mortel, si entre temps la victime s'était rendue au marché et aux églises).

La question fut fréquemment traitée dans la doctrine du droit commun (tant dans Carpzov et Böhmer que dans Feuer-

(6) S'il n'y a pas d'obligation juridique pour le blessé de se soumettre à une opération médicale, le décès causé par l'absence de l'opération, même prévu par le blessé, est causé par l'auteur de la blessure et non par le blessé. Dans ce sens, R. xxvii, 80. Cf. Endemann, *Die Rechtswirkungen der Ablehnung einer Operation seitens des körperlich Verletzten*, 1893. Mais d'après le C. C. I., § 254, al. 2, une obligation juridique de cette nature pourrait être fondée. Cf. V. Liszt, *Deliktsobligationen*, 81 ; Dernburg, *Das bürgerliche Recht*, II. 76. *Contrà*, R, xxvii, 80 et Endemann.

(7) Cette nouvelle édition diffère des précédentes quant au concept de l'action connexe successive. Les arguments de Zeiler m'ont déterminé à ce changement. Cf. aussi R, xix, 141.

bach et Stübel), et toujours régulièrement à propos de la définition du coup mortel (*Totschlag*). Le plus souvent, on désignait comme cause la condition qui a nécessairement pour conséquence le résultat (contrà Stübel, état de fait, 1805). On cherchait par suite à distinguer, sans trop y gagner, la *letalitas absoluta et relativa, in abstracto et concreto, et per accidens*. La distinction pénétra très vite dans la législation. Dès 1685, la Prusse y attachait une grande importance, et une ordonnance de 1717 contient à cet égard des prescriptions précises. De même, la plupart des codes allemands du XIXe siècle (depuis la Bavière en 1813 jusqu'à l'Autriche en 1852) crurent nécessaire de spécifier dans un de leurs paragraphes qu'il était indifférent qu'une aide prompte et raisonnée eût pu rendre possible d'empêcher le résultat de se produire, et de même que la blessure n'ait eu de résultat mortel qu'à cause de la nature physique de la victime, ou des circonstances imprévues dans lesquelles ladite blessure a été portée (Cf. Code prussien, § 185). C'est seulement la législation la plus récente qui a renoncé à ces dispositions superflues et trompeuses, sans d'ailleurs arrêter par là les controverses.

VI. — La conception présentée plus haut apparaît dans la doctrine suivant quatre tendances différentes (8).

(8) Les Chambres criminelles (*Strafsenate*) du Tribunal d'Empire et le Tribunal Militaire d'Empire (VIII, 274) partagent absolument (de même que l'Office impérial des assurances) la conception soutenue dans le texte, tandis que les Chambres civiles partagent l'opinion de VON BAR. Déjà BERNER, HAELSCHNER, KÖSTLIN avaient exprimé l'équivalence de toutes les conditions pour le résultat survenu. VON BURI y rattacha en 1860 la règle que toute co-influence cause le résultat. Cette opinion soutenue par v. BURI contre v. BAR, trouva un solide appui dans le système de logique de MILL. On peut la considérer aujourd'hui comme dominante. Elle est représentée par BELING, 38 ; FINGER, I, 275 ; FRANK, § 1, III ; HAELSCHNER, I, 227 ; HERTZ (plus haut § 18, IV), 167 ; LANDSBERG (Bibl. § 30), 41 ; v. LILIENTHAL, 28 ; P. MERKEL (Bibl. § 30), 23 ; OLSHAUSEN, I, sect. 3, note 2 (contre son ancienne opinion), RADBRUCH. A la vérité, Thyren admet une inégalité objective du degré de rapport entre les différents événements qui se sont produits, inégalité qui subjectivement arrive jusqu'à l'opposition des conditions causales et non causales. Mais quant au droit pénal, il soutient l'égalité des conditions décisives et revient ainsi et dans cette mesure à l'opinion dominante. — Parmi les partisans de

1. Nous n'employons pas l'idée de cause dans ce sens étroit qui fait de la cause cet état de choses qui est suivi, avec une nécessité absolue et une généralité stricte, par un autre état de choses. En effet, dans ce sens (la cause étant égale à l'ensemble de toutes les conditions du résultat), la manifestation de la volonté ne peut en somme être la cause ; elle a sans exception, pour condition de son action efficace quant au résultat, la coopération de toute une série de circonstances extérieures, qu'on ne peut se représenter comme écartées sans que le cours des choses ne se présente comme modifié. Nous ne pouvons la désigner comme cause d'un résultat que dans cette signification limitée, dans laquelle la cause ne veut être rien de plus qu'une des nombreuses conditions nécessaires du résultat.

2. Nous appuyant sur la conception de la causalité comme d'une forme de notre connaissance, nous nions la force réelle (*reale Kraft*) d'une cause se séparant des conditions, et produisant ainsi le résultat (la *causa efficiens* en opposition avec la *conditio sine qua non*). La notion absolument métaphysique de l'efficacité (*Wirkung*), que nous écartons ainsi, a précisément rencontré des partisans dans ces dernières années. Parmi eux, Heilborn (Bibl. § 52), 42, R. Horn, Kohler, Kraùs (Bibl. § 30), Rohland, Wachenfeld (Bibl. § 28), Contrà Mayer (Bibl. § 32).

3. En repoussant toute distinction essentielle dans le cadre intérieur des conditions, nous nous opposons aux tentatives ayant pour objet de choisir, parmi les conditions multiples d'un résultat, l'une d'elles comme cause au sens le plus strict. Il y a lieu de distinguer ici deux conceptions : *a*) Supposant comme acquises les conditions régulièrement présentes, v. Bar nomme cause la condition faussant le cours des choses règulièrement conçu, créant l'état de choses contraire à la règle (de même, et, antérieurement Zitelmann). C'est déjà la pensée fondamentale de l'opinion traitée sous 4. *b*) Binding définit la cause, (en présentant comme s'équilibrant les conditions favorables ou défavorables au résultat), comme l'action qui donne aux conditions existantes la direction décisive vers le résultat : « Théorie de la rupture d'équi-

notre conception quant au droit civil, il faut citer Cosack, *Lehrbuch*, 4e éd. et Schollmeyer, *Kommentar*, p. 38.

libre ». (Bien réfutée par v. Brünneck et Hartmann). Birkmeyer exprime plus vigoureusement la même pensée (en évitant tout langage imagé antijuridique). D'après lui, la cause est la condition la plus efficace (contrà, Bennecke, Z, V, 731, Haupt, Z, XV, 208). — Le danger de toute théorie de cette nature, marquant l'une des conditions comme cause, réside en ce que, rigoureusement déduite, elle doit aboutir au rejet de la notion de cause concomitante (*Mitursache*) mise en valeur ci-dessus, sous III ; c'est là une conséquence qui détruit toute jurisprudence criminelle (il en serait peut-être autrement en droit privé). Pour la définition de Binding, elle mène à la conséquence absolument illogique de ne pouvoir toujours considérer comme cause que la dernière condition seulement (cf. Beling, 37).

4. D'après notre opinion, c'est toujours le cours réel des événements dans chaque cas particulier qui est décisif, aussi extraordinaire qu'il ait pu être. A l'opposé, la « théorie de la cause adéquate » considère seulement comme cause au sens juridique « la cause typique ». La manifestation de la volonté doit avoir été généralement, conformément à l'expérience, (*erfahrungsgemäss*), propre à amener le résultat. Le cours concret des événements doit avoir été adéquat à l'image typique obtenue par l'expérience humaine. Déjà esquissée par v. Bar (voir plus haut sous 3), fondée par J. v. Kries, cette opinion a trouvé rapidement des partisans qui, à la vérité, ne s'accordent guère entre eux. Citons, parmi les civilistes *Crome*, System, I, 476, *Endemann*, (indécis), *Enneccerus*, I, 406, *Litten*, *Rümelin*, *Thon*, *Zitelmann*, Das Recht des BGB, 1900. p. 155 ; parmi les criminalistes, *Liepmann*, *Merkel*, *Meyer-Allfeld*, v. *Rohland* (qui part du concept métaphysique de l'efficacité), *Träger*. L'argumentation de M. Rümelin est particulièrement remarquable. Il limite l'exigence de la cause adéquate aux conditions survenant dans l'avenir, partageant ainsi l'opinion dominante quant aux conditions existant dans l'instant de l'acte volontaire ; il demande pour celles-ci la prévision objective (*objektive Berechenbarkeit*), en opposition très nette avec v. Kries et il sépare complètement de la notion de la cause adéquate, comme non calculables (*nicht berechenbar*), les actions humaines.

De graves arguments, mis en lumière par Litten et Liepmann, s'élèvent contre la théorie de la cause adéquate. Elle fait intervenir l'idée de la possibilité là où existe non pas la possibilité, mais bien la réalité d'un événement, Quand elle conçoit subjectivement la prévision, comme l'a fait von Kries, elle mêle la question de la cause avec celle de la culpabilité. Cf. sur ce point M. E. Mayer, Z, XX, 545. Quand elle détermine objectivement la prévision, elle tombe sans espoir de salut dans des contradictions inextricables. Au cas où l'auteur a calculé d'avance un cours de choses atypique, il faut, ou bien qu'elle l'acquitte, ou bien qu'elle remplace la prévision objective par une évaluation subjective. Mais Rümelin dépasse absolument toute mesure en divisant la notion de cause en ce qu'il veut rendre décisif, pour les conditions du moment, le cours de choses concret, et pour les conditions survenant dans l'avenir, la représentation abstraite.

Pour les délits qualifiés par le résultat (plus loin § 36), la cause adéquate est réclamée fréquemment par les partisans mêmes de la théorie prépondérante de causalité, afin d'éviter l'aggravation pénale, établie par la loi, dans les cas où le résultat n'a été amené que par un enchaînement spécial de circonstances, échappant à tout calcul. Mais ce point de vue implique une modification de la loi, à laquelle le législateur seul est autorisé (9).

§ 30. — 2. De l'omission.

Bibliographie. — v. *Rohland*, Die strafbare Unterlassung, I, 1887. *Landsberg*, Die Commissionsdelikte durch Unterlassung im deutschen Strafrecht, 1890. — *Le même*, dans sa Kausallehre. — *Müller*, GS, L (en particulier 316). — *P. Merkel*, Begehung durch Unterlassung, Thèse Göttingen, 1895. — *Bünger*, Z, vi, 322. — *Kohler*, I, 45. — *Löning* (Bibl. § 43), 136. — *Wachenfeld* (Bibl. § 54), 42. — *Kraus* (Prager) Juristische Vierteljahrsschrift, XXX. — *Kitsinger* (Bibl. § 31), 120. — *Mentha*, Les délits de commission par omission, 1898. — *Gand*, Du délit de commission par omission, 1900. — *Schimmelbusch*, Thèse Wurzbourg, 1903. — *Kraus*, Z, xxiii, 789. — *Fischer*, Z, xxiii, 459. — *Sturm*, Die strafbare Unterlassung, etc., 1905. — *Redslob*, Die kriminelle Unterlassung (Beling Heft, 70) 1906. — *Zahn*, GS, lxix, 1, *v. Bar*, Gesetz, III, 244.

(9) Reinach ne considère comme cause, dans ces cas, que la condition immédiate. Mais ceci aussi est arbitraire.

I. — On entend par « **omission** » le fait de ne pas empêcher, volontairement, le résultat (commission par omission.)

1. La manifestation de la volonté consiste ici dans le non accomplissement volontaire d'un mouvement du corps qui devrait être accompli. Elle exige ici aussi (v. plus haut § 28 I) que l'auteur agisse libre de toute contrainte et déterminé par des représentations. Omettre le cri d'alarme, pour un gardien ligoté par des brigands ou frappé d'évanouissement, n'est pas une manifestation de volonté ni une action.

2. La notion de l'abstention suppose que par l'action possible à son auteur, et omise par lui cependant, le résultat survenu aurait été empêché ; en cela l'idée présente une caractéristique analogue à la causalité de l'action (mais non la causalité elle-même). Cette analogie s'étend aussi à l'interruption du rapport de causalité : l'omission libre et intentionnelle de la part d'un individu responsable est traitée par le législateur, à supposer qu'il y ait une obligation juridique d'agir (voir plus loin, II), comme la survenance d'une nouvelle série causale indépendante (1). Par contre, il va de soi que l'empêchement de l'empêchement du résultat (A empêche B de sauver C qui se noie) ne doit pas être considéré comme cause du résultat par acte positif.

Sous certaines conditions préalables (voir plus bas, II), l'ordre juridique, comme la vie elle-même, considère comme équivalents le fait de provoquer un résultat et celui de ne pas empêcher un résultat (le quasi délit d'omission) (2). Cette équivalence ne si-

(1) Plus haut § 29, note 6.

(2) Les « vrais » délits d'omission, pour lesquels le législateur considère comme décisive non pas la survenance d'un résultat, mais la non survenance d'un résultat proposé, ne rentrent pas dans le présent examen. Exemple : § 139, omission de dénoncer un crime (différent, § 60 C. P. Mil.).

gnifie pas qu'il soit nécessaire de voir une provocation « de résultat » dans le non-empêchement : l'omission est punissable indépendamment de l'hypothèse de sa causalité. L'ancienne législation a, le plus souvent, mentionné expressément l'omission (il en fut encore ainsi dans la première moitié du XIXe siècle), et, lorsqu'elle ne prescrivait pas exceptionnellement une peine atténuée, elle soumettait l'omission à la même peine que la commission. Les codes pénaux modernes ne mentionnent plus spécialement la culpabilité de l'omission, car elle est généralement reconnue dans la doctrine et la jurisprudence. Il en résulte que l'omission d'empêcher le résultat est équivalent à sa provocation, lorsque des règles spéciales n'en décident pas autrement (3).

II. — Seule l'omission **contraire au droit** (illicite) (*rechtswidrige*) (4) est assimilée, dans ses conséquences juridiques, au fait de commission. L'omission est contraire au droit lorsqu'il existe une obligation juridique d'agir. Or, celle-ci peut exister :

1. En vertu d'un commandement spécial de l'ordre juridique, soit que ce commandement appartienne au droit pénal (par exemple Code pénal, §§ 221, 357 : le « laisser faire », C. P. Mil. § 60), soit qu'il se trouve explicitement ou implicitement exprimé en d'autres domaines juridiques, c'est-à-dire qu'il appartienne à un ensemble de devoirs résultant d'une situation juridique déterminée (fonction, contrat, etc., devoir des parents de nourrir leurs enfants, obligation contractuelle du garde-malade, devoir officiel du

(3) De même, REDSLOB et v. ZAHN, qui examinent, quant à leur portée, les « termes d'activité » (*Tätigkeitswörter*) des états de faits délictueux. Très net FRANK, § 1 IV. *Contrà*, KRAUS notamment Cf. aussi BELING, Verbrechen, 223.

(4) Pour ne pas rompre le développement de notre ouvrage, nous traitons dès à présent cette question qui relève à proprement parler de la théorie des faits illicites (*Rechtswidrigkeit*).

fonctionnaire, du gardien de prison, du garde-barrière, etc.) (5).

2. En raison de l'action précédente, qui fait apparaître comme contraire au devoir le fait de ne pas agir. Dans ce cas, l'obligation d'agir s'impose à l'auteur comme une résultante (*konkludentes Tun*).

Ainsi le fait de provoquer un danger établit le devoir de s'opposer autant que possible à ses conséquences contraires au droit (1). Mais lorsque l'intention ou la négligence dans l'action précédente tendait déjà au résultat, il n'y a pas omission, mais commission (par exemple, le médecin fait une opération pour provoquer l'hémorrhagie chez le malade).

III. — L'ancienne doctrine n'avait jamais contesté l'équivalence de l'omission avec la commission (*Thùn*). Mais, tandis que les Italiens depuis les glossateurs jusqu'à Farinacius et, avec eux, Carpzov, Beyer et autres, admettaient en général une pénalité plus douce pour l'omission que pour la commission, J. S. F. Böhmer notamment représentait l'opinion plus sévère qui demandait, au moins en cas de meurtre, la même peine pour l'omission que pour la commission. Les législations, d'accord avec l'école philosophique de Wolf, tenaient généralement à comprendre l'omission parmi les actions, mais en prévoyant pour elle, dans chaque cas particulier, des sanctions pénales en partie atténuées. Par exemple, la Coutume de Prusse de 1620, de concert avec les Constitutions saxonnes, remet à l'arbitraire seulement le soin de punir le garde-malade qui a laissé dépérir les malades confiés à ses soins ; la Therésiana de 1768, art. 87, 5, punit la mère « qui a causé la mort de son enfant par simple omission » (n'avoir pas lié le cordon ombilical, n'avoir pas arrêté l'hémorrhagie, avoir refusé des

(5) Même sens, R, XXXIX, 307. Sur la question de savoir si le § 826 C. C. I. rend nécessaire d'admettre un devoir juridique d'agir ayant son origine dans les « bonnes mœurs ». *Cf.* Liszt, *Deliktsobligationen*, 72. Stammler, Die Lehre von dem richtigen Recht, 1902, p. 489.

(6) Contre cette règle presque généralement admise (également par R, XXIV, 339) : Kraus, Landsberg, Sturm, Schimmelbusch. Indécis Frank, § 1, v. Exact Meyer-Allfeld, 163.

aliments, etc.) de la décapitation simple par le glaive sans empalement du corps (*Einfache Schwertstrafe ohne Durchpfählung des Körpers*), et le Code autrichien de 1852, § 139, sanctionne encore d'une peine adoucie le meurtre de l'enfant par omission.

Ce n'est qu'au XIXe siècle que commence la controverse doctrinale sur la causalité de l'omission, une des plus fécondes qu'ait jamais connue la doctrine pénale.

Feuerbach Spangenberg, *Martin* et autres n'avaient nullement soulevé la question de la causalité de l'omission et s'étaient bornés à étudier cette dernière quant à son caractère antijuridique et à sa sanction pénale ; mais, après eux, leurs successeurs commencèrent à poser faussement la dite question. « De rien ne peut rien sortir », telle fut la pensée dont on partit. 1. Tout d'abord, *Luden* et *Zirkler* avaient tenu l'omission pour un autre mode d'action (*Andershandeln*). 2. *Krüg Glaser*, *von Bar* et *Merkel* virent par contre, dans la commission (action autre) précédant l'omission, l'élément causal, mais ils s'égarèrent pour toute une série de cas dans d'insurmontables contradictions avec un des principes fondamentaux de l'idée de faute : la faute doit être présente dans l'instant de la manifestation de volonté. 3. S'inspirant de *v. Buri* (1869), *Ortmann*, *Binding*, *Hälschner*, traitent la question tout autrement. Ils cherchent à dégager l'élément causal dans l'omission elle-même. La conception du dessein criminel, la compression de l'instinct d'agir inspiré par la conscience, anéantissent un empêchement s'opposant au *résultat* et amènent par suite la venue de ce résultat (« Théorie des interférences » ; « causalité psychique »). Mais cette opinion vient se briser non seulement contre le fait que ce processus purement interne n'existe certainement pas dans l'omission par négligence, mais aussi contre la contradiction où elle aboutirait en punissant ce processus interne d'après les principes les plus généraux du droit pénal, alors que celui-ci précisément ne considère pas comme égaux « l'acte interne de la volonté » et la manifestation de la volonté (plus haut, § 29, note 1). — 4. *Haupt* (Z, II, 533), *Kohler* (I, 45), *v. Rouland*, *Sigwart* (Der Begriff des Wollens, 1879, p. 33) et autres, ont complètement échoué dans leur tentative de sauver la causalité de l'ommission en s'appuyant sur son « résultat quant au droit », car celui-ci n'est pas un changement dans le monde extérieur, et par suite n'est pas résultat au seul sens admissible du mot (plus haut, § 29, note 3).

La tendance la plus récente de notre doctrine parvient alors à la conclusion de nier purement et simplement la signification causale de l'omission. Par là, l'omission non causale vient prendre place, à côté du mouvement du corps causal, comme forme indépendante de l'action criminelle. Dans ce sens, citons notamment *Beling*, 42, *Endemann*, *Höfpner* (Bibl. § 54), 149, *Kraus*, *Löning*, R. *Merkel* (Bibl. § 34), 187, *Meyer*, *Mittermaier* Z, XXI, 238, *Oeker*, Jurist. Litteraturblatt, III, 96, *Stoos*, Schweizer Zeitschrift, IX, 223, *Zittelmann* (plus haut § 29, VI, 4) 161 *Träger*, et aussi *Gand* et *Mentha*.

Et, en fait, il faut reconnaître que la liaison qui s'accomplit dans notre connaissance entre la cause et l'effet a un tout autre objet dans l'omission (*Unterlassen*) (commission par omission) que dans la commission (*Thun*); dans celle-ci, le résultat effectivement survenu est en rapport avec un mouvement du corps effectivement accompli, et dans celle-là avec un mouvement corporel que nous nous sommes seulement représenté. Il est donc hors de doute que nous nous basons sur une expression usuelle impropre, lorsque nous parlons d'une influence efficace (*Bewirken*) de l'omission. C'est pourquoi il ne peut s'agir que d'établir si la doctrine pénale doit, elle aussi, conserver cette expression admise par l'usage de la vie. Pour l'affirmative, se rattachant partiellement à *Sigwart*, *J. v. Kries*, *Frank*, § 1, IV (contre son opinion antérieure), *Landsberg*, *Liepmann*, *v. Lilienthal*, *M. E. Mayer*, *P. Merkel*, *M. Rümelin* *Wachenfeld*, *v. Rohland* et autres.

§ 31. — Les autres modalités de l'acte (1).

BIBLIOGRAPHIE du IV. — *Schneidler*, Der Ort der begangenen Handlùng, Thèse Tubingue, 1886. — *Von Lilienthal*, Festgabe der Jur. Fakültät zù Marbùrg, etc. (pour Wetzell), 1890, p. 253. — *Betz*, Thèse Giessen, 1896. — *Kitzinger*, Ort ùnd Zeit der Hand-

(1) BIERLING, 124, a bien fait ressortir qu'il ne s'agit, ici aussi, que de « ce qui est purement effectif dans l'injustice » (*Das rein Tatsächliche im Unrecht*).

lüng im Strafrecht, zügleich in Betrachtung der Erscheinüngsformen des Delikts, 1902. — *V. Bar*, Code I, 134.

I. — Nous nommons **acte d'exécution** (*Ausführungshandlung*) la manifestation de volonté qui, suivant chaque espèce, constitue l'activité que la loi déclare punissable. L'acte d'exécution nous est indiqué dans chaque cas par les termes employés pour définir l'acte créant les faits constitutifs de l'infraction. Nous citerons par exemple, pour le meurtre, l'homicide par le coup de feu, par le couteau, par le poison; pour le parjure, l'acte de prêter serment; pour le rapt et pour le vol, la violence contre les personnes chargées d'une mission de protection. Souvent le législateur exige, pour les faits constituant une infraction, plusieurs actes successifs (infractions composées); ainsi le fait de faire et d'utiliser un faux dans le cas de faux en écritures; dans ces cas, chacune des activités apparait séparément comme « acte d'exécution ». Si le législateur exige l'emploi de certains moyens, comme de la violence dans le vol ou le viol, de la tromperie dans l'escroquerie, l'emploi de ces moyens appartient déjà à « l'activité d'exécution ». Cette idée prend une importance particulière pour la tentative, ainsi que pour l'étude de l'action principale et de la complicité. Là, elle sert alors à tracer la limite entre l'acte coupable de tentative et l'acte préparatoire non coupable (voir plus loin § 46); ici, à distinguer entre l'acte principal (en particulier en cas de coaction), et la complicité (et surtout l'assistance) (cf. § 50). C'est aussi l'indication que les conséquences juridiques d'un préjudice ne sont pas uniquement attachées à l' « acte d'exécution ». Celui qui pousse un autre à accomplir cet « acte d'exécution » (instigation, activité indirecte), ou celui qui y prête assistance, est, lui aussi, responsable du résultat survenu. Au contraire, les actes préparatoires restent généralement impunis.

II. — L'action est intentionnelle quand, lors de la manifestatson de la volonté, le résultat était prévu ; elle est imprudente lorsque le résultat non désiré n'était pas prévu, mais aurait pu ou dû être prévu. Les deux idées d'**intention** et de **négligence (imprudence)** se rattachent ainsi d'une façon immédiate à l'idée d'action, et n'ont donc en soi rien à faire avec ce que l'action elle-même a d'antijuridique. Mais si déjà l'expression de négligence contient en soi une certaine appréciation de l action, les deux idées se trouvent transformées par le fait que selon le droit en vigueur, on doit les rattacher à l'infraction prise comme action contraire au droit. Nous ne pourrons donc les traiter qu'après l'étude de l'action contraire au droit.

III. — La doctrine de l'unité et de la pluralité de l'infraction doit être également édifiée sur l'idée d'action. Mais la règle, que l'unité d'action entraîne l'unité d'infraction, et que la pluralité de l'infraction suppose une pluralité d'actions, se trouve souvent transformée par les prescriptions du droit en vigueur. Il sera donc bon de ne discuter que plus tard ces modalités de l'idée d'action, c'est-à-dire l'**unité et la pluralité de l'action.**

IV. — La question de **lieu** et de **temps** se pose, pour l'action commise, dès que la manifestation de la volonté et le résultat, la cause et l'effet ne concordent pas pour le lieu et pour le temps. Un exemple pour ces « crimes à distance » est celui-ci : A offense B, qui habite Berlin, par une lettre écrite à Munich et envoyée de cette ville à Berlin. La question devient particulièrement importante, quand la manifestation de la volonté a eu lieu à l'intérieur du pays, mais que le résultat est survenu à l'étranger ou vice versa ; de même lorsque, dans l'intervalle entre la manifestation de la volonté et le résultat, le Code pénal a été changé. Cette question joue également un rôle important en procédure criminelle, pour la détermination de la juridiction de l'action commise et elle se pose aussi en droit privé et en matière de procédure civile.

Si l'on veut donner à cette question très contestée, et qui n'est résolue nulle part dans le Code pénal impérial, une réponse satisfaisante et applicable en toute matière juridique, il ne reste plus guère qu'à considérer comme décisive la manifestation de la volonté. L'action a donc eu lieu là et au moment où la volonté s'est manifestée (2).

(2) Trois opinions restent aujourd'hui en présence : I. Considèrent comme décisive la manifestation de la volonté (le lieu où se trouvait l'auteur) : en première ligne, KITZINGER, puis v. BAR, *Lehrbuch*, 236 ; FRANK, § 3, IV (d'abord partisan de la troisième opinion ; HAELSCHNER, I, 152 ; MERKEL, 276 ; MEYER, 142 ; SCHNEIDLER, SCHÜTZE, v. WAECHTER, BELING, Z, XVII, 315 et GRUNDRISS, 26 ; BULLING, *Der örtliche Gerichtsstand in Pressachen*, 1894 ; SEUFFERT, LPC, I, 17 et *Anarchismus* (plus haut, § 15, note 1) ; la plupart des représentants du droit international privé. — II. Considèrent comme décisif le résultat (comme le faisaient les anciennes éditions du présent manuel) : HAEBERLIN, GA, XXV, 432 ; NEUMEYER, *Strafbarer Bankerott*, 1891, p. 157. Un sous-genre de cette opinion consiste à s'en rapporter à l'effet illicite « le plus proche » (résultat « intermédiaire »), de telle sorte qu'en cas de blessure mortelle, c'est la blessure elle-même et non pas la mort survenue qui est décisive ; en ce sens, BETZ et v. HIPPEL, Z, XVI, 603. — III. La jurisprudence déclare le plus souvent comme d'égale importance les deux parties de l'action. En ce sens, le Tribunal d'Empire notamment, en dernier lieu R, XXIII, 155, puis BERNER, 255 ; BINDING, I, 416 ; V. LILIENTHAL, *Festgabe*, 270 ; OLSHAUSEN, § 3, 2 à 6 ; ROSENFELD, *Reichsstrafprozess*, 1901, p. 116 ; WACH, I, 465, etc. L'impossibilité d'appliquer cette opinion en droit international privé, est un argument contre son exactitude. — On a voulu aussi considérer comme un ensemble homogène toute la série causale depuis le mouvement du corps jusqu'au résultat, et tenir l'action pour commise dans tous les lieux traversés par la ligne de son évolution. Dans ce sens R, X, 420 ; BINDING, I, 422. Mais c'est une opinion qui ne peut certainement pas se soutenir. Si une lettre d'insultes, expédiée de Londres par Ostende, Francfort, Vienne, Budapest, parvient au destinataire à Constantinople, l'injure n'a certainement pas été commise sur tout le long du

Les conséquences logiques de cette règle sont les suivantes :

1. Pour les délits d'omission (délits ou quasi-délits), sont décisifs le temps et le lieu où devait se produire l'action omise.

2. Pour chacun des individus ayant participé à une action coupable, sont décisifs le temps et le lieu où s'est produite sa manifestation de volonté (3).

3. Par contre, si l'acte est commis par un autre (et peu importe que cet autre soit irresponsable, ou trompé, ou contraint), sont décisifs le temps et le lieu où s'est produite la manifestation de volonté de cet autre. Si je fais enlever par un insensé un objet situé de l'autre côté de la frontière, c'est *moi* qui l'ai pris de l'autre côté de la frontière.

4. En ce qui concerne la tentative punissable, la règle générale s'applique avec logique. La nature propre de l'acte de tentative consistant dans l'état de danger qu'il crée (plus loin, § 46), l'action a été commise dans le lieu et dans le temps où s'est produite la manifestation de volonté créant l'état de danger (4).

5. Une série d'actions qui doit être considérée comme un ensemble juridique homogène, par exemple l'infraction continue (*Das fortgesetzte oder fortdauernde Verbrechen*), ne peut pas non plus, en ce qui concerne notre question, être décomposée en ses parties non indépendantes. Ce crime a été commis partout où se relève une de ces parties, et pendant toute la durée de la série d'actions. S'il se produit par là un conflit (*Zwiespalt*) entre le droit étranger et le droit national, il se tranche en faveur de ce dernier, et si le conflit a lieu entre le droit actuel et le droit antérieur, il se tranche en faveur du moins sévère (les diverses juridictions intéressées ont la même compétence) (5).

6. Pour les délits de presse, ce sont les actes en vue de la publication effective qui sont décisifs (faire paraître, distri-

trajet. BINDING se voit, par suite, obligé de faire une exception pour ce qu'il nomme *Transitverbrechen*, infractions en transit.

(3) En dérogation, R, xxv, 424 (est décisif l'acte de l'auteur).

(4) En dérogation, R, xxx, 98.

(5) *Contrà* KITZINGER, 233. Avec le texte MEYER-ALFELD, 118.

buer, éditer), ainsi que tout acte de propagande ultérieur (6).

(6) Cf. v. LISZT, *Pressrecht*, § 41; *Aufsätze*, I, 64, II, 290; BETZ, 67; KITZINGER, 270; KLOPFEL, 323; v. LILIENTHAL, 282, vingt-cinquième Congrès des juristes allemands, 1900 (consultation de KRONECKER et v. LISZT); *contrà* R XXIII, 155 (qui maintient la « juridiction ambulante » pour la presse (*ambulanter Gerichtsstand der Presse*). Ce qui pour moi est décisif est la conception fondamentale qui voit la nature essentielle du délit de presse dans l'expression de la pensée, publique et contraire au droit, et par suite sa forme extérieure propre dans la publication (action de faire paraître).

II. — L'infraction acte illicite

§ 32 — L'illégalité de l'acte considérée comme constituant un élément constitutif (a).

Bibliographie. — *Torp*, Z, xxiii, 84. — *Kohlrausch*, Irrtum und Schuldbegriff im Strafrecht, 1903. — *Hold von Ferneck*, Die Rechtswidrigkeit, 1er vol. 1903, et à ce sujet *Graf zu Dohna*, Z, xxiv, 53. — *M E. Mayer*, Rechts normen und Kulturnormen, 1903 (*Beling* Heft, 50). — *Graf zu Dohna*, Die Rechtswidrigkeit als allgemein gültiges Merkmal im Tatbestand strafbarer Handlungen, 1905. — *Bierling* (Bibl., § 28), iii, 170.

I. — L'infraction est, en tant que constituant une injustice, **un acte illicite fautif**, au même titre que le délit du droit privé (1).

L'appréciation réprobative portée juridiquement sur l'acte est double.

1. L'acte est formellement illicite, en tant que transgression d'une norme posée par l'Etat, d'un commandement ou d'une interdiction de l'ordre juridique.

a) Nous avons traduit *rechtswidrig* (littéralement « contraire au droit) » par « illicite », et *Rechtswidrigkeit* par « illégalité », pour éviter le barbarisme « antijuridicité ». « Elément constitutif » traduit « *Begriffsmerkmal* » (Note du trad.).

(1) L'infraction *est* (d'après notre appréciation) illicite, mais *n'est pas la cause effective* d'une illégalité. Cela est aussi certain que la règle posant que les éléments constitutifs d'un objet ne sont pas les effets de celui-ci. Et cependant cette relation aussi simple que claire est souvent mal comprise. Dans la théorie des normes de Binding, cette confusion est le point de départ de toute une série d'erreurs graves.

2. L'acte est matériellement illicite, en tant qu'atteinte aux intérêts vitaux de l'individu ou de la collectivité protégés par les normes juridiques, donc en tant que lésion ou mise en péril d'un intérêt juridique (2).

Cette dernière règle doit être commentée dans un sens restrictif (plus haut, § 13). Le premier devoir des normes juridiques est la protection des intérêts vitaux. Mais le conflit des intérêts, la collision des biens juridiques ne peuvent être complètement éliminés par la délimitation, même la plus prévoyante, des intérêts vitaux devenus juridiquement des biens par la protection que leur accorde le droit. Le but de la vie des hommes en collectivité (le suprême devoir de l'ordre juridique étant d'assurer cette vie) demande que dans un conflit de cette nature, l'intérêt de moindre valeur soit sacrifié, si l'intérêt de valeur supérieure ne peut être maintenu qu'à ce prix. De même que les biens et le sang du citoyen sont mis à contribution pour les buts de l'Etat, aussi bien dans la paix que dans la guerre, de même la propriété d'un individu doit tolérer des restrictions dans l'intérêt d'autrui. Il en résulte que la lésion ou la mise en péril d'un intérêt juridique n'est matériellement illicite, que si elle est en contradiction avec les buts de l'ordre juridique réglant la vie collective ; cette lésion ou mise en péril est matériellement licite, même dirigée contre des intérêts juridiquement protégés, lorsqu'elle ré-

(2) En tant qu'action (voir plus haut, §§ 27 et sq.), une infraction ne se conçoit que contre des objets du monde sensible, contre des personnes ou des choses. Celles-ci doivent donc être dans une relation quelconque avec un intérêt juridique, c'est-à-dire apparaître comme incarnation de ce dernier, afin que l'action commise contre elles puisse être illicite. Cette idée, exprimée par BIRNBAUM, 1834 ; par SCHUTZE, 1869 ; accentuée par moi-même, Z, VI, 663, fait l'objet de l'écrit de OPPENHEIM, *Die Objeckte des Verbrechens*, 1894. Cf. aussi GERLAND, GS, LIX, 93. BELING, *Verbrechen*, 209.

pond à ces buts de l'ordre juridique et par suite de la vie collective elle-même, et dans la mesure où elle y répond.

Ce contenu matériel (anti-social) de l'injustice est indépendant de l'importance exacte qu'y attache le législateur. Il n'est pas créé par la norme juridique, il se présente à elle. L'illégalité formelle et l'illégalité matérielle peuvent concorder; mais elles peuvent aussi se séparer. Le législateur peut se tromper: il permet ce qui est matériellement illicite; il interdit ce qui est matériellement licite. Cette contradiction entre le contenu matériel de l'acte et son appréciation juridique positive n'est pas présumable, mais elle n'est pas impossible. Si elle existe, le juge est lié par la loi; corriger le droit en vigueur est au delà des limites de sa mission (3).

II. — Pour pouvoir procéder à la **délimitation de l'acte licite et de l'acte illicite**, il faut considérer tout le domaine de l'ordre juridique ainsi que celui des institutions d'Etat, tant dans l'Empire que dans les Etats qui le composent.

(3) C'est le mérite des ouvrages cités dans ce paragraphe, que d'avoir fait nettement valoir le contenu matériel de l'injustice et que d'avoir cherché une mesure constante par la délimitation des actes licites et des actes illicites. Ces recherches n'ont pas donné de résultat concluant. Les « *Kulturnormen* » de M. E. MAYER ne nous offrent aucun concept net. Le COMTE DE DOHNA, s'appuyant sur la « *Lehre vom richtigen Recht* » de STAMMLER, échoue avec ce dernier; il montre en même temps, particulièrement dans le traitement du droit de correction, une disposition contestable à amoindrir la force de la réglementation par le droit positif. Argumentation remarquable également dans MIRICKA (Bibl., § 36): c'est seulement la mise en péril « surnormale ou suradéquate » que doit considérer le droit pénal. — A l'opposé, et par rattachement à BINDING, la conception strictement formelle est aujourd'hui soutenue de nouveau par BELING, *Verbrechen*, 137, 141, FRANK, *Einleitende Bestimmungen*, I; cette conception oublie que la réglementation par le droit positif présente, précisément en cette matière, de nombreuses lacunes, qu'il n'est possible de combler qu'à l'aide d'un principe extra-légal.

1. Toute règle juridique, qui ordonne ou permet la lésion ou la mise en péril d'un intérêt juridique (intérêt propre ou intérêt d'autrui), en fait par là même un acte licite et exclut ainsi la possibilité de placer cet acte dans le cas d'une infraction.

2. Si une règle juridique de cette nature fait défaut, il y a lieu d'examiner le contenu matériel de l'acte dont il est question. Deux principes seront décisifs dans cet examen critique.

a) Il est possible que la conception du législateur puisse être déduite de l'ensemble des dispositions de la loi. Il peut résulter de cet ensemble que la poursuite d'un certain but puisse être considérée comme justifiée. Comme conclusion, si l'acte entrepris est le moyen convenable (juste) pour atteindre ce but que le législateur reconnaît comme justifié (juste), il est licite, même si en apparence il présente le cas d'une infraction.

b) Si ce premier principe est inapplicable, il faut examiner si l'acte est convenable quant au but (empiriquement existant) de la vie collective réglée par l'Etat. A ce point de vue, le maintien d'un intérêt supérieur peut paraître justifié au détriment de l'intérêt de moindre valeur. A la vérité, il sera difficile d'éviter en ce cas le danger d'une décision arbitraire.

III. — Les motifs pour lesquels la lésion ou la mise en péril d'un intérêt juridique sont justifiés (que l'on nomme motifs d'exclusion de l'illégalité) sont étudiés séparément dans les §§ 33 à 35. Nous nous bornerons ici à quelques règles générales.

1. L'illégalité de l'infraction n'a pas besoin, puisque elle va de soi, d'être spécialement relevée dans la loi. Cependant, le législateur a incorporé l'élément constitutif de l'illégalité dans la définition particulière de certaines infractions (4). Dans ce cas, le jugement

(4) C. P. I. §§ 123, 124, 239, 240, 246, 291, 303, 305, 339, 353 a, et aussi 299, 300 et autres. Cf. plus loin § 41, II.

devra constater expressément l'illégalité. Le motif de cette dérogation réside tout d'abord en ce que, de l'avis du législateur, la délimitation des cas illicites et des cas licites offre des difficultés particulières précisément pour ces infractions, puis aussi en ce que la législation impériale admet la possibilité d'une permission (autorisation) donnée par l'Etat confédéré pour l'entreprise d'actes de cette nature (exploitation de jeux de hasard, etc.) (5).

2. Lorsque l'illégalité de l'acte est exclue, la complicité dans l'acte (licite) ne peut être coupable par définition (6).

3. Dès que l'acte sort du domaine de la légalité, il est soumis aux règles générales quant à cet excès (dans la mesure où celui-ci peut être déterminé). Le meurtre ou la lésion corporelle en cas d'abus du droit de correction (que ce dernier soit dépassé dans ses conditions générales, son contenu ou son étendue), peuvent par suite être punis d'après les dispositions générales du C. P. I. comme commis intentionnellement ou par imprudence.

4. Abstraction faite des cas exceptionnels mentionnés sous III, 1, l'illégalité de l'acte devra, d'après le droit en vigueur, être examinée et constatée d'une manière strictement objective, sans tenir compte d'une erreur éventuelle de l'auteur. Cf. à ce sujet plus loin § 41.

III. — La reconnaissance de la règle que l'illégalité est un élément caractéristique de la notion de l'infraction, est, ainsi que la connaissance plus complète des circonstances qui enlèvent exceptionnellement à l'action le caractère illicite, la

(5) Ceci ne doit pas être considéré comme une « apologie » de la loi. Le traitement divers des « faits » (*Tatbestände*) dans notre droit actuel est tout à fait arbitraire et par suite erroné. Cependant il est indéniable que le motif donné dans le texte a guidé la détermination des législateurs.

(6) De même (pour le C. P. I., § 52) R, XXXI, 395.

résultante d'une évolution lente et d'ailleurs non encore close. Le droit romain admet une série de cas particuliers auxquels s'applique ce qui précède, parmi lesquels la légitime défense, l'état de nécessité, ainsi que le droit de mettre à mort le voleur nocturne et l'adultère surpris en flagrant délit ; mais c'est en vain que nous chercherions dans ce droit une règle générale. Et même, la conception fondamentale des cas qui sont ainsi expressément mentionnés est absolument chancelante et en somme le plus souvent fausse chez les jurisconsultes romains ; ce n'est pas l'illégalité, mais bien la responsabilité pénale (*Strafbarkeit*) qui est considérée comme exclue pour ces actes, parce que le *dolus* nécessaire manque. Il en est de même pour le droit médiéval allemand. En même temps que, dans les sources de la dernière époque du Moyen Age, la légitime défense fait l'objet d'une étude toujours plus approfondie, et en même temps qu'un certain nombre de cas particuliers de nécessité y sont relevés, le droit de mettre à mort, très largement reconnu, joue un rôle éminent. C'est également le point de vue de la doctrine médiévale italienne, de la Carolina et du droit commun basé sur cette dernière, bien que quelques auteurs isolés, comme *J. S. F. Böhmer*, distinguent, au moins en cas de coup mortel, entre l'exclusion de l'illégalité et le défaut d'intention. Seule la légitime défense est déliée, vers la fin du XVIIIe siècle, de son union avec l'acte de tuer, délimitée par définition exacte et placée dans la Partie générale tant de la doctrine que des Codes. Le même mouvement se dessina pour l'état de nécessité urgente (*Notstand*), mais sans qu'on soit arrivé jusqu'à présent à une solution satisfaisante. Les autres motifs d'exclusion d'illégalité attendent encore, pour le plus grand nombre d'entre eux, leur détermination et leur définition. Les codes renoncent à les fixer et la doctrine doit s'avouer que ses conclusions ne sont pas arrivées à un degré de maturité suffisante pour que le législateur puisse les mettre en valeur.

§ 33. — La légitime défense.

Bibliographie. — *Levita*, Recht der Notwehr, 1856. — *Geyer*, Lehre von der Notwehr, 1857. — *Seeger*, Abhandlüngen, I, 1858, p. 173. — *Janka* et *Moriaud* (Bibl. § 34). — *Van Calker*,

Z, xii, 443. — *Tobler*, Die Grenzgebiete zwischen Notstand und Notwehr, 1894. — *Heberlein*, Thèse Berne, 1895. — *Titze*, Thèse Berlin, 1897. — *Kroner*, Thèse Göttingen, 1897. — *Neumond*, GS, lvi, 46. — *Vigelius*, Thèse Fribourg, 1899. — *Kallina*, Notwehr gegenüber Amtshandlungen, 1898, — *Schollmeyer*, Das Recht der Notwehr nach BGB, 1899. — v. *Alberti*, Das Notwehrrecht, 1901. — *Löffler*, Z, xxi, 537. — *Ahsbahs*, Die Grundlinien des Notwehrrechts, 1903. — *Oetker*, Ueber Notwehr und Notstand nach den §§ 227, 228, 904 BGB, 1903. — *Schleifenbaum*, Begriff und Bedeutung des gegenwärtigen rechtswidrigen Angriffs in § 227, BGB, 1904 (*Beling* Heft, 54). — *Grossmann*, Thèse Berlin, 1903. — *Neubecker*, Deutsche Juristenzeitung, x, 146. — Contre lui, *Eltzbacher*, même revue, même volume, 239. *Le même*, Die Unterlassungsklage, 1906, p. 239. — *Knetsch*, Der Begriff der Notwehr, etc., 1906. — Pour le droit romain, *Pernice Labeo*, II, 73. — *Mommsen*, 620; pour les sources de la Bambergensis, *Brunnenmeister* (plus haut § 5, note 6), 177. — Pour le droit canonique, *Hinschius*, V, 940. — *Keller*, Der Beweis der Notwehr. Eine rechtshistorische Studie aus dem Sachsenspiegel, 1904 (*Beling* Heft, 57). — Pour les mesures de protection, *Rotering*, GA, xxx, 415. — *Sommerlad*, GS, xxxix, 350.

1. Dans tous les temps et chez tous les peuples, bien que dans une mesure différente, il a été admis que non seulement la légitime défense était une action non punissable, mais même une action conforme au droit (licite). Dans ce sens, Cicéron s'exprime exactement lorsqu'il parle de la « non scripta sed nata lex » et il en est de même de *Geib* lorsqu'il dit que la légitime défense n'a pas d'histoire. Mais un examen plus approfondi montre que cependant le droit écrit de la légitime défense a subi une évolution. L'histoire en est riche et digne de retenir l'attention. Dans le droit romain, nous trouvons de nombreuses sources qui traitent de la défense par la violence contre l'attaque violente dirigée contre la personne et contre la vie ; mais nous n'y trouvons pas de définition générale de la légitime défense. De même dans le très ancien droit allemand, la légitime défense ne s'est pas dégagée de la vengeance et du droit de mettre à mort. Mais déjà dans la dernière période du Moyen Age, nous rencontrons, dans la doctrine italienne ainsi que dans la littérature juridique populaire de l'Allemagne, dans les droits municipaux et dans les livres juridiques, un exposé de la légitime défense si complet que nous ne pourrons en retrouver d'aussi parfait

pour aucune autre des notions générales du droit pénal, sans exception. C'est ainsi que *Schwarzenberg* a pu, dans les articles 139 à 145 et dans l'article 150, non seulement fixer avec la compréhension et la précision d'un manuel, la définition de la légitime défense ainsi que l'administration de sa preuve, mais encore épuiser des questions particulières comme la légitime défense contre une personne féminine et la parade d'un coup en cas de légitime défense (en référence à l. 45, § 4, D. 9, 2). D'ailleurs, comme tout le Moyen Age, il ne connaît la légitime défense que comme moyen de salut de la personne et de la vie, et il la traite comme cas de meurtre non passible de peine. Le droit commun allemand étend graduellement l'admission de la légitime défense dans les cas d'attaque contre d'autres biens, notamment contre la fortune et l'honneur (dans ce sens *Böhmer*, *Engau*, *Koch*, etc.), en même temps qu'il travaille à une détermination plus exacte de ses caractéristiques particulières. Vers la fin du XVIIIe siècle, la légitime défense, que l'on avait jusqu'alors toujours rattachée au meurtre, fut dégagée de ce lien, et obtint sa place légitime dans la partie générale du système pénal. Ce fut le cas dans *Globig* et *Huster*, 1783, *Erhard*, 1789, *Tittmann*, 1798. L'autorité de *Feuerbach* fit définitivement triompher cette conception à laquelle se rattacha la législation (à l'exception de la législation française), après que la Coutume Générale de Prusse (ALR) eût déjà, II, 20, 517, placé la légitime défense dans l'Introduction aux infractions de droit privé (*Privatverbrechen*).

II. — **La légitime défense** (*Notwehr*) (1) (**C. P. I., § 53**) **est la défense nécessaire pour détourner, par une lésion infligée à l'agresseur, une agression présente et contraire au droit.**

1. On appelle **agression** toute action positive (acte de commission à l'exclusion de l'omission (2)

(1) L'expression « Notwehr » (Légitime défense) se rencontre, d'après GEYER, dans le droit municipal de Vienne de 1221, mais elle est certainement plus ancienne. Sur les sources frisonnes, HIS, 74. Cf. aussi *Landfrieden* (Trève) de 1235 : «... *Nisi in continenti ad tutelam corporis sui vel bonorum suorum vim vire pellat quod dicitur notuere.* » Le C. P. Mil. contient une extension de l'idée de légitime défense, § 124. La définition du C. P. I. a été reproduite textuellement dans le C. C. I, § 227.

(2) L'omission de payer une dette, le refus d'abandonner un

accomplie dans l'intention de violer un bien.

a) L'agression doit être contraire au droit (mais non nécessairement punissable). C'est pourquoi la légitime défense n'est pas possible contre des fontionnaires agissant dans l'exercice régulier de leur fonction, ni contre l'exercice d'un droit de correction, etc. ; elle n'est pas possible non plus contre l'acte de légitime défense lui-même ou l'action commise en état de nécessité (cf. § 34, note 1). Mais la légitime défense commence à se justifier au moment où un abus rend contraire au droit une agression légitime en elle-même, cette agression serait-elle même un acte de légitime défense. Lorsqu'un subordonné agit par ordre d'un supérieur (voir plus loin § 35, note 1), la légitime défense est seulement possible contre celui-ci et non contre celui-là. La légitime défense est permise en face d'attaques illicites de personnes, qui comme le chef de l'Etat, le représentant du peuple, l'ambassadeur (plus haut § 24) ne bénéficient que personnellement de l'immunité pénale. La légitime défense se trouve également autorisée contre l'agression d'un mineur ou d'un aliéné ; il en est de même lorsque, de la part de l'agresseur, il existe une erreur qui ne lui a pas permis de reconnaître l'illégalité de l'agression. Par contre, l'agression partant d'un animal ne crée pas, d'après le droit en usage, l'état de légitime défense, mais bien l'état de nécessité (3). Il est indifférent, en

appartement à l'expiration du bail, etc., ne suffisent pas ; dans ce sens R, XIX, 298.

(3) La question a été jusqu'à présent très contestée. Résumé dans TITZE, p. 17, note 54. Elle est maintenant définitivement tranchée par le C. C. I., §§ 227 et 228, bien que d'une manière peu satisfaisante (Cf. v. LISZT, *Deliktsobligationen*, 87), car c'est seulement pour l'action accomplie en état de nécessité, et non pour la légitime défense, que le C. C. I. demande la défense d'un intérêt prépondérant. Je pourrais donc tuer sans plus ample informé l'enfant qui menace ma propriété, mais je ne pourrais abattre le chien qu'en cas de prépondérance d'intérêt. D'après BINDING,

droit actuel, que l'agression ait été prévue ou non, qu'elle ait été causée ou non par la faute de la personne attaquée. Celui qui a excité son agresseur (qui peut être un aliéné, par exemple), ne perd pas pour cela son droit de légitime défense (il n'en est pas de même pour l'état de nécessité, voir plus loin § 34, III, 1).

b) L'agression doit en outre être présente, c'est-à-dire qu'elle doit ou être imminente, ou avoir déjà commencé. Il n'est pas nécessaire, d'une part, d'attendre que l'agression commence (4), tandis que, d'autre part, l'agression déjà commencée et encore continuée peut être repoussée.

La légitime défense n'est pas permise :

α) Contre une agression qui ne menace que dans l'avenir. Des mesures de précaution contre de futures attaques, mesures consistant en dispositifs tels que chausse-trapes, pièges à loups, etc., sont permises, quand leur action ne commence qu'à l'instant de l'attaque, et en tant qu'elles ne dépassent pas les limites de la défense nécessaire (cf. également C. P. I. § 367, chiffre 8).

β) En face d'une agression terminée, c'est-à-dire dès que, d'après les dispositions du droit en vigueur, l'accomplissement de la lésion est consommé. Comme le vol n'est pas consommé par le fait de saisir l'ob-

Grundriss, 190 et FRANK, § 53, I, le C. C. I., § 228, ne s'applique pas en droit pénal ; mais contre cette opinion s'élèvent les rapports étroits que le C. C. I. s'efforce d'avoir avec le droit pénal. Le comte DE DOHNA (*Graf zu Dohna*, Bibl. § 32) 131, LINCKELMANN, *Die Schadenersatzpflicht bei unerlaubten Handlungen*, 1898, LÖFFLER, WÜRZBURGER (Bibl., § 34) 27, SCHOLLMEYER veulent aussi appliquer le § 228 C. C. I. aux aliénés ; mais avec raison l'opinion commune se refuse à reconnaître ceux-ci comme choses (COSACK, CROME, ENDERMANN, HOLDER, TITZE, etc.); en dernier lieu FINGER, I, 38, MEYER-ALLFELD, 227.

(4) La *læsio inchoata* n'est pas nécessaire. La *Carolina*, art. 140 : « N'est pas tenu d'attendre pour sa riposte jusqu'à ce qu'il soit frappé ». La *Bambergensis* ajoute (avec *Azo*) : « Comme le pensent quelques gens déraisonnables ».

jet, mais seulement par la suppression de la détention la légitime défense contre le voleur en fuite n'est permise que dans la mesure où l'état de garde par le détenteur n'est pas interrompu complètement (5).

c) Parmi les biens attaqués, la loi ne fait aucune différence. La légitime défense est tout aussi bien permise pour défendre l'honneur, le droit au nom, le droit de puissance paternelle, le droit de possession (même contre l'appropriation non punissable), le sentiment moral ou religieux, les droits civiques, qu'elle peut l'être contre la haute trahison, le faux monnayage, etc., ou aussi contre les violations de contrat. De là également la disposition du C. P. I. § 113, qui assure au citoyen le droit de résistance contre les abus de l'autorité. Le droit de légitime défense est très douteux quand il s'agit des « actions déloyales » (contraires aux bonnes mœurs) du § 826 du C. C. I., qui pourtant sont aussi un genre de délit civil.

2. **La défense** (*Verteidigung*) :

a) Elle doit être dirigée contre l'agresseur lui-même et non contre des tiers (objectivement) ; la violation intentionnelle ou imprudente des droits des tiers dans un but de défense ne peut être admise qu'en tant qu'action commise en état de nécessité (6).

b) Elle ne doit pas dépasser les limites du strict nécessaire. La mesure de la défense « nécessaire » (*moderamen inculpatæ tutelæ*) est indiquée par la violence

(5) Si la détention est interrompue, l'aide tirée de soi-même *Selbsthilfe*, cf. plus loin § 35, II a) peut être permise. Cf. C. C. I., § 859. Dans le même sens, FRANK, § 53, 1 ; *contrà* OLSHAUSEN, § 53, 9. Cf. GUNTHER, III, HALFE, 245.

(6) Dans le même sens l'opinion commune, et aussi MEYER-ALLFELD, 231, ainsi que BAUKE, *Die Zulässigkeit der Notwehr gegenüber beleidigenden Aeusserungen des Geistlichen während des Gottesdienstes*, 1894. Par contre VAN CALKER veut rendre décisive la tendance de volonté de l'auteur. De même BINDING, *Grundriss*, I, 189, FRANK, § 53, II et Z, XIV, 360. R, XXI, 161, ne traite nullement la question principale.

de l'agression. La conservation d'un intérêt supérieur n'est donc pas exigée pour la légitimité de l'acte de légitime défense (7). Si la défense contre l'agression n'est pas autrement possible, la plus infime propriété juridique peut être protégée par l'homicide de l'agresseur. La possibilité d'une fuite honteuse ou non dangereuse ne supprime pas la légitimité de l'acte de légitime défense (8).

c) La légitime défense n'est pas seulement permise pour la protection des intérêts juridiques propres, mais comme secours également pour protéger les intérêts juridiques d'autrui. La restriction à une menace contre les « proches » (comme dans l'état de nécessité, voir plus loin § 34) n'existe pas à son égard dans notre droit.

III. — Dès que les limites de la défense nécessaire sont dépassées, tout dommage ultérieur infligé à l'agresseur est soumis, comme action illicite, aux règles générales. Cependant, d'après le § 53, al. 3 du C P. I., toute **transgression** (*Exzess*) **de la légitime défense**, amenée par l'affolement, la crainte ou la terreur, est excusable; nous nous trouvons bien dans ce cas en présence d'une action en soi illicite mais en même temps d'un motif personnel d'exclusion de peine (9). Mais cette impunité accordée par la loi ne doit pas être étendue à d'autres motifs de transgression, en particulier aux mouvements de sensibilité appelés positifs ou sthéniques, comme la colère, l'amour pour les victimes en cas

(7) L'admission illimitée du droit de légitime défense, a malheureusement passé dans le C. C. I, mais non dans le C. P. norwégien, pas plus que dans le projet suisse.

(8) Cf. *Carolina*, 140. Avec le texte, BINDING, I, 732 ; FRANK, § 33, II ; MEYER-ALLFELD, 239. En sens différent R, XVI, 69, ainsi que BELING, 48, v. HIPPEL, Z, XVI, 603.

(9) Qui ne profite qu'à celui dans la personne duquel il réside, que celui-ci soit auteur, coauteur ou ait fourni son aide (voir plus bas § 44, II).

d'assistance à celles-ci, etc. Mais il faut séparer de ce cas la **légitime défense putative**, c'est-à-dire l'admission erronée de la présence d'une agression illicite (voir à ce sujet plus loin § 41, note 4).

§ 34. — L'Etat de nécessité.

BIBLIOGRAPHIE. — La plupart des travaux cités § 33. — *Stammler*, Darstellung der strafrechtlichen Bedeutung des Notstandes, 1878. — *Janka*, Der strafrechtliche Notstand, 1878. — *Moriaud*, Du délit nécessaire et de l'état de nécessité, 1889. — *Rud Merkel*, Die Kollision rechtmässiger Interessen und die Schadenersatzpflicht bei rechtmässigen Handlungen, 1895. — *Tuhr*, Der Notstand im Zivilrecht, 1888. — *Haag*, Thèse Rostock, 1901. — *Baumann*, Thèse Munich, 1902. — *Sermet*, l'Etat de nécessité en matière criminelle. — *Gross*, Thèse Tubingue, 1899. — *Nitsche*, Thèse Breslau, 1901. — *Auer*, Der strafrechtliche Notstand und das BGB, 1903. — *Würzburger*, Das Recht des strafrechtl. Notstandes, 1903, (*Beling* Haft. 48). — *Simonson*, Z, v, 367 (Cas Mignonette), et à son sujet Z, v, 650. — *Göb*, GA, xxviii, 183. — *Hammacher*, Thèse Leipzig, 1907. — *Pernice* Labeo, II, 66. — *Mommsen*, 653, 830. — *Hinschius*, Kirchenrecht, V, 941. — v. *Alberti*, Thèse Tubingue, 1898 (Travail historique).

I. — L'évolution de l'idée de nécessité est loin d'être aussi avancée à l'heure actuelle que celle de la légitime défense. Le droit romain en mentionne quelques cas (*Lex Rhodia*, etc.) ; les sources allemandes signalent celui de l'homme en partance et celui des besoins s'imposant à la femme enceinte (*der wegfahrende Mann und die Bedürfnisse der schwangeren Frau*), le vol d'aliments (*Mundraub*) et autres cas (*Sachsenspiegel*, II, 68) ; le droit canonique, malgré l'apparence de généralité de ses prescriptions (*necessitas non habet legem*), n'est pas allé non plus au delà de quelques dispositions spéciales incomplètes. La Carolina renvoie dans son article 166, qui traite du vol en cas de détresse alimentaire réelle (*Stehlen in rechter Hungersnot*), l'auteur de l'acte étant obligé de voler des aliments pour se sauver lui-même ainsi que sa femme et ses enfants, aux conseils de jurisconsultes (cf. aussi article 175).

Le droit commun en reste à ce point de vue. Il ne s'occupe que de la conservation de la vie au détriment du bien d'autrui. La Coutume générale de Prusse, (ALR) 1115, décide encore que si quelqu'un dérobe quelque chose, pour se sauver lui-même ou sauver d'autres personnes d'un danger pressant menaçant le corps ou la vie, le cas doit être communiqué à fin de mesure gracieuse par le juge d'un siège supérieur. Ce sont seulement les philosophes, et en particulier Kant et Hégel qui reviennent au cas régulier dans lequel la vie se dresse contre la vie (la planche de Carnéade). Le Code pénal français de 1810, art. 64, et le Code pénal prussien de 1851, § 40, ne connaissent que la contrainte physique par la menace et sont suivis par la Bavière en 1861. Le C. P. I. admet à côté de la contrainte (*Nötigung*), la détresse ou nécessité au sens strict (*Notstand im engeren Sinn*), mais en même temps il a coupé le concept unique en deux concepts dérivés qu'il traite de façon essentiellement différente.

C'est en vain que nous cherchons, tant dans la doctrine que dans la législation, une formation nette de notre concept, en conformité avec les besoins de la vie juridique. Après l'abandon du point de vue de l'ancienne école du droit naturel, d'après laquelle, en cas de nécessité, l'ordre juridique lui-même semble supprimé (dans ce sens Grotius, Pufendorf, Wolff, Fichte, Grolmann, von Wæchter), l'opinion représentée par Feuerbach et autres, inspirés de Kant, et d'après laquelle la contrainte irrésistible causée par la nécessité exclut la responsabilité, a prévalu dans la législation et la doctrine. Aujourd'hui, elle peut être considérée comme généralement abandonnée. La conception actuelle part du fait que l'essence de la nécessité consiste en un conflit d'intérêts justifiés parmi lesquels chacun ne peut se maintenir qu'aux dépens de l'autre. D'après les principes généraux (principe de l'intérêt prépondérant), la conservation de l'intérêt de « plus grande valeur » au détriment de l'intérêt de « moindre valeur » doit être considérée comme licite (plus haut § 32 I.). Le Code Civ. I. a admis ce point de vue dans ses §§ 228 et 904. Il accorde un droit de défense personnelle en cas de nécessité, *Notrecht*, droit de nécessité au profit de l'individu menacé; d'où il résulte que la participation de tiers à l'exercice du droit de nécessité est licite, et qu'à l'encontre de cet exercice, la légitime defense du possesseur est exclue. Mais le C. C. I. ne concède le droit de nécessité qu'à l'encontre des choses (*Sachgüter*) et ne résout pas la question par ailleurs. Les §§ 52 et 54 eux ne font pas de distinction. L'application du principe de l'intérêt prépondérant vient donc échouer contre la disposition générale de la loi ne comportant aucune disjonction, puisque, pour l'application du principe, le droit de nécessité devrait être admis pour une partie des cas, et nié pour l'autre partie (1). Il ne reste donc plus qu'à admettre un droit de nécessité pour tous les cas des §§ 52 et 54, ou à le nier pour tous ces cas. Les deux alternatives conduisant à des conceptions peu satisfaisantes: La négation générale du droit de nécessité renvoie la théorie de l'état de nécessité du droit pénal dans la section des motifs d'exclusion de peine et ne parvient pas à justifier l'impunité des complices. Il est donc préférable, tant que cet état fâcheux de la législation ne sera pas modifié, d'admettre dans tous les cas d'état de nécessité un droit de nécessité (2).

(1) Effectivement ainsi R, XXIII, 116; à ce sujet BELING Z, XVIII, 274.

(2) Dans le même sens, pour l'essentiel, MEYER-ALLFELD, 233. *Contrà*, l'opinion dominante, qui s'est vraiment fourvoyée : BIERLING (Bibl., § 28) 204, BINDING, I, 766, BINKMEYER, 1156 (logique avec lui-même), FINGER, I, 418, FRANK, § 54, III (inconséquent),

II. — **L'état de nécessité** (*Notstand*) **est un état de danger présent menaçant des intérêts protégés par la loi et dans lequel il ne reste aucun autre salut que la violation des intérêts d'autrui juridiquement protégés.** L'état de nécessité est, par conséquent, un cas de collision d'intérêts. Et l'action, en ce cas de nécessité, apparaît comme la sauvegarde d'intérêts propres (et aussi d'intérêts d'autrui, en cas de secours pour l'état de nécessité) en danger immédiat, réalisée par la lésion des intérêts justifiés d'autres personnes.

L'acte commis par nécessité se distingue de la légitime défense (plus haut § 33) et de l'aide tirée de soi-même (plus loin § 35, II, 1) en ce que celles-ci défendent le droit contre l'injustice, ou s'efforcent de rétablir un droit, tandis que celui-là sauvegarde un droit par le sacrifice d'un autre. Mais l'état de nécessité demande toujours également une collision d'intérêts justifiés. Dès que l'ordre juridique a refusé sa protection à l'intérêt en danger, l'idée de nécessité se trouve par le fait supprimée. Le condamné à mort ne peut arguer de nécessité à l'égard du bourreau.

III. — Les conditions de ce droit de nécessité sont actuellement délimitées en partie dans le C. C. I. en partie dans le C. P. I..

1. Se référant aux dispositions qui concernent la légitime défense, le § 228 du C. C. I. permet d'endommager ou de détruire une chose appartenant à autrui **constituant un danger**, lorsque cet acte de nécessité est nécessaire pour écarter le danger, et que le dommage ne se trouve pas hors de proportion avec le danger.

Le danger doit provenir de la chose elle-même ; l'animal qui attaque, la barque qui chavire, la maison qui menace ruine sont dans ce cas. L'état présent du danger (non mentionné dans la loi) doit être exigé.

Halschner, I, 492, R. Merkel, 32, Olshausen, § 54, 3. Très complet Hammacher.

La nature de l'intérêt juridique menacé importe peu ; la défense exigée par la nécessité est autorisée sans restriction. Lorsque celui qui agit (mais non nécessairement celui qui est en danger) a causé le danger par sa faute, il peut être puni et poursuivi en dommages et intérêts (3). Le danger est considéré comme provoqué, lorsque celui qui agit en toute responsabilité a prévu ou a pu prévoir qu'il se produirait et ne pourrait être écarté que par un empiètement sur le bien d'autrui ; dans le premier cas, l'auteur est responsable pour dommage intentionnnel, dans le second cas pour dommage par imprudence.

2. Le droit en cas de nécessité concédé par le § 904 du C. C. I. va plus loin encore. **L'action sur une chose neutre appartenant à autrui** (dommage, destruction, usage, abus) est permise, même lorsque cette chose elle-même n'offre aucun danger, mais que cette action est nécessitée par le besoin d'éviter un danger, et que le dommage menaçant se trouve être particulièrement important en comparaison du dommage résultant de cette action.

On peut citer comme exemples l'utilisation de la barque d'autrui pour sauver un homme qui se noie, ou du cheval d'autrui pour chercher un médecin en cas d'accident. Le droit de nécessité peut être exercé à l'égard d'autres personnes que le propriétaire. L'auteur est tenu d'indemniser ; mais il agit en exécution d'un droit. La résistance du propriétaire peut donc être vaincue, s'il le faut, par la force. Dans ce cas aussi, la nature de l'intérêt sauvegardé importe peu, le secours pour raison de nécessité est admis sans restriction. Lorsque le danger est provoqué, la culpabilité se produit comme plus haut, dans le cas traité sous 1.

3. Le § 54 du C. P. I. limite beaucoup plus étroite-

(3) Cf. V. Liszt, *Deliktsobligationen*, 94. *Contrà* l'opinion dominante.

ment le droit de nécessité. Il permet seulement l'action commise dans un état de nécessité, non causé par une faute, impossible à écarter autrement, pour sauver d'un **danger présent la vie et la personne de celui qui agit ou pour un de ses proches.**

La loi exige donc un danger présent, menaçant la vie et la personne, mais refuse d'admettre l'état de nécessité pour le danger menaçant tous les autres intérêts juridiques, par exemple la liberté personnelle, l'honneur du sexe, etc., lorsque l'agression ne peut être considérée comme menaçant l'intégrité du corps. Le § 54 ne permet en outre l'action en cas de nécessité que pour sauver les proches immédiats (4). Par contre, au contraire des cas cités sous 1 et 2, la sauvegarde d'un intérêt supérieur n'est pas exigée; pour me protéger contre une atteinte légère à l'intégrité de mon corps, il m'est permis de tuer un tiers non agissant (5). Le fait d'avoir provoqué l'état de nécessité exclut le droit de nécessité.

Le droit d'invoquer l'état de nécessité est, dans un certain nombre de cas, limité pour les personnes qui sont tenues, par leurs fonctions, à se soumettre à des

(4) L'al. 2 du § 52 donne une définition des proches qui s'applique à toutes les sections du C. P. I. : parents et alliés en ligne ascendante et descendante, parents et enfants d'adoption, parents nourriciers et enfants élevés par eux, époux, frères et sœurs et leurs époux, et fiancés. Les parents sont les personnes descendant d'un même auteur généalogique. La légitimité de la naissance n'est pas nécessaire. Sont alliés l'époux d'une part et les parents de son conjoint d'autre part ; ce lien n'est tranché ni par la mort d'un conjoint, ni par le divorce. Dans ce sens R, XXXIV, 419. L'adoption doit être appréciée, en tant que situation juridique, d'après le C. C. I. ; quant au lien durable, ayant pour but l'éducation et qui attache les parents nourriciers aux enfants qu'ils élèvent, son existence se décide d'après les situations effectives dans chaque espèce ; dans ce sens R, XXXIV, 161. Les fiançailles supposent une sérieuse et réciproque promesse de mariage, R XXVIII, 230 XXXV, 49.

(5) *Contrà* FINGER, I, 422, FRANK, § 52, I.

dangers exposant leur personne ou leur vie : ainsi pour les soldats (Code pén. milit. § 49, al. 1, à rapprocher des §§ 84-88) et pour les marins (Ordon. sur les gens de mer de 1902, § 41), pour les mineurs, les pompiers, les médecins, les infirmiers etc. (6).

4. Le C. P. I. a, dans une disposition superflue (7), expressément accordé, (§ 52), le droit de nécessité à celui qui est l'objet d'une contrainte. La contrainte existe lorsque l'auteur a été contraint, ou par une violence à laquelle il n'a pu résister, ou par une menace constituant un danger présent, (non causé par sa faute) non autrement évitable, pour sa personne ou sa vie ou pour celle des siens (8), à empiéter sur les intérêts juridiques d'autrui (9).

§ 35. — Les autres cas d'exclusion de l'illégalité.

BIBLIOGRAPHIE. — Pour les généralités, cf. les ouvrages cités, § 32. — *Alberti*, Eigenmächtiges Unrechtshemmung, abgesehen von Notwehr und Nothilfe, 1904. — Pour I : *Van Calker*, Das Recht

(6) WALTER, Thèse Breslau, 1900. Contre l'extension à d'autre qu'aux soldats, FRANK, § 52, I.

(7) Si, en effet, la violence était irrésistible, c'est-à-dire si elle a agi sur les muscles moteurs immédiatement et en excluant toute résistance, l'idée de l'action disparaît (cf. plus haut, § 28, I) et avec elle celle de l'infraction. Mais déjà, d'après le § 54, C. P. I., le danger pour le corps ou la vie, motive le droit de nécessité. Cependant il en est autrement si l'on rapporte le § 52 à la nécessité provoquée par une faute ; mais contre cette objection s'élève l'analogie du § 54 C. P. I. — Sur les concepts de violence et de menace, cf. plus loin § 98.

(8) Non par une menace de l'auteur lui-même (menace de suicide) ; *côntrà*, R, XXXVIII, 127.

(9) Cf. aussi C. P. I. §§ 148, 157, 313, ainsi que C. P. Mil. § 130 ; puis C. Com. § 700 et sq. sur la grande avarie, l'ordonnance sur les gens de mer de 1902, § 87, al. 2, la loi sur les postes de 1871, § 17, l'ordonnance sur les échouements et épaves de 1874, § 9, et le § 67, al. 2 de la loi sur l'état civil, 1875. Le caractère illicite de la lésion juridique étant expressément exclu, il ne peut être question de culpabilité malgré les §§ 52 et 54 C. P. I. Dans le

des Militärs zum administrativen Waffengebrauch, 1888. — *Le même*, Die strafrechtliche Verantwortlichkeit für auf Befehl begangene Handlungen, insbesondere nach Militärstrafrecht, 1891. — *Girginoff*, Thèse Leipzig, 1904. — *Kröll*, Thèse Breslau 1904. — *Rissom*, Notwehr ùnd Waffengebrauch des Militärs, 1906. — Pour II, 1 : *Lauterbùrg*, Schweizer Zeitschr., I, 97 ; II, 153. — *Bücking*, Thèse Göttingen, 1892. — *Günther*, III. I, *Hälfte*, 217. — *Von Liszt*, Deliktsobligationen, 85. — *Riso*, Dasrecht der Eigenmacht, 1900. — Pour II, 2 : *Finger*, Das Züchtigungsrecht und dessen Missbrauch, 1888. — *Kessler*, GS, XLI, 161. — *Stenglein*, GS, XLII, 1. — *Hubrich*, GS, XLVI, 161. — *Havenstein*, GA, LI, 241. — Pour II, 3 : *Lehmann*, Z, XXII, 218 (das autonome Strafrecht öffentlichrechtlicher Verbände). — *Lass*, Strafrecht der Berùfsgenossenschaften nach den Unfallversicherùngsgesetzten (vom 30 juin 1900), 1901. — *Leist*, Untersuchungen zum inneren Vereinsrecht, 1904. — Pour III : *Heimberger*, Thèse Munich, 1889. — *Oppenheim*, Das ärztliche Recht zù kurperlichen Eingriffen, 1892. — *Stooss*, Chirurgische Operation und ärztliche Behandlung, 1898. — *V. Lilienthal*, Die pflichtmäfsige ärztliche Handlùng ùnd das Stafrecht (Festgaben für E. J. Bekker), 1899. — *Finger*, Z, XX, 12. — *Heimberger*, Strafrecht und Medizin, 1899. — *Rich. Schmidt*, Die strafrechtliche Verantwortlichkeit des Arztes für verletzende Eingriffe, 1900. — *Landau*, Aerzte und Kùrpfùscher im Spiegel des Strafrechts, 1899. — v. *Bar*, Festgabe fur Regelsberger, 1901, und GS, LX, 81. — *Behr*, GS, LXII, 400. — *Rosenberg*, GS, LXII, 62. — *Brückmann*, Z, XXIV, 657. — *v. Liszt*, Z. für ärztliche Fortbildung, 1er vol. 1904. — *Sippel*, Travail (médical) couronné à l'Univ. de Tubingue, 1902. — *Harding*, Straflose vorsätzliche Körperverletzungen bei Bewegungsspielen, 1902. — Pour IV : *Kessler*, Die Einwilligung des Verletzten, 1884. — *Le même*, GS, XXXVIII, 561. — *Rödenbeck* Zweikampf, 1883. — *Le même*, GS, XXXVII, 124. — *Ullmann*, GS, XXXVII, 529. — *Klee*, GA, XLVIII, 177, 337, XLIX, 245, L, 364. — *Heimberger* (plus haut, pour III), 1899, p. 8. — *Büdinger*, Die Einwilligung zu ärztl. Eingriffen, 1905. — *Holer*, Die Einwilligung der Verletzten (Zürcher Beiträge, Helf, 13) 1906. Surtout *Zitelmann*, Ausschlus der Rechtswidrigkeit, 1906. — Pour V : *Wellauer*, Thèse Berne, 1896. *Guderian*, Thèse Berlin, 1899. — *Obstfelder*, Thèse Göttingen, 1896. — *Klee*, (plus haut, pour IV). — *Bernstein*, Die Bestrafung des Selbstmordes und ihr Ende (*Beling* Heft 78, 1907). — Pour VI : Stàdeùk, Z, XVI, 127. — *Müller*, Thèse Heidelberg, 1906.

même sens l'opinion commune; cf. OLSHAUSEN, § 54, 10, MEYER-ALLFELD, 239.

Parmi les nombreux cas dans lesquels, en vertu d'un principe exprès ou tacite de l'ordre juridique, l'illégalité doit être considérée comme exclue, nous ne pouvons mentionner ici que les plus importants. Dans l'état actuel de la législation et de la doctrine, la délimitation de ces cas offre, d'une manière presque générale, d'importantes difficultés, et ce n'est qu'avec une prudente réserve qu'il est possible d'établir des principes généraux.

I. — L'acte **accompli par devoir**, c'est-à-dire commandé par une règle juridique (l'ordre juridique), est constamment licite. On peut citer dans ce sens tout ce qui concerne les voies d'exécution, ainsi que les perquisitions domiciliaires, la saisie, les arrestations, l'exécution des jugements criminels ; puis les violations d'intérêts juridiques commises en temps de guerre ou de troubles intérieurs; de même, l'autorisation donnée par les Etats confédérés aux gardes, aux fonctionnaires des postes, des douanes et des administrations financières ainsi qu'à ceux des établissements pénitentiaires et des prisons, à faire usage de leurs armes ; citons encore le § 124 du C. P. Mil. etc.

1. Ceci s'applique tout d'abord au devoir resultant des fonctions et au devoir de service.

2. Ceci s'applique en outre aux devoirs imposés à l'individu, tels que l'obligation de dénoncer (C. P. I. § 139), l'obligation de témoigner etc.

3. L'ordre du supérieur à l'inférieur exclut pour ce dernier l'illégalité de l'acte accompli en vertu de l'ordre, dans la mesure où les principes juridiques admettent le caractère absolument impératif de l'ordre (1) ; mais l'auteur de l'ordre peut être considéré comme coupale en taut qu'auteur indirect (plus loin § 50 II).

(1) C'est en partie le cas dans le C. P. Mil., § 47. Cf. déjà la Thérésiana, art. 1158, et de même la Bavière, 1751, I, 1, § 32. De même, la loi sur l'organisation judiciaire, § 147, lie le magistrat de parquet aux ordres de service de ses supérieurs.

II. — L'acte est licite s'il a été entrepris **en vertu d'une justification spéciale** et dans les limites de cette justification.

Rentrent dans cette catégorie les cas les plus divers.

1. L'aide tirée de soi-même sous toutes ses formes (en particulier la constitution de gage par ses propres mains), dans la mesure où le droit civil en vigueur la permet ; cela, soit qu'il s'agisse de détourner un danger menaçant, de rétablir un état de choses détruit, ou d'assurer une revendication, ou de faire triompher celle-ci (2).

2. Le pouvoir d'éducation et de correction, tel qu'il appartient aux parents à l'égard de l'enfant, au professeur à l'égard de l'élève, au patron à l'égard de l'apprenti (Règlement sur l'industrie, § 127 a), mais non pas au maître à l'égard des domestiques (Loi d'introduction au C. C. I. Art. 95). En l'absence de dispositions spéciales, c'est le choix des moyens adoptés qui est décisif. Il y a lieu de remarquer que l'exercice de ce droit peut être transmis d'une façon durable ou passagère, par l'ayant droit à des tiers (par les parents à l'éducateur) ; qu'en outre dans bien des cas (correction d'un garçon turbulent par les passants incommodés), le consentement de l'ayant droit peut être supposé.

3. Le pouvoir disciplinaire, qui est accordé aux groupements du droit public aussi bien qu'à ceux du droit privé à l'égard de leurs membres.

4. Rappelons encore le droit d'épave, d'après le Règlement sur les échouements de 1874, §§ 4 et sq. ; le droit de prise et de butin ; la prise de corps provisoire et immédiate d'un délinquant surpris en flagrant délit ou en fuite (Proc. Crim, § 127) ; les §§ 867 du C. Com., 962 et 1005 du C. C. I. ; les consé-

(2) Actuellement sur ce point C. C. I., §§ 229 à 231 et 859 et sq. Cf. aussi la loi d'introduction, C. C. I., art. 89.

quences du droit domestique, la mise à mort des chiens en chasse, etc. (3).

5. Enfin il faut ranger également ici le maintien d'intérêts justifiés en vertu du § 193 C. P. I., du § 6. al. 2 de la Loi sur la concurrence de 1896, le § 824, al. 2 du C. C. I.

III. — Un groupe spécial est constitué par les atteintes à des intérêts protégés par la loi, lorsqu'elles se présentent comme **le moyen approprié pour réaliser un but reconnu par l'Etat.** D'après le principe général (plus haut § 32, II), elles doivent être considérées comme des actes licites, elles ne peuvent donc jamais être soumises au concept d'un acte punissable.

1. Il faut placer ici les atteintes à l'intégrité corporelle, qui ont fait l'objet de bien des controverses, et qui sont accomplies par des médecins ou des non-médecins, dans le but de guérir ou d'établir un diagnostic, ou d'embellir le corps ou enfin dans un but scientifique. Les institutions d'Etat (aussi bien celles qui organisent l'instruction que celles qui s'occupent de la santé) prouvent que l'Etat reconnaît et encourage, en tant que but justifié, la conservation et le rétablissement de la santé. Les actes accomplis dans ce but, d'après les règles de l'hygiène et de l'art médical (lésions corporelles, contraintes, privations de liberté), sont donc licites, soit qu'ils réussissent, soit (et ce cas est le plus souvent négligé) qu'ils échouent. Prétendre qu'il existe un droit professionnel médical est erroné ; invoquer un droit coutumier ne veut rien dire; tirer des conclusions de la teneur des définitions

(3) Dans cette catégorie rentrait aussi le droit de mise à mort du mari contre l'adultère surpris en flagrant délit, droit qui, reconnu expressément par la *Carolina*, 121, joue encore un rôle au commencement du XIXe siècle, au moins dans les manuels. La coutume prussienne, § 1721, donnait encore au père le droit de tuer sa fille impudique et son séducteur. GUENTHER, III, 1re partie, 237.

des infractions qui peuvent être prises en considération, est une méconnaissance complète du problème. La justification juridique de ces atteintes réside dans l'admission par l'Etat du but poursuivi ; sa limite dans la convenance du moyen, telle qu'elle résulte des règles de l'art médical et de la science médicale. Le consentement de la partie lésée peut aussi peu motiver le caractère licite de l'atteinte, que l'ordre donné par cette partie ou qu'une exécution sans ordre ; mais la convenance du moyen est exclue par la volonté résistante du malade capable de prendre des dispositions, ou de son représentant (4).

2. Toutes les questions qui peuvent se rattacher a la précédente doivent être traitées au même point de vue. Par exemple, la conservation de la vie de la mère par la provocation d'une naissance avant terme ou par la destruction du fœtus dans le corps de la mère (perforation). Ou encore les blessures faites dans les jeux sportifs, tant que les règles du jeu admises sont observées. Cependant, il subsiste des

(4) Les opinions sur le fondement de l'impunité dans ces cas diffèrent très sensiblement. — I On nie qu'il y ait atteinte corporelle, soit parce que l'intention d'attentat manque (dans ce sens STOOSS précédemment), soit parce que objectivement le traitement sanitaire est quelque chose d'autre que le dommage à la santé ou le mauvais traitement. Dans ce sens, déjà HESS, puis STOS avec V. BAR, *Beling*, Z, XVIII, 286, BINDING *Lehrbuch*, I, 45. FRANK, HEIMBERGER *Kohlrausch* (*Bibl.*, § 36) 97, LANDAU, ZÜRCHER, *Schweizer*, *Zeitschr.*, XI, 490. Cette opinion confond le projet final et l'intention, le but et le moyen. Dans le sens exact FINGER ainsi que *R.*, XXV, 375. — II. On admet que l'illégalité de l'atteinte faite au corps est écartée par le consentement de la victime. Egalement dans ce sens *R.*, XXV, 375. Fondamental le médecin BÜDINGER. Voir à ce sujet plus loin note 6. — III. L'atteinte corporelle n'est pas illicite parce que et en tant que la recherche de la guérison, dans les limites des règles de la science, est justifiée par les règles de l'Etat. Dans ce sens déjà, OPPENHEIM, mais surtout V. LILIENTHAL, FINGER et R. SCHMIDT ainsi que MEYER-ALLFELD, 217, le comte DE DOHNA, et pour l'essentiel, BINDING, *Grundriss*, 198.

doutes et des points contestés. La vivisection pour des buts scientifiques est couverte par le but d'expériences scientifiques admis par l'Etat, dans la mesure où elle répond aux exigences de la méthode scientifique et où elle a lieu sans cruauté inutile ; par contre, les expériences sur l'homme vivant sont en contradiction avec les principes de recherches scientifiques actuellement admis, lorsqu'elles impliquent une mise en péril de la vie. La circoncision des Juifs est admise en raison de l'admission des Juifs comme société religieuse ; il est en de même, abstraction faite de dispositions spéciales, de leur façon d'égorger les animaux.

3. Le principe que nous venons de poser s'étend encore bien plus loin, mais il n'a pour ainsi dire jamais été examiné dans l'ensemble de ses domaines d'application. Lorsque l'Etat admet une industrie, il en résulte que les risques qu'entraîne son fonctionnement régulier ne sont pas illicites. Si l'Etat autorise l'existence d'un ordre mendiant, la mendicité commise par les membres de cet ordre n'est pas illicite. L'autorisation donnée par l'Etat à une loterie (C. C. I., § 763) ne permet pas de traiter comme délit le placement ou la vente de billets (Voir plus loin 145). Si l'Etat permet de chercher à obtenir des conditions de travail plus favorables ou un prix d'achat plus avantageux, l'avantage pécuniaire en jeu ne peut être illicite si le moyen choisi est convenable ; par suite, l'admission d'un chantage est alors exclu (Cf. §§ 139, 141). Les difficultés commencent seulement lorsque l'admission du but poursuivi se base sur la législation particulière des Etats ou sur un acte de l'administration. Mais la solution de ces questions contestées dépasse la mission du droit pénal (5).

(5) Remarquable R, XXXVI, 334 : une conduite non contraire au devoir ne peut jamais motiver un état de nécessité fautif; XXXVII, 150 : un bruit causé par une industrie autorisée, et qui ne dépasse

IV. — **Le consentement de la partie lésée** ne supprime l'illégalité de la lésion que dans le cas et dans la mesure où la loi (l'ordre juridique) a donné au détenteur du bien le droit d'en disposer lui-même, et où il existe une autorisation sérieuse de l'ayant-droit sain d'esprit. Les principes juridiques refusent le pouvoir de disposer, lorsqu'ils attribuent au dit bien une importance dépassant la personnalité de son possesseur. Pour se rendre compte de cette importance, il faut la déduire de tout l'ensemble des dispositions des lois, et non pas seulement des définitions des infractions. Il serait tout à fait erroné d'établir ici des principes généraux sans avoir minutieusement considéré le droit en vigueur, ou de vouloir invoquer des raisons de droit privé (6).

V. — **L'attentat contre soi-même** devrait, en principe, être apprécié comme l'acte commis par un

pas les limites du fonctionnement régulier, n'est pas atteint par le C. P. I., § 167 (Trouble du service divin).

(6) C'est ainsi que le meurtre, même si la victime l'a réclamé sérieusement et expressément, reste une action antijuridique, bien qu'alors passible d'une peine atténuée (C. P. I., § 276) tandis que l'attentat à l'honneur sexuel féminin, la limitation de la liberté personnelle, les atteintes aux droits de propriété d'autrui, etc. (sous certaines conditions), perdent par le consentement de la victime leur nature antijuridique. En ce qui concerne la lésion corporelle, la question reste particulièrement contestée (Cf. à ce sujet la partie spéciale). En tout cas, il est certain que les sources fréquemment invoquées du droit romain (*Quia nulla injuria est, quæ in volentem fit*, l. I, § 5, D. 47, 10), ont une signification absolument limitée et que, la règle : *Volenti fit non fit injuria* est insoutenable dans cette teneur générale, même pour le droit romain. Dans ce même sens PERNICE, II, 82. La question ne peut être résolue d'une façon satisfaisante qu'au point de vue du droit courant et celui-ci varie suivant les conceptions des différentes époques. Le sentiment juridique du Moyen Age n'était nullement froissé par la mise en gage (du corps) de la personne, de la liberté, de l'honneur, etc. Des lois anciennes excluent expressément la considération du consentement ; dans ce sens, la Thérésiana, art. 3, § 16 et encore le Code autrichien de 1852, § 4.

tiers avec l'assentiment de la victime. En effet, dans les deux cas, il s'agit de la signification juridique de la disposition d'un bien par le détenteur de ce bien. Mais la loi, guidée par des raisons accessoires, a fréquemment varié sa délimitation en la matière (7).

(7) L'exemple le plus important est fourni par l'impunité du suicide, admise aujourd'hui presque partout. Le droit romain ne punit la tentative de suicide que si elle est commise par des soldats (l. VI, § 7, D. 49, 16). Dans le Moyen Age allemand, la sépulture honteuse est la peine régulière du suicidé. Il en fut ainsi en Angleterre jusqu'en 1882. Si le suicidé avait voulu se soustraire par la mort à une peine liée à la confiscation de la fortune, la confiscation doit avoir lieu d'après le droit commun (Carolina, art. 135), même après le décès. Le droit commun maintient l'ensevelissement sans honneur du suicidé, ainsi que la punition arbitraire de la tentative des suicides (Prusse, 1620), et il est soutenu en ce point au XVIIIe siècle par les philosophes de l'école de WOLFF ainsi que par SODEN, WIELAND, GMELIN, QUISTORP. Ce n'est que dans la seconde moitié de ce même siècle qu'il se produit, sous l'influence de MONTESQUIEU, VOLTAIRE, BECCARIA, HOMMEL, un revirement dans les conceptions. Cependant le Code pénal de l'empereur Joseph ordonne que le suicidé sera enlevé par l'équarrisseur, et il ordonne l'emprisonnement jusqu'à amendement en cas de tentative de suicide. En Prusse, malgré les idées connues de Frédéric II, ce ne fut qu'en 1796 que la tentative de suicide fut reconnue non punissable (*Coutume Générale* ALR, 803 à 805). A partir du Code pénal bavarois de 1813, la sanction pénale du suicide disparaît peu à peu des codes. Dans le duché de Brunswick, le suicidé était encore traîné sur la claie par le bourreau, en 1828 (SCHOLZ, *Curiosités pénales. Merkwürdige Strafrechtsfälle*, II, 1841, p. 186). — Actuellement, en droit anglo-américain, la tentative de suicide est encore passible de peine; l'instigation et l'assistance étaient pénalement sanctionnées dans les codes des Etats allemands, et elles le sont encore, comme délit indépendant et avec raison par un certain nombre de lois étrangères et de projets étrangers. Cf. v. LISZT; Rechtsvergleichung, v, 133. — Rappelons aussi la mutilation volontaire, qui est punie par le C. P. I., § 142, lorsque l'auteur veut se soustraire aux obligations militaires. D'après le C. C. I., § 304, le dommage aux choses propres peut entraîner une sanction pénale. De nombreuses dispositions de police sanctionnent le risque que l'on fait courir à sa propre vie.

VI. — Mentionnons enfin l'art. 22, al. 2, de la Constitution impériale, ainsi que le § 12 C. P. I. sur **l'immunité pénale des travaux parlementaires.** Pour assurer la publicité absolue des débats parlementaires et pour garantir par suite l'action continue et réciproque entre la représentation du peuple et l'opinion des électeurs, la loi décide que les comptes-rendus (oraux ou écrits) conformes à la vérité et concernant : *a*) les débats des séances publiques du Reichstag ; *b*) les débats d'un Parlement ou d'une Chambre d'un des Etats appartenant à l'Empire (y compris la Diète d'Alsace-Lorraine), sont dégagés de toute responsabilité et ne peuvent par suite être soumis à la poursuite dite objective (8).

(8) Si le droit reconnaît une absence totale ou partielle de droit, cette absence exclut dans sa propre mesure l'illégalité de toutes ou de certaines lésions. Cette conception est absolument étrangère au droit actuel. Le meurtre illégal du condamné à mort, que FEUERBACH, GROLMANN et autres, voulaient encore voir frapper d'une peine atténuée, est soumis aux lois générales. L'ancien droit pensait autrement ; rappelons, par exemple, la *sacratio capitis* Romaine, la mise hors la paix germanique, l'absence de droits pour les bohémiens nomades, d'après de nombreuses lois impériales et nationales du XVIe siècle, l'absence d'honneur des blasphémateurs, d'après les ordonnances impériales de police de 1548 et de 1577, etc. En 1804, encore, dans l'électorat de Bade, tous les filous (Jaûner) étaient déclarés privés de tous droits pendant trois ans, *Archiv. des Krim. Rechts*, VI, 1, Stück 130.

III. — L'INFRACTION ACTE FAUTIF

§ 36. — Concept de la faute (*Schuld*)

BIBLIOGRAPHIE. — *Liepmann* (Bibl., § 2). — *Le même*, Z, XIV, 446. — *Le même*, Einleitung. — *Janka*, Die Grundlagen der Strafschuld, 1885. — *Engelmann*, Die Schuldlehre der Postglossatoren und ihre Fortentwickelung, 1895. — Aussi *R. Löning*, K. V. S. XXXVIII, 220. — *Löffler* (Bibliographie, § 2, p. 5). — *Basedow*, Die strafrechtliche Verschuldung, im Willensvorgang mit dem Behvustsein einer Normwidrigkeit des Handlungverfolges, thèse Erlangen, 1893 (bon travail). — *M. T. Mayer* (Bibliographie, § 28). — *Kohlrausch*, Irrtum und Schuldbegriff im Strafrecht, 1903. — *Sturm*, Die strafrechtliche Verschuldung, 1902 (*Beling*, Heft 41). — *Steinitz*, Der Verantwortlichkeitsgedanke im 19. Iahrhundert, 1902. — Sur *Kohlrausch*, *Goldschmidt*, GA, LI, 340. — *Radbruch*, Z, XXIV, 333. — *Miricka*, Die Formen der Strafschuld ùnd ihre gesetzl. Regelung, 1903. — *M. E. Mayer* et *Graf zu Dohna* (Bibl., § 32). — *Graf zu Dohna*, GS, LXV, 304. — *Weyl*, System der Verschuldungsbegriffe im BGB, 1905, et à ce sujet *Litten*, GS, LXVIII, 291. — *Bierling*, Juristische Prinzipienlehre, III, 237. — *R. Löning*, Geschichte der strafrechtl. Zurechnungslehre, 1er vol, (sur Aristote), 1903. — A ce sujet *Kraus*, GS, LXV, 153 et *Lasson*, GA, LI, 232.

I. — De même que le délit du droit civil, le tort (injustice) (*Unrecht*) du droit pénal est un acte fautif. Ce n'est pas seulement objectivement que l'on doit pouvoir ramener le résultat à l'acte volontaire de l'auteur (plus haut § 28, III); ce rattachement doit également exister subjectivement dans la faute (*Schuld*, imparfaitement traduit par faute) de l'auteur.

1. **La faute** (*Schuld*) est, formellement, **la respon-**

sabilité de l'auteur pour l'acte illicite commis par lui. Le jugement sur la faute exprime donc la conséquence injuste (*Unrechtsfolge*) impliquée par l'acte commis et rattache celle-ci à la personne de l'auteur de l'injustice. Au jugement réprobatif sur l'acte se joint le jugement réprobatif juridique sur l'auteur.

Mais ce lien par lequel l'acte est imputé à l'auteur, a pour condition préalable nécessaire une relation subjective entre l'acte et l'auteur. Cette relation constitue la faute au sens matériel (1). Elle peut être définie : **l'état défectueux, démontré par l'acte commis, de la mentalité sociale nécessaire pour la vie en commun dans l'Etat** (2).

(1) Les études de LIEPMANN, KOHLRAUSCH, M. E. MAYER, RADBRUCH, MIRICKA, du comte DE DOHNA, représentent un grand effort pour l'élucidation du contenu matériel de la faute et par suite de l'infraction, mais elles ne sont pas parvenues à la solution du problème. La responsabilité est la capacité de commettre une faute, et non la capacité d'être puni (en sens différent RADBRUCH); la formule « possibilité de la conscience de la transgression du devoir » (VAN CALKER, Comte DE DOHNA et M. E. MAYER, se rattachant à A. MERKEL) doit être évitée comme très équivoque ; la définition « la faute est la manifestation de volonté contraire au devoir » (Comte DE DOHNA) n'est qu'une simple tautologie ; le concept des modes de la faute suppose celui de la capacité fautive, et par suite ne doit pas être confondu avec lui (contestable KOHLRAUSCH); la théorie de la faute et celle de l'illégalité doivent être très strictement séparées (elles sont confondues d'une part dans LIEPMANN et d'autre part dans le Comte DE DOHNA). En sens très différent BELING et FRANK, qui s'en tiennent, comme déjà auparavant BIERLING, à la conception purement formelle du concept de la faute. BELING, *Verbrechen*, 176, rapporte la faute, comme défectuosité psychique, à l'acte illicite typique et renonce ainsi à toute justification extrajuridique du jugement réprobatif. FRANK, Festschrift für die Universität Giessen, 1907, définit la faute, de façon purement formelle, comme la « reprochabilité » (*Vorwerfbarkeit*) [de l'auteur?] et incorpore (indubitablement à tort) dans le concept de la faute « la structure normale des circonstances, dans lesquelles agit l'auteur ».

(2) Ceux qui ne seraient pas satisfaits du mot « sociale » peuvent très bien le remplacer par les termes « mentalité civique ». Il s'agit seulement pour moi de désigner le contenu matériel de la

2. L'imputation contenue dans le jugement concernant la faute suppose donc deux éléments :

a) La responsabilité (*Zurechnungsfähigkeit*) de l'auteur. Celle-ci existe avec un état psychique de l'auteur qui lui assure la possibilité de se comporter socialement, donc dès que l'auteur est déterminable par les normes de la conduite sociale, qu'elles appartiennent aux domaines de la religion, de la morale, de l'intelligence, etc., ou au domaine du droit (plus loin §§ 37 et 38).

b) L'imputabilité (*Zurechenbarkeit*) de l'acte. Celle-ci existe lorsque l'auteur, ou bien a connu la signification antisociale de sa conduite (plus loin §§ 39 à 41), ou bien lorsqu'il aurait pu ou dû la connaître (plus loin § 42). Ainsi se pose la base des deux modes de la faute que constituent l'intention et l'imprudence.

3. Le concept de la faute, pris dans ce sens, est complètement indépendant de l'hypothèse de la liberté de la volonté (plus haut § 16, note 5). Ce concept ne demande rien que la supposition incontestable et incontestée, que toute conduite humaine est déterminée et déterminable par des représentations, donc aussi par les représentations générales de la religion, de la morale, du droit, etc.

Or, le déterminisme est absolument fondé à formuler la réprobation juridique et sociale que contient en outre le jugement sur la faute quant à l'acte et à l'auteur, tandis que cette justification fait absolument défaut à l'indéterminisme. Car le déterminisme seul réussit à mettre en relation le fait isolé avec toute la personnalité psychologique de l'auteur. Lui seul parvient à établir une mesure pour la faute,

faute, que la loi ne crée pas, mais qui se présente à elle, et qui par suite ne peut être défini que hors de la loi et au-dessus d'elle. Mais au dessus de la loi n'existe que la société même organisée dans l'Etat. C'est donc là qu'il faut chercher le principe de la faute.

mesure qui croît ou décroît suivant que l'acte est plus ou moins l'expression du caractère personnel stable de l'auteur ; lui seul permet donc une distinction pratique entre les délinquants suivant l'intensité de leur mentalité criminelle (antisociale), donnant ainsi une base ferme à la politique criminelle.

II. — La règle, qui aujourd'hui nous paraît toute naturelle, que la faute est un élément caractéristique de l'infraction, qu'aucune peine n'est possible sans faute, est la résultante d'une longue évolution, jusqu'à présent peu observée et d'ailleurs non encore terminée. Ce n'est que graduellement que l'idée d'injustice prend en elle la caractéristique de la culpabilité ; plus la théorie de la faute s'approfondit, plus le droit pénal progresse. De même que la conception religieuse ne répugne pas à admettre que les péchés des pères retombent sur les enfants et sur les enfants des enfants, de même que dans les tragédies des anciens le destin aveugle, et de nos jours, la loi de l'hérédité prend la place de la culpabilité, de même aussi le très ancien droit de tous les peuples connaît la peine sans faute. D'après le droit sacral romain, l'atteinte au droit commise par hasard excite, de la même façon que l'atteinte intentionnelle, le courroux des dieux qu'il faut détourner par l'expiation, et les droits des tribus allemandes connaissent encore la faute sanglante qui se transmet dans la famille de génération en génération. Mais le droit romain, sous l'influence des moralistes grecs, porte toujours davantage le poids décisif sur la volonté antijuridique, et se trouve par là en opposition très nette avec la très ancienne responsabilité d'après le résultat (*Erfolghaftung*), qui se perpétue dans la consci nce juridique germanique, déterminant toute l'histoire ultérieure de la théorie de la faute (Löffler).

1. — Ceci apparaît d'abord dans le traitement de la responsabilité. L'ancien droit romain ne semble pas avoir trouvé d'obstacle à la punition du voleur mineur. Le droit romain ultérieur et le droit canonique tiennent fermement à la non culpabilité de l'infans (jusqu'à la 7e année accomplie). Puis, pour le crime des impubères, chaque cas doit être examiné en particulier. Dans les droits des tribus germaniques, le paiement de la composition est souvent exclu lors de la violation du droit par les mineurs. Les sources saxonnes de la

dernière période du moyen-âge laissent tomber au moins la peine capitale à l'égard des enfants (cf. par exemple Sachsenspiegel, II, 65, I; Knapp, 7). La Carolina écarte, dans l'art. 164, contre les jeunes voleurs, la peine de mort seulement, dans la mesure où il n'existe pas de causes spéciales, et admet la règle « Malitia supplet ætatem ». L'art. 179, s'exprimant tout à fait d'une manière générale, renvoie en cas de jeunesse des malfaiteurs, à la consultation des jurisconsultes. La législation et la doctrine du droit commun sont variables, mais s'en tiennent en général à la non possibilité de peine pour les enfants; la grande majorité des législations récentes suit cette conception mais en fixant de façon différente l'âge minimum. Le droit français renonça complètement à fixer ce minimum, pour laisser déterminer dans chaque cas spécial la capacité de discernement; il fut suivi par le code prussien de 1851 et par le code bavarois de 1861. Par contre, le C. P. I. est revenu à la conception du droit canonique romain et du droit commun allemand.

L'admission de la maladie mentale ne suivait, elle aussi, sa voie que graduellement Sur le droit romain, qui excuse en partie la « fati infelicitas », cf. Pernice Labeo, I, 234, le Sachsenspiegel, III, 3, déclare : on ne peut juger le vrai fou et l'homme insensé; dans son art. 179, la Carolina renvoie au conseil des jurisconsultes à l'egard du malfaiteur qui serait dépourvu de sens en raison de sa jeunesse ou d'un autre état d'infériorité.

2. — Il fut encore plus long d'arriver à subordonner la responsabilité non plus au résultat mais à la présence de l'intention ou de l'imprudence, ainsi qu'à la determination de la portée de ces deux idées. Le droit romain dans son dernier état avait fait du *dolus* de l'auteur (l'intention immorale dirigée sur un but certain et anti-juridique, Pernice, II, 153. Hinschius V, 921) un élément caractéristique du crime, tandis que la responsabilité, à l'occasion de tout acte, du résultat possible à prévoir répondait à la conception germanique.

Le Moyen Age italien recueillit l'idée romaine de *dolus*. Mais la conception juridique germanique et les nécessités de la vie juridique poussèrent à rendre l'auteur responsable même pour le résultat simplement prévu, bien que non voulu (cf. sur cette évolution l'exposé magistral de Löffler). Telle est l'origine de la règle (d'abord dans Bernadus Sapiensis, *Summa decretalium*, 1191 à 1198 ; Löffler, 139), que lors d'un *versari in re illicita*, le résultat non voulu mais possible à prévoir engage la responsabilité de l'auteur (car le résultat possible à prévoir a été vraisemblement prévu par lui). De cette règle, très commentée par les praticiens italiens, se développe le *dolus indirectus* du droit commun. Sur l'Espagnol Covarruvias (mort en 1577) s'appuient Carpzow et Böhmer (consentement éventuel au résultat prévu). L'étude de v. Nettelbladt-Gläntzer, *De homicidio ex intentione indirecta commisso* (1756, 3e édition, 1772) fit triompher, avec l'appui de l'école de Wolff, « la faute consentante » (*einwilligende Schuld*) dans la doctrine et la législation. Ce mouvement fut continué par la *culpa dolo determinata* de Feuerbach. La Bavière en 1751, la coutume générale de Prusse, § 27, le droit en vigueur en Russie et en Autriche (cf. Z, VIII, 348) appliquent le *dolus indirectus*. C'est en vain que les criminalistes et hégéliens du XIXe siècle combattent pour le maintien intégral de l'idée romaine de *dolus*. La législation, qui les suit en apparence, revient, dépassant même le droit commun, dans toute une série de cas, à la pure responsabilité objective (le résultat comme condition de culpabilité aggravée, cf. plus loin, note 8), et dans la doctrine « la théorie de la représentation » (*Vorstellungstheorie*) (cf. plus loin, § 39, note 2), gagne, précisément dans les dernières années, toujours plus de terrain.

Le délit par imprudence est resté inconnu au droit pénal romain dans toutes ces époques (3). Pour toutes infractions le *dolus* s'impose. La doctrine italienne du Moyen Age réconcilie cette sévérité romaine avec la responsabilité germanique objective (*statuta per Italiam puniunt factum, non animum*), en ce sens que, d'une part, elle punit seulement la cause due à une faute et non celle due au hasard, et que, d'autre part, elle fait de la *culpa* une forme générale, bien que plus légèrement punie, de la *schuld*. S'appuyant sur cette doctrine, la

(3) PERNICE, *Labeo*, II, 244 (1re édition), MOMMSEN, 89. — Contre l'opinion de BINDING, *Normen*, II, 338, que la *culpa lata* du droit romain est l'intention avec déduction du motif commun, cf. l'exposé magistral de Löffler, 110. — Sur l'évolution de l'imprudence jusqu'à la Carolina, cf. le bon travail de BESCHÜTZ (Bibl., § 2).

Carolina, dans son article 146 (se rattachant à la l. 9, § 4 et l. 11, pr. D. 9, 2) commente la nature de l'homicide par imprudence. Cet article, ainsi que les articles 136, 138, 180, constitue la base sur laquelle opère ensuite le droit commun. Pour toute infraction s'impose l'intention mauvaise, le *dolus*. En cas d'imprudence, il existe un *quasi-crimen*, qui ne peut être puni que par une peine d'appréciation arbitraire (par exemple la Prusse en 1620, et en 1813 la Bavière). Ainsi la *culpa* devient une forme générale de la *schuld*, sans cependant être nettement définie. Encore aujourd'hui, l'idée de l'infraction par imprudence, comme nous le verrons plus loin § 42, n'est pas encore fermement établie, après être restée dans sa généralité complètement étrangère aux législations romanes.

III. — La règle d'après laquelle seul le résultat imputable entraîne la responsabilité de droit pénal, a encore été écartée par le droit impérial en vigueur pour quelques **exceptions** isolées.

1. Cependant les nombreuses **présomptions de faute** (4) qui se trouvent dans les lois pénales complémentaires ne doivent pas être comptées parmi ces exceptions. Car si le droit admet la faute (intention ou imprudence) comme démontrée jusqu'à preuve du contraire, peut-être même en mettant la preuve contraire à la charge du prévenu, il reconnaît par là qu'une peine ne peut pas et ne doit pas intervenir sans intention ou imprudence.

2. N'appartiennent pas non plus à ces exceptions les dispositions qui se trouvent dans diverses lois

(4) Cf. Binding, *Normen*, II, 672. Schmid, Thèse Iéna, 1884. D'après Goldschmidt (plus haut § 26, note 7), les règles mentionnées sont 1 et 2 s'expliquent par le caractère administratif des délits fiscaux. — Comme exemple, en dehors de ceux fournis par les lois douanières et fiscales, le code de commerce, § 315 ; la loi sur la peste bovine de 1878, § 3, al. 2 ; la loi sur le timbre des cartes à jouer de 1878, § 10, al. 3 ; la loi sur les syndicats d'achat de 1889, §§ 142, 144 ; la loi sur le pavillon de 1899, § 23. Particulièrement important et intéressant, la loi sur la presse de 1874, §§ 20 et 21. A ce sujet, cf. plus loin, § 43.

complémentaires, et qui, faisant abstraction de toute idée de faute, rattachent la peine, en tant que peine réglementaire, uniquement à l'existence de l'état de choses objectif (5). Il ne peut en effet être question de peines criminelles pour ces « délits de forme » (6).

Par contre, les **délits qualifiés par le résultat** constituent une exception importante. D'après le droit en vigueur, une peine plus grave intervient dans toute une série de cas, lorsque par une action fautive en elle-même, un résultat plus grave est involontairement produit. Dans ce cas, la peine plus grave est donc imposée, même si il n'y avait eu, par rapport au résultat plus grave, ni intention, ni imprudence de l'auteur (7).

Il ne devrait y avoir aucun doute pour admettre

(5) Cf. § 137, al. 1 de la loi douanière confédérale de 1869; 20 de la loi sur l'impôt des eaux-de-vie de 1887; § 46 de la loi de l'impôt sur les sucres de 1891. — Dans le même sens R, en dernier lieu xxx, 363 (sur le § 57 de la loi fiscale sur les eaux-de-vie de 1868). Cf. ISAAC, Z, XXI, 654.

(6) Les commentateurs prétendent, sans motif suffisant, admettre aussi dans le C. P. I (pour les contraventions ainsi que pour les omissions) des cas de même nature. — Pour l'opinion exacte BIRKMEYER, *Ursachenbegriffe* (Bibl. § 29) 53, HAELSCHNER, I, 258; OLSHAUSEN, 4, Abschn. 1. Cf. ZEITLER Thèse, Erlangen, 1899.

(7) C. P. I., §§ 118, 178, 220, 221, 224, 226, 227, 229, 239, 251, 307, 312, 314 à 316, 321 à 324, 326 à 328, 340, etc. Loi sur les explosifs de 1884, § 5, al. 2; loi sur les matières contagieuses de 1876, § 5; loi sur la peste bovine de 1878, § 4; loi sur les denrées alimentaires de 1879, § 12 à 14; loi sur le rapt d'esclaves de 1895, § 1, al. 2. — THOMSEN, *Ueber den Versuch der durch eine Folge qualifizierten Delikte*, 1895; SCHOTT Thèse, Göttingen, 1895; ZEITLER (voir plus haut note 6). — Notre opinion est l'opinion courante; cf. LOFFLER, 226; dans le même sens, en jurisprudence constante R. Par contre, demandent l'imprudence (ou négligence) quant au résultat : BERNER, 520; BINDING, I, 366 et *Lehrbuch*, I, 28; HAELSCHNER, I, 326, II, 28, 819. — A considérer dans ces cas la possibilité d'un concours idéal avec le meurtre et la lésion corporelle; Exact, FRANK, 16 Abschn. IV. *Contrà*, LÖFFLER, 270. Sur le traitement de ces cas, cf. plus loin, § 44, note 3.

que ce dernier reste de l'ancienne responsabilité dérivant du résultat ne répond ni à la conscience juridique moderne, ni aux principes d'une politique criminelle raisonnable (8).

§ 37. — La responsabilité

BIBLIOGRAPHIE. — *Berner*, Grundlinien der criminalistischen Imputationslehre, 1843. — *Bruck*, Zur Lehre von der criminalistischen Zürechnüngsfähigkeit, 1878. — *Wahlberg*, Gesamm Schriften I, 1, III, 101. — v. *Liszt*, Z, XVII, 70 et la polémique s'y rattachant. — v. *Liszt*, Z, XVIII, 229, et *Olrik*, Z, XVIII, 583. — *Hermann*, Allgemeine Zeitschrift für Psychiatrie, LIII, 866 partisan de *Binding*). — *Gretener*, Die Zürechnüngs fähigkeit als Gesetzgebung frage, mit besonderer Rücksicht auf den schweiz ünd russ. STG. Entwürfe, 1897; sur cet ouvrage *Zürcher*, Schweizer Zeitschrift, XI, 51, puis réplique de *Gretener*, Die Zürechnüngsfähigkeit als Frage der Gesetzgebung, 1899. — Procès verbaux de la I. K V., à Lisbonne, 1897 (Mitteil., VI). — *Oetker*, GA, XLVII, 321. — *von Bar*, Gesetz, II, 1.

I. — **La responsabilité est** (v. plus haut § 36, 1, 2) **la capacité de se comporter socialement,** c'est-à-dire d'avoir une conduite répondant aux exigences de la vie collective des hommes dans l'État. Ce n'est que dans la mesure où existe cette capacité qu'une conduite antisociale est imputable comme faute. Là où la faculté d'adaptation sociale manque complètement, il est absolument dépourvu de sens de vouloir trouver des motifs de conduite sociale dans les motifs contenus dans la menace pénale et dans l'exécution de la peine.

1. La responsabilité suppose donc que la conscience (*Psyche*) de l'auteur dispose de la quantité de représentations nécessaires pour lui donner une valeur so-

(8) Essai d'une justification dans FINGER, *Der objektive Tatbestand als Strafzumessungsgrund*, 1888. En outre, KOHLER dans Klee (Bibl. § 46 et KOHLER, lui-même. Contre cette responsabilité du résultat, critique décisive de H. SEUFFERT, congrès de I. K. V. à Strasbourg 1900 et à Brême 1902 (Mitteilungen, IX et X).

ciale complète, que l'association des représentations se fait normalement et avec une vitesse normale, que l'éveil des représentations et par suite la force motivante (*motivierende Kraft*) des normes générales, juridiques, morales, religieuses, etc., répond à la moyenne, que la tendance et la puissance des mouvements impulsifs de la volonté (*Willensimpulse*) ne présentent rien d'essentiellement anormal. Car, comme nous ne pouvons juger de la conscience des autres hommes que par la nôtre, que nous ne pouvons présumer de la faculté de réaction d'autrui que par la nôtre, la similitude d'autrui avec nous-mêmes, sa concordance avec le type déduit de notre expérience, est une condition préalable de l'imputation. Dans ce sens, la responsabilité peut être définie comme la faculté de **détermination normale** (1). Est donc responsable tout individu d'esprit mûr et d'esprit sain, ayant une conscience intacte. Par suite, l'essence de la responsabilité est constituée par le contenu normal et par la force motivante normale des représentations.

(1) Le concept de la responsabilité est donc, lui aussi, indépendant de l'hypothèse de la liberté de volonté. Il faut cependant éviter deux malentendus : 1. Est erronée la définition de A. MERKEL (avec VAN CALKER) : « La responsabilité est le pouvoir d'agir efficacement d'après sa propre mesure », car d'après elle l'idiot toujours conséquent avec lui-même serait le modèle du responsable. La mesure existe bien plutôt dans la ressemblance avec autrui, dans la « similitude sociale » de TARDE. Dans ce sens FRANK, § 51, II, (qui s'efforce de définir avec plus de précision le contenu de l'anormalité), LIEPMANN, 103, M. E. MAYER, (Bibl., § 28) 70. — 2. La formule « Possibilité de la conscience de la transgression du devoir » (plus haut § 36, note 1) n'est pas en elle-même inexacte, mais elle est imprécise. Car, en premier lieu, le concept de la responsabilité doit embrasser aussi le domaine de l'activité conforme au devoir, puis la formule ne nous dit pas de quels devoirs il s'agit (moraux, juridiques, religieux ?) Mais si elle veut assimiler « contraire au devoir » à « contraire au droit », elle est inexacte, car il ne s'agit pas de la reconnaissance de l'illégalité, mais de la force motivante des normes sociales reconnues.

Il résulte de ce qui précède que la tâche du législateur ne réside pas dans la définition positive de la responsabilité, mais dans la description de ces états qui font exceptionnellement apparaître la responsabilité comme exclue.

Au point de vue purement formel, la responsabilité peut aussi être définie comme capacité d'agir quant au droit pénal, c'est-à-dire comme la capacité de commettre des actes relevant du droit pénal, et entraînant les conséquences pénales de l'injustice. Notre concept se trouve ainsi établi dans le système de la théorie générale du droit.

Mais il y a lieu de considérer que, de même que la maturité d'esprit ne se produit pas dans les différents domaines d'activité indifférents au droit dans le même temps et qu'elle est précédée d'une période d'évolution tantot plus courte, tantôt plus longue, de même la responsabilité juridique d'agir dans les différents domaines du droit (droit public, droit civil, droit pénal, avec les domaines secondaires, droit de famille, droit successoral, etc.), n'est pas nécessairement acquise au même point de la vie. En matière de droit pénal, il faudra l'admettre, chez le même individu et dans le même instant, tantôt comme présente et tantôt comme absente, suivant qu'il s'agit de tel ou tel groupe d'actions pénales (que l'on pense par exemple au meurtre d'une part et au crime contre l'Etat d'autre part).

Il faut en outre considérer la relativité du concept proposé. De nombreux degrés de transition conduisent de la réaction normale à la réaction anormale en présence d'une action externe ou interne. Par suite, il est faux et pratiquement dangereux d'établir une séparation rigide en criminels responsables et criminels qui ne le sont pas, et d'opposer ainsi brutalement la peine et la mesure de sûreté. Un certain secours est offert par le concept de la responsabilité atténuée (2), qui en général n'est pas encore admise par notre C. P. I. — Cf. aussi C. P. I, §§ 57 et 217.

(2) Dans le premier projet du C. P. I., la responsabilité atténuée avait été expressément reconnue, de même qu'elle avait été

II. — Notre législation pénale impériale a donc eu pleinement raison de renoncer à fixer, d'une manière positive, la **notion de la responsabilité** ; elle n'en donne notamment aucune définition, bien qu'elle parle en tel endroit (C. P. I., § 51) de la *détermination libre* de la volonté et, en tel autre endroit (C. P. I. §§ 56 à 58) de la *conscience nécessaire pour qui soit reconnue la culpabilité* (3). Par contre, cette législation énumère complètement les circonstances par lesquelles la responsabilité est exclue (voir plus loin § 38).

III. — La responsabilité doit avoir existé lors de la commission de l'acte. La responsabilité survenue plus tard ne peut entraîner des conséquences qu'au point de vue de la procédure. C'est l'instant dans lequel la manifestation de la volonté a eu lieu qui est décisif ; peu importe l'état mental de l'auteur dans le moment où le résultat survient.

Nous n'avons qu'à appliquer logiquement cette règle générale pour trancher la célèbre controverse scolastique sur l'appréciation des actions **liberæ in causa** (*seu ad libertatem relatæ*). Elles existent lorsque, dans l'état d'irresponsabilité, un résultat contraire au droit a été amené par commission ou omission, mais que cette conduite a été provoquée par une action intentionnelle ou imprudente (commission ou omission) commise en état de responsabilité. Exemples : l'aiguilleur s'enivre dans l'intention de ne pas manœuvrer l'aiguille à l'approche du train express ; la mère qui savait

déjà admise dans plusieurs codes allemands. Cf. plus haut § 15, note 7, sur le côté de politique criminelle de la question.

(3) Comme condition de la faute et comme toutes les circonstances à relever juridiquement, la responsabilité doit être constatée d'office ; son absence n'a pas besoin d'être prouvée par l'accusé. La constatation expresse doit en être faite dans le jugement (Proc. crim. § 266), seulement si sa présence a été contestée au cours des débats. Il ne se produit d'exception à cette règle que s'il s'agit d'un auteur très jeune ou sourd-muet : il faut alors (le cas échéant par une question complémentaire posée aux jurés) fixer expressément dans tous les cas si l'auteur a possédé la connaissance nécessaire pour admettre la culpabilité (C. P. I., § 5' à 58).

qu'elle s'agite dans son sommeil et qui a par imprudence pris son enfant dans son lit et l'a étouffé. Ce sont surtout, mais non pas exclusivement des omissions qui se produisent sous cette forme; ce sont plus rarement des infractions commises par imprudence; les cas les plus rares et les plus douteux semblent ceux dans lesquels la commission intentionnelle apparaît comme *actio libera in causa*. Mais cela n'est pas non plus impossible; de même que nous pouvons utiliser l'aliéné ou l'ivrogne comme moyens pour nos buts parce que chez lui la déterminitivité par représentation n'est à la vérité pas régulière mais non pas impossible, de même nous pouvons nous utiliser nous-mêmes en état de trouble mental ou d'ivresse pour exécuter les plans que nous avons conçus. Si le rapport causal et la faute existent par rapport au résultat dans le cas à trancher, l'appréciation juridique n'offre pas d'autre difficulté.

Au moment décisif (et ce n'est pas celui où se produit le résultat, mais celui où se déclanche le déroulement de la chaîne causale), la responsabilité était présente.

L'employé de chemin de fer était à jeun, la mère était éveillée lorsqu'ils ont posé la cause du résultat survenu. L'action a été commise dans cet instant, et par suite l'auteur en est responsable. Et dans tous ces cas il existe une commission et non pas une omission, exactement comme si un tiers avait enivré l'employé afin que celui-ci omette de manœuvrer les aiguilles (4).

(4) Cf. le bon travail de KATZENSTEIN, *Die Straflosigkeit der actio libera in causa*, 1901. Abhdlgn des Krim. Sem. N. F. I, 1. La question a déjà beaucoup occupé le droit commun depuis BARTOLUS. La culpabilité est régulièrement admise, parce que le *dolus* n'est pas exclu; cf. par exemple, ENGAU § 41. La dissertation de THOMASIUS, *De jure circa somnum et somnia*, 1686, est d'une casuistique plus approfondie. Déjà la Coutume prussienne en 1620 menace (comme DAMHOUDER) le somnambule meurtrier d'une peine arbitraire, s'il connaissait le danger résultant de son etat. Les codes allemands, à partir de la Coutume générale de Prusse (ALR), le punissent également. Par contre, depuis 1840 environ, l'opinion de SAVIGNY sur la non-culpabilité de l'*actio libera in causa* prévalut en Saxe, en Bavière, mais surtout en Prusse (jurisprudence constante du Tribunal supérieur de Berlin); depuis 1871 environ, elle est de nouveau rejetée par une opinion cou-

IV. — Sans la responsabilité, la faute et par suite l'infraction sont impossibles. Précisément en raison de cette règle — à laquelle il faut se tenir sans exception — la participation coupable de tiers à un attentat commis par un irresponsable, est impossible par définition. Mais, par contre, des tiers peuvent très bien être rendus responsables comme étant eux-mêmes les auteurs (5).

§ 38 — Les cas d'irresponsabilité

Bibliographie. — Pour I : Cf. plus haut, § 15, note 4. — *v. Slupecki*, Thèse Tubingue, 1895. — *Oetker*, B. A. XLVII, 321. — Pour II : cf. plus haut, § 18, VIII, 2. — Pour III : *Schwartzer*, Die Bewusstlosigkeitszüstände als Strafaüsschliessüngsgründe, 1878. — *Höpker*, Anwendüng des § 51 StGB. auf die in sinnloser Trünkenheit begangenen dolosen Vrbrechen, 1899. Cf. aussi partie spéciale (sur C. P. I., § 361, chiffre 5).

La responsabilité est absente dans les cas suivants.

I. — **Lorsque la maturité mentale fait défaut.**

1. L'absence de maturité mentale peut tout d'abord avoir sa cause dans le fait que le développement de

rante exactement opposée. — Dans le sens du texte, la théorie dominante ; surtout v. Bar, 103, Binding, *Normen*, II, 195, et *Grundriss*, I, 90 ; Frank § 51, III (exact IV) ; Haelschner, I, 212 ; Meyer-Allfeld, 129 ; Olshausen, § 51, 11. Aussi R XXII, 413. *Contrà* quoique non convaincant, Katzenstein. Le § 827 C. C. I. donne lieu à des difficultés, car il ne rend responsable que pour l'imprudence, mais il n'est pas décisif pour l'appréciation en droit pénal. Voir aussi v. Liszt, *Deliktsobligationen*, 49.

(5) Cf. plus loin, § 50, II. Cela s'applique aussi bien aux mineurs criminels qu'aux aliénés. Le Tribunal d'Empire a admis cette règle pour les seconds (en dernier lieu XXI, 14) mais il l'a niée pour les mineurs ; cf. plus loin § 38, note 3. Olshausen, § 51, 13 et § 55, 5 et 6, veut, dans les deux cas, distinguer si l'auteur était en état d'agir avec une intention criminelle en droit. Mais par là, la signification préjudicielle de la responsabilité est méconnue ; d'ailleurs la distinction à établir dans le cas particulier est étrangère à la loi quand il s'agit de malades mentaux.

l'auteur n'est pas encore terminé : minorité pénale (1).

Le C. P. I. a tracé une double limite d'âge pour l'appréciation en droit pénal.

a) L'enfance, (*Kindheit*) jusqu'à la douzième année accomplie (C. P. I., § 55). Pour cette période, la loi prononce l'irresponsabilité sans condition et sans exception. Ce principe entraîne l'exclusion de toute instruction criminelle. Comme mesure administrative, le placement dans un établissement d'éducation ou de correction est autorisé depuis la novelle de 1876, ainsi que le placement dans une famille en vertu du C. C. I (art. 34 de la loi d'introduction), lorsque l'administration chargée de la tutelle a constaté la commission d'une action et a punissable déclaré possible le placement en question. Les personnes chargées de la garde du mineur (et aussi des tiers) peuvent être rendus responsables comme étant ellesmêmes auteurs du délit ou, d'après le C. P. I, § 361, 4 et 9 (cf. aussi § 6 de la loi sur la protection des oiseaux de 1888) en raison de leur omission de surveillance, mais elles ne peuvent jamais l'être comme complices, car il n'existe pas d'infraction (2).

b) L'adolescence (*Jugendliches Alter*), de la douzième année accomplie à la dix-huitième année accomplie. Pour cette période, dans chaque cas pris isolément, il est procédé à l'examen de la responsabilité en général, et de la conscience nécessaire à la connaissance de la culpabilité de l'acte commis, en particulier (cette conscience doit être constatée expres-

(1) Cf. à ce sujet le C. C. I, § 828. Les degrés d'âge y sont la septième et la dix-huitième année.

(2) Dans le sens du texte, l'opinion générale. FINGER, I, 215, FRANK, § 55, II, HAELSCHNER, I, 219, MERKEL, 56, MEYER-ALLFELD, 125. *Contrà*, R, VI, 187 et VI, 336, suivant l'ancienne jurisprudence prussienne. Sur OLSHAUSEN, cf. plus haut § 37, note 5.

sément, le cas échéant par les jurés : Proc. crim., § 298) (3). Il faut bien mentionner que la loi demande non pas la compréhension de la culpabilité (et non pas également la conscience de l'illégalité), mais la maturité mentale nécessaire pour parvenir à cette compréhension, le discernement du Code pénal français, le pouvoir de distinction du Code pénal prussien. Et c'est précisément la conscience nécessaire à la compréhension de la culpabilité de l'action concrète commise qui doit exister (plus haut § 37 I, 2). Elle peut être présente, en cas de concours idéal, quant à l'une des infractions et faire defaut quant à l'autre. Malgré la présence de la conscience, la responsabilité peut être exclue pour d'autres motifs, l'ivresse, par exemple.

α) Si la capacité pénale fait défaut, un acquittement intervient (C. P. I, § 56). Le placement dans un établissement d'éducation ou de correction peut être ordonné dans le jugement. En ce qui concerne les tiers, ce qui a été dit plus haut sous *a* s'applique (4).

β) Si la responsabilité est constatée, les peines régulières sont réduites (C. P. I, § 57 ; cf. plus loin, § 70, 1) (5).

2. Le défaut de maturité mentale peut aussi avoir sa cause dans un arrêt du développement. Le cas le plus important en ce sens est la surdi-mutité (existant depuis la naissance ou le bas âge).

Dans ces cas également, il y a lieu d'examiner pour chaque espèce la responsabilité en général, et

(3) D'après le § 50 du C. P. Mil., l'âge de l'auteur reste sans influence sur la punition des crimes et délits militaires (l'entrée dans le service armé étant déja possible lorsque la dix-septieme année est accomplie.)

(4) *Contrà* Frank, § 56, III avec R, xxxi, 161 ; avec le texte R, xxxiii, 208, Finger, I, 217, Oetker, G.A, xlvii, 322.

(5) Disposition spéciale dans le § 173 (cf. plus loin, § 44 note 2).

la conscience nécessaire à la compréhension de la culpabilité de l'acte commis en particulier; il faut constater expressément cette conscience particulière (C. P. I, § 58). Ici aussi, malgré la présence de la conscience, la responsabilité peut être exclue par le § 51, C. P. I. S'il y a responsabilité, il n'intervient pas de réduction des peines, bien qu'une atténuation semble indiquée également sans aucun doute pour cette seconde catégorie de cas.

Comme la loi ne parle expressément que des sourds et muets, ses dispositions ne sont pas applicables à d'autres cas de retards de développement (par exemple, l'imbécillité légère, la simplicité d'un sauvage, la claustration absolue pour les adultes, etc.)(6); mais dans ce cas le § 51 du C. P. I. peut intervenir et entraîner l'acquittement.

II. — **Lorsque la santé mentale fait défaut.**

Après consultation de personnalités compétentes, le § 51 du C. P. I. reçut le texte suivant :

« Il n'y a pas d'infraction punissable si, au moment où l'action a été commise, l'auteur se trouvait dans un état (d'inconscience ou) de trouble maladif de l'activité de l'esprit, excluant la détermination libre de sa volonté » (7).

L'expression « trouble maladif de l'activité de l'esprit » fut choisie pour comprendre non seulement les maladies mentales proprement dites, mais encore les retards de développement (idiotie, imbécillité), les états de dégénérescence mentale (faiblesse sénile), en outre, les maladies corporelles proprement dites entraînant des troubles mentaux (délire fiévreux, maladies nerveuses), enfin les troubles maladifs pas-

(6) *Contrà* BINDING, I, 221, BIRKMEYER, 1054, FRANK, § 58, II, HAELSCHNER, I, 224, v. LILIENTHAL, 33, MEYER-ALLFELD, 127, WACHENFELD, 262; dans notre sens, MERKEL, II. H, II, 82, OLSHAUSEN, § 58, 3.

(7) En général en concordance avec le C. C. I., § 827.

sagers de l'activité cérébrale (état d'intoxication, etc.). Mais de même que tous les troubles de la santé générale ne peuvent être désignés comme maladies, de même tous les troubles de l'activité cérébrale n'excluent pas la responsabilité; le minimum dont le droit puisse se contenter constituera ici aussi la limite inférieure. C'est pourquoi le C. P. I, § 51, accentuant également en cette matière, un seul côté de la responsabilité (c'est-à-dire s'y attachant spécialement mais non exclusivement), demande un état tel qu'il exclut « la détermination libre de la volonté de l'auteur ». Ici encore, cette détermination libre ne signifie pas autre chose que la faculté de détermination normale par représentations.

L'exposé des diverses formes du dérangement mental n'est plus du ressort de la doctrine juridique pénale, bien que la justice pénale doive les connaître suffisamment pour recourir, s'il y a lieu, aux conseils d'experts. Mentionnons cependant la double conclusion qui se tire de l'unité de notre vie cérébrale : d'une part, ce ne sont pas seulement les troubles de la vie représentative qui sont aptes à supprimer la responsabilité, mais aussi ceux de la vie sensitive (par exemple les sensations sexuelles contre nature) et ceux de la vie instinctive (par exemple la *paradoxie* de la volonté) ; d'autre part, chaque trouble s'empare de toute la vie cérébrale, c'est à-dire que des troubles partiels ne sont pas possibles si par ailleurs l'esprit reste sain. Par suite, la doctrine actuelle a abandonné la définition des monomanies, en tant que dégénérescences de la vie instinctive, lorsque la raison reste claire et elle les considère seulement comme des apparitions partielles de l'état maladif général de l'esprit. De même, « l'insanité morale » (*moral insanity*) est toujours liée à un obscurcissement de la vie représentative et à un engourdissement des sentiments; il y a donc lieu de la concevoir plutôt comme une forme de débilité mentale. La notion douteuse des intervalles lucides n'a pas été reprise par le C. P. I.

Là comme ailleurs, c'est le juge qui, après son examen et sous sa propre responsabilité, décidera si la responsabilité de l'auteur est exclue ou n'est pas exclue par le trouble mental constaté par les experts. L'expertise médicale qui doit s'étendre à toute la teneur du § 51, et par suite, également à la « détermination libre de la volonté », ne lie pas le juge et ne le couvre pas.

III. — Mais la vie psychique de l'homme mûr et sain d'esprit est soumise à des variations qui, bien que de cause physiologique, peuvent exclure la responsabilité et, en outre, conduire par transition imperceptible sur le terrain pathologique. Dans le § 51, le C. P. I. les qualifie états « **d'inconscience** ». Nous dirons plus exactement qu'en cas de trouble profond de la conscience, trouble amenant un rattachement seulement imparfait des événements extérieurs avec la conscience, la faculté de détermination normale par représentation est troublée, et par suite la responsabilité est exclue. De ce domaine relèvent l'évanouissement, le sommeil, la suggestion hypnotique, l'ivresse (8).

§ 39. — L'intention.

BIBLIOGRAPHIE. — Les ouvrages cités, § 36, puis *Berner*, Imputationslehre, 1843. — *Le même*, Die Lehre von der Teilnahme am Verbrechen ùnd die neueren Controversen über Dolus und Culpa, 1847. — *Krug*, Dolus und Culpa, 1854 — *Gessler*, Begriff ùnd Arten des Dolus, 1860. — *Rupp*, Modernes Recht und Verschùldùng, 1880. — *Lucas*, Die subjektive Verschùldùng im heùtigen deùtschen Strafrechte, 1883. — *Binding*, Normen, II, 209, 403. — *Ortloff*, GS, XXXIV, 401. — *Heitz*, Das Wesen des Vorsatzes, 1885. — *Bünger*, Z, VI, 293. — v. *Buri*, GS, XLI, 408. — *Frank*, Z, X, 169. — *Kohler*, I, 67. — *Weissenborn*, GS,

(8) Dans la mesure où celle-ci ne pouvait être considérée comme un dérangement mental maladif. — D'après le C. P. Mil., § 49 (comme déjà dans le droit commun), l'ivresse de l'auteur, causée par lui-même, ne constitue pas un motif d'atténuation pénale en cas d'actions contre la discipline militaire et dans tous les cas d'acte punissable commis dans l'exercice du service. — Il y a lieu de considérer que dans l'état d'inconscience totale, la notion de l'action est supprimée, plus haut § 28, I).

L, 194. — *Klee*, Zur Lehre vom Strafrecht, Vorsatz, 1897 (*Bernecke*, Heft, 10) — *Busch* (Bibl., § 28; suit étroitement *Binding*). — *Hauser*, GS, LIV (basé sur la psychologie de *Brentano*); contre lui *Huther*, GS, LVIII, 270. — Mais surtout *Löffler* (Bibl., § 2). — *Thyrén*, Abhandl. (plus haut, § 18, IV), II. — v. *Hippel*, Die Grenzen von Vorsatz und Fahrlässigkeit 1903. — v. *Rohland* Willenstheorie und Vorstellungstheorie, 1904. — *Klee*, Der dolus indirectus als Grundform der vorsætzlichen Schuld (Trav. de jurisc. de Berlin, X) 1906. v. *Bar*, Gesetz, II, 273. — *Neff*, Welche Bedeutung ist dem Wort « Absicht » im D. St G. B. beizulegen? Thèse Fribourg, 1902. — v. *Liszt*, 24 D. Juristentag, I, 107 (II 251). *Bühring* Ueber die Grenze zwischen eventuellem Vorsatz und sog. bewusster Fahrlæssigkeit, Thèse Fribourg, 1899. — Raoul Duval Du Dol éventuel, 1900. — *V. Bar*, Gesetz, II, 322.

I. — **L'intention** (*Vorsatz*) **est la connaissance** (*Kenntnis*) — **accompagnant l'acte volontaire, — de toutes les circonstances de fait rentrant dans le fait prévu par la loi.** (Intention ne traduit *Vorsatz* qu'imparfaitement.)

1. L'intention est de beaucoup le plus important des deux éléments de la faute. L'état défectueux de la mentalité sociale de l'auteur se manifeste ici par le fait que l'auteur agit malgré la connaissance de la signification antisociale de son acte, donc par le fait que cette connaissance ne l'a pas détourné de commettre l'acte.

Au concept de l'intention appartiennent par suite :

a) La représentation (*Vorstellung*) de l'acte comme celle d'un événement du monde sensible ou la connaissance des circonstances de fait (plus loin II) ;

b) La connaissance de la signification antisociale de l'acte; au sens du droit en vigueur, la présomption (*Subsumption*) que l'acte est prévu par la loi, que les circonstances de fait se rangent parmi les éléments d'une définition légale (plus loin III).

2. L'intention est exclue par une erreur de l'auteur sous l'un ou l'autre de ces rapports (plus loin § 40). Par contre, la conscience de l'illégalité n'est pas, en principe, nécessaire au concept de l'intention (plus loin § 41).

II. — La détermination du concept de l'intention doit partir du **concept de l'acte** (plus haut § 28) et tout d'abord de l'appréciation juridique de l'acte (1).

1. L'intention doit donc d'abord être définie comme la représentation du résultat, accompagnant la manifestation de volonté (2).

(1) Cette conception se justifie par ce qui a été dit plus haut § 27, note 1. En sens différent, quant au principe, BINDING et ses partisans (en particulier BASEDOW et BELING), qui voient l'essence de l'intention dans la conscience de la transgression de la norme, et ne considèrent le « vouloir de l'acte » qu'en seconde ligne. On néglige ainsi le concept de la catégorie pour celui de la modalité.

(2) Donc la représentation, non pas le vouloir du résultat : **Théorie de la représentation.** Principaux partisans : BEKKER, Théorie, 1859, p. 278, LUCAS, 13, WACHENFELD, 203, ZITELMANN (Bibl., § 35) ; FRANK, KLEE, KOHLER, I, 70, v. LILIENTHAL, 37 et Z, XV, 278 ; pour l'essentiel, également LÖFFLER, MIRICKA et THYREN. Le C. C. I., qui élargit partout la responsabilité en la fondant sur le « connaître » et le « devoir connaître », s'est complètement rangé à la théorie de la représentation ; démonstration dans WEYL (Bibl., § 36). Elle est généralement admise en France ; cf. GAND (Bibl., § 30) 53. — Parmi les partisans de la **théorie du vouloir,** qui demande pour l'intention le vouloir du résultat, citons : v. BAR, BELING, 61, BINDING, BIRKMEYER, 1126, LAMMASCH (Bibl., § 9, I), 23, LÖNING, 31, MEYER-ALLFELD, 140, OLSHAUSEN, § 59, note 16, v. ROHLAND, v. HIPPEL. Le tribunal d'Empire définit avec prédilection l'intention comme « conscience de la causalité » (par ex. R., XVIII, 167, XXXVI, 402), mais (et ceci doit être concédé à v. HIPPEL) il s'en tient en principe à la théorie du vouloir. Contre celle-ci s'élèvent les arguments suivants : 1. C'est un abus du langage courant que de désigner comme « voulu » le résultat non désiré et même désagréable. Si la théorie de la volonté ne recule pas devant cet abus de langage, toute la discussion n'est plus que terminologique. Dans ce sens également FRANK, § 59, I, KOHLRAUSCH, Z, XXIV, 752, M. E. MAYER (Bibl., § 28) 144 et récemment FRANK dans le *Festschrift* pour Giessen (note 1, § 36), 540. La preuve la plus frappante en est fournie par v. HIPPEL lui-même, dont la conclusion, ainsi que le fait excellemment remarquer HAFTER, *Schewcizer Z*, XVII, 186, dépasse la justification psychologique de la formule de FRANK. 2 La théorie du vouloir échoue sans remède contre le § 59, C. P. I. Il est impossible de dire : le voleur veut que la chose volée soit chose d'autrui ; la femme qui avorte « veut » être enceinte, etc.

La notion d'intention embrasse par suite :

a) La représentation de l'acte volontaire ainsi que des circonstances dans lesquelles il a été entrepris.

b) La prévision du résultat.

c) Dans les infractions de commission, la représentation de la causalité de l'acte ; dans les infractions d'omission, la représentation du non empêchement du résultat. C'est dans cette conscience que réside la différence de l'intention et du désir, ainsi que de l'espérance ; pour ces derniers, l'intervention de circonstances externes, que l'auteur ne peut ni diriger ni attendre avec certitude, est nécessaire.

2. Il y a donc intention :

a) Lorsque le résultat était **projeté**, c'est-à-dire lorsque la représentation du résultat était le motif de l'acte ; lorsque l'auteur entreprend l'action en raison du changement dans le monde extérieur que l'action devra provoquer ; lorsque ce changement constitue le but visé, et sa réalisation le but final de l'acte, lorsque le résultat a été pris comme but, désiré, lorsqu'il a fait l'objet d'efforts (3). Il est alors indifférent que l'auteur ait compté avec une certitude plus ou moins grande sur la survenance du résultat, qu'il ait prévu celui-ci comme nécessaire ou comme possible.

La législation impériale a souvent mentionné l'élément du dessein (*Absicht*) dans la définition de diverses infractions. Mais la loi ne s'exprime pas dans tous ces cas de façon uniforme. Tantôt il est dit : « Celui qui dans le dessein... » tantôt : « Celui qui intentionnellement (*Absichtlich*)... », ou encore : « Celui qui dans le but... », ou aussi : « Celui qui pour.., » (4). Dans tous ces cas il y a lieu

(3) Dans le même sens en général le Tribunal d'empire ; contestable cependant R., XXIV, 255, XXVII, 241 (dessein égal à prévision du résultat en tant que celui-ci est nécessaire).

(4) Cf. C. P. I., §§ 124, 143, 146, 242, 249, 263, 265, 266, 267, 268, 272, 274, 307, 346, 349. — C. P. I., §§ 129, 147, 151, 177,

d'examiner le sens attaché à tous ces mots par le législateur. Il arrive que le « dessein » pour le législateur (par exemple dans le C. P. I, §§ 266, 346) n'est pas autre chose que la prévision du résultat, et par suite l'intention tout simplement. Nous y reviendrons dans la partie spéciale de notre exposé. Il y a lieu de remarquer que l'obtention d'un premier but (meurtre de B) peut aussi être le moyen d'obtenir un autre but (hériter de B), qu'ainsi la correction du dessein n'est pas écartée par un autre dessein dérivé du premier et le continuant.

b) Il y a également intention lorsque l'auteur a prévu la venue du résultat sans que cette prévision ait été le motif déterminant de son acte.

Celui qui sait que par sa participation à un emprunt de guerre contracté par un État en lutte avec l'Allemagne, il a contribué à augmenter la puissance défensive de cet État, a commis avec intention une haute trahison, même s'il ne voyait dans cette participation que le moyen de réaliser un gain ; celui qui, sciemment, a chargé ou fait charger sur un navire un appareil explosif devant entraîner mort d'hommes, a tué intentionnellement ces derniers, même s'il avait exécuté son acte seulement en vue de se faire payer l'assurance ; la femme qui sait qu'elle est syphilitique et qui cependant a pratiqué le concubinage dans l'espoir d'un gain, peut se rendre coupable d'un dommage intentionnel à la santé.

Nous pouvons toutefois faire les distinctions suivantes :

α) Il y a eu absolument intention, lorsque l'auteur tenait pour sûre la venue du résultat (intention directe) ;

β) Il y a conditionnellement intention lorsque l'auteur tenait le résultat seulement pour possible (**intention éventuelle**), si nous supposons qu'il n'a pas détourné la survenance du résultat, donc n'est pas arrivé à l'appréciation : « le résultat ne surviendra pas ».

191, 235, 267, 270, 273. — C. P. I. § 87, 146, 229, 234, 236, 237, 252, 257, 298, 307, 333, 334, 343. — C. P. I., §§ 81, 105, 114, 122, 159.

Si l'auteur compte, confiant dans son adresse, dans sa chance, etc., que le résultat ne surviendra pas (que l'on pense par exemple à l'aventure de Guillaume Tell, à une excursion dans un glacier), il ne peut être question d'intention. Si l'auteur se forme une appréciation affirmative (« le résultat surviendra »), ou s'il ne se forme en somme aucune opinion, bien qu'il ait prévu la possibilité de la survenance du résultat (coup donné avec un pot à bière), il y a intention éventuelle.

Cette idée s'exprime dans la règle suivante : il y a intention éventuelle en cas de représentation du résultat comme possible, lorsque la conviction de la survenance sûre du résultat n'aurait pas détourné l'auteur de commettre l'acte (formule de Frank) (5).

Il résulte de ce qui vient d'être dit qu'à l'intention éventuelle de menacer, peut s'ajouter l'intention éventuelle de nuire, et réciproquement, tandis que l'existence concordante de toutes les deux dans l'in-

(5) Elle est adoptée aussi par les partisans de la théorie de la volonté (v. HIPPEL, v. ROHLAND). Ma première rédaction doit démontrer que la théorie de la représentation peut parvenir à définir le concept de l'intention éventuelle sans rien emprunter à ses adversaires. Quant à la chose elle-même, il y a unanimité presque générale à son égard On parle beaucoup d' « acquiescement au résultat », d' « admission du résultat dans la volonté », etc. Cf. R, XXI, 420, XXXIII, 4 ; R, MILLE, III, 296, VI, 114, VIII, 215. Cependant R, XXXI, 211, rejette par principe le « dol éventuel générique ». — Dans la jurisprudence règne fortement la tendance d'étendre le domaine de l'intention éventuelle aux dépens de la négligence, de confondre le « scire debuisse ac potuisse » avec le « scivisse ». Cf. v. LISZT, *Aufsätze*, II, 251. Absolument en sens exact R, Mil. G. — Citons, comme adversaires de l'intention éventuelle : v. BAR, GS, LVI, 401, Z, XVIII, 534 ; STOOSS, Z, XV, 199 (d'où le projet suisse) ; parmi les Français, RAOUL-DUVAL. — L'intention éventuelle ne suffit pas, lorsque la loi demande un acte commis « malgré une connaissance meilleure ». De même, avec l'opinion commune, R, en dernier lieu XXXII, 302. Elle ne suffit pas non plus, lorsqu'un « dessein » (*Absicht*) déterminé, dont l'acte ayant pour but le résultat (plus haut note 4 est nécessaire.

tention directe est impossible par définition. Il en est tout à fait de même pour l'intention de l'attentat complet et de l'attentat partiel (par exemple, le meurtre et le dommage à la santé) (6).

III. -- Le concept de l'intention tel que nous l'avons commenté jusqu'à présent, se rapportant à un acte quelconque au sens naturel de ce mot, est neutre au point de vue juridique, et convient aussi bien à l'acte licite qu'à l'acte illicite. Ce n'est que par **sa relation avec la signification antisociale de l'acte** que le concept de l'intention se détermine de façon concluante au sens du droit pénal.

1. En conséquence, l'intention pourrait et devrait être définie : la conscience que l'auteur a de l'atteinte que son acte portera, par violation ou mise en péril, à des intérêts légalement protégés, soit d'un individu, soit de la collectivité (7). Le droit en vigueur (dans le § 59) a adopté un point de vue quelque peu différent. Il demande chez l'auteur la conscience que son acte est recouvert par la définition d'une action coupable. Ceci peut se justifier par l'idée qu'en délimitant nettement les faits punissables, l'examen du caractère antisocial de l'acte, examen parfois difficile peut-être pour certaines espèces, est rendu superflu. Quoiqu'il en soit, le § 59 nous oblige à la définition de concept que nous avons donnée plus haut : l'intention est la connaissance des circonstances de

(6) La question doit donc être décidée suivant la situation du cas particulier. Dans le même sens, BELING, Z, XVIII, 285, FRANK, § 216, 3 et aussi R, XXX, 216. En dérogation, la décision des chambres criminelles du 8 février 1896, XXVIII, 200, d'après laquelle l'intention de donner la mort implique nécessairement celle de coups et blessures ; dans ce sens OLSHAUSEN, § 223, 17. La question est particulièrement importante pour le rapport de l'empoisonnement au meurtre ainsi que pour le cas de désistement volontaire de tentative.

(7) De même, KOHLRAUSCH, Z, XXIII, 57, XXV, 263, et KÖHLER (Bibl., § 51) 33. Point à compléter par la législation future.

fait rentrant dans la définition du fait prévu par la loi.

2. A l'intention se rattache donc la connaissance (8) (*das Wissen*) de tous les éléments constitutifs du fait. Donc, appartient aussi à l'intention **la présomption exacte des faits prévus par la loi** (*die richtige Subsumption der Tatsachen unter das Gesetz*).

Il faut que l'auteur sache que la chose dérobée par lui est chose d'autrui, que le document falsifié est un acte authentique, que l'action favorisée par lui est un acte immoral. Mais ce sont là des éléments constitutifs d'infraction qui appartiennent non à l'action comme tombant sous les sens, mais à la signification juridique de cette action (9).

Ce qui a été dit plus haut sous II, 2, s'applique également ici. Il y a intention éventuelle, lorsque l'auteur a admis comme possible la présence d'un élément constitutif d'une infraction et ne l'a pas écarté.

3. Par contre, l'intention n'est envisagée que par rapport aux éléments de la définition objective d'un fait punissable spécial, mais non pas par rapport à la notion subjective de ce fait, ou aux éléments constitutifs généraux de toute infraction ainsi qu'à ses formes extérieures (*Erscheinungsformen*). En outre,

(8) Le C. P. I. emploie l'expression « sciemment » (*wissentlich*) ou « malgré une connaissance meilleure » (*wider besseres Wissen*), le plus souvent par rapport à des caractéristiques particulières d'infraction. Cf. P. C. I. §§ 144, 153, 257, 273, 275 ; 131, 171, 338 ; 164, 187, 189, 278 ; 127, 259, 345, 353.

(9) Cette opinion est à la vérité très contestée. Contre le texte surtout Beling, *Verbrechen*, 189, Kohlrausch, 109 ; dans le sens du texte Finger, I, 246. La séparation tentée par Frank, § 59, I, entre les « circonstances de fait » (par exemple la propriété) et les « concepts de droit » (par exemple l'acte authentique), — les premières devant être connues de l'auteur, et non pas les secondes — est inapplicable et ne trouve aucun appui dans la loi. Quant à la distinction de Binding entre les éléments caractéristiques de la transgression de la norme et ceux de la culpabilité (l'auteur doit connaître les premiers, et non les seconds), elle est purement arbitraire.

l'intention n'a rien à faire avec le domaine d'application des règles du droit pénal, avec les conditions de culpabilité sises hors de l'acte, avec les conditions et questions préjudicielles de procédure, avec les motifs d'exclusion ou de suppression de la peine, ou avec les motifs d'atténuation de peine admis dans la définition de l'infraction spécialement envisagée (10).

§ 40. — Suite. L'erreur.

BIBLIOGRAPHIE. — En dehors des ouvrages mentionnés au § précédent : *Pfotenhauer*, De delicto per errorem in persona commisso, 1828. — *Le même*, Der Einfluss des faktischen Irrtüms ünd die sog. Verirrung aüf die Strafbarkeit vorsätzlich verübter Verbrechen, 1838-39 — *Luden*, Abhandlungen, II. — *Stockar*, Die Lehre von der Aberration, 1864 — *Siegel*, Thèse Göttingen, 1895. — *Wiskott*, Thèse Erlangen, 1829. — *Kahn*, Thèse Strasbourg, 1900. — *Verron*, Thèse Rostock, 1903. — *Schweizer*, Thèse Strasbourg, 1906. — *V. Bar*, Gesetz, II, 363.

I. Du concept de l'intention se dégage l'importance, en droit pénal, d'une **erreur** (*Irrtum*) de l'auteur (1).

1. L'intention (plus haut, § 39, III) étant la connaissance de tous les éléments constitutifs d'une infraction spéciale, elle est exclue par **l'erreur de croyance (de perception)** (*Subsumtionsirrtum*), c'est-à-dire par la non admission erronée d'un élément constitutif d'une infraction ou d'un motif d'aggrava-

(10) Cette question difficile et contestée sera traitée à plusieurs reprises dans la partie spéciale. Que l'on considère dès à présent l'erreur de la mère infanticide, sur la légitimité ou l'illégitimité de son enfant. La prise en considération de cette erreur mènerait à des résultats tout à fait décevants ; le C. P. I., § 59, ne l'exige d'ailleurs pas. Dans un sens différent, en particulier, FRANK, § 59, II, 2, et MEYER-ALLFELD, 153.

(1) FINGER, I, §§ 45-47 conçoit (se rattachant à BINDING) l'erreur comme « motif d'exclusion de responsabilité » (non d'exclusion de capacité de commettre l'infraction). La loi n'offre aucun appui à cette conception.

tion de la peine. Il n'y a donc pas de vol intentionnel lorsque je ne considérais pas la chose comme une chose d'autrui ; il n'y a pas meurtre d'ascendant, lorsque je ne connaissais pas ma victime en qualité d'ascendant. Par contre, l'erreur ne peut être prise en considération quant aux éléments mentionnés (§ 39, III, 3).

Au contraire, la supposition erronée d'un élément constitutif d'infraction qui ne se rencontre pas, ou d'un motif d'aggravation de peine non existant, a pour conséquence une tentative impossible (plus loin § 47).

2. Il n'est d'aucune importance pour la portée juridique de l'erreur que le refus erroné d'admettre l'existence du fait prévu par la loi repose sur une appréciation inexacte des choses ou sur une conception erronée des règles juridiques applicables à ces choses. La distinction entre l'erreur de fait et l'erreur de droit n'a aucune base dans la loi et ne peut nullement s'appliquer dans la jurisprudence. Mais il est complètement faux de distinguer encore, dans l'erreur de droit, entre l'erreur sur les règles du droit pénal et l'erreur sur d'autres règles juridiques, en plaçant cette dernière, donc l'erreur extra-pénale, sur le même pied que l'erreur de fait (2). C'est pourtant une opinion très répandue que de considérer que l'erreur de fait et l'erreur juridique extra-pénale excluent l'intention, tandis que l'erreur juridique pénale reste sans influence. Cette distinction échoue

(2) On peut considérer l'opinion réfutée dans le texte comme l'opinion courante. Elle est adoptée également par R. dans toute une série de décisions (R, XXI, 344, XXXIII, 241, XXXVI, 389) mais alors avec les contradictions les plus graves. Dans ce même sens, FRANK, § 59, V. Dans le sens exact, BINDING, *Normen*, II, 607 et Grundrifs, I, 93 ; FINGER, I, 172 ; KAHN, LÖNING, 36, OETKER (Bibl. § 41) 83, v. BAR G. S. XXXVIII, 270 et ORTLOFF (Bibl. § 41) 16, note 2, et surtout KOHLRAUSCH, 118. Cf. aussi BÜLOW G. A., XIV, 3, 21.

déjà par le fait qu'il n'y a pas de concept de droit pénal absolument pur, le droit pénal, en sa qualité de droit de protection, empruntant bien plutôt ses concepts aux autres domaines juridiques.

II. — Mais l'erreur peut aussi consister en ce que, dans une perception exacte du fait comme étant le fait prévu par la loi, c'est-à-dire placé sous la définition du délit, **l'auteur se trompe sur l'une des circonstances de fait concrètes.** Il sait par exemple qu'il tue un homme mais il prend par erreur A, qu'il a tué, pour B. L'erreur consiste alors dans la non concordance entre la représentation de l'auteur sur la signification (causant ou n'empêchant pas le résultat de son acte volontaire) et le cours effectif des choses (3).

1. La représentation du résultat et des moyens pouvant le causer ou ne pas l'empêcher peut être plus ou moins certaine, bien qu'elle ne puisse jamais être tout à fait incertaine, et bien qu'elle ne parvienne non plus à embrasser tous les détails. Il faut que l'auteur connaisse en général les chaînons de la chaîne causale mise en mouvement ou non arrêtée par son acte volontaire, et qu'il se représente son effet. Mais cela est suffisant. Comment agira physiologiquement le poison qu'il a administré, ce qu'il trouvera dans le portefeuille trouvé, qui atteindra la bombe qu'il a jetée, tout cela, il n'a pas besoin de le savoir (4).

Il n'est donc pas nécessaire, pour que le résultat survenu puisse être imputé à l'intention, qu'il y ait une concordance parfaite, embrassant tous les détails, entre le cours des choses représentées et le

(3) L'opinion dominante considère, d'ailleurs sans pouvoir s'appuyer sur une conception de principe, cette erreur comme ne devant pas être relevée (*irrelevant*). Cf. par ex. BELING, *Verbrechen*, 325.

(4) On parle ici d'une intention plus ou moins « déterminée ».

cours des choses survenues. La représentation des changements que causera ou n'empêchera pas l'acte volontaire et ces changements eux-mêmes doivent concorder, mais non pas dans tous les détails, et seulement dans les détails essentiels.

2. Une erreur de l'auteur sur l'accomplissement et le résultat de son acte volontaire n'exclut par suite l'intention imputable que si l'erreur est **essentielle**. L'erreur est essentielle lorsque l'auteur, s'il avait connu son erreur, s'il avait prévu le cours effectif des événements, eut été détourné de commettre l'acte (5).

A mon avis il y aurait donc lieu d'admettre le meurtre intentionnel dans les cas suivants : l'accusé marche sur sa maîtresse avec un revolver chargé, dans l'intention avouée de la tuer ; dans la lutte la personne menacée touche elle-même la gâchette et est frappée mortellement. A précipite B par dessus le pont pour le noyer ; B touche la pile du pont et s'écrase le crâne. Le braconnier met en joue le chasseur pour le tuer ; ce dernier fait involontairement un bond de côté et tombe dans un précipice. Par contre, ce n'est pas un vol qualifié (grave) (*schwerer Diebstahl*) qui est consommé lorsque le voleur cherchant dans la cassette fermée un certain document, y trouve dix mille marks qu'il emporte avec lui ; il y a plutôt ici vol simple (*einfacher Diebstahl*).

Au contraire, une circonstance peut devenir essentielle par le fait qu'elle est entrée dans l'intention avec la certitude la plus pleine, et à l'exclusion de toutes les autres circonstances correspondantes provenant de la représentation. A, voulant rendre par téléphone une injure à B, est mis par erreur en communication avec C et injurie celui-ci. B veut tuer son ennemi mortel E, il prend dans l'obscurité son propre fils, F pour E, et il tue son fils. Dans les deux cas, l'admission d'un crime intentionnel entièrement consommé est erronée (6).

(5) Cette rédaction cherche à employer le concept de l'intention éventuelle (plus haut, § 39, II). Cf. aussi § 119, C. C. I. Contre moi FINGER, I, 253.

(6) C'est d'après la même règle qu'il faut apprécier le *dolus*

III. — Les principes exposés suffisent complètement pour régler tous les cas de l'erreur sur la signification causale ou non opposante de l'action. Il n'y a aucun motif de conserver les notions scolastiques de l'*aberratio ictus* et de l'*error in persona*, qui furent étrangères au droit commun et ne furent introduites qu'au XIXe siècle (par Pfotenhauer, 1828).

Au sens de l'opinion dominante, il existe *aberratio impetus sine ictus*, lorsque le résultat représenté se produit sur un autre objet que l'objet représenté, et que cette erreur sur le résultat doit être attribuée à des circonstances externes. Il n'y aurait jamais lieu alors de tenir compte du résultat survenu, mais il faudrait bien plutôt admettre la rencontre d'un crime tenté intentionnellement et d'un crime consommé par imprudence.

Par contre, l'erreur devrait être toujours considérée comme non essentielle et il faudrait toujours imputer le résultat à l'intention, si les deux objets sont, à l'égard de l'idée d'infraction alors en question, tous les deux d'une égale importance juridique et pénale.

Cette distinction pèche déjà en ce qu'elle ne s'applique nullement aux cas dans lesquels le résultat représenté est survenu quant à l'objet représenté, mais par une voie non représentée. Or, il n'existe absolument aucun motif de traiter différemment ces deux cas en droit pénal. Il ne se crée aucune différence lorsque A, qui veut insulter B par téléphone, confond lui-même les numéros ou obtient une fausse communication par erreur de l'employé (7).

generalis, qui tient son nom de WEBER (1825), et qui existerait lorsque l'auteur, dans l'hypothèse erronée d'avoir déjà accompli l'infraction, entreprend un nouvel acte pour faire disparaître les traces du premier, etc., et amène ainsi, seulement, le résultat originairement projeté par lui. On se demande alors si tous les actes partiels, en raison de l'unité du résultat, doivent être considérés comme un acte unique, dont le cours ne diffère de la représentation de l'auteur qu'en des points peu importants pour lui. Si c'est le cas, il n'est pas nécessaire d'admettre un genre spécial de dol pour la responsabilité du résultat ; si ce n'est pas le cas, cette admission n'arrive pas non plus à rattacher les divers actes indépendants. Il est vrai qu'alors, l'unité d'action existe le plus souvent. En sens différent FINGER, I, 263, MEYER-ALLFELD, 146.

(7) R. se place au point de vue de l'opinion dominant depuis Feuerbach. Cf. en dernier lieu R. XIX, 177. Le droit commun a,

§ 41. — La conscience de l'illégalité.

BIBLIOGRAPHIE. — *Oetker*, Einfluss des Rechtsirrtums, 1876. — *Binding*, Normen, II, 60, 310. — *Zitelmann*, Irrtum und Rechtsgeschäft, 1879. — *V. Bar*, GS, XXXVIII. 252. — *Hälschner*, I, 250. — *Heinemann*, Die Bindingsche Schuldlehre, 1889. — *Le même*, Z, XIII, 37¹. — *Hammerer*, Der Einfluss des Rechtserrtums auf die Bestrafung, 1890. — *Ortloff*, die Strafbarkeitserkenntins als Schuldvoraussetzung, 1891. — *Simon*, GS, XXXII, 416. — *Basedow* (Bibl. § 36). — Mais surtout *Kohlrausch* (Bibl. § 36). — Pour le droit romain : *Löffler* (Bibl. § 2) 93. *Allfeld* Die Bedeutung des Rechtsirrtums im Straffrecht, 1904. *Kohler*, Die Strafbarkeit bei Rechtsirrtum, 1904.

I. — **La notion de l'intention ne comprend pas en soi la conscience de l'illégalité.**

1. Ce n'est pas, d'abord, un élément constitutif à introduire dans le concept scientifique de l'intention en vue de la *lex ferenda* (1). Ce concept exige que

comme les droits des peuples germaniques et les livres de droit, toujours traité l'*aberratio* comme l'*error in persona* (par exemple la Prusse en 1721) et il a admis régulièrement dans les deux cas, appuyé sur CLARUS et CARPZOV (Constitutions Saxonnes, IV, 6), un crime intentionnel consommé (avec atténuation toutefois chez DAMHOUDER et autres). Le code autrichien de 1852, § 138, assimile expressément les deux cas, que la doctrine française ne sépare pas non plus. Contre la distinction surtout BELING, 35, F. v. BURI, *Causalität und deren Verantwortung*, 1873 ; FRANK, § 59, V, LAMMASCH (Bibl., § 9, 1) 26. Pour la séparation récemment SIÉGEL et WISKOTT.

(1) La question est très controversée. — 1. BINDING, Normen, II, 403 demande la **conscience de la transgression de la norme.** Il est suivi par BASEDOW, BELING, 57, FINGER, I, 261, OETKER, OLSHAUSEN § 59, 16 et 30. Il y a lieu de considérer ici la distinction entre les caractéristiques de la transgression de la norme et celles de la culpabilité, au sens de BINDING (Normen, I, 103). — 2. Un autre groupe exige la conscience de l'**illégalité** mais non celle de la culpabilité ; en ce sens ALLFELD, BIRKMEYER, 1127, HAELSCHNER, I, 299, 253, LOENING, 31, 35, MEYER-ALLFELD, 133, H. SEUFFERT, LPC, I, 78. — **Avec le texte** R XII, 275, XV, 158, XIX, 253, XX, 303, XXXVI, 139, puis V. BAR, GS, XXXVIII, 252, BRUCK (Bibl. § 42) 22, FRANK, § 59, II, HEILBORN (Bibl. § 52),

l'auteur ait connaissance de ce que l'acte est dirigé contre un intérêt juridiquement protégé (plus haut, § 39, note 7). C'est tout autre chose que l'interdiction de l'acte, donc que son illégalité au sens où le terme est pris régulièrement. Il ne peut être question d'escroquerie intentionnelle que si l'auteur sait qu'il nuit par son acte à la fortune d'autrui ; il est indifférent qu'il sache qu'il fait par là une chose défendue par l'ordre juridique. La jurisprudence ne peut être entravée par l'obligation d'examiner si l'auteur a possédé une connaissance des normes que n'a pas toujours le juriste professionnel lui-même.

2. Ce n'est pas un élément constitutif du concept de l'intention d'après le droit positif. Ce concept demande (plus haut, § 39, III) que l'acte soit prévu par la loi. Si l'auteur sait que son acte remplit toutes les caractéristiques qui sont celles de la définition légale, il est indifférent qu'il sache en outre qu'il a transgressé par là une norme juridique. La loi n'offre aucun appui à la conception contraire (2), contre laquelle s'élève la considération pratique mentionnée sous 1.

II. — La règle d'après laquelle l'élément constitutif de l'illégalité doit **être examiné d'une manière strictement objective,** sans considérer la bonne ou mau-

146, KITZINGER, 65, LV, 89, v. LILIENTHAL, 38, LÖFFLER, 264, LUCAS (Bibl. § 39) 66, MERKEL, 84, WEISMANN, Z, XI, 87, note 194, mais surtout HEIVEMANN. — 4. La conscience de la **transgression du devoir** est demandée par KOHLRAUSCH, 24, LIEPMANN, 134, M. E. MAYER (Bibl. § 28). Il ne faut pas ranger ici les auteurs qui, avec MERKEL, 68, exigent la possibilité de la conscience de la transgression du devoir pour admettre la responsabilité (à ce sujet plus haut, § 36, note 1).

(2) Il résulte sans aucun doute du texte de la loi (circonstances de fait) que le § 59 ne peut être invoqué ici comme le prétendent BELING, BINDING, ORTMANN, OTKER, etc., ceci est d'ailleurs concédé expressément par OLSHAUSEN, § 59, 30, ainsi que par HAMMERER, 30. Cf. HEINEMANN, 122, ainsi que R., XX, 198.

vaise foi de l'auteur, est importante à deux points de vue différents.

1. La supposition erronée que l'action non contraire au droit est illégale, ne nuit pas à l'auteur.

Le délit putatif (*Wahnverbrechen*) n'est pas une infraction et plus spécialement n'est pas une infraction tentée ni manquée (3).

Deux cas sont ici possibles, mais ils doivent être réglés identiquement.

a) L'auteur admet par erreur l'illégalité d'une action qui n'est nullement illégale. La femme, qui se livre à des actes contre nature avec des personnes de son sexe, est persuadée qu'elle se rend coupable d'une sodomie contraire au droit et passible de peine.

b) L'auteur suppose par erreur qu'une circonstance qui exclut l'illégalité d'une action en général contraire au droit n'existe pas, bien que dans le cas donné elle soit effectivement présente. Le patron d'un apprenti suppose par erreur qu'il a dépassé son droit de correction.

(3) Le délit putatif (*Wahnverbrechen*) est fréquemment confondu avec la tentative impossible ; cf. plus loin § 47. — Différent de ce délit est l'illusion délictueuse (*Verbrecherwahn*) dans laquelle l'auteur connaît l'illégalité de son action, mais se place sciemment hors de l'ordre juridique avec la prétention d'obéir à des devoirs supérieurs. L'illusion délictueuse reste, elle aussi, sans influence sur l'appréciation du fait, mais pour d'autres motifs. Cf. C. P. Mil., § 48 : « La culpabilité..... n'est pas exclue par le fait que l'auteur a tenu sa conduite comme ordonnée d'après sa conscience ou d'après les prescriptions de sa religion. » La non admission erronée de l'assentiment de la victime, lequel a eu lieu effectivement, présente des difficultés spéciales, dans la mesure où cet assentiment apparaît comme important en droit. Logiquement (voir plus haut § 35, IV), cette non admission doit être en principe considérée et traitée comme erreur sur l'illégalité et non sur un élément caractéristique du fait. Et, de même, il faudra traiter l'admission erronée du consentement qui n'a pas eu lieu d'après ce qui a été dit plus haut sous II, 2. Mais là également nous arrivons à des conséquences différentes, lorsque le non consentement est un élément caractéristique du fait (voir plus haut sous III).

Dans l'un et l'autre cas, il ne peut être question d'acte intentionnel punissable.

2. La supposition erronée que l'action illégale n'est pas contraire au droit ne profite pas à l'auteur; l'erreur sur les commandements ou les défenses qui servent de base à la loi pénale, n'exerce aucune influence.

Là encore il y a lieu de distinguer deux cas qui se traitent de manière identique.

a) L'auteur suppose par erreur qu'une action en général contraire au droit n'est nullement illégale. L'usurier ne sait pas que la loi sur l'usure prononce une peine contre l'acte qu'il commet; le maître d'une maison de tolérance croit être protégé par l'autorisation de la police. Malgré cette erreur, ces actions sont des infractions, comme elles le seraient sans elle.

b) L'auteur admet par erreur que l'action qu'il sait être en général contraire au droit, rentre dans l'une des exceptions excluant l'illégalité.

L'auteur se croit en état de nécessité, ou s'estime en présence d'une attaque illégale le menaçant (légitime défense putative), ou il se croit détenteur d'un droit de correction. Il n'y a pas de motif de traiter ces cas autrement que ceux examinés sous *a*). Là également, l'erreur, qu'elle porte sur le fait ou sur le droit, doit rester sans influence (4).

(4) L'opinion commune admet ici l'impunité. Cf. HAESELBARTH, thèse ROSTOCK 1904 Dans le même sens, bien qu'indécis, R. Très précis, R. MILG, VII, 248, VIII, 199, ainsi que dans d'autres décisions. Contre l'opinion du texte, on soulève aussi surtout la théorie des caractéristiques négatives du fait (plus haut, § 26, note 6), pourtant l'auteur ne serait protégé que par l'erreur sur sa situation réelle (admission erronée d'une attaque présente), mais non par l'erreur sur la norme juridique (concept de la légitime défense). Cette distinction entre l'erreur de fait et l'erreur de droit est inapplicable pour les raisons données plus haut (§ 40, I, 2). Celui qui, dans l'état de légitime défense hypothétique, tue un homme, a absolument mérité la peine du meurtre. D'une largeur d'interprétation contestable, R. XXVII, 401. Dans le sens du texte C.C.I, § 231. A ce sujet, V. LISZT, *Deliktsobligationem*, 59.

III. — Cependant la règle qui vient d'être posée souffre une **exception** importante, appartenant d'ailleurs purement au droit positif. Partout où la loi a mis dans la définition d'une infraction particulière l'élément de l'illégalité, la conscience de l'illégalité de la part de l'auteur doit être exigée à côté de l'intention (5).

1. Mais cette introduction a eu lieu de différentes manières.

a) Fréquemment, le législateur a fait, de la direction de l'action contre un droit existant ou contre un devoir juridique, un élément constitutif du fait. Il demande par exemple pour le vol, que la chose appartienne à autrui, pour l'adultère, qu'il y ait un mariage existant, pour la rébellion à l'autorité, qu'il y ait exercice officiel et régulier de la fonction.

b) Dans un certain nombre de cas (par exemple pour le vol et l'escroquerie) « le dessein contraire au droit » est un élément constitutif du délit.

c) Il faut enfin ici mentionner l'expression : « celui qui, contrairement au droit, etc. ».

Dans tous ces cas, lorsque l'auteur a supposé par erreur que l'illégalité est exclue, le fait cesse d'être punissable (6). Ceci s'applique également, lorsque

(5) Cf. plus haut § 32, note 5. Ce qui y est dit contient aussi la justification législative de cette exception. Dans le même sens, R, en dernier lieu, XIX, 209, XX, 303. En outre, BORCHERT, *Verantwortlichkeit*, 28. KATZENSTEIN, Z, XXI, 426, V. LILIENTHAL, 46, et en particulier HEINEMANN. *Contrà* KLEE, 73, KOHLRAUSCH, 72, KRONECKER G. S., XXXVIII, 495, LUCAS, 60, STOOSS, *Schweizer Zeitschr.*, I, 524, x, 351. V. WEINRICH, Z, XVII, 807, qui s'en tiennent aussi dans ce cas à la règle. Semblable au texte également FRANK, § 59, II.

(6) L'opposition des opinions (plus haut note 3) perd sensiblement de sa portée pratique par cette limitation. Si la contravention de police venait à se détacher complètement du délit criminel, les adversaires renonceraient probablement aussi pour celle-là à la conscience de l'illégalité. Par contre, la différence d'opinions reste toujours importante en ce qui concerne les cas mentionnés sous II, 2 *b*.

l'auteur a supposé par erreur (plus haut, II, 2 *b*) qu'il était autorisé à disposer des biens d'autrui.

2. Dans tous ces cas, l'intention éventuelle suffit pour que l'acte soit punissable (plus haut, § 39, II).

3. Il faut encore rappeler ici que diverses lois complémentaires contiennent des dispositions spéciales sur l'influence de ce que l'on nomme l'erreur de droit (7).

§ 42. – L'imprudence.

BIBLIOGRAPHIE. — v. *Bar*, dans Grünhüt, IV, 21, v. *Prittwitz*, G. A., XXX, 145. — *Wahlberg*, Klein. Schriften, III, 268. — *Bruck*, Zur Lehre von der Fahrlässigkeit im heutigen deutschen Strafrecht, 1885, et à ce sujet *Birkmeyer*, K. V. S., nouvelle série, X, 587, puis réplique de *Bruck*, G. A., XXXVI, 420. — *Eccard* Thèse Strasbourg, 1889 ; *Helmer*, Thèse Strasbourg, 1895. — *Kuhner*, Die Kunstfehler der Aerzte vor dem Forum der Juristen, 1886. — *Ortloff*, Strafbare Fahrlässigkeit bei Aùsubùng der Heilkùnst, 1888. — *Borntreger*, Ueber die strafrechtliche Verantwortlichkeit des Arztes bei Anwendùng des Chloroforms ùnd andrer Inhalations-Anasthetika, 1892. — *Brouardel*, La responsabilité médicale, 1898. *Graak*, Sammlung, etc., 1904.

I. — La notion de l'imprudence (*Fahrlässigkeit*) n'a évolué que graduellement et lentement, en tant que notion générale du droit pénal. Ce furent surtout des infractions prises isolément qui occupèrent en cette matière la doctrine et la jurisprudence (par exemple le meurtre par imprudence). Il n'est donc pas surprenant que cette évolution ne soit pas encore

(7) Le § 163 de la loi douanière de 1869 dit : « L'ignorance des prescriptions de la présente loi et des dispositions administratives s'y rattachant et ayant fait l'objet d'une publication régulière, ne pourra être une excuse pour personne, même pour les étrangers. » — Loi sur la contrefaçon littéraire de 1870, § 18, al. 2 : « La punition de la reproduction reste exclue, si son instigateur a agi de bonne foi en raison d'une erreur excusable, matérielle ou juridique ». Cette disposition, abrogée pour les droits d'auteurs littéraires par la loi du 19 juin 1901, est encore en vigueur pour les lois concernant les autres droits d'auteurs ou inventeurs des 9, 10 et 11 janvier 1876. Sur le C. P. I., § 193, cf. plus loin la partie générale.

terminée, qu'une notion homogène de l'imprudence soit restée étrangère au droit romain et aux législations d'origine romaine, et que dans notre droit en vigueur plusieurs phases de l'évolution soient simultanément représentées.

Depuis les écrits italiens du Moyen Age, le rapport de la faute au résultat survenu est essentiel pour la notion de l'imprudence. Lorsque le C. C. I, § 276, dit : « Agit avec négligence celui qui, dans ses rapports avec autrui, manque aux soins exigés en affaires », la notion de la négligence n'est pas par là épuisée. Bien mieux, la survenance d'un résultat contraire au droit est nécessaire, ainsi que la prévisibilité de cette conséquence de la façon d'agir. En d'autres termes, la notion actuelle du délit par imprudence repose sur ce que le résultat survenu n'est pas considéré comme une condition de la sanction pénale (cf. § 44, III), mais comme un élément de l'action elle-même. Ce n'est que de cette manière que l'imprudence se présente comme le second genre de la faute, à côté de l'intention. Nous établissons cette notion, parvenue à ce point de développement, dans ce qui suit.

II. **L'imprudence** est (formellement) la **non prévision du résultat à prévoir au moment où la manifestation de la volonté se produit.** Le résultat est **à prévoir** lorsque l'auteur aurait dû et pu le prévoir. L'action imprudente est par suite la provocation ou le non empêchement, par la manifestation de la volonté, d'un résultat non prévu, mais à prévoir (1).

(1) En sens différent, ici aussi, BINDING, *Normen*, II, 117, qui définit l'imprudence comme la volonté inconsciemment illicite. Le concept de l'imprudence est limité par celui de l'intention. Il en résulte (Cf. plus haut, § 39) : 1. Il y a imprudence en cas de résultat survenu, lorsque l'auteur se représente la possibilité de la venue du résultat, mais l'écarte par l'appréciation (inexacte et évitable) : « Le résultat ne surviendra pas ». 2. Mais il y a aussi imprudence, lorsque l'auteur ne s'est pas du tout représenté la possibilité du résultat (alors qu'il aurait pu se la représenter). Sur cette considération repose la distinction, faite depuis FEUERBACH et très répandue, entre l'imprudence consciente (premier cas) et l'imprudence inconsciente (deuxième cas). Cette distinction est exacte. Mais il serait faux de considérer l'imprudence consciente comme la forme la plus grave de la faute. En

Ici également, comme pour l'intention (voir plus haut § 39, III), il faut, à côté de cette première définition, en placer une seconde sensiblement plus étendue dans sa portée : **l'imprudence est l'ignorance (non-connaissance) évitable d'un élément fondamental d'une définition** (C. P. I., § 59). L'erreur évitable dans une présomption constitue donc, elle aussi, l'imprudence. Ceci s'applique également à la non-connaissance fautive de l'illégalité, dans la mesure où celle-ci est rangée par le législateur parmi les caractéristiques de certaines définitions.

La notion de l'imprudence comporte :

1. Le défaut de précaution lors de la manifestation de la volonté, c'est-à-dire la négligence de l'attention commandée par l'ordre juridique et nécessaire d'après l'état des circonstances. La mesure de l'attention se fixe alors en général d'après la nature objective de l'action entreprise, et non d'après la nature propre personnelle de celui qui agit. La paresse de la vigilance, le non accomplissement de ce qui doit être fait, apparaissent au sens de la terminologie dominante comme une faute de la volonté.

2. Mais au manque de précaution doit s'ajouter le manque de prévoyance, c'est-à-dire qu'il a dû être possible à celui qui agit de voir d'avance (ne serait-ce qu'en traits généraux) le résultat comme effet du mouvement du corps (2). Dans l'appréciation de cette

effet, l'auteur prévoyant, qui mesure préalablement et avec anxiété les conséquences les plus éloignées et qui, après un examen soigneux mais qui le conduit à un résultat faux, rejette la causalité, serait traité beaucoup plus sévèrement que l'individu insouciant. Lorsque le législateur incorpore la caractéristique de l'illégalité dans le concept d'une infraction particulière (plus haut, § 41, III), on ne peut admettre en cas par exemple de non connaissance fautive de l'illégalité, la commission du délit par imprudence (comme le font MEYER-ALLFELD, OLSHAUSEN et autres).

(2) R., XIX, 51, XXXV, 131, R. MILG. VI, 262, VIII, 165. Il suffit que l'auteur ait pu prévoir la mort d'un individu quelconque sinon celle d'un individu donné; il n'est pas non plus nécessaire

question, il y a lieu de prendre pour base les capacités mentales de celui qui agit, tant en général qu'au moment de l'action (excitation, ivresse), ainsi que sa perspicacité plus ou moins grande. La mesure de ces éléments est ici subjective et spéciale. La capacité mentale de l'auteur seul est en question. Si cette capacité est affirmée, le manque de prévoyance apparaît alors comme une faute d'intelligence (3).

Le contenu fondamental de l'imprudence en tant que mode de la faute est ainsi éclairci. L'état défectueux du sens social de l'auteur responsable se manifeste ici en ce qu'il n'a pas reconnu la signification antisociale de son acte, qu'il pouvait connaître.

III. — L'imprudence repose par suite sur une erreur à l'égard de la signification de l'acte volontaire (provoquant ou n'empêchant pas le résultat), ou encore sur une connaissance défectueuse des éléments caractéristiques de la définition du fait. C'est en cela que réside sa différence avec l'intention. Mais erreur

que le temps, le lieu, les autres détails du cours concret des causes aient été possibles à prévoir. Cf. plus haut § 41, II. Discutable par contre R., XXIX, 210 et XXXIV, 91.

(3) Ce qui a été dit sous I et II règle l'antique controverse sur la généralité ou la spécialité de la mesure de l'imprudence, sur l'objectivité ou la subjectivité de cette mesure, sur l'imprudence faute de volonté (opinion prépondérante) ou faute d'intelligence ; il suffit, comme nous le faisons, de renvoyer aux deux éléments équivalents de la notion qui nous occupe. La conception représentée dans le texte (distinction entre la précaution et la prévoyance) est aussi partagée par R, dans un certain nombre de décisions, en dernier lieu XXX, 25 et par R. MILG, V, 15. Dans le même sens OLSHAUSEN, § 59, 17. Dans le même sens également, déjà le droit canonique ; cf. HINSCHIUS, V, 928, note 5, *contra* LIEPMANN, 144, qui veut aussi apprécier d'après la mesure objective le « pouvoir savoir ». Dans le même sens en apparence C. C. I., § 276 (voir page 183). Cependant, aussi pour l'opinion représentée dans le texte, ZITELMANN (plus haut, § 28, VI, 4), 158. Cf. V. LISZT, *Deliktsobligationem*, 55. Contre LIEPMANN : FRANK, § 59, VI, M. E. MAYER, 119. D'autre part, d'après FRANK, le manque de précaution doit également être apprécié individuellement.

et connaissance défectueuse ne motivent l'admission de l'imprudence que si elles avaient pu et dû être évitées. C'est ce qui constitue la différence entre l'imprudence et le hasard. L'erreur n'excluera donc l'imprudence que si elle était inévitable, que s'il était impossible à l'auteur, étant donné ses dispositions, de parvenir à la représentation de la signification de sa manifestation de volonté (cf. § 59, al. 2 du C.P. I.).

IV. — Toutes les prescriptions de l'ordre juridique peuvent, en soi, être transgressées par imprudence. Mais, d'après le droit en vigueur, toute transgression par imprudence n'est pas sanctionnée d'une peine. Au contraire, la punition des délits d'imprudence constitue une exception, qui ne doit être admise que si la volonté de punir aussi la transgression par imprudence est exprimée expressément dans la loi ou si elle peut se dégager de l'ensemble des dispositions légales (4).

V. — Pour l'intention, la représentation de toutes les circonstances de fait rentrant dans la définition de l'infraction (y compris le résultat) est nécessaire. Si même une seule de ces caractéristiques déterminantes fait défaut dans la représentation, l'intention est exclue et l'imprudence peut exister. En déduction exacte, il y aurait donc par définition, pour chaque infraction intentionnelle, autant de délits par imprudence que cette infraction a de caractéristiques déterminantes, et rien n'empêcherait le législateur

(4) Cf. R., XXII, 43. Le C. P. I. sanctionne expressément d'une peine la commission par imprudence dans les cas suivants : §§ 220 et 230 meurtre et coups et blessures ; §§ 121 et 347, surveillance insuffisante et suivie de fuite de prisonnier; § 163, faux serment, §§ 309, 311, 314, 316, 318, 326, 329, infractions constituant des dangers publics ; § 345, exécution d'une peine non exécutoire. Pour les contraventions de police, l'imprudence suffit en général ; cependant la teneur et le sens de la loi doivent toujours être exactement examinés. Cf. GOLDSCHMIDT, *Verwaltungsstrafrecht* (plus haut, § 26, note 7), 475, 476.

de ne punir que l'un ou l'autre de ces délits d'imprudence, en laissant les autres impunis. Deux cas de délits d'imprudence répondraient au meurtre intentionnel d'un homme : 1. L'auteur sait qu'il tue, mais il ne sait pas qu'il a un homme devant lui. 2. Il sait qu'il agit contre un homme, mais il ne sait pas qu'il tue. En général, la législation n'a pas fait usage de la possibilité de cette distinction. Le meurtre par imprudence du C. P. I. embrasse les deux cas. Cependant la dite distinction est bien intervenue pour le recel d'objets, § 259 C. P. I. (plus loin § 147).

VI. — **Degrés de l'imprudence** : Le droit en vigueur a traité dans deux cas l'imprudence comme aggravée, lorsque l'auteur « était, en raison de sa fonction, de sa profession ou de son industrie, particulièrement obligé » à l'attention non observée par lui (5) (C. P. I. §§ 222 et 230, meurtre et blessures corporelles). Il y a lieu de mentionner ici ce que l'on peut appeler pour les médecins et chirurgiens les « erreurs de métier ».

§ 43. — La culpabilité dans les délits de presse.

Bibliographie. — v. *Liszt*, Pressrecht, §§ 47-57. — *Le même* H R. « Prefsstrafrecht » und « Redacteur ». — v. *Schwarze*, Kommentar zum Pressgesetz, 3. Aufl. (édité par Appelius) 1896. — *Berner*, Lehrbuch des deutschen Pressrechts, 1876. — *Honigmann*, Die Verantwortlichkeit des Redakteurs nach dem Reichsgesetz über die Presse, 1885. — *Baumgarten*, Z, v, 491. — *Löning*, Die strafrechtliche Haftung des verantwortlichen Redakteurs, 1889. — *Oetker*, Die strafrechtliche Haftung des verantwortlichen Redakteurs, 1893 — *Le même*, Preussische Jahrbücher, LXXVI,

(5) L'action doit donc rentrer dans le cadre des occupations officielles, professionnelles, etc. C'est aussi le cas pour l'exercice illégal d'une profession ou d'une industrie, pour les traitements médicaux empiriques, pour l'abus du pouvoir attaché à la fonction. Cf. R., XXVII, 167. Beaucoup plus strict Frank, § 222, II. Cf. R., XXXIV, 65, XXXVI, 405 (emploi d'un cycle pour la visite de la clientèle ou pour aller au travail ou en revenir) ; XXXIX, 204 (la tutelle en tant que fonction).

385. — v. *Bülow*, GA., XL, 241, XLIII, 324 et Z, XIV, 643. — *Kloppel*, Das Reichspressrecht, 1894. — *R. Schmid*, Die strafrechtliche Verautwortlichkeit für Pressvergehen, 1895. — v. *Buri*, Z, XVI, 48. — *Grüttefien*, Die Täterschaft des verantwortlichen Redakteurs, 1895. — *Jörg*, Wesen der pressrechtlichen Fahrlässigkeit nach § 21, Reichspressgesetz, 1899. — *Brenske*, Thèse Rostock, 1900. — *Le même*, GS., LX, 50. *Wahl*, Thèse Leipzig 1904 ; *Gaze* Die straf. b. Haftung für Pressdelikte, 1906.

I. — Les principes généraux développés dans les §§ précédents s'appliquent aussi dans les **délits de presse**, c'est-à-dire aux actes coupables dont l'essence consiste dans l'abus du droit d'exprimer librement une opinion par le fait de publier et de répandre des ouvrages imprimés. Ceci résulte expressément du § 20, al. 1, de la loi sur la presse du 7 mai 1874 (1).

Mais ces principes généraux ne suffisent pas à l'égard des délits de presse. Abstraction faite d'autres motifs (par exemple l'anonymat de la presse périodique), la transformation que la pensée subit par son impression et l'intervention très particulière et simultanée de toute une série de personnes (auteur, éditeur, rédacteur, libraire-éditeur, imprimeur, vendeur) qui se produit alors, ont pour effet de rendre indispensable, à l'égard des délits de presse, un complément des principes généraux (2) sur la culpabilité

(1) En Alsace-Lorraine, la loi en vigueur est la loi sur la presse du 8 août 1898 (voir plus haut § 22, II, 7). — D'après le § 2, les imprimés sont « toutes les productions de la presse des imprimeurs ainsi que toutes les reproductions d'écrits et d'illustrations avec ou sans texte, et de musique avec texte ou commentaire, obtenues par procédé mécanique ou chimique, et destinées à la mise en vente ou à la distribution. » Cf. en outre la loi du 12 mars 1884 qui établit une distinction entre le bulletin de vote et l'imprimé. — D'après le § 7, les imprimés périodiques sont les journaux ou les revues, bulletins, etc., qui paraissent à des délais mensuels ou plus rapprochés, même irréguliers.

(2) D'après ces principes généraux, le délit de presse, en tant qu'expression particulière de la pensée, se présentant comme commis par la mise en vente ou la distribution d'un imprimé,

à l'aide de dispositions spéciales, pour que la poursuite pénale ne vienne pas se briser contre des difficultés juridiques. La loi impériale sur la presse a tenu compte de cette idée, en complétant les principes généraux suivant deux tendances.

II. — La loi impériale sur la presse a, sur le modèle d'autres législations, complété dans le § 20, al. 2, les principes généraux sur la culpabilité en admettant tout d'abord la responsabilité personnelle (*Haftüng*) du rédacteur responsable (*verantwortlicher Redakteur*) d'un imprimé périodique (3).

Le rédacteur responsable doit donc être rédacteur, c'est-à-dire avoir la faculté de décider de l'acceptation d'un article. Mais est seul considéré comme **rédacteur responsable** au sens de la loi le rédacteur qui : 1° est nommé comme tel sur le numéro considéré du journal ou du périodique et 2° qui est chargé d'examiner le contenu de la feuille au point de vue de sa signification pénale éventuelle, c'est-à-dire qui était en situation d'empêcher la publication. Le § 20, al. 2, ne peut par suite s'appliquer lorsqu'une de ces deux exigences fait défaut. Dans les deux cas, et d'après les §§ 18 et 19, il ne peut intervenir de sanction qu'en raison de l'inobservation du § 7 de la loi sur la presse (4).

l'éditeur ou le débitant « subséquent » est régulièrement l'auteur, les autres intéressés (leur culpabilité correspondante étant présupposée) sont des complices. Par contre, la culpabilité des tiers, dans la mesure où la responsabilité est attachée à des personnes déterminées ne peut être combattue qu'à l'aide de motifs tirés des faits. Cf. OESTERLEIN, *Die Aüsdehnüng des Pressprozesses aüf die technischen Arbeiter*, 1894.

(3) Cf. sur les qualités du rédacteur responsable exigées par la loi, le § 8 de la loi sur la presse.

(4) Les opinions diffèrent profondément. — 1. D'après LÖNING, SCHWARZE, c'est la dénomination qui est décisive ; cette opinion est partagée par le troisième Sénat (chambre) criminel, R., XXIII, 9, XXV, 180 — 2. D'après HONIGMANN, c'est la surveillance (direction) effective qui tranche la question ; également dans ce sens les deuxième et quatrième sénats criminels, R., XXI, 23, XXVII,

La loi pose donc à l'égard du rédacteur responsable la présomption (contestable) de son action effective en ce qui concerne les actes coupables commis par le moyen du contenu du périodique. La présomption peut être contestée par la preuve, fournie par le prévenu, ou par la constatation, faite d'office par le tribunal, qu'il existe des « circonstances particulières » par « lesquelles l'admission de l'action effective est exclue ». Par circonstances « particulières », il faut entendre les circonstances existant dans le cas spécial, et qui ne sont pas nécessairement « extraordinaires », par lesquelles la connaissance, par le rédacteur responsable, du contenu coupable du numéro rédigé par lui, ou celle d'une autre circonstance caractéristique de l'infraction particulière (par exemple l'illégalité se trouve exclue (5).

III. — Mais la loi impériale sur la presse a en outre fait appel au **système des peines pour imprudence** concurremment au système belge de la responsabilité

246, XXXIV, 187. — 3. Mon opinion est partagée en substance par KLÖPPEL, 203, 303; OETKER s'en rapproche, seulement il ne demande pas, précisément pour le numéro intéressant, le contrôle supérieur. — 4. D'après v. BULOW, APPELIUS, GAZE, LIEBLICH et BRENSKE, la nomination par le propriétaire de la feuille suffit. Dans le même sens, le 4e Sénat, R., XXVII, 246, le 2e Sénat, R., XXXVI, 215. — L'opinion indiquée sous 1 conduit à reconnaître juridiquement l'institution si sympathique des rédacteurs « à faire les mois de prison »; les opinions indiquées sous 2 et 4 perdent de vue la signification de la dénomination exigée pour chaque numéro par le § 7 de la loi sur la presse.

(5) A cette opinion soutenue par moi dès 1880 se sont joints, contrairement à des décisions antérieures, les Sénats criminels réunis (6 juin 1891), XXII, 65. En outre, R., XXII, 221 et aussi, bien qu'allant encore plus loin, R., XXXI, 211. Dans le même sens v. BULOW, BELING, 52. *Contrà*, GRUETTEFIEN, qui admet une contradiction insoluble entre les §§ 20 et 21. — Original mais non convaincant OETKER. Il existerait un cas de ce qu'il appelle la responsabilité du garant (*Garantenhaftung*), et non pas seulement une simple présomption de faute. Contre lui v. BULOW, Z, XIV, 653, avec lui LIEBLICH.

graduée, cela également dans le but de compléter les principes généraux du droit pénal. Si les personnes qui ont contribué à confectionner et à répandre un imprimé de contenu coupable n'ont pas examiné le contenu de cet imprimé avec l'attention exigée, ou si elles ne peuvent fournir au moins la preuve de l'absence de leurs fautes personnelles, en nommant la personne qui les couvre, elles sont rendues responsables en raison de leur imprudence (6).

C'est cette pensée qui guide le § 21 lorsqu'il décide :

« Si le contenu d'un imprimé constitue le fait défini comme punissable, sont passibles, pour imprudence, de l'amende jusqu'à mille marks ou de la détention simple ou de la détention dans une enceinte fortifiée ou de l'emprisonnement jusqu'à un an, et en tant qu'il n'y a pas lieu de les punir en vertu du § 20 comme auteur ou complice, 1° le rédacteur responsable, 2° l'éditeur, 3° l'imprimeur, 4° celui qui a vendu l'imprimé en raison de son métier ou qui l'a répandu autrement dans le public, lorsqu'ils ne peuvent faire la preuve d'avoir employé toute l'attention qu'ils devaient ou faire la preuve de circonstances ayant rendu cet emploi impossible.

Toutefois, pour chacune des personnes nommées, la sanction pénale se trouve exclue si, jusqu'au prononcé du premier jugement, elle fait connaître comme auteur ou comme expéditeur avec le consentement duquel la publication a eu

(6) En réalité il s'agit, d'après la conception de la loi, de la commission par imprudence de l'acte coupable motivée par le contenu de l'imprimé; v. Liszt, *Pressrecht*, § 47, III, §§ 51 et sq. A mon opinion se sont joints Bruck (Bibl. § 42), 59 ; Honigmann, v. Kries, 203 ; Merkel, 292 ; Rosenfeld, *Nebenklage*, 106. Cf. aussi R. xxvi, 45. *Contrà* Betz (Bibl. § 31), 66 ; Kloeppel, 384 ; Löning, 270 ; mais surtout Oetker (responsabilité pour le délit d'autrui, garantie du délit, et non pas comme en droit belge garantie pénale). La conception fondamentale est importante pour la question de la plainte, de la poursuite, à fin de réparation (Busse) de la peine, de l'application du § 290 C. P. I., etc. — D'autres personnes que celles nommées au § 21 ne peuvent être punies en raison du § en question, même comme complices (Cf. v. Liszt, *Pressrecht*, 69).

lieu ou, s'il s'agit d'un imprimé non périodique, comme éditeur de celui-ci, ou comme l'un de ceux qui sont nommés avant elle dans l'énumération ci-dessus, une personne qui se trouve dans le domaine de la juridiction repressive d'un Etat confédéré allemand ou qui s'y est trouvé dans le temps de la publication ; au cas où elle est décédée ; en outre, en ce qui concerne le vendeur ou le distributeur d'imprimés étrangers, si ces imprimés lui sont parvenus par la voie du commerce de la librairie. »

IV. — L'INFRACTION CONSIDÉRÉE COMME L'ACTE INJUSTE PUNISSABLE

§ 44. — Injustice et infraction. (*Unrecht*) (*a*).

BIBLIOGRAPHIE. — Sur les conditions de la criminalité : *Francke*, GA., XX, 33. — *Binding*, I, 483. — *Meyer-Alfred*, 20. — *Merkel*, 236. — *John*, I, 127. — *Bennecke-Beling*, 9. — *V. Kries*, 463. — *Eisler*, dans Grünhût, XVII, 587. — *Albers*, Thèse Erlangen, 1898. — *Haùsmann*, Die Beleidigùng gesetzgebender Versaumlùngen ùnd politischer Körperschaften ùnd die rechtliche Natùr der Ermächtigùng, 1892. — *Kitzinger*, GS., LV, 1. — *Kohler*, GA, XLIX, 1. — *Finger*, GA, I, 32. — *Binding*, GS, LXVIII, 1.

I. — 1. L'infraction est **un acte injuste menacé d'une peine par l'État.** La notion d'injustice, c'est-à-dire d'action coupable, contraire au droit, que nous avons développée jusqu'à présent, trouve son application dans tous les domaines juridiques. Mais l'injustice criminelle, l'infraction, se détache nettement de toutes les autres sortes d'injustice par la conséquence juridique qui lui est propre, c'est-à-dire par la peine. D'ailleurs la peine et l'obligation de réparer (la conséquence civile de l'injustice) ne s'excluent pas réciproquement ; elles peuvent se rattacher concurremment à un même fait. Il en résulte trois possibilités.

a) L'ordre juridique peut se contenter, comme dans le cas du non-accomplissement d'obligations

(*a*) Comparer l'expression allemande *unrecht* et l'expression anglaise *tort* ou *wrong* pour désigner l'acte constitutif du délit civil (note du tr.).

contractuelles, de la seule sanction de l'injustice par le droit privé.

b) Il peut rattacher au même fait injuste, comme dans le cas d'usure, de meurtre, de séquestration, etc., aussi bien la conséquence civile entraînée par l'injustice en droit privé, que la sanction encourue en droit pénal.

c) L'ordre juridique peut s'en tenir purement à la menace d'une peine et faire abstraction de l'obligation d'indemnité ; il doit agir ainsi lorsque, comme c'est le cas pour l'infraction créant seulement un risque, il ne s'est produit aucun dommage ; il peut agir ainsi lorsque le dommage immatériel (moral) produit (comme par exemple en cas d'insulte) ne lui paraît pas propre à être compensé par une indemnité en argent.

2. Mais lorsqu'on se trouve en présence de faits qui entraînent aussi bien la conséquence pénale que la conséquence civile de l'injustice, on a la preuve qu'il est impossible que l'infraction et le tort civil puissent être deux concepts s'excluant, et que bien plutôt l'infraction ne se distingue de la simple injustice civile que par des différences quantitatives. Un examen plus approfondi montre que l'Etat fait intervenir la conséquence pénale de l'injustice partout où la sanction du droit privé (exécution forcée, remise en état, dommages-intérêts) ne lui paraît pas suffisante pour réprimer l'injustice. C'est le cas :

a) Lorsque, comme dans le cas de vol, etc., la contrainte en vue d'une indemnité ne peut être exercée à l'encontre de l'auteur, le plus souvent dépourvu de ressources.

b) Lorsque, comme dans le meurtre, le viol, etc., l'indemnité du droit privé ne peut constituer la compensation du trouble juridique.

c) Lorsque l'ordre juridique attache, peut-être à tort, une valeur particulièrement élevée au bien attaqué, et qu'il veut par là exprimer sous une forme particulièrement pressante sa réprobation à l'égard de cette atteinte.

d) Lorsque la fréquence de l'attentat, le développement exagéré de certaines infractions (falsification d'aliments, menées d'agitateurs, usure, etc.) éveillent le besoin de créer un contre-poids suffisant par de sévères menaces de peines.

Déterminé d'après son contenu, le crime est donc l'attaque contre des intérêts protégés par le droit, qui est particulièrement dangereuse de l'avis du législateur, pour l'ordre juridique établi (1).

II. — D'ailleurs n'est pas punissable tout acte rentrant dans ce concept, mais seulement celui qui correspond à l'une des définitions des infractions particulières (*Tatbestände*) exactement circonscrites dans la loi et énumérées limitativement par celle-ci. C'est l'élément constitutif de l'infraction supposant une incrimination (*Tatbestandsmässigkeit*, (*a*) d'après l'expression de Beling, déjà relevée plus haut § 26, note 5). En établissant la nécessité d'une incrimination, l'Etat constitutionnel assure aux citoyens la liberté individuelle contre l'arbitraire du pouvoir de l'Etat; c'est là que réside la signification politique de la règle : *nullum crimen sine lege* (plus haut § 17).

L'établissement des définitions particulières (*Tatbestände*) des diverses infractions repose sur le terme adopté par la loi pour désigner l'action (tuer, contraindre, dérober, etc.), puis intervient la désignation du sujet (désignation le plus souvent générale):

(1) Il faut s'en tenir fermement, avec l'opinion courante actuelle, au fait que l'infraction a identiquement toutes les caractéristiques que possède le délit privé dont elle ne se distingue, quant à son contenu, que par son danger plus grand, et quant à sa forme que par ses conséquences juridiques.

(*a*) Nous pensons rendre exactement le sens de l'expression allemande intraduisible, *Tatbestände* (littéralement états de fait, situations de fait) en parlant de « définition légale » ou d' « incri« mination » les situations du fait du droit pénal ce sont les incriminations particulières (Note du traducteur).

« Celui qui tue, etc. » ; quelquefois restreinte à des groupes déterminés, comme « les nationaux », une « femme enceinte qui », « un fonctionnaire qui » et de l'objet (celui qui tue un homme, qui viole une femme, qui endommage la chose d'autrui) ; d'autres modalités peuvent y être ajoutées, comme le moyen (poison, violence ou menace), le lieu et le temps (dans une église, pendant la nuit) etc.

En règle générale, la culpabilité existe donc et l'action publique en vue d'une peine apparaît avec la commission de l'acte fautif, illicite, rentrant sous une incrimination. Mais, dans certains cas, le législateur exclut la peine en raison de la personnalité de l'auteur et seulement à son égard, tandis que par ailleurs il considère l'acte comme punissable. On peut alors parler de « motifs personnels d'exclusion de la peine ». Il faut mentionner dans cette catégorie (abstraction faite des cas traités plus haut §24) : C.P.I., §§ 53 (transgression de la légitime défense), 173 (inceste : parents et alliés en ligne descendante n'ayant pas atteint la dix-huitième année), 257, (protection personnelle (favoritisme) accordée par un proche), 247 (vol ou détournement, commis par des parents en ligne ascendante ou des conjoints), 209 (porteurs d'une provocation, etc., en cas de duel). Ces motifs personnels d'exclusion de la peine peuvent être réunis avec les motifs d'exclusion d'infraction, mentionnés plus haut § 26, dans le concept de « motifs d'exclusion de peine au sens large », qui ont une signification absolument différente de celle des motifs d'abolition de la peine, c'est-à-dire des circonstances qui, intervenant après que l'acte a été accompli, écartent à nouveau la poursuite pénale engagée (voir plus loin § 74).

III. — Dans un certain nombre de cas, le législateur a fait dépendre l'intervention de la sanction pénale de l'existence de circonstances extérieures, indépendantes elles-mêmes de l'action contraire au droit, mais venant s'y ajouter (**Conditions de la criminalité** (*Strafbarkeit*) (2).

Par exemple, la répression pénale des actes d'hostilité dirigés contre des Etats amis a pour condition la garantie de réciprocité (§§ 102 et 103) ; la non-dénonciation d'un crime ne tombe sous le coup du § 139 que si le crime, ou du moins sa tentative punissable, a été commis ; l'incitation au duel n'entraîne la sanction du § 210 que si le duel a eu lieu ; il est nécessaire, pour que la rixe soit punissable, qu'elle ait causé la mort d'un homme ou un dommage corporel grave (§ 227) ; la suspension de paiement est la condition de la criminalité en cas de banqueroute d'une banque (§§ 239 et sq., et Loi sur les faillites, *Konkursordnung*) ; l'adultère n'est punissable que s'il a causé le divorce (§ 172) ; la criminalité de la fraude en matière de mariage a pour condition la dissolution du mariage (§ 170) (3).

(2) Cf. Binding, *Normen*, I, 232, Finger, I, 115. Meyer-Allfeld, 242. Différents de ces cas sont ceux dans lesquels la venue d'un résultat plus grave est une précondition pour l'intervention d'une peine plus sévère, cf. plus haut § 36, note 8. L'action est ici punissable, même si le résultat aggravé ne survient pas. Les règles exposées dans le texte sous III ne sont donc par suite applicables que conformément à ce sens. Il en est de même pour les conditions de culpabilité aggravée dans les §§ 87, al. 2, 154, al. 2.

(3) Ce concept est controversé. Binding parle d'une « infraction conditionnelle » seulement lorsque la criminalité dépend d'un événement futur encore incertain. Finger range parmi les conditions de la criminalité : C. P. I, § 4, chiffre 3, §§ 102 et 103 ; dans les §§ 139, 154, al. 2, 210, C. P. I., ainsi que dans les §§ 239, 240 de la loi sur les faillites, il voit des « caractères symptomatiques de la définition ». Beling, Verbrechen, 63, 69 voit dans les §§ 102, 103 du C. P. I., des conditions de la poursuite possible, Blume distingue entre les conditions préjudicielles dont la venue dépend de la volonté de l'auteur, et celles qui echappent à sa volonté ; il nomme les premières « complément de la définition » (*Talbestands-Komplemente*) et il les sépare des « conditions », *Bedingungen* (dans les §§ 87, 139, 154, 210, 217, I, il s'agit d'après lui de présomptions irréfutables du rapport causal). Dans le même sens,

Dans tous ces cas, il ne faut jamais oublier que ces conditions de la sanction pénale sont des circonstances extérieures, qui n'ont rien de commun avec l'action criminelle et avec les éléments constitutifs de celle-ci, et qui doivent bien plutôt être considérées séparément. De ce principe résulte une série de conséquences importantes.

1. La faute, tant intentionnelle que par imprudence, n'embrasse pas les conditions de la sanction pénale situées hors de l'acte lui-même.

2. Lorsque manque la condition posée par la loi, et aussi longtemps qu'elle manque, il n'existe pas d'action passible de peine, même à l'état de tentative. Il n'y a par suite lieu d'admettre une tentative punissable, et de punir d'après le § 44 C. P. I., que si la condition extérieure de la criminalité existe, mais que l'action elle-même ne soit pas parvenue à sa consommation ou ait été manquée (cf. plus loin, § 46, V, 1).

3. Lorsque la condition extérieure de la sanction pénale manque, et aussi longtemps qu'elle manque, le droit à l'action publique ne peut naître, car l'acte n'est pas punissable au sens de la loi.

a) Donc, avant l'intervention de la condition (par exemple avant le divorce ayant force de chose jugée dans le cas du § 172 C. P. I.), il est impossible, soit d'introduire la poursuite, soit même seulement de recevoir utilement la plainte à fins de poursuite. Bien au contraire, le délai pour porter plainte ne commence, en cas d'adultère, qu'au moment où la partie lésée a eu connaissance du plein effet juridique du jugement de divorce (4).

b) La participation à l'acte, de même que le fait

Frank VI, avant le § 51. Je n'ai pas encore pu me convaincre de l'utilité de ces distinctions.

(4) Dans le même sens l'opinion courante, malgré l'admission d'une condition d'action judiciaire ; aussi R, XXXVII, 372. Décisif pour la matière, § 69 du C. P. I. Cf. Rüdorf, *Wann beginnt die Antragsfrist beim Ehebruch?* Thèse Fribourg, 1900.

d'avoir favorisé l'action, ne sont pas punissables lorsque la condition extérieure de la criminalité ne se produit pas.

c) Il n'y a pas de dénonciation calomnieuse lorsque, d'après le contenu de la dénonciation, la condition de la criminalité exigée par la loi fait défaut.

d) Les mesures objectives, telles que la confiscation ou la destruction d'objets, ne peuvent, dans la même hypothèse, être admises, car elles supposent la constatation judiciaire d'un acte punissable.

Mais lorsque la condition intervient, l'effet est reporté au moment de la commission de l'acte ; le droit à la répression (*Anspruch*) est considéré comme ayant pris naissance dans l'instant où l'acte a été commis. Par suite, même avant l'intervention de la condition, des mesures préparatoires peuvent être prises par voie de justice ou de police.

4. Tant qu'il ne s'agit que de la commission même de l'acte, il n'y a pas lieu de prendre en considération les conditions de la criminalité.

a) La consommation est indépendante de l'intervention de la condition.

b) Le lieu et le temps de l'intervention de la condition n'ont aucun rôle dans l'appréciation du moment et du lieu de la commission.

c) La prescription de l'infraction commence son cours sans prendre égard à l'intervention de la condition (voir plus loin § 77, II).

d) Si, avant l'intervention de la condition, mais après la commission de l'acte, assistance a été prêtée à l'auteur, ce dernier a été favorisé, mais il n'y a pas eu complicité.

5. La présence de la condition nécessaire pour donner naissance au droit à la poursuite pénale est un élément qui ressortit à la question de la faute. Par suite, d'après le § 262 Proc. crim., la majorité des deux tiers est nécessaire pour la constater dans le jugement.

IV. — Tant dans leur conception que dans leur effet, il faut faire une distinction rigoureuse entre les conditions (*Bedingüngen*) de la criminalité, qui appartiennent au droit de fond (matériel par opposition à formel ou procédural), en tant qu'éléments préjudiciels du droit à la poursuite (*Anspruch*), et **les questions dites préjudicielles** (*Prozessvoraussetzungen*), c'est-à-dire les conditions préliminaires (*Voraussetzungen*) pour réaliser le plein effet juridique des actes processuels en général, et en particulier pour faire valoir le droit à l'action publique (« questions préjudicielles à l'action » « *Klagvoraussetzungen* »). Ce concept des questions préjudicielles relève exclusivement de la procédure criminelle. Il comprend, en dehors de la question de compétence de juridiction, etc. : la décision préalable des administrations ou tribunaux pour la poursuite de fonctionnaires (Loi d'introduction à la loi sur l'organisation de la justice, § 11), les hypothèses dans lesquelles une poursuite pénale peut être intentée contre des membres d'une assemblée législative pendant la durée d'une session (Const. impériale, art. 31 ; loi d'introd. à la Proc. crim., § 6, chiffre 1, etc.). Il faut également (5) y joindre les délits dits délits poursuivis par autorisation (C. P. I. §§ 99, 101, 197). La conséquence la plus importante de cette distinction consiste en ce qu'en matière de procédure criminelle, lorsqu'une condition de la criminalité fait défaut, il doit y avoir refus du droit à la poursuite (*Anspruch*), donc acquittement avec négation du droit à la poursuite, et lorsque, par contre, une question préjudicielle n'est pas résolue, il doit se produire un rejet de l'action (*Klage*), donc suspension sans anéantissement du droit à la poursuite (*Anspruch*).

(5) L'autorisation est, comme la plainte, une question préjudicielle à l'action. Mais les prescriptions en vigueur pour la plainte ne lui sont pas applicables. A la différence de la plainte, elle ne

§ 45. — La plainte (*Antrag*) de la partie lésée

BIBLIOGRAPHIE. — *Fuchs*, Anklage ùnd Antragsdelikte, 1873. — *Reber*, Antrsgadelikte, 1873. — *Nessel*, Antragsberechtigùngen, 1873. — v. *Liszt*, GS, XXIX, 187 (Aufsatze, 136) — v. *Kirchenheim*, Die rechtliche Natur der Antragsdelikte, 1877. — *Samuely*, G.S. XXXII, 1. — *Lehmann*, Zùr Lehre vom Strafantrage, 1881. — *Kohler*, Die Lehre vom Strafantrag, 1899 (Beling Heft, 10). — *Gerland*, GS, LVII, 81. *Pollack* GS, LXII, 388. — Sur la représentation en matière de plainte pénale, *Bolze*, GS, XXXII, 433. — *Herzog*, GS, XXXIII, 389. — *Holzapfel*, G.A., XXX, 428. — *Barnau*, Thèse Tubingue, 1890. — *Cohn*, Thèse Breslau, 1893. — *Dietz*, Thèse Erlangen, 1900. — *Herzog*, Thèse Wurzburg, 1904.

I. — Tandis que la Carolina n'excluait la poursuite d'office que dans quatre cas : l'adultère, l'enlèvement, le viol et le vol familial, et que le droit commun n'ajoutait à ces cas que l'injure et la supposition d'enfant, la législation moderne a placé, dans un nombre de cas qui s'accrut rapidement, la poursuite pénale sous la dépendance de la plainte de la victime. Le code pénal saxon de 1868 eut à ce point de vue une influence décisive sur la législation impériale. La Novelle du 26 février 1876 réduisit sensiblement le droit de porter plainte (voir plus haut § 11, IV) (1).

Les cas de plainte du C. P. I. sont : §§ 102, 103, 104 (actions coupables envers des Etats amis), 123 (violation de domicile) 170, 172, 179, 182 (manœuvres coupables en vue de mariage, adultère, manœuvres coupables en vue du concubinage, séduction d'une jeune fille), 189, 194 à 196, 232 (injures, coups et blessures) 236, 237 (enlèvement), 247, 263 (vol, détournement, escroquerie envers ses proches), 288, 289, 292, 299, 300, 301, 303 (cas d'usage « punissable de ses propres biens » (*Eigennutz*) et dommage aux choses), 370 chiffres 5 et 6 (vol d'aliments et de fourrage). En outre, il existe de nombreux cas dans les lois complémentaires. Par contre, d'après le § 51 (127) du C. P. Mil, la poursuite d'un crime ou d'un délit

peut jamais être reprise; R. XXXIII, 66. Elle ne connaît pas non plus de délai ; R. XVIII, 382.

(1) Contre BINDING, I, 604, qui demande la suppression complète de l'exigence de la plainte, avec raison MERKEL, 240 ; MEYER, ALLFELD, 246.

militaire est indépendante de la plainte de la partie lésée ou d'une autre personne autorisée à porter plainte.

II. — A la suite d'un examen plus approfondi, les cas pouvant entraîner une plainte peuvent être divisés en deux groupes très différents quant à leur contenu et quant à leur traitement (2).

1. Certaines atteintes à des biens n'apparaissent comme telles et n'intéressent l'ordre juridique que si la victime est sensible à l'attentat et si elle le déclare dans la forme prescrite (par la « plainte » à fins de poursuite). L'attouchement indécent fait à une jeune fille peut être ressenti par elle soit comme caresse, soit comme un très grand déshonneur. Le dépôt de la plainte est ici une *condition de la criminalité* ; la fixation d'un délai pour la plainte est très justifiée ; le retrait de la plainte devrait être permis (par exemple jusqu'au commencement des débats) et la divisibilité devrait être exclue ; le défaut de plainte devrait avoir comme conséquence l'acquittement avec règlement définitif de l'affaire pénale ; les droits de plusieurs victimes à porter plainte seraient indépendants les uns des autres ; en cas de concours idéal avec un crime à poursuivre d'office, ce dernier pourrait être poursuivi malgré le défaut de plainte, etc.

2. Dans le second groupe, la question est tout autre. Considérons par exemple le viol, qui jusqu'à la Novelle de 1876 était un crime nécessitant une plainte, ou la séduction d'une mineure de seize ans et de bonne réputation (C. P. I, § 182). Ici l'intérêt de l'Etat à poursuivre a existé dès le début ; mais en face de lui se dresse, en violent contraste, l'intérêt de la victime à ne pas poursuivre (car l'instruction de l'affaire et les débats publics ne seraient pour elle qu'une nouvelle atteinte, dépassant peut-être la première dans sa gravité). Et l'Etat renonce à la poursuite de son droit à la répression pénale pour complaire à la victime, tant que celle-ci ne déclare pas par le dépôt de la « plainte » que l'intérêt supposé chez elle par l'Etat n'existe pas dans son cas particulier. Ici la plainte n'est pas une condition de la criminalité de l'acte, mais une question préjudicielle à l'action publique, c'est-à-dire une question préjudicielle de procédure ; son absence n'est pas un motif d'exclusion de la peine,

(2) Cf. v. Liszt, Aufsätze, I, 8, 36. Aujourd'hui opinion dominante.

mais un obstacle à la poursuite pénale dans le sens exposé plus haut (§ 44, IV), et toute la théorie de ces infractions nécessitant une plainte n'appartiendrait nullement au droit pénal, mais à la procédure criminelle. Au point de vue des conséquences exposées sous 1, cette conception fondamentale, différente de la précédente, conduirait à d'autres résultats sur la plupart des points.

III. — **D'après le droit en vigueur, la plainte est toujours une condition de l'exercice de l'action publique, non une condition de la criminalité ; c'est, par suite une question préjudicielle de procédure, mais non une condition du droit même à la répression pénale** (3). L'absence de plainte a pour conséquence la suspension de la procédure, mais non l'acquittement de l'accusé. La théorie de la plainte appartient donc exclusivement à la procédure criminelle.

1. **Ont droit** à porter plainte :

a) A défaut de dispositions spéciales de la loi (4), l'individu lésé par l'infraction, c'est-à-dire le détenteur du bien immédiatement attaqué par l'action punissable, par exemple le propriétaire en cas de dommage aux choses, l'occupant du domicile violé, etc. Mais pour exercer ledit droit, la victime doit être âgée de dix-huit ans accomplis (C. P. I., § 65, al. 1).

b) Le représentant légal de la victime, aux lieu et place de celle-ci lorsqu'elle est incapable ou mineure de dix-huit ans, ou lorsqu'il s'agit d'une personne

(3) R. d'accord avec l'opinion courante. Aujourd'hui aussi Meyer-Allfeld, 244. — Conçoivent la plainte comme une condition de la criminalité, et comme appartenant par suite au droit de fond : Birkmeyer, 1147 ; Koehler, 13 ; Merkel, 237. — Une opinion intermédiaire assez peu claire est représentée par Haelschner, I, 711 ; Kitzinger, GS, lv, 72 ; Loening, 69 ; Olshausen, § 61, I ; v. Risch GS. xxxvi, 251, ainsi que par R. Milg. v, 87 (très confus)

(4) C. P. I., §§ 102, 103, 104, 170, 182, 189, 196, 288, etc., § 12 de la loi sur la concurrence de 1896 (avec une extension remarquable du droit de porter plainte).

morale (*Körperschaft*) (C. P. I., § 65, al. 2, Proc. crim. § 414) (5).

c) Conjointement à la victime, le représentant légal, lorsque la victime a plus de dix-huit ans accomplis, mais est encore mineure (C. P. I., § 65, al. 1), l'époux d'après le § 195 (232), le supérieur dans la fonction d'après le § 196 (232) (6).

Si le représentant légal est lui-même l'auteur ou le complice de l'infraction, s'il est incapable, ou si, contrairement à son devoir, il omet de déposer la plainte, un curateur est nommé dans le but de faire ce dépôt (7).

S'il y a plusieurs ayants droit, leurs droits sont indépendants les uns des autres, qu'ils appartiennent à plusieurs victimes (lorsque, par exemple, une parole a été injurieuse pour plusieurs personnes), ou à la victime et à ses ayants droit conjoints. Si donc l'un des ayants droit laisse expirer le délai de trois mois ou retire sa plainte, le droit des autres ne se trouve

(5) Cf. art. 34, III de la loi d'introduction pour le C. C. I. Le sourd-muet placé sous curatelle exerce maintenant lui-même le droit de porter plainte. — Le tuteur de l'individu d'esprit limité quant aux affaires (C. C. I, § 6, 1906), n'a pas le droit de plainte; R. XXXIV, 98.

(6) La mère seulement dans les cas des §§ 1684, 1685 C. C. I. Inexact WITTE, GA, XLVII, 195. Il y a lieu de remarquer (surtout en ce qui concerne la procédure) qu'au cas où le droit de porter plainte est plural pour une même atteinte juridique, il s'agit toujours seulement d'une seule action punissable et par suite d'un seul droit à une répression pénale, dont le détenteur est sans exception l'Etat.

(7) C. C. I. 1909. De même R. XXXV, 47. Le délai pour le dépôt de la plainte prévu au § 61 commence alors avec le jour où ce curateur a connaissance, en raison de sa fonction, de l'action et de la personne de l'auteur. Dans le même sens BINDING, I, 630. *Contra* MEYER-ALLFELD, 253; OLSHAUSEN, § 65, 20. Il en est de même lorsque celui qui a été lésé par un tiers est malade d'esprit, mais n'est pas encore placé sous tutelle. Dans le même sens R. XXVII, 366.

pas pour cela supprimé (C. P. I., § 62 ; cf. aussi Proc. crim. § 415).

Le dépôt de la plainte, c'est-à-dire la déclaration de requérir la poursuite, peut aussi être effectué, au nom de l'ayant droit, par un **représentant** mandaté à cet effet pour le cas donné. La représentation quant à la déclaration diffère de la représentation quant à la décision (*Willen*), c'est-à-dire quant à la résolution prise ou à prendre sur le dépôt de la plainte. Cette dernière représentation est également admissible lorsque la défense des intérêts lésés par les délits exigeant le dépôt d'une plainte (notamment l'administration de biens mobiliers ou immobiliers) peut être transmise à un tiers ou, le cas échéant, a déjà été transmise à ce tiers (8).

2. Le droit de déposer la plainte est **limité par un délai**. Il s'éteint (C. P. I., § 61) lorsque l'ayant droit ne dépose pas la plainte dans un laps de trois mois. Le délai court indépendamment de tout empêchement éventuel effectif de l'ayant droit à faire le dépôt de la plainte (9); son cours commence au jour où l'ayant droit a eu connaissance de l'action et de la personne de l'auteur, ou même seulement de la personne de l'un des agents ayant participé à l'action (10); si, par conséquent, l'ayant droit a eu connaissance des éléments mentionnés, le 12 février, par

(8) Dans le même sens R, en dernier lieu XXI, 231, avec l'opinion commune et aujourd'hui, FRANK, § 61, IV. *Contra*, BENNECKE-BELING, 297 ; BINDING, I, 652 ; MEYER-ALLFELD, 255, FINGER, I, 195. — La faculté de déposer la plainte est expressément accordée au représentant de l'ayant droit résidant à l'etranger par le § 12 de la loi sur les brevets de 1891 et le § 23 de la loi sur les marques commerciales de 1894.

(9) Dans le même sens l'opinion commune. *Contra* KÖHLER, 97 ; OLSHAUSEN, § 61, 50.

(10) Sénats réunis 2 janvier 1884, IX, 390 ; OLSHAUSEN, § 63, 2. *Contra* FRANK, § 61, VIII (qui prend « l'auteur » au sens technique), *contra* en outre BINDING, I, 639 ; MEYER-ALLFELD, 252 (qui compte à partir du moment où le dernier participant est connu).

exemple, le délai expire lorsque commence la journée du 12 mai. Si la criminalité de l'acte est subordonnée à une condition venant s'ajouter à cet acte, le délai pour porter plainte ne commence à courir qu'à l'apparition de cette condition (voir plus haut § 44, note 5) (11).

3. La plainte est **indivisible** D'après le § 63, C. P. I., la poursuite a lieu contre tous ceux qui ont participé à l'acte (auteur, complices) ainsi que contre les fauteurs (ayant fourni protection après l'exécution de l'infraction) (C. P. I., § 257), même si la plainte à fins de poursuite n'a été déposée que contre une de ces personnes ; le retrait de la plainte contre l'une de ces personnes entraîne la suspension générale de l'action publique (C. P. I., § 64, al. 2). Par suite, la partie lésée ne peut déclarer limiter la plainte à quelques-uns seulement des participants, et si cependant une telle déclaration de limitation se produit, la plainte doit être, suivant l'intention présumée des ayants droit, considérée ou bien comme sans effet juridique, ou bien comme dirigée contre tous les participants, c'est-à-dire même contre ceux qui ne sont pas nommés.

Il existe une exception apparente à l'indivisibilité de la plainte dans ce que l'on appelle les **délits soumis d'une manière relative (subjective) à la plainte** (*relative Antragsvergher*), délits dont la poursuite est subordonnée à la plainte dans le cas où l'auteur, au moment où se produit l'acte, se trouve dans un cer-

(11) Ce délai subit une importante modification dans le cas d'injures et de coups et blessures réciproques (C. P. I., §§ 198, 232 ; *Proc. crim.*, § 428), le défendeur étant alors obligé, sous peine de perdre son droit, de déposer sa plainte au plus tard avant la fin du réquisitoire final en première instance, mais conservant en même temps son droit si au moment indiqué le délai de trois mois est déjà expiré. Une disposition spéciale quant au délai se trouve dans le § 96 de la loi sur les gens de mer de 1902 (jusqu'au désarmement). La prescription du crime, court indépendamment et à côté du délai de plainte.

tain rapport personnel avec la victime, et seulement dans la mesure de ce rapport (12). Dans ces cas, le dépôt comme le retrait de la plainte n'ont de portée juridique qu'en ce qui concerne les participants à l'égard desquels l'acte constitue un délit comportant le dépôt d'une plainte; mais à l'égard de ces participants, la règle générale de l'indivisibilité de la plainte reprend toute sa valeur.

4. Depuis la loi du 26 février 1876, le **retrait de la plainte** n'est plus admis que dans des cas spécialement prévus par la loi, et seulement jusqu'au jugement prononçant une peine (C. P. I., § 64) (13).

5. La plainte doit exprimer formellement l'intention d'entraîner la poursuite (C. P. I., § 156). Par suite, la **plainte conditionnelle** n'est pas admise, lorsqu'il s'agit d'une pure condition, et non pas seulement d'une réserve limitative. La renonciation à la plainte n'a pas de portée juridique ; la révocation du retrait de la plainte déposée est admissible.

6. Le droit de porter plainte est de nature **strictement personnelle** et ne se transmet pas au successeur juridique de la victime (14).

(12) C. P. I., §§ 247, 263, 289, 292 ; loi sur les dépôts de 1896, 79.

(13) Ces cas spécialement prévus sont : C. P. I., §§ 102 à 104, 194, 247, 263, 292, 370 ; §§ 232 et 303, en cas de commission contre un proche ; loi sur la contrefaçon littéraire de 1870, § 27 ; lois sur les droits d'auteur des 9, 10 et 11 janvier 1876 ; loi sur les brevets d'invention de 1891 ; loi sur les modèles déposés de 1891 ; loi sur les marques commerciales de 1894, §§ 14, 15 ; loi sur la concurrence de 1896, § 22 ; loi sur les dépôts de 1896, § 9, loi sur le droit d'auteur de 1901, § 45 ; loi sur le droit d'auteur de 1907, § 41. — Le mineur peut retirer, après l'accomplissement de sa majorité, la plainte déposée par son tuteur ; R XXII, 256. — D'après *Proc. crim.*, § 431, le retrait de la plainte civile de la partie (*Privatklage*) est permis jusqu'à la publication du jugement de seconde instance. Elle n'implique pas nécessairement le retrait de la plainte criminelle et par suite la poursuite d'office reste possible. Exact MEYER-ALLFELD, 237. Contrà BINDING, I, 650, FINGER, I, 205.

(14) Lorsque l'héritier succède au bien lésé, il est lui-même lésé

7. Si le même fait contient en concurrence idéale un délit nécessitant plainte et un délit à poursuivre d'office, l'action publique peut, en raison de ce dernier, être intentée sans plainte; le retrait de la plainte déposée n'a aucun effet pour le délit poursuivi d'office (15).

et a par suite le droit de plainte. Dans le même sens FRANK, § 61, V; contrà FINGER, I, 195, MEYER ALLFELD, 250.

(15) De même R, XXXII, 280

SECTION II

Les modalités de l'infraction (1).

I. — Consommation et tentative de l'infraction

§ 46 — De la tentative en général.

Bibliographie. — *Zachariä*, Die Lehre vom Versuch, 2 vol., 1836, 39. — *v. Bar*, Zur Lehre von Versuch und Teilnahme, 1859, du même Gesetz II, 487. *L. Cohn*, Zur Lehre vom versuchten und unvollendeten Verbrechen, I, 1880 (et *V. Liszt*, Z, I, 93). — *Cohn*, Die Grundsätze über den Thatbestand der Verbrechen und der heutige Gattungsbegriff des Versuchs, 1889. — *Baumgarten*, Die Lehre vom Versuche der Verbrechen, 1888. — *Herzog*, Rücktritt vom Versuch und thätige Reue, 1889. — *Kohler*, I, 20, III, 22). — *v. Buri* Beiträge, 178, 187. — *James Godlschmidt*, Die Lehre vom unbeendigten und beendigten Versuch, 1897 (*Beling*, Heft 7). — *Schneider*, Zur Lehre vom Versuch, 1896. — *Oetker*, Z, XVII, 53. — *Klee*, Wille und Erfolg in der Versuchslehre, 1898 (*Beling*, Heft 14). — Pour III : *Rosenblatt*, GA, XXXVI, 67. — *Meyer*, Der Anfang der Ausführung. Festgabe für Berner, 1892, *Seuf* GS, LXVII, 245. — *Göbel*, Unternehmen und Verleiten im deutschen Reichsstrafrecht, insbes. in der Materie des Meineids, 1891. — *Oppenheimer*, Thèse Fribourg, 1900. — *Paczkowski*, Thèse Breslau, 1901. — Sur l'historique, cf. surtout : *Pernice*, Labeo, II, 103. — *Mommsen*, 97. — *Brunner*, II, 558. — *Knapp*, 27. — *Schreuer* (B. bl., § 4), 81. — *Seeger*, Versuch der Verbre-

(1) Il ne faut pas non plus perdre de vue dans cette section le principe méthodiquement établi plus haut, que les modalités extérieures de l'infraction reposent sur les modalités extérieures de l'acte réel.

chen nach römischen Recht, 1870. — *Le meme*, Ausbildung der Lehre vom Versuch in der Wissenschaft des Mittelalters, 1869. — *Hinschius*, Kirchenrecht, V, 390.

I. — **Définition.**

1. **L'infraction consommée est la réalisation** (l'exécution achevée) **de tous les éléments constitutifs de l'incrimination** (*a*). **C'est donc l'acte même contraire au droit, coupable, incriminé** (*tatbestandmässige*). Comme les définitions (incriminations) des différentes infractions sont toutes établies en vue de la consommation, l'infraction consommée doit concorder avec la définition (incrimination) de cette infraction. La consommation suppose donc que tous les éléments de l'incrimination particulière descriptive d'une infraction sont réunis, et qu'en particulier le résultat exigé par la loi dans la définition d'une infraction est survenu.

Le moment de la consommation ne peut en conséquence être fixé pour chaque infraction, que par référence au droit en vigueur, lequel ne considère pas toujours comme décisive la survenance du mal proprement causé par le délit (la lésion réelle ou le risque encouru par le bien attaqué), et manque souvent de clarté et de logique. Ainsi le moment de la consommation n'est pas le même dans le vol (C. P. I., § 242) que dans le détournement (C. P. I., § 246), dans la falsification de monnaie (C. P. I., § 146) que dans la falsification de documents (C. P. I., § 267).

Pour la fixation du moment de la consommation, les « conditions de la criminalité » ne sont pas prises en considération (voir plus haut, § 44, III, 4 a).

2. **L'infraction tentée est l'éxécution partielle** (*teilweise Erfüllung*) **des éléments de l'incrimination** (*Tatbestând*) **par un acte volontaire tendant à l'éxécution complète de ces circonstances.**

(*a*) L'expression d'incrimination nous paraît être celle qui exprime le moins mal le sens du terme allemand intraduisible *Tatbestände*. V. pour la justification plus haut, § 44, II (note du tr.).

a) La tentative existe d'abord lorsque l'acte volontaire tendant à la production du **résultat** (c'est-à-dire entrepris dans la pensée que le résultat se produira) est resté sans résultat. Cette règle est généralement reconnue.

b) Mais il y a également tentative lorsque l'une des **autres circonstances constitutives de l incrimination** (donc abstraction faite du résultat), à la réalisation desquelles tendait (dans ce sens) l'acte volontaire n'existait pas ou n'est pas survenue, donc n'a pas été réalisée. Il y a tentative de vol lorsque l'auteur considérait la chose prise par lui comme appartenant à autrui; il y a tentative de faux serment si l'auteur tenait pour fausse la chose qu'il jurait. Cette règle est très contestée. Elle a comme conséquence que pour le droit pénal, le changement dans le monde extérieur (l'action naturelle) n'est pas pris en considération comme tel, mais comme élément de la définition d'une infraction (voir plus haut, § 39, III) et que, par suite, toutes les circonstances de fait caractéristiques de l'incrimination sont de même valeur (1).

D'après notre conception actuelle, l'essence de la tentative réside, dans les deux cas, dans la **tendance de l'acte volontaire**, par suite dans le rapport de ce qui est accompli avec ce qui restait à accomplir. Ce rapport doit avoir existé subjectivement dans l'intention, c'est-à-dire dans la menace voulue par l'auteur, de telle sorte que la tentative d'une infraction par

(1) Les adversaires admettent ici le délit putatif. Dans ce sens FRANK, § 43, II, surtout est très net : Dans la tentative il ne manquerait rien que le rapport causal entre l'action et l'objet.

De même, BELING, Verbrechen, 329, BINDING, I, 692, FINGER, I, 314, FRANK, § 43, I, III, KLEE, 26, KOHN (Bibl., § 47), MEYER-ALLFELD, 177, OETKER, Z, XVII, 56, WACKENFELD, 269. Dans le sens du texte, DELAQUIS, 132, FABIAN et KRILGSMANN (Bibl., § 47) ainsi que le Tribunal d'Empire.

imprudence ne peut s'admettre (2); il doit avoir existé objectivement dans la possibilité soit de la venue du résultat, soit de la présence ou de la venue des autres circonstances du fait, c'est-à-dire dans le **danger présenté par la manifestation de la volonté.** Le danger est donc l'élément caractéristique de la notion de la tentative (3).

II. **Histoire**. — L'idée de tentative doit son origine à la doctrine italienne du Moyen Age. Comme le dit *Mommsen*, il manque au droit romain l'idée et le mot technique de tentative. Par contre, déjà dans les *Leges Corneliæ*, quelques actes de tentative et de préparation d'effraction, sont sanc-

(2) Pour la tentative l'intention est suffisante, le dessein n'est pas nécessaire, malgré le texte du § 43, tant qu'il n'est pas nécessaire aussi à la consommation. R., VII, 119, manque de clarté. Mais en tout cas, ici également, l'intention incertaine (éventuelle) est suffisante; dans ce sens R., XII, 64, XIX, 90. *Contrà* V. BAR, Z, XVIII, 534, douteux FRANK, § 43, I. Le plus grave des résultats représentés décide alors de l'appréciation.

(3) Dans le même sens, de même que déjà FEUERBACH, BIRKMEYER, 1117, MERKEL, 132, KOHLER, I, 20 (mais il insiste sur le danger général). MEYER-ALLFELD, 166, FINGER, I, 304, E. V. LISZT, Z, XXV, 24, WACHENFELD, 268. Est également semblable la conception de la tentative comme trouble de la paix dans les sources du Moyen Age allemand. — La conception de principe est importante pour l'appréciation de la tentative nulle. Cf. plus loin § 47. En sens différent : 1. La conception de GEYER, HAELSCHNER, et autres, d'après laquelle la tentative apparaît comme réalisation partielle du dessein criminel. Cette opinion ne peut s'adapter au délit manqué. — 2. La nouvelle conception de la tentative, récemment fondée par v. BURI et soutenue aussi par DELAQUIS (Bibl. § 47), et purement subjective, laquelle a comme base fondamentale la négation de la notion objective de délit (voir plus haut § 28, note 5). — 3. L'opinion représentée par ROSSI, LAMMASCH, HERZOG, KLEE, qui trouve le motif dans la présomption que l'auteur continuerait et consommerait l'acte commencé (présomption de la force de perfection). Cette opinion fait valoir exclusivement le danger existant dans la personne de l'auteur; et elle se trouve en contradiction avec le droit en vigueur qui attache la signification décisive à l'acte, et non à l'auteur, par la punition atténuée de la tentative.

tionnés de la même peine que l'infraction accomplie. Sous l'influence des rhéteurs beaux esprits et philosophes, surtout depuis *Hadrien*, le côté subjectif de l'infraction, la *voluntas* opposée à l'*exitus*, étant de plus en plus placé au premier plan le *flagitium imperfectum* est sanctionné d'une peine atténuée (l. 1 § 2, D. 47, 11). Mais même le droit romain ultérieur n'est pas parvenu à une conception générale de la tentative. Il en fut d'ailleurs de même du Moyen Age allemand. Il est vrai que déjà les législations des peuples germaniques punissent les attentats à la personne et à la vie, même s'ils sont restés sans résultat (par exemple, saisir le couteau, barrer la route, s'élancer sur un individu, etc.), mais, ainsi que nous pouvons le reconnaître avec certitude du taux de la réparation, ces actes ne sont pas punis comme actes de tentative, mais comme crimes indépendants, c'est-à-dire à peu près comme menaces pour la vie, et surtout au point de vue de la menace pour la paix. Par contre, les écrivains italiens travaillent avec zèle et succès à la généralisation de l'idée. Ils déterminent la notion de tentative, en dégageant avec exactitude le rapport de ce qui est accompli au résultat non survenu, comme un *cogitare, agere, sed non perficere* et ils demandent, conformément à la conception juridique de l'époque, et contrairement à ce qu'avaient admis les Romains, une punition atténuée de la tentative. Ils furent suivis par le *Klagspiegel* et la *Bambergensis*. La Carolina donne dans son art. 178 une définition parfaite et tout à fait générale : « *Item* si quelqu'un ose [entreprendre] un acte coupable par quelques œuvres apparentes qui peuvent servir à la consommation de l'acte coupable, et que cependant il ait été empêché contre sa volonté par d'autres moyens, sans que cet acte coupable s'accomplisse, cette volonté mauvaise dont sont résultées les œuvres dont il est parlé plus haut, doit être punie criminellement. Mais dans un cas plus durement que dans l'autre... » Les prescriptions de la Carolina constituent le fondement du droit commun et des codes des Etats allemands reposant sur celui-ci. On s'efforça de fixer plus exactement les cas divers à punir avec une gravité différente, et l'on distingua le plus souvent le *conatus remotus* (actes de préparation), *propinquus* (acte d'exécution) et *proximus* (la tentative achevée sous la forme d'un délit manqué). Ce dernier existe, lorsque l'auteur a fait *quantum in ipso fuit et ad consummandum delictum necessarium putavit* (Menochius, et plus tard Carpzov et J.-S. F. Böhmer). Le châtiment atténué de la tentative est consacré en général. L'égalité exceptionnelle de la tentative achevée avec la consommation qui avait été exigée par Böhmer, Leyser et autres pour les crimes les plus graves et qui avait été prononcée par la Bavière en 1651 et par l'Autriche en 1768, est combattue par Koch et autres, et repoussée par la Prusse en 1721. Pour les codes allemands du XIXe siècle, les prescriptions du code pénal français, puisées elles-mêmes dans la loi du 22 prairial an IV et ramenant au code pénal de Joseph II de 1787, servirent de modèle ; la tentative est définie le plus souvent comme commencement d'exécution, l'égalité de la tentative et de la consommation (toute tentative est le crime même) est admise par la Prusse, par exemple en 1851, et par la Bavière en 1861.

III. **Préparation et tentative.** — L'essence de la tentative consiste, d'après ce qui a été dit, dans le rapport de ce qui a été accompli avec un résultat non survenu. Plus ce qui a été accompli reste éloigné de la consommation, plus la manifestation de la volonté a été interrompue dans une phase d'autant moins avancée, plus la démonstration du rapport est difficile et incertaine. De là résulte la nécessité d'opposer les actes de tentative les plus éloignés, comme actions préparatoires non punissables, aux actes de tentative les plus rapprochés, punissables, et qui sont actes de tentative au sens étroit. Le concept de l'acte d'exécution doit être pris au sens développé plus haut 31, I.

Mais la législation impériale, au lieu de laisser, à l'appréciation de la jurisprudence, ce qui aurait été le plus conforme au but pousuivi, la répartition, dans l'un ou l'autre groupe, d'une action donnée, a voulu, comme l'a fait le droit français, tracer une fois pour toutes la ligne de délimitation. D'après le C. P. I., § 43, cette ligne entre la préparation et la tentative au sens étroit (tentative punissable) est marquée, par l'**Anfang der Ausführung le commencement d'exécution** du droit français. Seul, l'acte d'exécution est **tentative punissable**, ce qui le précède est **préparation non punissable** (4).

La législation a admis quelques exceptions à l'impunité de principe de l'action préparatoire. Il faut mentionner ici tous les cas dans lesquels un acte préparatoire fait l'objet d'une incrimination spéciale, ou bien ceux dans lesquels le fait d'entreprendre (*Unternehmen*) une action punissable est menacé de la peine de l'infraction consommée (voir plus loin, VI, 2). Car l' « entreprise » (« *Unternehmen* ») est une notion plus étendue que la « tentative » étroitement délimitée dans le § 43, C. P. I. Elle comprend même des actions qui, en tant que préparatoires, n'appartiendraient pas encore au domaine de la tentative punissable, et, en somme, si des dispositions légales spéciales n'y font pas obstacle, toutes les actions préparatoires (5).

(4) Etat des opinions : 1. Dans le même sens pour l'essentiel, l'opinion dominante et en particulier MERKEL, 128, OLSHAUSEN, 43, 14 ainsi que R. en dernier lieu xv, 56, R Mil. G. x, 253. Ne différant que par la rédaction : BELING, 96, BIRKMEYER, 1015, FINGER, I, 313, FRANK, § 43, II, LÖNING (Bibl., § 43) 152 ; MEYER-ALLFELD, 173, OETKER, Z, XVII, 65. En concordance avec notre texte, le « rapport imputable » est fréquemment demandé. — 2. En sens contraire, les représentants de la théorie subjective (en particulier HALSCHNER, I, 336, 342) qui admettent la culpabilité dès que l'intention parvient à s'exprimer sans équivoque dans le fait. La tentative est aussi, d'après DELAQUIS (Bibl., § 47) 207, de la « volonté objectivée ».

(5) Très contesté : 1. L'opinion dominante (avec R), conçoit l'entreprise simplement comme la tentative. — 2. D'autres la considèrent comme notion plus étroite que la tentative, c'est-à-dire comme ne comprenant que les derniers actes d'exécution. Dans ce sens, en général, FRANK, § 105, I (la tentative préparée conformément à un plan et exécutée avec réflexion), ainsi que WACHENFELD, 268. — 3. J'ai motivé avec détails ma conception dans ma *Falsche Aussage*, 1877, p. 175 et sq. — Elle ne peut être combattue notamment à l'aide du § 82, C. P. I.: « Doit être considérée comme une entreprise par laquelle le crime de haute trahison est consommé, toute action par laquelle le projet devrait être mis

IV. — Nous devons distinguer dans la notion homogène de la tentative, deux **modes de tentative.**

1. Il y a **tentative inachevée** lorsque l'acte d'exécution n'est pas encore terminé.

2. Il y a **tentative achevée**, lorsque l'acte d'exécution est terminé, mais que la réalisation des circonstances caractéristiques du fait incriminé, et notamment le résultat, n'est pas survenu. Nous pouvons ici distinguer trois cas (6).

a) La venue du résultat est douteuse, mais elle est indépendante d'une nouvelle manifestation de volonté de l'auteur : la blessure met la vie en danger, mais l'issue est encore incertaine ;

b) La venue du résultat est certaine ; la blessure est absolument mortelle, mais pour le moment le blessé vit encore ;

c) La non venue du résultat est certaine : la blessure faite avec l'intention de donner la mort est légère. C'est le cas de ce que l'on nomme le délit manqué ou tentative impossible (voir plus loin, § 47) (7).

immédiatement à exécution. » En effet, d'une part, la définition donnée ici ne peut être étendue purement et simplement au delà du domaine de la haute trahison (R., III, 26) ; d'autre part, le § 82, contient dans le mot « immédiatement » une limitation juridique positive, n'appartenant à la notion de l'entreprise ni dans le langage courant ni dans le langage juridique, limitation, qui s'applique aux actes préparatoires confinant à la tentative (R. VIII, 354) ; enfin, malgré cette limitation, l'entreprise du § 82, s'étend au delà de la notion de la tentative. Cf. plus loin § 165. D'accord avec le texte, récemment MEYER-ALLFELD, 201, PACZKOWSKI, 14.

(6) Pour être bref, je ne parle dans ce qui suit que du résultat. Mais ce que je dis s'applique égalment aux autres caractéristiques de l'état de fait.

(7) La distinction du texte, correspondant à celle qui est faite dans les législations latines entre le délit manqué (*frustrato*) et le délit tenté (ou tentative suspendue), est importante au point de vue d'un retour en arrière de la tentative (§ 48). Elle enseigne, en outre, que la tentative proprement dite n'est pas déterminée par le commencement d'exécution, mais seulement la tentative ina-

Les deux modes de la tentative peuvent aussi s'opposer comme exécution partielle et exécution sans résultat.

V. — **Cas douteux.**

1. Si la criminalité de l'acte dépend d'une condition objective, la tentative est possible au cas où la condition a existé dès le début ou est survenue ultérieurement, mais où l'action est, ou bien inachevée, ou n'a pas réussi (voir plus haut, § 44, III, 2). Cette règle s'applique aux délits qualifiés par le résultat (voir plus haut, § 36, note 7) Si la tentative de viol a causé la mort de la femme par inhibition, par exemple, il y a lieu de réduire les peines du § 178 d'après les principes du § 44 (pour l'auteur comme pour les complices) (8); un désistement éventuel de tentative (voir plus loin, § 48) conserve d'ailleurs son effet.

2. Dans le délit d'omission (vrai ou apparent), le délit manqué est à la vérité possible, en général, mais non pas la tentative inachevée; car aussi longtemps qu'il est encore possible d'entreprendre l'acte commandé (manœuvre des aiguilles par l'aiguilleur), il n'existe pas d'illégalité; mais lorsque ce délai est écoulé, il y a eu incontestablement omission (9).

3. Ceci s'applique pour le même motif aux purs

chevée, et qu'il ne peut être tiré de ces mots aucune conclusion pour le délit manqué, comme cela n'arrive que trop souvent. — Pour l'acte médiat (voir plus loin § 50, note 8) c'est la manifestation de la volonté de celui qui décide, et non celle de celui qui est décidé qui est décisive. Cela est également applicable à l'analogie pour l'emploi d'un objet inanimé, mais d'action automatique (envoi d'une machine infernale, pose d'armes ou pièges automatiques).

(8) Dans le même sens, Finger, I, 317, Frank, 43, vi, Olshausen, 53, 5. *Contrà* en particulier Baumgarten, 370, 378, Meyer-Allfeld, 170, Thomsen a commenté la question en détail dans son ouvrage *Der Versuch der durch eine Folge qualifizierten Delickte*, 1895.

(9) Dans le même sens, Finger, I, 316; en sens différent Frank, 43, 6.

« délits d'activité » ou délits formels (*Tätigkeits delikten*) (contravention de police) (v. plus haut § 28, II, 1). Conduire une voiture trop vite dans les rues très fréquentées, fumer dans les endroits où il y a danger d'incendie, et autres délits semblables ne donnent pas lieu, avant leur consommation régulière, à l'admission d'une action commencée, mais non encore terminée. Un autre exemple est fourni par les actes punissables commis pour répandre des imprimés dans le public.

Toutefois dans ces cas comme dans ceux mentionnés sous 2, il faut remarquer : *a*) que le déploiement d'un grand appareil pour la production du résultat entraîne la possibilité d'une activité non terminée ; *b*) que cela s'applique également pour les cas de la non-admission erronée d'une circonstance caractéristique d'une incrimination.

4. Lorsqu'exceptionnellement la loi réprime des actes de tentative ou de préparation, notamment aussi l'« entreprise » d'une action punissable, de la même peine que la consommation, ou lorsqu'elle les punit comme infractions indépendantes d'une peine spéciale (voir plus loin VI, 2, 3), la tentative de ce fait délictueux est exclue. En effet, l'admission de cette tentative de tentative ou d'une tentative de préparation, mènerait non seulement à des difficultés logiques insolubles, mais encore elle ébranlerait doublement l'équilibre des dispositions pénales légales, déjà dérangé par ces exceptions (10). Ceci doit s'appliquer également aux actes de complicité traités comme des infractions indépendantes (voir plus loin, § 52, note 6).

(10) Dans le même sens, BAUMGARTEN, 404, FINGER, I, 315, 208, WEBER, G.S., LVIII, 50. *Contrà* COHN, 383, MEYER ALLFELD, 170 ; FRANK, § 43, V et OLSHAUSEN, § 43, 28, pour le cas où il s'agit vraiment de la constitution d'un « crime indépendant » (*delicta sui generis*) et non pas seulement de l'équivalence de la punition.

VI. **Pénalité en matière de tentative.**

Imitant le droit français, la législation impériale punit toujours la tentative de crime, exceptionnellement celle de délit dans des cas spécialement indiqués (11), jamais celle de contravention.

En outre, contrairement au droit français et à l'ancien droit prussien, la législation impériale est revenue à la conception du droit commun, très discutable en politique criminelle (12), d'après laquelle la tentative doit être punie plus légèrement que le crime accompli (C. P. I., § 44 ; voir plus loin, § 70, I).

Ce principe n'est qu'exceptionnellement abandonné :

1. Le § 80 du C. P. I. punit de mort la tentative d'assassinat, de haute trahison, comme l'assassinat lui-même; de même, le § 153 du Code industriel (Gew. O) assimile au point de vue de la peine la tentative et la consommation.

2. Dans une série de cas l' « entreprise » (voir plus haut, note 5) d'un acte coupable est traitée, quant au châtiment, comme sa consommation. Cf. C. P. I., §§ 81, 82, 105, 114, 122, al. I, 159, 357 ; loi sur les explosifs de 1884, § 9, loi sur l'impôt du sel de 1867, § 11, loi douanière de 1869, §§ 134 et 135, loi sur l'im-

(11) Ce sont les §§ 107, 120, 140, 141, 148, 150, 160, 169, 240, 242, 246, 253, 263, 289, 303 à 305, 339, 350, 352 du C. P. I.; la loi sur les denrées alimentaires de 1879, § 12 ; la loi sur la peste bovine de 1878, § 1, la loi sur les banques de 1875, § 57, al. 2, la loi sur l'espionnage de 1893, §§ 2 et 4, la loi sur les bourses de 1896, §§ 76 et 79. Dans la législation particulière des Etats, la tentative d'une contravention peut aussi être punie (cf. plus haut § 20, note 1).

(12) Contre la sanction atténuée de la tentative se sont prononcés en dehors de la plupart des étrangers de l'école moderne, SEUFFERT, *Mitteil der*, I. K. V., IX, 108 ainsi que l'assemblée allemande de la I. K. V., tenue à Brême en 1902. En sa faveur, KOHLER dans la préface à l'ouvrage de KLEE ainsi que ce dernier lui-même page 52; en outre (au point de vue de la peine protectrice), HEBERLE, Thèse 1896.

pôt du tabac de 1879, §§ 32 et 38, loi sur l'impôt de l'eau-de-vie de 1887, § 17, loi sur l'impôt des sucres de 1891, § 40; loi sur le rapt d'esclave de 1895, § 1, etc.

3. Lorsque des actions préparatoires sont punies comme infractions indépendantes, elles ne font plus l'objet de peines atténuées, mais de peines spéciales. C. P. I., §§ 83 à 86, 151, 201 et en partie 49 *a*.

§ 47. — La « tentative impossible ».

BIBLIOGRAPHIE. — En dehors des ouvrages mentionnés au § 46 : *Hertz*, Versuch mit untaùglichen Mitteln, 1874. — *Lammasch*, Das moment objektiver Gefahrlichkeit im Begriffe der Verbrechensversuches, 1879. — *Cohn*, GA, XXVIII, 361. — *Geyer*, Z, I, 30. — V. *Buri*, Z, I, 185 (Beitrage, 187). — *v. Liszt*, Z, I, 93. — *Bünger*, Z, VI, 352. — *Goldfeld*, Ueber den Versuch mit ùntaùglichen Mitteln ùnd au ùntaùglichen Objekten, 1882, GA. XXXVI, 33 (*Havenstein*). — *Zùcker*, GA. XXXVII, 370 et réplique de *Havenstein*, GA. XXXVII, 130. — *Zucker*, GA., XXXVII, 274. — *Huther*, GA. XXXVI, 433. — *Kroschel*, GS., XLIII, 216. — Rostock, *Kohler*, I, 7. — *Rosenberg*, Z, XX, 685. — *Langenbach*, Thèse 1901. — *Delaquis*, Tentative impossible *untaugliche Versuch* du séminaire de Berlin, III, 1904. — *v. Liszt*, Z, XXV, 24. — *Kriegsmann*, Délit putatif et tentative impossible (*Beling*, 51) 1904. — *Ræver*, Thèse Erlanger, 1905. — *Fabian*, (Beling, 63) 1905. — *Kohn* (Beling, 53) 1904. — *v. Bar*, Gesetz, II, 437. — Cf. aussi les ouvrages de *J. v. Kries* cités § 28.

I. — **Historique.** La criminalité de la tentative impossible (*untaugliche Versuch*) semble avoir été déjà un objet de controverse chez les juristes romains, de *Neratius* et *Pomponius* jusqu'à *Ulpien* et *Paul*, bien qu'elle n'ait porté que sur quelques infractions. Les derniers d'entre eux s'efforcèrent de distinguer des cas punissables et des cas non-punissables, mais ils n'arrivèrent pas à établir un principe général (Pernice, II, 114). Le droit commun allemand et la législation construite sur lui mentionnaient la tentative impossible pour quelques crimes comme l'empoisonnement, l'avortement, etc., et la traitaient le plus souvent comme un motif d'atténuation excluant la peine ordinaire du crime consommé. Dans notre siècle Feuerbach (Manuel, 4e éd. 1808) a établi une conception générale de la question et a par là donné une vive impulsion à la controverse sur la pénalité du crime non réussi. Feuerbach ne veut voir punir que l'action dangereuse de tentative et il demande en conséquence que l'acte, dans sa nature extérieure, soit en rapport tout à fait réel avec le résultat projeté. Cette prétention conduisit à la distinction entre le moyen et l'objet de l'action manquée, puis à la distinction de l'impossibilité absolue et relative du moyen ou de l'objet (Jenull, 1809, Mittermaier, 1816). Malgré les objections qu'elle souleva de la part de Köslin, Hälschner, v. Schwarze, etc., cette opinion devient rapidement prépondérante et le resta jusqu'à une époque très récente. Dans cette opinion, on parlait de tentative absolument impossible, lorsque l'acte, avec les moyens employés ou étant donnés les objets attaqués ne pouvait en aucun cas conduire au but (tentative d'assassinat avec un pistolet non chargé, ou contre une personne déjà morte); de tentative relativement impossible, lorsqu'à la vérité le moyen choisi ou l'objet attaqué étaient en général propres à la réalisation du but, mais apparaissaient comme inaptes dans le cas particulier, en raison de la tournure spéciale des circonstances (tentative d'assassinat avec un pistolet qui éclate au moment de tirer; contre quelqu'un que protège un vêtement cuirassé).

Les opinions différaient beaucoup sur la conduite à suivre dans les deux cas. Les uns (la jurisprudence en Prusse, en Bavière, en Autriche et aussi dans les pays latins) punissaient la tentative relativement impossible, et laissaient, par contre, impunie la tentative absolument impossible; les autres (et avec eux les jurisprudences wurtembergeoise et saxonne) demandaient la punition non seulement de la tentative relativement impossible mais aussi celle de la tentative absolument impossible. Quelques auteurs seulement, comme v. Bar, voulaient traiter l'impossibilité du moyen autrement que celle de l'objet. Cette dernière opinion, qui s'opposait déjà en soi à la distinction de Mittermaier, commença bientôt à l'examiner critiquement et à la combattre. A partir de 1872, v. Buri fonda dans toute une série d'études la théorie subjective, qui prit une extension rapide. Cette théorie disait à peu près : la tentative repose toujours sur la supposition (erronée) qu'une action impropre à produire le résultat représenté était propre à le produire. Mais une action déterminée projetée ne peut jamais être que propre (possible) ou impropre à produire *un* résultat déterminé représenté, c'est-à dire être causale ou non-causale, mais non être plus ou moins non-causale ; la distinction entre l'impossibilite (impropriété) absolue et relative du moyen (ou de l'objet) est donc une méconnaissance de l'idée de cause. L'essence de la tentative, à laquelle manque en somme le fait objectif, consiste dans la matérialisation de la volonté criminelle ; or, cette matérialisation existe aussi à un degré absolument égal dans la tentative dite impossible. Et si toute tentative consiste en une erreur sur la causalité de l'acte, cette erreur ne peut donc fournir aucun motif pour ne pas punir certains cas de tentative.

Cette opinion a été approuvée sans aucune réserve par le Tribunal d'Empire qui a adopté résolument le point de vue subjectif et qui, dans une série de décisions (avant tout dans la décision fréquemment commentée des chambres criminelles réunies du 24 mai 1880) a prononcé la criminalité de la tentative absolument impossible (1), toutefois récemment avec la restriction qu'avec l'emploi de « moyens n'existant pas dans la réalité des choses », la pénalité est exclue.

II. **Le principe.** — De ce qui a été dit au § 46 I, il résulte que le danger impliqué par l'acte volontaire, c'est-à-dire l'aptitude de ce dernier à amener la réalisation de toutes les circonstances constitutives de

(1) R., I, 439. En outre, R., I, 451 (tentative de meurtre sur un enfant mort-né) ; VIII, 198, ainsi que XXXIV, 219 (tentative d'avortement de la part d'une femme non enceinte) ; VIII, 351 ; XVII, 158 (moyen impropre). — Etat des opinions : 1. Dans le sens du Tribunal d'Empire : Bierling (Bibl., § 28), III, 125, Haelschner, I, 353, Hertz, 66, Delaquis, Fabian, Lammasch, 63 et Z. XIV, 510. — 2. L'opinion dominante tient fermement à l'impunité de la tentative absolument impossible. Dans ce sens le Tribunal supérieur de Hambourg (*Deutsche Juristenzeitung*, IV, 58) ; en outre Baumgarten, *Versuch*, 358, Beling, 97, Binding, I, 693, Birkmeyer, 1116, Buenger, Z, VI, 352, Finger, I, 304, Kriegsmann, Löning, Merkel, 130, Meyer-Allfeld, 175, Olshausen, § 43, 19, Klee, 32, conteste tout ce qui se rapporte à la possibilité du plan, mais pour le reste il soutient l'opinion dominante. — 3. Vont encore plus loin les auteurs qui veulent distinguer la tentative et « le défaut des circonstances de fait » et qui n'admettent que le délit putatif en cas d'objet absent ou impropre ; cf. plus haut, § 46, note 1.

l'infraction particulière, spécialement l'apparition du résultat, est essentiel pour l'idée de tentative. Il en résulte que la **tentative n'impliquant aucun danger** (absolument impossible) **n'est pas tentative, et, par suite, n'est pas punissable** (2).

L'opinion contraire perd de vue que le § 43 C. P. I. n'a, comme le montre sa teneur, ni tranché la question, ni même voulu la trancher (ainsi qu'il résulte de l'exposé de motifs pour le § 43). La solution de cette ancienne et difficile controverse devait, en effet, rester bien plutôt la tâche de la doctrine et de la jurisprudence que devenir celle du législateur. Il est hors de doute que dans ces conditions la déduction du Tribunal d'Empire : — toute tentative est punissable, la tentative impossible est une tentative, donc la tentative impossible est punissable, — est inexacte. Elle est inexacte parce que le premier terme n'est ni fondé dans la loi, ni tiré logiquement de conceptions générales (3)

L'opinion dominante était donc dans la bonne voie lorsque, revenant aux mêmes conceptions générales, elle en déduisit l'impunité de la tentative « absolument impossible ». Son erreur résida et réside encore

(2) Il faut remarquer alors que la tentative non dangereuse peut apparaître non seulement comme crime manqué (voir plus haut, § 46, IV, 2 *c*), mais aussi comme tentative non achevée (le voleur commence à agir en employant des outils d'effraction inutilisables).

(3) Il est inexact de vouloir utiliser le § 43, C. P. I., car seule l'action préparatoire doit être séparée ici de l'acte de tentative au sens étroit. Le § 43, C. P. I., ne se rapporte nullement au contraste du crime réussi et du crime manqué. Il est donc par suite tout à fait faux de vouloir employer, dans la question de la pénalité de la tentative impossible, le commencement d'exécution et de dire à peu près : « Si l'exécution ne peut être achevée, elle ne peut non plus être commencée ». A ce sujet DELAQUIS, 69. — Ainsi tombe également la conclusion soutenue par GEYER, HAELSCHNER et autres : « La tentative est la réalisation partielle de l'attentat (voir plus haut § 46, note 3); donc la tentative impossible n'est pas tentative ».

uniquement dans une conception et une application inexactes de l'idée de danger (voir plus haut, §28, II, 3) ainsi que dans une appréciation inexacte *ex post*.

Les règles suivantes résultent immédiatement du concept exact de danger :

1. Lors de son appréciation, l'acte ne doit pas être considéré sous le point de vue d'une généralisation arbitraire, mais, au contraire, en tenant compte de toutes les circonstances spéciales qui l'accompagnent. En d'autres termes, un **danger concret** est nécessaire.

2. L'appréciation doit prendre en considération, comme **pronostic (Prognose) supplémentaire**, les circonstances qui, au moment de l'acte, pouvaient être généralement connaissables ou aussi celles qui n'étaient connues que de l'auteur, toutes circonstances au milieu desquelles celui qui apprécie doit se reporter (appréciation *ex ante*) ; l'appréciation ne doit pas prendre en considération les circonstances découvertes par le cours ultérieur des choses (appréciation *ex post*).

3. Ce n'est que si, en prenant en considération les circonstances généralement connaissables ou connues seulement de l'auteur au moment de l'action, la réalisation des circonstances constitutives de l'infraction particulière, et spécialement la venue du résultat, apparaît comme **exclue**, que la tentative échappe à la peine comme n'impliquant pas de danger.

Par suite, la tentative d'avortement de la part d'une femme non enceinte peut, par exemple, être vraiment punissable, si l'existence d'une grossesse ne paraît pas complètement exclue ; la tentative de meurtre sur un enfant mort-né est très possible si la mort n'est pas indubitable. Il en est tout autrement pour les exemples scolastiques dont on a tant abusé ; par exemple, pour les prières devant amener la mort d'une personne (exemple employé d'abord par Feuerbach en 1808), pour la pratique de nouer l'aiguillette, pour l'ensorcellement ; pour la tentative de tuer d'un coup de pistolet B qui se trouve dans un canot placé à portée de canon, etc. (4).

§ 48. — Le désistement dans la tentative (Rücktritt vom Versuch).

BIBLIOGRAPHIE. — *Herzog*, Rücktritt vom Versuch ünd thätige Reüe, 1889. — *Heins*, Thèse Göttingen, 1890. — *Hatzig*, Thèse Berlin, 1897. — *Schlecht*, Thèse Erlangen, 1899. — *Le même*, Z, XIX, 829. — *Fuhrmann*, Thèse Leipzig, 1903. — *Prosch*, Thèse Tubingen, 1904. — *Schwal*, Thèse Erlangen, 1904.

I. — Au moment où la limite entre les actes préparatoires non punissables et l'exécution punissable est franchie, la peine fixée pour la tentative est encourue. Ce fait ne peut plus être changé, ne peut plus être annulé par un recul, en un mot il ne peut disparaître du monde. Cependant, pour des motifs de politique criminelle, la législation peut édifier un pont doré permettant la retraite à l'auteur déjà sous le coup de la peine. C'est ce qu'elle a opéré, en faisant du désistement volontaire ou spontané (*freiwillig*) un motif de suppression de la peine (C. P. I., § 46) (1).

(4) Dans le même sens KLEE, 15, V. LILIENTHAL, 43, FINGER, I, 302, THON (Bibl., § 29), ZUCKER, G.A., XXXVI, 375, XXXVII, 274. Actuellement aussi R., XXXIII, 221 (voir plus haut note 2). L'expression « causalité potentielle » est trompeuse. Un règlement législatif de la question serait désirable en raison de la divergence des opinions et surtout de l'opposition que rencontre le point de vue du Tribunal d'Empire.

(1) Dans le même sens R., XVII, 244. — On a précédemment souvent essayé de ramener l'action exclusive du désistement à des motifs juridiques en prétendant que la volonté criminelle était anéantie par le désistement ou qu'en cas de désistement la volonté n'avait pas existé ou n'avait pas existé avec la fermeté nécessaire. Dans ce sens OETKER, Z, XVII, 68, *Contrà* HERZOG.

Le droit romain avait expressément reconnu dans quelques passages de ses sources, l'importance du désistement spontané. Cf. notamment l. 19 *præm.* D 48, 10 : *qui falsam monetam percusserint, si id totum formare noluerunt, suffragio justæ pœnitentiæ absolventur.* L'article 178 de la Carolina demandait pour la criminalité de la tentative, que l'auteur ait été empêché « par d'autres moyens contre sa volonté » de consommer l'acte criminel. Le droit commun accordait tantôt l'impunité et tantôt une atténuation de peines. La première conception devient prépondérante dans les codes allemands. Toutefois ceux-ci firent en partie (mais non pas la Prusse en 1851, ni la Bavière en 1861, l'une et l'autre se rattachant au droit français) du désistement spontané un motif d'abolition de la peine, au lieu de présenter le manque de spontanéité comme une caractéristique de la tentative. Le § 46 du C. P. I. suivit également cet exemple.

II. — Le **désistement volontaire** (*Freiwilliger Rücktritt*) de l'auteur supprime la criminalité de l'acte de tentative. Mais le désistement spontané est impossible lorsque l'auteur n'a plus d'action sur l'acte de volonté accompli et sur ses suites (peu importe que la venue ou la non-venue du résultat soit certaine), donc en particulier en cas de crime manqué. Le désistement spontané peut avoir lieu (2) :

1. En cas de tentative non achevée par **non accomplissement de la manifestation de la volonté** : « si l'auteur a abandonné l'exécution de l'action projetée » (C. P. I., § 96, numéro 1). L'auteur laisse tomber le bras prêt à frapper ; il ne jette pas dans la boîte aux lettres de la poste la lettre injurieuse qu'il a écrite. Avec l'achèvement de la manifestation de la volonté tendant au résultat cesse par suite au contraire la possibilité d'appliquer le numéro 1 du § 46. Si, d'après l'intention de l'auteur, l'action devait consister en plusieurs actes partiels (administration continue de petites doses de poison) qui ne devraient produire le

(2) Sur le désistement dans l'action principale médiate, cf. plus bas § 50, note 8 ; sur l'influence d'une condition sur la sanction pénale, cf. plus haut § 46, V, 1.

résultat que par leur influence commune, le désistement est possible jusqu'au dernier acte partiel.

2. En cas de tentative achevée, et tant que la venue du résultat est encore douteuse **en détournant le résultat** (C. P. I., § 46, numéro 2), c'est-à-dire par intervention immédiate dans le cours déjà en marche du rapport causal : la lettre expédiée est redemandée à la poste, l'action du poison est supprimée par un contre-poison.

III. — Dans les deux cas, la loi demande la **spontanéité du désistement**, le § 46, n° 1, n'accordant l'impunité que si l'auteur n'a pas été arrêté dans l'exécution par « des circonstances qui étaient indépendantes de sa volonté », tandis que le n° 2 du même § demande que le résultat soit détourné « par l'activité propre de l'auteur.

La spontanéité se définit au mieux par son contraire : l'obstacle effectif à la consommation du crime. Le désistement ne doit pas être motivé par les circonstances extérieures, il faut qu'il ait son fondement dans une résolution prise librement par l'auteur et qui peut avoir son origine soit dans la crainte (3) ou le remords, soit dans la répugnance morale ou physique, soit peut-être même dans les mobiles les plus bas comme, par exemple, la déception sur la valeur minime des objets à voler. L'obstacle effectif est équivalent à l'admission de l'obstacle. Un abandon définitif de la résolution criminelle n'est pas nécessaire. « L'activité propre » de l'auteur peut aussi être admise en cas de concours décisif de tiers, lorsque ce concours a été provoqué par les efforts de l'auteur ; par exemple, l'auteur est allé chercher le médecin pour qu'il donne du contre-poison à la personne empoisonnée par lui-même.

Dans le second cas l'effet abolitif de peine du désis-

(3) Même sens, FRANK, § 46, II ; *contrà*, R, XXXVII, 402 (à ce sujet ALSBERG, GS, LXVII, 375), XXXVIII, 402.

tement est lié à la condition que l'acte n'est pas encore découvert, c'est-à-dire qu'il n'était encore connu d'aucune personne autre que celles qui ont participé à l'acte. N'exclut pas l'application du § 46, n° 2 la connaissance de la part de celui qui est attaqué, dans la mesure où cette connaissance appartient (4) aux éléments caractéristiques de l'infraction particulière (comme dans le chantage), ou lorsque l'auteur, pour détourner le résultat, a donné connaissance de son acte à celui qui est attaqué.

IV. — Il résulte de la notion essentielle du désistement spontané considéré comme **motif de suppression de peine**, qui, à la vérité, libère de la peine déjà méritée, mais ne change rien au caractère délictueux de l'acte de tentative :

1. Le désistement de l'auteur ne libère de la peine ni le co-auteur, ni l'instigateur ni l'auxiliaire, car le fait qu'ils ont participé à une action coupable persiste. Mais le co-auteur et les complices peuvent eux-mêmes profiter du bienfait de la loi (plus loin § 52, III 3) : toutefois, l'instigateur et le complice non point par le non-achèvement de l'action d'après le § 46, n° 1, car si leur action n'est pas encore achevée, ils ne sont pas encore punissables ; mais bien en détournant eux-mêmes le résultat d'après le § 46, n° 2 (5).

(4) *Contrà* R., I, 307, qui est d'avis que dans ces cas le § 46, n° 2, ne serait, en somme, pas applicable. Dans le même sens, BAUMGARTEN, 464, OLSHAUSEN, § 46, 20. Mais en sens exact, FRANK, § 46, III, MEYER-ALLFELD, 215, THOMSEN (plus haut § 46, note 8), 75.

(5) Dans le même sens, BIRKMEYER, 1117, 156, (Teilnahme) FRANK, § 46, V, HAELSCHNER, I, 362, FINGER, I, 320, KLEE (Bibl., § 46), 45, KATZENSTEIN, Z, XXI, 408, MERKEL, 135, MEYER-ALLFELD, 189, mais surtout R., XIV, 19, XVI, 347. *Contrà*, BAUMGARTEN, 457, BERNER, 165, HERZOG, 260 (très logique à son point de vue), HEILBORN (Bibl., § 49), 113, KOHLER, I, 143, MEYER, 227, OLSHAUSEN, § 46, 7, THOMSEN (plus haut § 46, note 8), 47 ; d'après eux, serait seul décisif le désistement de l'auteur, mais il le serait

2. Seule la peine de l'infraction tentée est supprimée (§ 46 : « La tentative n'est pas punissable comme telle »), mais non la pénalité de l'infraction accomplie en même temps d'autre part et se plaçant approximativement dans l'acte de tentative (6). Depuis Feuerbach, on parle en ce cas, avec peu de bonheur de tentative « qualifiée ».

3. Si les actes de préparation ou de tentative sont menacés d'une peine spéciale ou si le crime entrepris ou tenté est considéré, quant à la peine, comme égal au crime consommé, l'effet suppressif de peine du désistement disparaît en l'absence d'une disposition spéciale de droit positif (7).

alors pour tous les participants. Le plus souvent on perd de vue que les motifs de suppression de la peine ne se manifestent jamais qu'en faveur de ceux dans la personne de qui ils se sont produits (plus loin § 74, I).

(6) Mais ceci ne s'applique que pour le concours idéal, et non pour le concours légal (plus loin § 56).

(7) Dans le sens de l'opinion du texte, très nettement R., x, 324 ; Baumgarten, 470, Köhler, GS, li, 135, v. Lilienthal, 44, Merkel, 376. D'après Frank, § 46, vi, Meyer-Allfeld, 183, *Grundriss*, I, 116 et Olshausen, § 46, 5, le désistement ne s'exclut que s'il ne s'agit pas d'assimilation dans la punition, mais seulement de l'érection d'une infraction indépendante.

II. — L'ACTE PRINCIPAL ET LA PARTICIPATION

§ 49. — Aperçu général et historique.

BIBLIOGRAPHIE. — *Berner*, Teilnahme (Bibl. § 39) 1847. — *V. Bar*, Zùr Lehre von Versuchùnd Teilnahme, 1859. — *V. Buri*, Zùr Lehre von der Teilnahme an dem Verbrechen ùnd der Begünstigùng, 1860 (Exposé de la théorie subjective). — *Langenbeck*, Teilnahme, 1868. — *Schütze*, Notwendige Teilnahme, 1869. — *Geyer*, HH, II, 319, IV, 141. — *Klein*, Schriften, 161. — *V. Kries*, Z, VII, 521. — *Borchert*, Die strafrechtliche Verantwortlichkeit für Handlùngen dritter, insbesondere die Teilnahme und mittelbare Thäterschaft, 1888. — *Birkmeyer*, Die Lehre von der Teilnahme ùnd die Rechtsprechùng des deùtschen Reichsgericht, 1890. — Contre lui, *Löffler* (Grünhüt, XIX, 511 ainsi que *V. Buri*, GS, XLV, 1 (Beiträge 389). — *Foinitzky*, Z, XII, 55. — *Kohler*, I, 92, 106, III, 232. — *Forke*, Die begriffliche Unterscheidùngzwischen Urheberschaft ùnd Beihülfe, 1890. — *Mintz*, Die Lehre von der Beihilfe, 1892. — *Haüft*, Z, XV, 202, 569 (contre lui *V. Buri*, GS, LII, 63). — *Tjaben*, GA, XLII, 218. — *V. Helldorf*, Thèse Halle, 1895. — *Helmer*, Thèse Strasbourg, 1895. — *Bintz*, Thèse Erlangen, 1895. — *Wilhelm Meyer*, Thèse Erlangen, 1897. — *Löwenheim*, Der Vorsatz des Anstifters nach geltendem Recht, 1897 (*Beling*, 9, Heft). — *Haas*, Thèse Fribourg, 1898. — *Yamakawa*, Thèse Göttingen, 1900. — *Neùweisker*, Thèse Greifswald, 1900. — *Jakobsohn*, Thèse Erlangen, 1900. — *Freùdenthal*, Die notwendige Teilnahme am Verbrechen (*Beling*, 17, Heft) 1901. — *Heilborn*, Der Agent provocateur, 1901. — *Dopffel*, Thèse Tubingue, 1899. — Sur le droit allemand, *Brùnner*, II, 565. — *Heimberger*, Die Teilnahme am Verbrechen in Gesetzgebùng ùnd Litteratur von Schwarzenberg bis Feùerbach, 1896.

I. — Il résulte de la conception de la cause (cf. plus haut § 29) que tout individu qui, en suscitant une con dition du résultat survenu, participe à la production de celui-ci, a causé le résultat ; que, d'autre part, toutes les conditions du résultat étant de même valeur, il n'existe pas de différence théorique entre les individus divers qui ont participé à la production du résultat ; que, par suite, la différenciation de leur châtiment ne se justifie que dans l'application d'un même cadre pénal.

Le droit impérial en vigueur n'a pas suivi ces déductions. Il oppose au contraire, en contraste théorique très net, l'action principale (*Thäterschaft*) d'une part, l'instigation (*Anstiftung*) et l'assistance (*Beihilfe*) d'autre part ; il considère l'action principale seule comme cause du résultat, et par contre l'instigation et l'assistance seulement comme **participation à l'éxécution du résultat accomplie par l'auteur** ; il demande par principe une punition plus légère pour l'auxiliaire (mais non pas à la vérité pour l'instigateur) que pour l'auteur.

Cependant le droit impérial n'a pas appliqué son point de vue sans admettre des exceptions, notamment dans deux sens (abstraction faite du § 50, C. P. I.).

1. Lorsque certaines règles ne s'imposent qu'à des personnes déterminées, ces règles dans cette mesure ne sont applicables qu'à l'auteur, et jamais au participant (*Teilnahme*) (1).

(1) Cf. plus haut, § 43, note 6 et v. Liszt, *Pressrecht*, 69. Ces exceptions doivent faire l'objet d'un examen sévère. Klöppel, 257, qui compte ici toutes les prescriptions réglementaires s'appliquant à des personnes déterminées, va beaucoup trop loin. Contestable aussi R, xxv, 38 qui dans tous les délits formels (*Formaldelikte*) cf. § 36, note 6) exclut la participation de toutes les personnes autres que celles nommées dans la loi. L'examen subtil de Nagler est manqué au point de vue méthodique. Son assertion, qu'à côté de l'obligation primaire du cercle particulier des personnes visées, il existe une seconde obligation générale pour toutes les autres, n'est appuyée par aucune preuve.

2. La législation la plus récente de l'Empire tend à sacrifier complètement la distinction entre l'action principale et la participation et par suite à faire une application absolue des règles posées au début de ce paragraphe. C'est le cas pour la loi sur le rapt d'esclaves de 1895 qui punit de la même peine « toute collaboration à une entreprise ayant pour but le rapt d'esclaves ». De même, les §§ 45 et 48 n° 2 de la loi sur l'émigration de 1897. Il y a lieu de signaler, comme d'une importance particulière en ce sens, que le C. C. I considère lui aussi, comme égaux entre eux, l'auteur et le participant (2).

II. — **Historique**. L'opposition de l'action principale et de la participation est le résultat d'une évolution historique lente et incertaine.

Le droit romain prononça des peines contre tous ceux qui prenaient part à un crime, *auctores*, *socii*, *ministri*, *fautores*, *participes*, non seulement par la formule régulière des *leges* du temps de la procédure des questions (*Cujus ope consilio dolo malo id factum erit quive id fieri jusserit faciendumve curavit*), mais encore aussi bien avant qu'après cette époque, sans toutefois faire de distinction théorique entre ces personnes (*Mommsen*, 98). C'est aussi le point de vue du droit romain dans son dernier état. Dans l'Allemagne du Moyen Age, l'instigateur était puni des mêmes peines que l'agent, du moins pour un certain nombre de crimes. Par contre, en ce qui concerne la culpabilité de l'auxiliaire, l'évolution différa complètement dans les diverses infractions. Tantôt l'aide par le conseil et l'action est mise sur le même pied que l'action principale (comme dans le *Landfrieden* de 1235), tantôt c'est souvent le « suppôt nécessaire » (*rechter Volleist*), sans la collaboration duquel la commission n'aurait pas été possible, qui est puni de la même peine que l'auteur, tandis que les autres participants s'en tirent avec des peines moindres. L'instigateur est frappé de la même peine que l'auteur, sinon même d'une peine plus dure.

(2) C. C. I., § 830. A ce sujet v. LISZT, *Deliktsobligationen*, 75. — Cf. aussi plus loin § 51, note 10, sur les cas dans lesquels la peine des auxiliaires ne peut être réduite.

La doctrine italienne du Moyen Age avait adopté, elle aussi, cette dernière conception lorsqu'elle distinguait de l'action principale le *consilium* (aide par le conseil) l'*auxilium* (aide par les actes) et le *mandatum* (instigation), et lorsqu'elle considérait comme égaux à l'auteur, quant à la peine, le *mandans* ainsi que le *socius principalis, qui causam dat delicto*. Mais elle ne parvint pas non plus à des distinctions théoriques. De même, la Carolina, art. 177, se contente de renvoyer aux conseils des jurisconsultes : « Item quiconque donne sciemment et de manière périlleuse, aide, assistance ou encouragement, ainsi qu'on nomme tout cela, à un malfaiteur dans l'accomplissement d'un méfait, sera puni criminellement, mais lorsqu'il importe dans un cas autrement que dans un autre ; c'est pourquoi dans ces cas les juges... prendront conseil » L'instigateur est spécialement mentionné dans l'art. 107 (faux serment).

La doctrine et la législation du droit commun ne parvinrent pas non plus à établir une théorie ferme ; les distinctions qu'elles établissent — participation avant, pendant et après l'acte (cette dernière considérée le plus souvent comme un crime à part), participation générale et spéciale, principale et accessoire, physique et psychique, positive et négative — sont dépourvues de netteté théorique aussi bien que d'utilité pratique. La confusion a atteint son apogée depuis que, grâce au Code Pénal Prussien de 1851, la théorie de la nature simplement accessoire de la participation est parvenue à dominer la législation, la doctrine et la jurisprudence (démontré avec détails par *Bauer*).

III. — L'évolution, dans la seconde moitié du XIXe siècle, de la conception de la nature accessoire de la participation, est tout d'abord déterminée par la différence des réponses à deux questions fondamentales (3).

1. La théorie de **l'instigation** peut être conçue à un

(3) Sur l'histoire dogmatique, cf. BAUER. Cette théorie provient du Code Pénal Français et pénétra en Allemagne avec le Code Pénal Prussien de 1851. Elle est soutenue par SCHÜTZE 1869, BIRKMEYER 1890. Elle a pour adversaire HÖPFNER (mais qui se trompe lorsqu'il considère la participation comme lésion de normes particulières), KOHLER (qui ignore l'évolution historique).

double point de vue. On peut considérer d'abord l'instigation comme exécution médiate du résultat, comme une causalité dans laquelle l'influence de celui qui agit n'est qu'un chaînon dans la chaîne de cause à effet. L'instigation est alors un acte principal médiat (action par un auteur intellectuel, *intellectuelle Urheberschaft*). Contre cette conception, qui est la seule qui soit fondée en doctrine (1) et susceptible de donner des résultats utiles en jurisprudence, on a objecté que l'agent apparaît alors comme un outil dans la main de l'instigateur, ce qui est inconciliable avec l'admission de la liberté de la volonté. Dans ces conditions, et en bonne logique, il aurait fallu conclure à l'impunité complète de l'instigateur placé hors de tout rapport causal. Mais personne n'eut le courage de tirer cette conclusion inévitable. On arriva donc à admettre, d'une part une « interruption du rapport causal » entre l'action de l'instigateur et le résultat, produite par l'action libre et intentionnelle de l'auteur responsable (cf. plus haut, § 29, IV), la conception de l'instigation comme provocation indépendante médiate du résultat étant repoussée, mais à considérer d'autre part l'instigation comme *participation à l'acte commis par l'agent*. C'est

(1) Ce fut la seule qui régna jusque dans le XIXe siècle. (Cf. par exemple FEUERBACH et WAECHTER, et aussi la Prusse, 1794 et la Bavière, 1813). Sur le droit canonique, cf. HINSCHIUS, V, 934 ; sur le Moyen Age italien, HEIMBERGER, 31 ; sur le droit allemand ; HARSTER, 53. Parmi les modernes, elle est soutenue entre autres par ORTOLAN, GARRAUD, HAELSCHNER, BINDING, JANKA, HOHLER, FORNITZKY, GETZ. Dans le même sens HAUPT, Z, XV, 569 ; LOEWENHEIM, SCHMID (Bibl. § 43), 63 ; SEUFFERT, L. P. C., I, 23 ; SIEGEL (Bibl. § 40), 50 ; STOOSS, *Grundzüge*, I, 226. — Il est malheureusement incontestable, et d'ailleurs à peine contesté, que le C. P. I., considère l'instigation comme complicité à un acte d'autrui. De nos jours la distinction entre l'instigation et l'action principale a été basée sur la nature propre de la « causalité psychique » ; cf. par exemple FRANK, 1re partie, section 3, BIERLING, (Bibl., § 28) 56. A. HORN, GS, LIII, 56 ; LIV, 368.

là le point de vue du droit actuel. L'instigation (*Anstiftung*) se voit attribuer ainsi une substance non autonome, sa criminalité devient dépendante de celle de l'acte commis par l'agent (auteur *Täter*).

2. Celui qui a fait naître une condition ayant amené le résultat, est responsable pour ce résultat. Mais précisément lors de la participation de plusieurs à la même infraction, l'opinion dominante prétend distinguer l'exécution de la position d'une simple condition (*von dem Setzen einer blossen Bedingung*). Celui qui exécute, qui cause, est l'auteur; et s'il cause en communauté avec d'autres, il est **co-auteur.** Celui qui fait intervenir seulement une condition, est **auxiliaire** (complice). On fait ainsi de l'assistance également une participation non autonome à l'acte d'autrui. Mais comme la distinction entre la cause et la condition est insoutenable (cf. plus haut § 29, VI), la différence entre l'action principale et l'assistance est, elle aussi, dépourvue d'une base objective solide. Il n'y a donc rien de surprenant à ce que la doctrine et la jurisprudence, pour pouvoir maintenir cette différence, soient contraintes de suivre les voies trompeuses d'une théorie purement subjective (Cf. plus loin, § 50, note 9) (5).

IV. — La doctrine juridique du XIXe siècle a été plus heureuse en détachant des modalités de la participation de plusieurs agents à la même infraction, le complot et la bande d'une part, et le fait de favoriser d'autre part, et en contribuant ainsi grandement à

(5) La théorie objective, construite sur la distinction entre des conditions ayant une valeur plus ou moins grande, remonte jusqu'à PUFENDORF, 1672 (HEIMBERGER, 144; elle est fréquemment soutenue au XVIIIe siècle, notamment par KRESS, J.-S.-F. BOEHMER, etc, et plus tard surtout par FEUERBACH et BERNER (1847 à 1861). En cette matière également il a été récemment fait appel à la « causalité psychique » (plus haut, note 3) pour motiver la distinction en question. Cf. FRANK, § 47, II. NAGLER demande pour l'action principale la volonté de causer.

rendre cette conception plus simple et plus claire.

1. Le **complot** est l'entente de plusieurs en vue de commettre un ou plusieurs crimes déterminés; la **bande** est l'association formée en vue de commettre plusieurs crimes non encore déterminés séparément.

L'opinion ancienne (se rattachant à la Carolina, art. 148) avait, ou bien rendu tous les membres responsables du résultat entier en tant qu'instigateurs réciproques, ou bien avait puni l'entente même comme tentative de l'infraction. La doctrine actuelle s'en tient par contre fermement au principe que l'infraction commise ne peut être imputée à chaque individu que dans la mesure où les conceptions de l'action principale, de l'instigation, de l'assistance ont été, le cas échéant, réalisées effectivement par la manière d'agir de chaque individu; qu'en outre il ne peut être parlé de tentative, tant qu'il n'existe pas de commencement d'exécution. Mais la législation reste parfaitement maîtresse de sanctionner pénalement, comme crimes indépendants, l'entente et l'association, ou d'en faire des motifs d'aggravation de peine. La législation impériale a adopté la première solution, quant au complot, dans le C. P. I., § 83, dans la loi sur l'espionnage de 1893, § 5, dans le C. P. Mil. §§ 59, 72, 100, 103, ainsi que pour le complot et la bande dans le § 6 de la loi sur les explosifs de 1884. Au contraire, dans les §§ 146 et 147 de la loi douanière de 1869 et dans les §§ 101 et 105 de la loi sur les gens de mer de 1902, le complot est traité exclusivement comme un motif d'aggravation de la peine, et il en est de même pour la commission en bande d'infractions dans les §§ 243, n° 6, 250 n° 2 du C. P. I., dans le § 135 du C P. Mil., dans le § 146 de la loi douanière.

2. Le **fait de favoriser** (*Begünstigung*) n'est pas une forme de la participation de plusieurs agents à l'infraction. Car, étant possible seulement après la

commission de l'acte (6), il lui manque l'unique caractéristique commune à toutes les formes de la participation : la provocation d'une condition ayant amené le résultat survenu. Il constitue par suite une infraction indépendante et relève comme telle de la Partie Spéciale. Cette conception, qui n'est plus contestée dans la doctrine que par quelques auteurs (7), est suivie, contrairement au Code pénal français et au Code prussien de 1851, non seulement par le C. P. I, mais aussi par la majorité des lois étrangères et des projets étrangers.

V. — Le concept de la **participation nécessaire** (*Schutze* 1869) ou du *concursus necessarius*, fut peu heureux. Il existerait pour les infractions qui, d'après leurs incriminations particulières, exigeraient par définition l'action commune de plusieurs agents. Il faut ranger ici deux groupes d'infractions :

1. Celles dans lesquelles les actes de ceux qui agissent nécessairement ensemble se meuvent les uns vers les autres, le duel, l'achat de votes (délits de rencontre, *Begegnungsdelikte* d'après *Freudenthal*) ;

2. Celles dans lesquelles les actes de ceux qui agissent nécessairement ensemble convergent vers l'extérieur, comme la sédition, la mutinerie (délits de convergence, *Konvergenzdelikte* d'après *Freudenthal*). L'action en commun est alors, tantôt un élément constitutif de l'incrimination particulière (comme dans le C. P. I. (§§ 115, 122), tantôt un motif d'aggravation de la peine (C. P. I., §§ 123, al. 3, 223, *a.*).

Dans les infractions des deux groupes, est nécessaire le fait d'agir en commun quant à l'acte d'exécution, donc la co-action (8).

(6) Mais il est possible avant la consommation : A a blessé mortellement B ; avant que B ne meure, C favorise la fuite de A.

(7) Par exemple KOHLER, I, 118 ; MERKEL, 153 ; récemment BELING. Contre MEYER, 5e éd., cf. MEYER-ALLFELD, 559.

(8) En sens différent, FREUDENTHAL, 41 et sq., suivi par FRANK,

§ 50. — 1. L'acte principal.

BIBLIOGRAPHIE : *Forke*, Distinction fondamentale entre action principale et assistance, 1890. — *v. Helldorf*, thèse Halle, 1895. — *Neumeister*, Thèse Greisswalder, 1900. — *Helmer*, thèse Strasbourg, 1895. — *Haas*, thèse Fribourg, 1898. — *Yamakava*, thèse Göttinger, 1900. — *Riesenfeld*, thèse Rostock, 1902. — *Max Cohn*, thèse Heidelberg, 1904.

L'acte principal est la commission commencée ou achevée de l'acte d'exécution. Il y a lieu de distinguer deux cas principaux.

I. — L'auteur est tout d'abord celui qui exécute seul l'acte d'exécution, qui réalise seul les circonstances de fait de la définition légale de l'infraction (**auteur unique**) : l'auteur du viol est, par exemple, celui qui contraint une personne et en abuse sexuellement ; le voleur à main armée est celui qui emploie la violence et qui vole la chose. Il n'y a pas alors de différence entre le résultat obtenu exclusivement par l'activité corporelle propre et celui qui est amené par l'utilisation des forces naturelles, ou d'un outil ou d'un animal.

II. — L'auteur est également celui qui se sert d'une autre personne (peut-être de la victime elle-même) comme d'un instrument et qui commet au moyen de celle-ci l'acte d'exécution (1). Cette proposition subit une limitation importante par la conception de la participation en droit positif (Cf. plus loin, § 51). Mais tant que cette conception n'intervient pas, la règle générale s'applique sans restriction (2). On

v. avant § 47. Mais le duel avec un paralytique est aussi peu concevable que la sédition d'un maître d'école avec 30 enfants de 10 ans.

(1) Sur l'utilisation du propre corps cf. plus haut, § 37, III.

(2) L'erreur sur la question de se connaître comme auteur ou comme participant, reste sans effet (cf. plus haut, §30, III, 3). Celui qui ne sait pas que celui qu'il décide ou soutient est un malade

parle alors d'**acte principal médiat** (**indirect**) (fictif) ou **d'action intellectuelle** (3). Il en est ainsi :

1. Lorsque celui qui a été l'instrument de l'auteur n'est pas responsable. Celui qui, par exemple, met un couteau dans la main d'un épileptique pour que ce dernier tue une autre personne, est coupable comme auteur du meurtre. Et non seulement l'enfant, mais aussi le mineur pénal est absolument assimilé à l'insensé (cf. plus haut, § 38, notes 2 et 4). L'incitation d'un hypnotisé à commettre un acte punissable relèverait également du cas présent.

mental, est cependant puni comme auteur ; car l'intention de l'auteur existe même si l'auteur n'est pas fixé à ce sujet. *Contra* (avec BIRKMEYER et NAGLER), R XI, 56. FRANK, 3. Abschu, II, admet ici l'action par imprudence et OETKER, Handbusch des Strafprozesses (1907), 131, remarque 9, la complicité.

(3) 1. Le concept de l'action principale indirecte est aujourd'hui généralement admis par la doctrine et la jurisprudence, par ex. par R. I, 146, III, 96, IV, 256, XII, 67, XVIII, 419. — Cependant, divers auteurs croient que ce concept n'est pas applicable à certains délits. Dans ce sens, BELING, VERBRECHEN, 236 (pour les délits formels), BINDING, GRUNDRISS, 146 (l'inceste, etc , doivent d'après lui avoir été commis *proprio manu*), BORCHERT, (Bibl., § 49) 99, 106, FRANK, Ire partie, IIIe section, III, 2, HÖPNER, Z, XXII, 205, KÖHLER, I, 133, LÖNING (Bibl., § 43) 149, 150, NAGLER, 72 (en cas d'absence des conditions préalables juridiques) OLSHAUSEN, Ire partie, IIIe section, 5. Ainsi serait exclue la responsabilité d'une femme en cas de viol, d'un non-parent ou allié en cas d'inceste, d'un non-fonctionnaire pour un pur délit de fonctions, si les uns et les autres avaient décidé un fou ou contraint un responsable à agir pour produire le résultat. Contre ces restrictions, MEYER-ALLFELD, 153. Les dites restrictions conduisent à l'impunité de celui qui se sert de l'homme comme instrument. C'est pourtant à ce point de vue que le C. P. I., § 160 (incitation au faux serment) doit son existence regrettable. Il en est de même du § 271, C. P. I. — 3. MITTER-MAIER, Z, XXI, 236, va encore plus loin en restreignant par principe l'action principale à la commission de l'acte d'exécution. Cette conception est non seulement inapplicable dans le droit en vigueur, mais encore elle est fausse en doctrine. L'établissement de distinctions théoriques dans l'action primitive conduit nécessairement à des confusions et à des contradictions.

2. Lorsque l'instrument n'a pas agi librement, c'est-à-dire a été contraint ; plus exactement, lorsque les circonstances prévues au § 52 C. P. I. ont existé (4).

3. Lorsque l'instrument a agi sans intention, c'est-à-dire sans prévoir les suites de son acte. Celui qui par tromperie décide la garde-malade à administrer de l'arsenic au lieu de la quinine prescrite par le médecin, n'est pas l'instigateur d'un meurtre qu'en somme l'infirmière n'a pas commis, mais il est lui-même le meurtrier (5). Dans les cas où la conscience de l'illégalité est un élément de l'infraction particulière, son absence est assimilée à l'absence de l'intention.

4. Lorsque l'infraction exige un dessein déterminé (par exemple l'intention de s'approprier dans le vol), mais que ce dessein fait défaut chez l'agent utilisé pour l'acte, tandis qu'il existe chez celui qui a utilisé l'agent (6).

Dans ces quatre cas (7), le jugement à porter sur l'auteur se détermine par la conduite de son instrument, en tant que l'activité de ce dernier est en question (8).

III. — Est en outre auteur celui qui a commencé ou achevé l'acte d'exécution en collaboration consciente avec d'autres (**co-action** (*Mittätershaft*) d'après le § 47, C. P. I).

(4) R, XXVI, 242, d'après qui chaque intervention illicite suffirait, va beaucoup plus loin (trop loin en présence du § 48 C. P. I.).

(5) De même R, XXXV, 332, XXXIX, 298.

(6) Dans le même sens R, XXXI, 80 ; dans le doute FRANK avant § 47 (à cause de « l'instrument dolosif). En sens différent WACHENFELD, 272.

(7) Cf. plus haut, § 35, I. De même FINGER, I, 337) GIRGINOFF (Bibl. § 35) 106, WACHENFELD, 272. — R, XXVIII, 109 va très loin (un fonctionnaire a décidé un non-fonctionnaire à falsifier un document à lui confié ; R, admet l'action principale du fonctionnaire).

(8) Ainsi : 1. Si l'auteur décide avec succès, même par un mot, plusieurs individus à lui servir d'instruments, il n'existe pour lui

1. La co action suppose donc la participation à l'acte d'exécution. Elle se distingue ainsi objectivement de l'assistance.

Est donc co-auteur, dans l'assassinat, celui qui a porté un coup mortel ; dans le vol, celui qui a enlevé la chose dans l'intention de se l'approprier ; dans l'escroquerie, celui qui a pris part à la tromperie. Dans les crimes dits composés (cf. plus haut § 31, I) est co-auteur qui a commis même un seul des actes d'exécution composant le crime. Ainsi A et B (leur collaboration consciente étant admise) sont co auteurs lorsque A fait violence à la femme C ou menace D d'un danger présent pour le corps et la vie, et que B abuse de la femme C ou enlève le portefeuille de D ; car la violence et la menace sont des éléments constitutifs de l'incrimination particulière du viol et du vol à main armée. Mais si A faisait le guet, tandis que B exécutait un vol avec effraction, A n'est jamais un co-auteur, mais un auxiliaire, car faire

qu'une seule infraction, en raison de l'unité de la manifestation de volonté (cf. plus loin, § 54, III, 1). De même, s'il décide le même instrument à commettre plusieurs infractions. — 2. L'auteur reste l'auteur, même s'il semble n'intervenir en apparence que par un acte d'assistance : par exemple, l'adulte A maintient la victime, pendant que le garçon B porte le coup de poignard. — 3. Si la loi exige une action corporelle déterminée (par exemple, celle de monter dans le § 243, n° 2), cette action doit être entreprise par l'instrument pour pouvoir être imputée à l'auteur. *Contra* R, XXIV, 86. — 4. L'action de l'instrument fixe le temps et le lieu de la commission (cf. plus haut, § 31, IV, 3) *Contra*, MEYER ALLFELD, 117. — 5. Il y a tentative achevée dès que la suite des événements est transmise à l'activité propre de l'instrument (donc avec l'éveil de la résolution chez le malade mental). Cf. plus haut, § 46, note 7. — 6 Par suite, le désistement de la tentative n'est à partir de ce moment, possible à l'instigateur que sous la forme du détournement du résultat (d'après le § 46, n° 2). — 7. Si l'instrument n'exécute pas l'action, il y a infraction manquée et non tentative (non-punissable) d'instigation. — 8. Le moment de la détermination décide de la responsabilité (cf. plus haut, § 37, III).

le guet n'est pas un acte d'exécution du vol (9).

2. L'intention du co-auteur comprend : 1° La conscience des éléments constitutifs particuliers de l'infraction ; 2° La conscience d'agir en commun avec

(9) Etat des opinions : 1. S'appuyant sur la déclaration expresse des motifs, le *Reichsgericht* (Trib. d'Empire) soutient, dans une série de décisions, le point de vue également très défendu en doctrine, d'après lequel la différence entre la co-action et l'assistance serait purement subjective et située dans la tendance de la volonté de l'auteur, c'est-à-dire d'après lequel le co-auteur doit avoir l'*animus autoris* (*dominateur*), tandis que l'auxiliaire a l'*animus socii* (*subordonné*), le premier voulant l'acte comme sien propre, et le second comme acte d'un autre. En admettant qu'il y ait eu une collaboration extérieure quelconque, c'est seulement la tendance de volonté qui importe, et non pas la participation objective ; peuvent donc être aussi considérés comme co-action les faits de procurer des instruments, d'écarter les obstacles, d'encourager l'agent direct, de faire le guet pendant que les autres délinquants exécutent l'infraction projetée en commun, même d'encourager par sa seule présence sur le lieu de l'acte. Dans ce sens R, en dernier lieu XXVI, 345 ; XXVI, 351 ; XXVIII, 304, LXXXVII, 92 ; R. MIL, G., X, 86. C'est en somme le réveil évident de la vieille théorie du complot (plus haut, § 49, IV, 1). Le point de vue de R est partagé par BELING, 94. Verbrechen, 403 (toutefois une action préparatoire ne suffirait pas), BIERLING (Bibl., § 28), III, 148, BORCHERT, (Bibl., § 49), 44, KÖHLER, I, 96, NAGLER (Bibl., § 49), 76, 124 (volonté de provoquer), 93 ; OLSHAUSEN, § 47, 5 (avec un groupement très arbitraire des opinions). — 2. Dans le sens l'opinion du texte, l'ancienne jurisprudence de Berlin et de Munich ; BERNER (depuis 1861), 160, FINGER, I, 339 ; FRANK. § 47, II (plus haut, § 49, note 5) ; HAELSCHNER, I, 377, 420 ; LILIENTHAL, 45 ; LOENING, 93, 99 ; MERKEL, 144 ; MEYER ALLFELD, 197 ; WACHENFELD, 272, mais surtout BIRKMEYER. — 3. Une opinion intermédiaire est représentée par HAUPT, Z, XV, 578 ; MAX COHN et TJADEN, GA, XLII, 226. D'après eux, il existe entre les actes indubitables d'action principale et les actes indubitables d'assistance une large zone d'actes, dont le classement dans l'action principale ou dans la complicité ne peut être déterminé que par la tendance de volonté de l'agent. — La théorie « subjective » échoue complètement par le fait qu'elle doit considérer comme auxiliaire celui qui commet l'acte principal (le meurtre par exemple) avec une volonté qui se « subordonne », tandis que d'autre part, elle supprime complètement dans le complot l'idée d'assistance, puisqu'alors *toute* collaboration devient

les autres co-auteurs. Si cette conscience d'agir en commun fait défaut, la co-action est exclue. Il en est de même lorsque de la part de l'un des deux participants la responsabilité ou aussi l'intention sont absentes (10). Il en est encore de même lorsque le second agent profite de la situation créée par le premier agent sans en avoir une connaissance préalable (lorsque, par exemple, il abuse de la femme enchaînée par le premier.

3. La co-action n'est pas une forme de complicité (dépendante) à l'acte d'un autre, mais une action propre, indépendante. Par suite, chaque co-auteur est, quant à la peine, indépendant de ses co-auteurs ; un co-auteur peut donc être condamné comme assassin, l'autre comme meurtrier, un troisième comme auteur d'un vol à main armée, un quatrième comme voleur simple (11). Et réciproquement : qui ne peut être auteur (par exemple le non-fonctionnaire dans un pur délit de fonction) ne peut non plus être co-auteur (12).

IV. — Mais également si plusieurs personnes ont pris part sans collaboration consciente à la venue ou au non-empêchement d'un même résultat, chacune

une action principale. A ce sujet BIERLING, 149, mais aussi (avec moi) MEYER-ALLFELD, 206.

(10) Cf. § 49, note 8 Dans le même sens, FINGER, I, 342, R, XVII, 413, XL, 21 ; en sens différent R, XIX, 192.

(11) Dans le même sens HAELSCHNER, I, 439 ; *contra* BINDING, *Lehrbuch*, I, 28 ; FRANK, § 211, II ; MERKEL, 307 ; MEYER-ALLFELD, 192, note 10 ; OLSHAUSEN, § 50, 5.

(12) Un cas de co-action est la « commission en commun », qui est fréquemment traitée par le C. P. I. comme circonstance aggravante. Exemples : C. P. I., §§ 119, 123, 223 a, 293 ; loi douanière, §§ 146, 147. L'aggravation n'intervient que s'il y a co-action (et non complicité ou action connexe). *Contra* BINDING, *Lehrb.*, II, 812. FREUDENTHAL, 147 qui n'exige, ici aussi, qu'une action avec entente commune effective. Exact R. MIL, G., V, 153, VII, 198. La co-action est également nécessaire pour la commission en bande.

d'elles est responsable comme auteur, étant admis qu'il n'y a pas alors un cas de complicité (voir plus loin, § 51). En l'absence d'une disposition spéciale de la loi, la participation à l'acte d'exécution n'est pas ici nécessaire, d'après la règle générale. Il faut signaler spécialement, comme rentrant dans la présente hypothèse, les cas de coopération par imprudence ; par exemple, lorsque plusieurs démolisseurs jettent en commun, du haut de la maison qu'ils démolissent, une poutre sans prendre la précaution d'avertir les passants, et lorsqu'ils tuent par leur négligence un individu (cf. l. 11, 4, D. 9, 2). Il en est de même lorsque les divers auteurs agissant simultanément ou successivement (13), ayant à la vérité chacun son intention, mais n'ayant pas la conscience d'une activité commune, amènent par leur œuvre d'ensemble le même résultat ou ne le détournent pas en commun. De même lorsque l'un agit intentionnellement et l'autre par imprudence. Enfin il faut encore compter ici les cas dans lesquels l'admission de la co-action est exclue par exemple par la maladie mentale de l'un de deux participants (plus haut, note 10). On peut dans ces cas, à la différence de la co-action réglée par la loi, parler **d'action connexe ou accessoire** (*Nebentäterschaft*), comme d'un sous-cas de **l'action plurale** (*Mehrtäterschaft*).

§ 51 — 2 La complicité (*Teilnahme*).

Bibliographie : *Löwenheim*, Der Vorsatz des Anstifters nacht geltendem Recht (Beling Heft 9) 1897. — *Korn*, thèse Göttingen, 1902. — *Mintz*, thèse Dorpat, 1892. — *Tischler*, thèse Wurzbourg, 1902.

La complicité est la participation à un acte d'exécution commencé ou achevé par un autre. D'après le

(13) Cf., plus haut, § 20, note 7.

droit en vigueur, la complicité est, ou bien une instigation, ou bien une assistance (1).

I. — **L'instigation** (*Anstiftung*) est la détermination intentionnelle d'un autre à l'acte d'exécution punissable commis intentionnellement par lui, que cet acte soit un crime, un délit ou une contravention.

1. La loi ne nomme expressément comme moyens d'instigation, dans le § 48, al. 1, que les présents, les promesses, la menace, l'abus de la situation sociale ou du pouvoir, la provocation ou l'encouragement voulus d'une erreur. Mais les mots : « ou par d'autres moyens » laissent facilement reconnaître que cette énumération n'a été faite qu'à titre d'exemple, et que tout autre moyen, soit l'offre d'un pari, soit des prières et des adjurations, soit des railleries au sujet des remords et scrupules, soit même, le cas échéant, le fait de déconseiller en apparence de commettre l'acte, doit être considéré comme suffisant. Il faut seulement remarquer que l'empire exercé et les menaces ne doivent pas dégénérer en « contrainte » (*Nötigung*), et que l'incitation à l'erreur ne doit pas exclure le caractère intentionnel de l'acte effectif, car la commission personnelle médiate remplacerait alors l'instigation (voir plus haut § 50, II).

La détermination peut avoir lieu aussi par l'influence de plusieurs individus, soit que ceux-ci agissent en commun (comme co-instigateurs) ou indépendamment les uns des autres.

2. Un élément essentiel de l'instigation est la détermination intentionnelle d'un autre à l'acte commis par lui, c'est-à-dire l'éveil de la décision d'agir chez autrui. Offrir simplement l'occasion de commettre l'acte (par exemple nommer un témoin disposé au faux serment) ne suffit pas (2).

(1) Le C. P. I. parle de « participer avec un sens différent, dans les §§ 115, 116, 124, 125, 128, 129.

(2) Le § 20 de la loi sur la contrefaçon littéraire de 1870

3. D'après la conception de notre droit positif, l'instigation n'est pas l'acte d'un auteur (*Urheberschaft*) intellectuel, mais une complicité (non indépendante) dans l'acte d'un autre ; elle ne porte pas en elle le motif de sa sanction pénale, au contraire cette dernière dérive dudit acte d'autrui (3). Le résultat de l'instigation est donc d'abord l'éveil, chez l'agent, de la décision d'agir. Mais ce résultat n'est pas punissable en soi, il ne l'est que lorsque la décision de l'agent l'a conduit à l'acte punissable, soit consommé, soit seulement tenté.

4. L'intention de l'instigateur consiste dans la conscience que par son intervention volontaire propre, la décision de commettre une action punissable déterminée est éveillée chez celui qu'il veut inciter. Lui-même doit donc concevoir cette action comme devant être commise par l'auteur (4). Si l'auteur provoqué commet une action essentiellement autre que celle provoquée par l'instigateur, l'intention de l'instigateur ne peut être admise quant à cette action (cf. plus loin, § 52, I, 2) (5).

5. La peine de l'instigateur doit être fixée d'après la pénalité qui s'applique à l'acte auquel il a sciemment

(encore en vigueur pour les lois des 9, 10 et 11 janvier 1870), contient une exception (assimilation de l'instigation, de l'action principale médiate et de l'action accessoire) ; « quiconque donne lieu, intentionnellement ou par imprudence à une autre personne d'organiser une contrefaçon imprimée », etc., est puni, que cet autre ait agi avec intention ou par imprudence ou sans faute de sa part.

(3) Cette conception est cependant contestée *de lege lata* par quelques-uns. Dans ce sens, notamment Kohler, I, 106, Nagler (Bibl., § 49) 146 et chez Binding la même conception dissidente apparaît dans un certain nombre d'objections. En sens contraire, le sens exact, Loewenheim (Bibl. § 49) 12.

(4) En sens très différent Loewenheim (Bibl. § 49). D'après lui, une erreur de l'instigateur sur l'acte commis par l'auteur profané resterait sans importance. Dans le sens du texte, au contraire, Katzenstein, Z, xxi, 400 et Korn.

(5) Cf. plus haut, § 39, III. Egalement d'après R, xxxiv, 327

provoqué (6). Si l'auteur n'est coupable que d'une tentative, la peine est également abaissée pour l'instigateur.

II. — **L'assistance** (*Beihilfe*) est l'appui intentionnel fourni à un autre lors du crime ou délit commis intentionnellement par lui (C. P. I., § 49).

L'assistance, en cas de contravention, reste impunie (7)

1. Il n'y a appui au cours d'une action que si une condition du résultat a été effectivement procurée. Autrement, il n'y aurait que tentative (non punissable) d'assistance (8). L'appui peut être moral ou phy-

l'intention de l'instigateur n'a pas besoin d'embrasser toutes les circonstances de détail de l'acte.

(6) Différent de l'instigateur est le « meneur » (Dans ce sens C. P. I, §§ 115, 125; loi douanière de 1869, §§ 146, 147; loi sur les gens de mer de 1902, §§ 101, 103; loi sur le rapt d'esclaves de 1895, § 1, etc.). Cf. SCHERLING (Bibl. § 99) 54. Par « meneurs » (*duces factionum* des Romains), nous devons donc comprendre les chefs moraux de la faction (*contubernium*), dirigeant les mouvements de leurs compagnons, mais non pas nécessairement les instigateurs. — Le C. P. I., §§ 128, 129 mentionne spécialement l' « excitateur », le « chef » (*Stifter, Vorsteher*). — La loi sur la contrefaçon littéraire (plus haut, note 2) et la loi sur le rapt d'esclaves parlent de l' « organisateur » (*Veranstalter*). C'est, ici aussi, la direction morale qui est décisive; mais cependant l'organisation ne signifie pas instigation, mais action principale. Sur « donner lieu » (*Veranlassen*), cf. plus haut, note 2. — La sommation ou défi (*Aufforderung*), se distingue de l'instigation en ce qu'elle ne suppose pas le résultat de celle-ci, c'est-à-dire la détermination d'autrui. Il en est de même de l'excitation (*Anreizen*) et du recrutement (*Anwerben*). Par contre, le fourvoiement (*Das Verleiten*) est un sous-cas de l'instigation. Très peu clair et contestable le § 10, al. 2 de la loi sur les explosifs de 1884.

(7) Le § 22 de la loi sur l'impôt de l'eau-de-vie de 1887, le § 47 de la loi sur l'impôt du sucre de 1896, le § 17 de la loi sur les vins mousseux de 1902, le § 18 de la loi sur les cigarettes de 1906, etc., punissent aussi l'assistance en matière de contravention. Cf. WEBER, GS, LVIII, 67.

(8) Prêter aide, secours, assistance (C. P. I. §§ 89, 180, 257) supposent la « stimulation » du résultat. En sens différent, R, VI,

sique (conseil ou acte) ; il peut aussi consister dans une promesse de favoriser ultérieurement, donnée avant l'acte (C. P. I, § 257, al. 3 ; plus loin § 52, IV). Mais lorsque l'intention ou le dessein se rapportent aux circonstances mêmes du fait incriminé, ils ne doivent jamais être une partie de l'acte d'exécution (plus haut, § 50, III). Ils se présenteront dans la plupart des cas comme une action telle que, commise par l'auteur, elle constituerait seulement une préparation (non punissable) à l'acte. L'assistance peut également se commettre par omission, au cas où il existait une obligation juridique d'agir. Mais l'omission de dénoncer ne peut, en raison de la disposition spéciale du C. P. I., § 139, être punie comme assistance, lorsque l'obligation de dénoncer n'est pas indépendante du dit § 139.

2. L'assistance n'est punissable que comme appui intentionnel d'un acte intentionnel (9).

3. L'intention du complice (auxiliaire) embrasse : 1° la représentation de son action propre ; 2° la représentation de l'acte d'un autre ; 3° la représentation que la seconde action est soutenue par la première. Par contre, il n'est pas nécessaire que l'auteur ait connaissance de l'aide qui lui est fournie.

4. En tant que participation (non indépendante) à l'acte d'un autre, l'assistance suppose inévitablement qu'il existe de la part de l'auteur une infraction, ne fût-ce qu'à l'état de tentative. Réciproquement elle se trouve exclue après l'achèvement de l'acte, si celui-ci n'est pas un délit continu (plus loin, § 54, III, 2 e.).

169. Dans le même sens que le texte, Finger, I, 350, Ha pt, Z, xv, 569 ; Frank, § 49, II. Cependant l'assistance psychique tentée peut apparaître comme assistance psychique consommée.

(9) Exception dans le C. P. I., § 121, al. 2 (fait de favoriser par imprudence l'évasion d'un prisonnier). Cependant il n'existe précisément alors aucun acte de complicité, mais un crime indépendant.

5. La peine de l'auxiliaire se détermine suivant la pénalité applicable à l'acte auquel il a sciemment fourni son aide, mais toutefois elle doit être atténuée d'après les principes établis pour la répression de la tentative (cf. plus loin, § 70, I). S'il y a assistance à une action seulement tentée, il y a lieu de réduire la peine de deux degrés (10).

§ 52. — 2. La complicité. Conséquences.

BIBLIOGRAPHIE : *Binz*, thèse Erlangen, 1895. — *Wilhelm Meyer*, thèse Erlangen, 1897. — *Wuttig*, (*Beling* XL) 1902. — *Weinberg*, thèse Fribourg, 1904. — *Dopffel*, thèse Tübingen, 1899. — *Heilborn*, Der Agent provocateur, 1901. — *Katzenstein*, Z, XXI, 374. — *Korn*, (v. Bibl., § 51).

I. — **Seules, l'instigation ou l'assistance intentionnelles à un acte intentionnel sont des faits de complicité au sens de la loi** (1).

(10) Dans quelques cas seulement la loi réprime l'auxiliaire de la même peine que l'auteur : C. P. I., § 143, loi impériale sur le timbre de 1894, § 3, C. de Com., § 318. Une échelle pénale spéciale pour l'assistance est contenue dans les §§ 203 et 219 du C. P. I., également dans la loi sur le timbre des effets de commerce de 1869, § 15 et dans la loi sur l'émigration de 1897, § 48 — Il faut observer, en outre, que partout où le législateur assimile, quant à la peine, la tentative et la consommation, ou même, punit déjà le simple fait d'entreprendre de la peine de la consommation (voir plus haut, § 46, VI), en raison de l'impossibilité effective de procéder à la réduction prescrite de la peine, l'auteur et l'auxiliaire tombent sous le coup des mêmes degrés de la peine. Par suite, il y aura lieu, notamment, de punir de la mort, en vertu du § 80 C. P. I. non seulement l'assistance à l'assassinat consommé, mais même à l'assassinat tenté. En sens contraire, R., XII, 64 ; FRANK, § 80, IV ; OLSHAUSEN, § 80, 7. BINDING, Lehrb. II, 448, BISOUKIDES (Bibl. § 105), 122, KÖHLER, GA, LI, 136. De même tout naturellement dans le cas où le législateur lui-même a renoncé à la distinction entre l'action principale et la complicité (cf. plus haut, § 49, note 2) ou a fait des actes de complicité des infractions indépendantes (cf. plus loin, § 52, note 6).

(1) Dans ce sens l'opinion commune, et aussi MEYER-ALLFELD, 187. Par contre, admettent la complicité quant aux infractions

1. Donc, ne constitue pas une complicité :

a) La provocation intentionnelle ou l'assistance intentionnelle à un acte commis par imprudence. Il s'agit alors bien plutôt d'un cas d'action principale médiate (voir plus haut, § 50, II) (2).

b) La provocation par imprudence ou l'assistance par imprudence à un acte commis par imprudence. Ici s'applique la règle générale que tout individu qui, par sa conduite, a exécuté une condition du résultat survenu, doit être rendu responsable de ce dernier en qualité d'auteur connexe (*Nebentäter*) (voir plus haut, § 50, IV).

c) La provocation ou l'assistance par imprudence à un fait intentionnel doivent rester impunies. La complicité au sens technique ne peut être admise, parce que l'élément constitutif de l'intention, nécessaire d'après la loi, fait défaut; et il faut aussi écarter la commission personnelle médiate, parce que, par hypothèse d'après l'incrimination, l'action libre et intentionnelle de l'auteur immédiat interrompt le rapport causal (cf. plus haut, § 29, IV).

2. L'instigateur et l'auxiliaire ne sont responsables que pour l'action intentionnellement provoquée ou secondée.

par imprudence : BELING, Z, XVIII, 272, BINDING, Grundriss, 152, BINTZ, BIRKMEYER, Teilnahme, 141, OLSHAUSEN, §§ 48, 18 et 49, 18, WEINBERG, WATTIG.

(2) Dans le même sens, R, XXXIII, 175 ; KATZENSTEIN Z, XXI, 378. *Contra*, BELING, Z, XVIII, 272 ; BINDING, *Grundriss*, I, 127 ; BIRKMEYER, *Teilnahme*, 141 ; VAN CALKER (Bibl. § 122), 248, 258 ; OLSHAUSEN, § 48, 18, mais surtout BINTZ. D'après eux, celui qui méchamment détermine un individu de bonne foi, ne serait donc responsable que d'imprudence, et resterait en conséquence impuni dans les cas où seule la commission intentionnelle est punissable. Il est vrai que BELING et OLSHAUSEN admettent le concours idéal avec action principale médiate et échappent ainsi à cette conséquence inadmissible : mais le second en partie seulement, car il restreint essentiellement (plus haut, § 50, note 3) le domaine d'application de l'action principale médiate (indirecte).

a) Si l'acte de l'auteur provoqué et l'intention de l'instigateur ne s'adaptent pas en un point essentiel, il n'existe pas sur ce point de provocation (*excessus mandati*). Si l'individu, provoqué à un vol qualifié, a commis un assassinat, si celui qui a été poussé à une escroquerie commet un vol (ou réciproquement), l'action commise ne peut être imputée à l'intention de l'instigateur. Ce n'est que si l'action commise par l'auteur provoqué apparaît constituer un degré plus grave de celle à laquelle il était provoqué, que le degré moindre peut être imputé à l'intention de l'instigateur; ce serait, par exemple, le cas si l'individu provoqué à commettre un vol simple commettait un vol à main armée ou un vol qualifié. Il y a lieu de remarquer ici que l'intention indéterminée embrasse tous les résultats non exclus (voir plus haut, § 39, III) et que le complice se voit imputer le résultat, même non prévu par lui ou non à prévoir pour lui, et cela en quelque mesure qu'il soit fait abstraction de toute faute chez l'auteur (3).

b) Ce qui vient d'être dit s'applique aussi lorsqu'il existe, de la part de l'auteur provoqué, une *error in objecto* ou une *aberratio ictus* (cf. plus haut, § 40, III). Dans ces cas égalememcnt interviennent les règles générales sur les conséquences de l'erreur. Toutefois, si en raison de ces règles l'intention de l'auteur apparaît comme exclue, l'action personnelle médiate de la part de l'instigateur peut être admise (4).

(3) De même R. MIL, G, x, 222. Cf. plus haut § 36, note 8.

(4) Cf. un certain nombre d'ouvrages se rapportant à un cas de la pratique (v. LISZT, *Strafrechtsfälle*, 8e éd., 1906, n° 44). BOEHLAU, *Der Kriminalprozess Rose-Rosahl*, 1859. GOLTDAMMER et HAELSCHNER, GA, VII, 322; BOEHLAU, GA, VIII, 156; PFOTENHAUER, GS, XIII, 253; GESSLER (Bibl. § 40) SCHÜTZE, 365, GEYER, HH, II, 360, KORN, SIEGEL et LOEWENHEIM (Bibl. § 40). — Rosalh avait, en 1858 près de Halle, incité Rose à tuer Schliebe; Rose prend Harnisch pour Schliebe et le tue d'un coup de feu. L'opinion dominant (plus haut, § 40, note 5) considère Rose comme le meur-

c) Si l'incrimination d'une infraction exige un motif déterminé (par exemple le profit personnel dans le proxénétisme), le complice doit savoir que ce motif détermine l'auteur, mais quant à lui-même, il n'a pas besoin d'être déterminé par ledit motif (5).

II. — **La criminalité de la complicité a pour condition la criminalité de l'action principale.**

1. L'instigation et l'assistance sont donc impossibles, lorsque l'action principale n'est pas criminelle (cependant il peut y avoir alors action médiate), mais elles ne sont pas influencées par la suppression de la criminalité de l'auteur (motif personnel d'exclusion de peine, motif de suppression de la peine), ou par l'absence d'une condition préjudicielle à l'action judiciaire.

2. *a*) L'instigation *tentée*, mais *manquée* ou *non consommée*, n'est pas une instigation, car l'infraction de l'auteur fait défaut (6). Elle ne peut pas non plus être punie comme tentative de commission personnelle de l'infraction. Il faut citer également ici l'instigation de l'individu dit *omnimodo facturus*, c'est-à-dire de celui qui est déjà décidé à l'acte avant qu'on agisse sur lui.

b) De même l'assistance *tentée*, soit *non consommée*, soit *manquée*, doit rester impunie (6).

3. *a*) L'instigation à la tentative n'est pas plus

trier, Rosahl comme l'instigateur à l'assassinat. Sur les conséquences vraiment impossibles tirées de cette opinion, cf. Siegel.

(5) Dans le même sens R, xx, 12. Cf. par contre la règle donnée plus haut, § 50, II, 4.

(6) Cependant le législateur peut menacer d'une peine, comme infraction indépendante, l'instigation restée sans résultat. C'est ce qu'il a fait, arbitrairement il est vrai, dans le C. P. I., §§ 49 a, 85, 111, 141, 159, 357 ; règlement sur les gens de mer de 1902, § 102 ; C. P. Mil., §§ 99, 100, 110, 116, 149. Loi sur la concurrence de 1896, § 10 ; loi sur les syndicats dans la teneur de 1896, § 145 a. De même, pour l'assistance tentée, cf. C. P. I. §§ 141, 347, et pour l'assistance à une action impunie en elle-même, cf. C. P. I., §§ 120, 121, 180, 285, 347, 354, 355.

possible que la tentative d'instigation. L'intention de l'instigateur doit, aussi bien que celle de l'auteur, tendre à l'exécution. Si cette intention fait défaut à l'auteur (celui-ci veut par exemple seulement « essayer » si la fausse clef peut ouvrir), il n'y a pas, en somme, de tentative coupable. Si elle manque à l'instigateur (celui-ci veut par exemple que l'auteur soit surpris au cours de la tentative), il ne peut alors être question d'instigation. L' « agent provocateur » n'est donc punissable que s'il pousse l'auteur à l'exécution (consommée), pour le livrer peut-être ensuite au châtiment (7). En effet, il y a alors instigation consommée à une infraction consommée.

b) De même l'assistance est exclue, lorsque l'auxiliaire prévoit que le résultat ne se produira pas ou ne peut nullement se produire (8).

III. — De la non indépendance de la complicité résulte encore :

1. L'instigation à l'instigation et l'instigation à l'assistance se présentent comme une complicité médiate dans l'action principale ; la première doit être punie d'après l'échelle pénale primitive fixée pour l'action principale, la seconde d'après l'échelle pénale réduite de l'assistance. L'assistance à l'assistance et l'assistance à l'instigation sont aussi une complicité

(7) En sens exact BIRKMEYER, *Teilnahme*, 166 ; FINGER, I, 351, FRANK, § 48, III, KATZENSTEIN, Z, XXI, 374 ; KOHLER, I, 121, WACHENFELD, 274. Mais surtout R, XV, 315. LOEWENHEIM (Bibl. § 49) 50 ; OLSHAUSEN, § 48, 14, admettent la culpabilité également pour l'instigation à la tentative. HEILBORN (Bibl. § 52) est aussi partisan de la culpabilité de l'agent provocateur. GEYER, HH, II, 349, IV, 161 ; MEYER-ALLFELD, 188 prétendent distinguer entre la consommation formelle et la consommation matérielle (apparition d'une « lésion réelle », plus haut, § 46, I). Cf. note 8.

(8) L'auxiliaire sait par exemple que la substance abortive ne peut avoir d'effet. Dans le même sens ici l'opinion commune, et surtout OLSHAUSEN, § 49, 21, ainsi que R, XVI, 25, XVII, 377.

médiate dans l'action principale; en conséquence, dans le premier de ces deux cas, il y a lieu de ne procéder qu'une fois à la réduction de la peine imposée par le § 49 C. P. I. (9).

2. L'instigation plurale à une seule et même action principale ne constitue toujours qu'une seule infraction ; cependant il peut y avoir action plurale quant à l'instigation d'un même auteur par plusieurs personnes. Si, par un seul et même acte, par exemple par un propos irritant, il y a instigation à plusieurs actions principales, l'unité d'action existe en raison de l'unité de la manifestation de volonté et malgré la pluralité de résultats (voir plus loin, § 54, III, 1) (10).

3. L'instigateur, de même que l'auxiliaire, reste impuni si lui-même empêche, soit par son influence morale, soit par son concours matériel, la réalisation de l'action punissable (le « désaveu » ne suffit pas). Le complice s'assure personnellement l'impunité s'il empêche l'achèvement de l'acte d'exécution § 46, numéro 1, C. P. I. De même, lorsqu'il y a tentative achevée, l'instigateur, de même que l'auxiliaire, peut s'assurer par le détournement volontaire du résultat (C. P. I., § 46, n°. 2 ; voir plus haut, § 48) un motif personnel de suppression de peine.

4. Lorsque le législateur réprime les actes de tentative ou de préparation comme des infractions indépendantes (plus haut, § 46, VI), auteur et complices sont alors soumis aux mêmes degrés de peine (plus haut, § 51, note 10). Cette règle s'applique également lorsque des actes de complicité sont punis par la loi comme des infractions indépendantes (voir plus haut, note 6).

(9) Dans le même sens R, XXIII, 300 et BINDING, *Grundriss*, I, 28. *Contra*, FRANK, § 49, III.

(10) Donc, pas de concours réel. En sens exact, BÜNGER, Z, VIII, 712 ; FRANK, § 73, III ; KOHLER, I, 116 ; MEYER-ALLFELD, 193. OLSHAUSEN, § 73, 19. *Contra* R, XI, 37, XIV, 92 ; en outre, BIRKMEYER, *Teilnahme*, 181 ; MERKEL, 147. Cf. plus haut, § 50, note 7.

IV. — **En cas de participation plurale de la même personne à la même infraction, la forme subordonnée (complicité) ou plus légère (assistance) de la participation est absorbée par la forme indépendante (acte principal) ou plus grave (instigation)** (plus loin, § 56, II.) Lorsque l'instigateur prend ensuite part à l'exécution de l'infraction comme auteur ou aussi comme auxiliaire, le droit pénal le traite, dans le premier cas, seulement comme auteur, et, dans le second, seulement comme instigateur (11).

Favoriser n'étant pas un mode de complicité (voir plus haut, § 49, IV, 2), l'instigateur à une action punissable ainsi que l'auxiliaire pourraient, en soi, se rendre coupables (en concours réel) du fait de favoriser par rapport à l'objet obtenu par l'auteur. Cette possibilité est exclue par la prescription formelle du C. P. I., § 257, al. 3 (voir plus loin, § 183.)

V. — L'application des principes concernant la complicité est soumise à certaines **restrictions.**

1. La personne, dont les intérêts sont protégés par une sanction pénale, ne peut être punie pour complicité d'une infraction commise contre cette prescription de la loi. Par exemple, la jeune fille enlevée ne peut être punie pour avoir aidé à l'enlèvement, l'écolière ne peut être punie pour avoir incité le professeur à commettre l'infraction du § 174, al. 1, du C. P. I. ; le mineur dupé n'est pas punissable d'après les §§ 301, 302, et il en est de même de la victime de l'usure d'après le § 302 a.

2. Lorsque la loi frappe d'une peine spéciale des actes de complicité comme infractions indépendantes, tandis que l'action principale reste impunie, l'auteur ne peut être puni comme instigateur ou auxiliaire de l'acte de complicité. Celui qui paie le

(11) Dans ce sens R, XXVII, 273 (l'auteur comme instigateur de son auxiliaire) ; XXXIII, 401 (l'instigateur a déterminé l'auteur et l'auxiliaire) : il n'y a pas lieu d'admettre le concours réel. FREUDENTHAL (Bibl. § 49) 49, 67, 79 admet ici la subsidiarité.

proxénète reste impuni, de même que le prisonnier qui détermine une autre personne à l'aider dans son évasion.

3. Si l'impunité de certaines personnes ressort de l'ensemble des dispositions de la loi, ces personnes ne peuvent pas non plus être punies comme complices d'un acte d'autrui (12). Ceci s'applique par exemple au § 243 de la loi sur les faillites (vente de votes).

§ 53. — La complicité. Influence des circonstances personnelles.

BIBLIOGRAPHIE : *Krug*, Die besonderen Umstände der Teilnehmer, 1899 (*Beling*, Heft 24). — *Sananini*, thèse Erlangen, 1897. — *Bull*, thèse Rostoch, 1902. — *Koppmann*, thèse Erlangen, 1908. — *Nagler* (v. Bibliog. § 49). — *Kohler*, GA, LI, 160.

I. — De la nature subordonnée de la complicité résulterait : 1° La criminalité de l'action de l'auteur réglerait aussi celle de l'instigateur et de l'auxiliaire, lorsque la criminalité de l'action est motivée, augmentée ou diminuée par les qualités personnelles ou par la situation de l'auteur; 2° les qualités personnelles et la situation des complices ne devraient nullement être prises en considération. Au contraire, il en serait autrement pour les co-auteurs et les auteurs connexes (voir plus haut, § 50, III, IV), dont chacun a une criminalité personnelle indépendante, c'est-à-dire est punissable d'après ses qualités personnelles et sa situation propres.

II. Le droit en vigueur a reculé devant l'adoption absolue de cette conséquence de la nature subordonnée de la complicité et par la disposition du § 50 C. P. I., (1), il a limité lui-même la portée de sa propre conception.

(12) Cf. les explications très justes de FREUDENTHAL (Bibl. § 49) 91, 117. En général, le Tribunal d'Empire a semblé décliner les 2e et 3e règles. Voir la Partie spéciale.

(1) Cette disposition n'existait pas dans le Code pénal prussien de 1851.

1. — D'après le § 50, **les qualités personnelles ou les circonstances qui augmentent ou diminuent la criminalité**, doivent, contrairement à la déduction qui vient d'être faite (sous 1), être constamment imputées à ceux des participants dans la personne desquels elles résident, mais seulement à ceux-là.

Exemples : Si le non-parent B a déterminé le fils A du père C, ou s'il a déterminé la mère A du nouveau-né C, l'un au parricide et l'autre à l'infanticide ; ou si, réciproquement, le fils A ou la mère A ont prêté assistance à l'étranger B dans le meurtre du père C ou de l'enfant C : dans ces deux cas, l'étranger B devra être jugé d'après les dispositions concernant le meurtre ordinaire, le fils A et la mère A d'après celles qui concernent, pour l'un le parricide et pour la seconde l'infanticide. Cela s'applique également aux circonstances telles que la jeunesse, la récidive, les aggravations pénales résultant de la profession ou de l'habitude (2), etc. Et la même application doit être admise également pour les éléments constitutifs de la préméditation, établissant la distinction entre l'assassinat et le meurtre (3).

2. Si, au contraire, il s'agit de **qualités personnelles ou de circonstances qui seules font d'un acte non punissable en soi un acte punissable**, c'est-à-dire qui motivent seules la criminalité, sans l'augmenter ni la diminuer, ces qualités et circonstances doivent être constamment, d'après la règle posée sous I, imputées aussi aux complices instigateurs et auxiliaires (mais non inversement) (4). Ici, la subor-

(2) Reconnu par R pour ces deux dernières circonstances : Décision des Sénats réunis du 18 avril 1894, xxv, 266. Contre l'admission de la récidive, Frank, § 50, II. Cf. aussi § 149, loi douanière de 1869.

(3) Même sens Finger, I, 363, Haelschner, I, 438. *Contra*, l'opinion dominante qui punit les complices pour assassinat, s'ils savaient que l'auteur agissait avec préméditation, von Liszt, *Rechtsvergleichung*, v, 43. Cf. plus haut, § 50, note 11.

(4) Même sens R, xxviii, 100

dination de la complicité est pleinement reconnue.

Exemples : L'instigation et l'assistance à une pure infraction à des devoirs de fonction doivent être jugées d'après les dispositions existant pour cette infraction, tandis qu'il n'y a même pas d'infraction si le fonctionnaire est instigateur ou auxiliaire, et qu'un non-fonctionnaire est auteur, car le non-fonctionnaire ne peut commettre une infraction à des devoirs de fonction que comme auteur médiat, et non comme auteur immédiat. Il en est de même pour la complicité de civils à une infraction militaire (5).

III. — Les motifs de suppression de peine, l'absence de conditions préjudicielles à l'action et les motifs personnels d'exclusion de peine n'ont jamais d'influence, conformément à leur essence et sans qu'il soit besoin de disposition expresse à leur sujet, que pour ceux des participants dans la personne desquels ils existent (Cf. plus haut, § 48, note 5).

(5) Même sens Hecker, GA, xxx, 218, M. E. Mayer, *Reichtsvergleichung*, I, 392, Meyer-Allfeld, 191 ; Nagler (Bibl., § 49) 116 ; en outre R, xxv, 234, xxvii, 128, xxxviii, 417 ; *contra*, Finger, I, 364, Kohler, I, 135, Koppmann, Seuffert, L. P. C., I, 78, Sonanini. L'application des peines militaires privatives de liberté peut alors conduire à des difficultés. Cf. Olshausen, §§ 48, 32.

III. — Unité et pluralité des infractions

§ 54. — Unité et pluralité des actes.

Bibliographie. — *V. Buri*, Einheit und Mehrheit der Verbrechen, 1879. — *Merkel*, HH, II, 579, II, 225. — *Hiller*, GS, XXXII, 195. Le même dans Grünhut, XIII, 126. — *Schütze*, Z, III, 48. — *Binding*, I, 349, 500, 547. — *V. Liszt*, Z, VI, 694. — *Bünger*, Z, VIII, 520. — *Max Berner*, Der Grundsatz des Ne bis in idem im Strafprozess, 1891, p. 63. — *Ortloff*, GA, XXXII, 395. — *Le même*, Blätter für Rechtspflege in Thüringen und Anhalt, XLII, 97, 202. — *Habermaas*, Die ideale Konkurrenz der Delikte. Dissertation couronnée à Tübingen, 1882. — *Löwenstein*, Thèse Tübingen, 1883. — *Heinemann*, Die Lehre von der Idealkonkurrenz, 1893. — *Wachenfeld*, Theorie der Verbrechenskonkurrenz, 1893. — *Kohlrausch*, Thèse Greifswald, 1899. — *Köhler*, Die Grenzlinien zwischen Idealkonkurrenz und Gesetzeskonkurrenz, 1900. — *Höpfner*, Einheit und Mehrheit der Verbrechen, 1901. — *Brunner*, II, 541. — *Schreuer* (Bibl. sur § 4), His, 100. — *Hinschius*, Kirchenrecht, V, 944.

I. — L'infraction est un acte, c'est-à-dire (voir plus haut, § 28) un changement dans le monde extérieur imputable à la volonté humaine. S'il n'existe qu'un acte, il n'existe donc qu'une infraction (1).

(1) Dans le même sens, Höpfner. *Contra* Beling, Verbrechen 306, le comte de Dohna Z, XXVII, 329, Finger, I, 367, Frank, § 73, II, Kohler, Meyer-Allfeed, 353. Mon opinion est que l'infraction est un acte d'un genre déterminé, que par suite le concept de l'acte représente, pour le concept de l'infraction, le concept de variété. Il va de soi que ce concept est formé par l'unité de but (*zweckeinheit*), car c'est sans exception la qualité de chaque concept. Le problème à résoudre se pose comme suit :

II. — L'unité d'acte existe en tout cas lorsqu'un **résultat unique** a été produit par un **acte volontaire unique**, lorsque, par exemple, un homme a été tué d'un coup de fusil (2).

III. — Il peut, en outre, avoir existé unité d'acte :

1. Par **l'unité de l'acte volontaire** malgré la pluralité du résultat. Lorsqu'un mot est une injure pour plusieurs personnes, qu'un coup de feu atteint plusieurs oiseaux sauvages, qu'une négligence imprudente fait périr des centaines d'individus, il n'existe toujours qu'un seul acte (cf. plus loin, § 56, note 1). A cela, la diversité même des résultats survenus ne peut rien changer. Si la pierre lancée a tué un homme, puis en a blessé un second et enfin a mis une vitre en miettes, nous ne pouvons parler que d'une action avec plusieurs résultats, mais jamais de plusieurs actes (3).

2. Par **l'unité du résultat final** survenu, ou même (dans la tentative) seulement représenté, malgré la

Résoudre la question de l'unité d'infraction d'après l'unité d'action, mais résoudre celle-ci d'après les éléments du concept de l'action. Intéressant BIERLING (Bibl. § 28) 128. Celui qui, comme BINDING, définit le delit comme transgression de la norme, doit en arriver à admettre autant d'infractions qu'il y a de normes violées. Egalement, d'après FINGER, I, 372, l'unité d'infraction est la réalisation en une fois du fait décrit dans une loi pénale positive. Mais FINGER reconnaît lui-même qu'il n'est pas possible de concevoir à ce point de vue les §§ 73, 74, C. P. I.

(2) Même lorsque la production du résultat tombe sous le coup de plusieurs lois pénales. Cf. plus loin, à ce sujet, § 53, surtout note 2.

(3) Dans le même sens très nettement R, XXI, 63. — La conclusion suivante est erronée : l'action est causalité ; plusieurs résultats demandent plusieurs causalités ; donc, il existe plusieurs actions. Dans ce sens (contre l'esprit et la lettre de la loi) v. BURI, *Einheit*, 107 ; *Kausalität* (1885), 80, GS, XLI, 435 ; *contra*, BÜNGER, Z, VII, 698 ; HAELSCHNER, I, 657, note 1 ; HILLER, GS, XXXII, 200 ; MEYER-ALLFELD, 353 ; OLSHAUSEN, § 73, 2. — L'erreur réside dans l'assimilation de l'action et du résultat.

pluralité des actes volontaires (4). Toutefois, pour chaque espèce, il faudra apprécier, d'après les règles suivantes, s'il y a lieu d'admettre l'unité du résultat :

a) Pour les intérêts juridiques qui ne peuvent être lésés ou menacés que dans la personne de leur possesseur (comme la vie, l'honneur, la liberté sexuelle), l'unité ou la pluralité du résultat est décidée par l'unité ou la pluralité des personnes attaquées. Si A tue B d'une série de coups de hache ou l'insulte d'un flot d'injures, l'unité de l'acte existe par l'unité du résultat.

b) La question présente de bien plus grandes difficultés pour les autres biens qui sont accessibles au risque ou à la lésion même lorsqu'ils sont détachés de la personne de leurs possesseurs (ou seulement lorsqu'ils en sont détachés). Il est indubitable qu'il n'existe qu'un seul dommage à une chose lorsqu'une statue de marbre est mise en pièces à coups de marteau répétés, lorsqu'une machine est détériorée et mise hors d'usage par un travail de longue haleine, interrompu peut-être à plusieurs reprises. Mais même l'enlèvement de plusieurs choses emportées séparément, l'endommagement de plusieurs objets par des coups portés à plusieurs reprises, peuvent apparaître comme une seule action, et cela même lorsque les choses enlevées ou endommagées appartiennent à plusieurs propriétaires. L'unité du résultat peut ici exister grâce à la réunion des objets qui se trouvent dans la même devanture, dans le même hôtel ; donc, par l'unité de la surveillance. Si ce rapport de réunion fait défaut (par exemple A a dupé

(4) Il est difficile ici de tracer une démarcation par rapport aux cas traités plus loin, § 55. Etudes très approfondies, mais de résultat à peine satisfaisant chez HÖPFNER, 222 (il demande pour l'« identité de l'action » la continuité dans le temps et un « certain rapport psychique »). Cf. aussi PFEFFERLE, 28, 40. — L'omission apparaîtra probablement constamment comme une manifestation de volonté unique. Mais cf. aussi sous 2 c.

plusieurs personnes par des propos mensongers concordant tout à fait entre eux), l'unité d'action ne peut être admise, mais bien celle de l'infraction (infraction continue, plus loin, § 55, II).

c) Aux droits de propriété se rattachent les droits d'auteurs ou inventeurs. De toute façon il est inexact de vouloir faire décider ici seulement par le nombre des personnes lésées (5). Que l'on pense aux ouvrages collectifs, constitués par les travaux de différents auteurs.

d) Souvent la loi elle-même rappelle, en se servant d'expressions telles qu'elles embrassent une pluralité d'actes séparés, que la pluralité des actes volontaires doit être, à cause de l'homogénéité du résultat final, conçue comme une unité. Ainsi, les §§ 146 et sq. du C. P. I. ne parlent pas de la contrefaçon de pièces de monnaie prises séparément, mais de monnaie, etc., en général ; ainsi le § 177 C. P. I. emploie, comme beaucoup d'autres, le pluriel « actes impudiques » ; ainsi, enfin, il existe dans les expressions « duel », « rixe », « mauvais traitements », « exercice d'une industrie », « entreprise d'une loterie » et dans bien d'autres l'idée d'ensemble d'une série d'actes séparés. Cependant, il est inexact ou au moins trompeur de parler ici avec v. Buri « d'unité légale ». Car l'unité n'est pas créée par la loi seulement, mais elle se fonde dans l'homogénéité du résultat final ; c'est un cas d'unité naturelle d'action (6).

e) **L'infraction continue (infraction durable),** (*fortdauernde Verbrechen*, *Dauerverbrechen*), c'est-à-dire la réalisation ininterrompue de l'état de fait criminel, ne contient, elle aussi, qu'une action, en raison de l'unité du résultat ; par exemple, la séquestration prolongée pendant des semaines et des mois, le changement continu d'état-civil, le fait de laisser

(5) En sens différent toutefois l'opinion prepondérante.
(6) *Contra* Rathenau (Bibl. § 55) 74, ainsi que GS, LVI, 95.

un enfant mourir de faim. Cela s'applique également, bien que pour un autre motif, à ce que l'on nomme **l'infraction instantanée** (*Zustandverbrechen*), dans laquelle, comme cela est le cas pour la bigamie ou la lésion corporelle déterminant une consomption lente, l'état illicite durable créé par l'action une fois terminée n'est plus ensuite pris en considération par le droit pénal.

§ 55. — Pluralité d'actes et unité d'infraction.

Bibliographie. — Sur l'infraction continue : Travaux anciens de *Krug*, *v. Schwarze*, *v. Woringen* (1842), *John* (1866), *Merkel* (1862). — Puis *Merkel*, HH II, 573, IV, 225. — *v. Buri*, Beiträge, 144. — *Binding*, I, 540, — *Koch*, GA, XXXIX, 245. — *Rathenau*, Thèse Berlin, 1896. — *Le même*, GS, LVI, 81. — *Neuburger*, Thèse Erlangen, 1896. — *Prager*, Zur Lehre von fortgesetzten Verbrechen, 1896. — *Farnbacher*, Thèse Erlangen, 1897. — *Schütze*, Z, III, 48 (pour II, 4). — *v. Bülow*, GS, LIX, 177. — *Höpfner* (Bibl, § 54), 257. — Pour III : *Dochow*, Zur Lehre von dem gewerbs-und gewohnheitsmäfsigen Verbrechen, 1871. — *v. Lilienthal*, Beiträge zur Lehre vom den Kollektivdelikten, 1879. — *Wahlberg*, Ges. Schriften, I, 136. — *Grennat*, Jahrbücher, I, 54. — *Heinsheimer*, Z, XX, 564 *Schaub*, thèse Marbourg, 1905.

I. — Une **pluralité d'actes** peut aussi, au point de vue du droit pénal, apparaître comme une **unité d'infraction** (*Verbrechenseinheit*).

Dans ces cas, l'unité doit être considérée et traitée comme telle sous tous les rapports juridiques. L'infraction juridiquement unique est donc commise partout et dans chacun des moments où l'une des actions a été commise ; en cas de changement dans la législation, c'est la loi la plus indulgente qui est appliquée, et en cas de conflit entre le droit national et le droit étranger, c'est le premier qui prévaudra. Si même un seul des actes séparés fait l'objet d'une aggravation, cette aggravation se reporte aussi sur les autres actes, dans la mesure où l'unité n'est pas rompue précisément par l'aggravation d'un acte séparé. La participation à un des actes est toujours participation à l'infraction homogène. Il en est de même du fait de favoriser. La prescription ne commence pas avant que le dernier des actes se soit produit, et de même le délai pour porter plainte se compte à partir du dernier acte. La décision sur une seule des actions établit la force de chose jugée pour tout le groupe unique, etc. (1).

II. — Les cas les plus importants de cette unité d'infraction créée par la loi sont :

1. **L'infraction continue** (*fortgesetzte Verbrechen*), c'est-à-dire la réalisation, interrompue et reprise par à-coups, du même état de fait criminel ; une pluralité d'actes (jusque-là non frappés de condamnation), tenant juridiquement ensemble par leur caractère similaire, lequel doit être fondé non seulement sur leur direction contre le même bien, mais surtout sur la similitude du mode de commission (2).

(1) Dans le même sens en ce qui concerne la plainte R., xv, 370, en ce qui concerne la prescription R., x, 204, xiv, 145. Cf. plus loin § 77, note 4. — En sens différent KOHLER, GA, LIII, 162, RATHENAU, 106, R., XVII, 227, concernant la participation de tiers aux actions séparées.

(2) Déjà frappé d'une peine unique dans le droit commun (ENGAU, KOCH, etc.), comme *delictum continuatum*, le délit continu a été mentionné expressément à partir de 1813 par la plupart des codes allemands, bien que dans des termes divers. Le silence du C. P. I. ne fournit aucun motif de rejeter la conception du délit continu, car il ne traite pas non plus expressément les autres cas de l'unité juridique de l'action Il faut, au contraire, conclure du § 74 que plusieurs actions subordonnées doivent être appréciées d'après le § 73. Dans le même sens, avec l'opinion commune et une jurisprudence constante, R. — Mais même parmi les partisans de la conception de l'infraction continue, le désaccord règne par suite des efforts sans cohésion déployés pour ramener la pluralité naturelle d'action à une unité naturelle d'action. Il y a lieu de distinguer sur ce point deux tendances principales : 1° La théorie SUBJECTIVE demande, avec la similitude de forme de la commission et l'unité du bien attaqué, tantôt l'unité de la résolution et tantôt l'unité de l'intention. Dans ce dernier sens

Exemples : Les relations adultères entre A et C conduisent à une série d'actes de concubinage; D se livre pendant plusieurs nuits consécutives à des actes contre nature avec le même garçon ; E émet par montants partiels la fausse monnaie fabriquée en une fois ; le domestique prend chaque jour un cigare dans la boîte de son maître. Par contre, il ne pourrait plus être question d'infraction continue si l'homme adultère, après avoir rompu ses premières relations, en nouait plus tard d'autres avec une autre femme, ou si le voleur de cigares forçait violemment la boîte primitivement ouverte, et plus tard fermée à clef. Même en cas d'atteinte à la liberté, à la vie, à la santé de personnes diverses, mauvais traitements infligés à des soldats, la pluralité des actes (plus haut, § 54, III, 2°), peut être conçue comme unité d'infraction.

2. D'autre part, une pluralité d'actions naturelles peut se grouper en une unité d'infraction **par une condition de criminalité commune à toutes** (plus haut, § 44, III) (3). Mais il ne peut être posé à ce sujet de règle générale. La garantie de la réciprocité, par

R, en dernier lieu R., XXII, 235, XXIII, 300. De même MILO, II, 264, III, 67, V, 129, VI, 216 (qui, comme R. XXVII, 19, nie la possibilité d'une infraction continue en cas de lésion de « droits personnels individuels » de personnes diverses). *Contrà*, avec raison, FARNBACHER. Le délit par imprudence permet aussi la commission continue. Même sens, FRANK, § 74, V. MEYER-ALLFELD, 348. 2° La théorie OBJECTIVE attache le plus grand poids à l'unité du résultat, mais elle efface ainsi la ligne de démarcation par rapport aux cas traités plus haut, § 54, III, 2. Dans ce sens MERKEL, SCHWARZE, WACHENFELD, 94. — 3° L'OPINION DU TEXTE (pluralité d'actions similaires) est partagée entre autres par BELING, 103, FRIEDLANDER, Z, XI, 412, HÖPFNER, 257, LÖNING, 90, et aussi MEYER-ALLFELD, 348. — La peine homogène (unique) est une nécessité pour la jurisprudence ; par contre, la possibilité d'une aggravation pénale profitable serait désirable. — Est exclu le groupement d'actions entre lesquelles s'interpose une punition ; R., XX, 316.

(3) *Contrà*, BELING, *Verbrechen*, 375.

exemple (C. P. I, §§ 102, 103) ne peut certainement pas motiver une unité d'infraction. Mais, au contraire, celle-ci pourra très bien être admise en cas de banqueroute, s'il s'agit de la même suspension de paiements (voir plus loin § 137).

3. Un cas de l'unité d'infraction est constitué par le **délit composé** (*zuzammengesetzte Verbrechen*), s'il n'existe pas déjà d'après le § 54, III, 1, une unité naturelle d'action. Ce délit existe lorsque la loi constitue un concept criminel unique à l'aide de deux actions illicites en soi, dirigées contre des intérêts juridiques différents. C'est ainsi que la notion du vol à main armée (*Raüb*) comprend le vol et la violence, et celle du viol la violence et l'attentat contre l'honneur sexuel féminin.

4. Il faut, en outre, citer ici les deux cas suivants :

a) L'acte délictueux, qui a servi de **moyen pour commettre une autre infraction** (Exemple : le dommage à une chose dans le vol par effraction), doit être lié avec cette commission en une unité, s'il appartient aux éléments de la définition donnée par la loi de ladite commission, ou si le législateur suppose tacitement qu'il est l'un des moyens répondant au cours habituel des événements dans la commission considérée. Seule, la seconde infraction (le vol avec effraction) est donc punie en ce cas.

b) L'acte délictueux, qui apparaît comme la **réalisation du dessein nécessaire à la conception d'une autre infraction** (Exemple : l'appropriation de la chose obtenue par le vol ou l'escroquerie), doit être conçu comme formant une unité avec celle-ci, lorsque le législateur admet tacitement que cette réalisation répond au cours naturel des événements. Seule, la première infraction (vol ou escroquerie) est alors punie (4).

(4) Dans le même sens, pour l'essentiel, R., XXXV, 64, XXXIX, 239. — Comme il n'y a pas unité d'action, le § 73 ne s'applique pas. *Contrà*, il est vrai, l'opinion dominante.

III. — Dans la conception de l'unité juridique d'action rentre enfin ce que l'on nomme le **délit collectif** (*Kollektivdelikt*) au sens étroit, dans lequel une série d'actions séparées, issues de la même tendance vitale (*Wachenfeld*), est sanctionnée d'une seule peine. Appartiennent à cette catégorie :

1. L'infraction **devenue exercice d'une industrie** (*gewerbmässiges Verbrechen)*. Elle se caractérise par le dessein de l'auteur de se procurer, par la commission répétée de cette infraction, une source de revenus (distincte de l'obtention en une fois d'un profit patrimonial), même si cette source n'est pas de production régulière ou continue.

2 L'infraction **dérivant des occupations ou s'y assimilant** (*geschaftmässiges Verbrechen*). Ellepartage avec la précédente la résolution tendant à la répétition fréquente, mais elle s'en distingue en ce que le dessein de s'ouvrir une source de revenus n'a pas besoin d'être présent.

3. L'infraction **d'habitude** (*gewohnheitsmässiges Verbrechen*). Elle existe lorsque, par suite de la commission répétée, la force impulsive de l'entraînement criminel est renforcée, et que la force de résistance est amoindrie. L'habitude est donc le penchant, éveillé par la commission répétée d'une action déterminée, de commettre à nouveau ladite action (5).

La législation impériale emploie le concept du délit collectif en partie comme circonstance motivant la peine, de telle sorte que la commission simple reste impunie, et en partie comme motif d'aggravation pénale, par opposition à la commission simple passible d'une peine plus légère (6). La Partie

(5) En concordance, R., XXXII, 394.

(6) Cf. 1° INFRACTION EXERCICE D'UNE INDUSTRIE : C. P. I., §§ 260, 284, 294, 302 *d* et *e*, 361, chiffre 6. Loi sur la monnaie de 1873, art. 13 ; Loi sur la Banque d'Empire de 1875, § 57, al. 2 ; Loi sur les objets contenant du plomb et du zinc de 1887, § 4 ; Loi sur les couleurs nuisibles à la santé de 1887, § 12 ; § 145 *b* de la

Spéciale traitera de ces matières d'une façon plus détaillée.

Dans les trois cas, il suffit pour la criminalité que, les autres conditions préalables étant données, une seule action punissable soit soumise à l'appréciation judiciaire. Il est vrai qu'alors, il n'y a plus, en somme, de délit collectif, et la criminalité plus élevée de la seule infraction soumise au jugement se justifie uniquement par la résolution dirigée vers la répétition ou par le penchant produit par la répétition (7).

Par contre, il existe toujours un délit collectif, lorsque réellement plusieurs actes sont soumis à l'appréciation judiciaire et que, malgré la pluralité

loi sur les syndicats de 1896 ; § 45, al. 1 de la loi sur l'émigration de 1897 ; § 108 de la loi sur les assurances de 1901. Par contre, il s'agit dans le § 4 de la loi sur les brevets de 1891, et cas similaires, de la violation de la loi par un acte commis *dans* l'exercice de l'industrie. De même R., XXXVII, 369, et à ce sujet *Schaub*, 36. — 2° INFRACTION RÉSULTANT DES OCCUPATIONS OU S'Y ASSIMILANT : C. P. I, § 144 ; § 145, al. 2 de la loi sur l'émigration ; § 108 de la loi sur les assurances privées de 1901. — 3° INFRACTION D'HABITUDE : C. P. I., §§ 150, 188, 181 *a*, 260, 302 *d* et *e* ; Loi sur la monnaie de 1873, art. 13 ; loi sur les bourses de 1896, § 78 ; loi sur les syndicats de 1896, § 145 *b*. Loi sur la protection des enfants, de 1901, §§ 23-25. — La conception et le traitement du délit collectif ont été fréquemment et vivement combattus, surtout par DOCHOW, 96, V. LILIENTHAL, 112. Ces attaques sont justifiées dans la mesure où la punition de plusieurs actions effectivement présentes est plus légère que celle d'un assemblage de plusieurs infractions.

(7) Si cette résolution ou ce penchant se déduisent d'actions passées, peu importe la criminalité de celles-ci ; des actes prescrits ou ayant fait l'objet d'une mesure gracieuse ou d'une condamnation, ou qui ont été commis à l'étranger, ou même qui ne sont pas illicites, peuvent être pris en considération. Le Tribunal d'Empire est hésitant. En sens exact R., V, 397 ; inexact R., V, 370. — Dans le sens du texte l'opinion commune contre BINDING, I, 249, 550, note 12. Contre la prise en considération d'actes prescrits, BINDING, I, 826, note 7, V. RISCH, Z, IX, 268, note 53.

des actes, il faut admettre seulement une seule infraction devenue exercice d'une industrie, etc.

Mais c'est en matière de procédure que la nature propre du délit collectif apparaît le plus clairement. Les débats et le jugement ont pour objet tous les actes appartenant à l'unité donnée, même s'ils ne sont connus que partiellement ; la poursuite complémentaire de l'une ou l'autre de ces actions ultérieurement connues est exclue par le jugement, passé en force de chose jugée, du délit collectif (8).

§ 56. — Le traitement juridique de l'unité d'infraction.

BIBLIOGRAPHIE. — Les ouvrages cités §§ 54 et 55.

I. — Le traitement juridique de l'unité d'infraction (*Verbrechenseinheit*) est identique, qu'il s'agisse d'une unité d'acte ou d'une pluralité d'actes. A une infraction unique correspond une peine seule et unique. Ceci s'applique également sans exception lorsqu'il existe une pluralité de résultats de même nature, c'est-à-dire relevant de la même loi pénale : la loi pénale plusieurs fois transgressée ne s'applique qu'une seule fois, et la pluralité des résultats ne peut être prise en considération que pour mesurer l'application de la peine dans les limites légales (1). Mais il se produit des difficultés si l'unité d'infraction tombe, au premier regard, sous le coup de plusieurs lois pénales, si, comme le dit le C. P. I., § 73, « une seule et même

(8) Tout à fait exact R., XXVI, 299. De même, en principe, mais avec des restrictions contestables, R., XXIV, 419.

(1) L'opinion dominante parle ici de « de concours idéal d'infractions identiques » (*Gleichartige ideale Verbrechens konkuzrenz*) et veut appliquer le § 73 C. P. I. « par analogie ». Cette conception est tout à fait fausse. Elle est d'ailleurs en contradiction avec la loi, à laquelle un « concours idéal identique » est absolument inconnu. Exact. v. KRIES, 207 (qui se base avec raison sur Proc. Crim., § 415), WACHENFELD, 57. Mais cf. aussi BÜNGER, Z, VIII, 689.

action blesse plusieurs lois pénales » (2). Ainsi qu'il résulte des explications précédentes, dont la clarté n'est pas douteuse et qui s'appuient sur le texte même de la loi, il ne s'agit pas ici de la recontre de plusieurs infractions, mais bien de celle de plusieurs lois pénales transgressées. **Il n'y a pas concours d'infractions, mais concours de textes.** Et la question qui se pose est celle-ci : Comment résoudre ce concours? Laquelle des lois transgressées faut-il appliquer? Dans la solution de cette question qui, considérée strictement, n'appartient pas à la théorie de l'infraction, mais à celle de l'application des lois, il y a lieu de distinguer deux cas.

II. **Premier cas. Concours apparent de lois.** — Si, parmi plusieurs lois qui semblent transgressées, l'une d'elles embrasse une action punissable suivant toutes les directions de celle-ci, il va de soi que cette loi seulement s'appliquera à la dite action (3).

Il y a lieu de distinguer les cas suivants :

1. La disposition spéciale prime la disposition générale. La lèse-majesté relève toujours du § 95 C. P. I., et jamais du § 185; la falsification d'une pièce d'identité dans le but de mieux assurer son existence doit toujours être traitée d'après le § 363 C. P. I., et

(2) Il y a lieu de distinguer ici aussi les deux cas déjà présentés § 54 : 1° Unité de l'acte volontaire avec unité du résultat (plus haut, § 54, II) ; par exemple l'adultère incestueux ; 2° Unité de l'acte volontaire avec pluralité du résultat (plus haut § 54, III, 1) : par exemple, le même coup blesse un homme et brise une vitre. Le traitement juridique des deux cas est d'ailleurs le même.

(3) MERKEL sépara déjà ces cas du concours idéal et les désigna comme concours de lois. Cette expression est trompeuse. Dans la vérité il ne s'agit pas de « concours de plusieurs lois », puisqu'il est hors de doute que l'une seule de ces lois peut revendiquer son application. Sur les divers cas, cf. FREUDENTHAL (Bibl , § 49), 64. KÖHLER, 62, qui a eu le mérite de tenter une délimitation plus exacte entre le « concours de lois » et le « concours idéal ». FRANK, § 73, VII, MEYER-ALLFELD, 351, ROSENFELD (plus haut, § 43, note 6).

jamais comme faux en écritures publiques ou authentiques dans le sens du § 267 (**Spécialité**).

2. La criminalité de la complicité est exclue par l'action principale, celle de l'assistance par l'instigation (cf. plus haut, § 52, IV), celle de la tentative ainsi que des actes préparatoires par la consommation, celle de la menace ou du risque causé par la lésion (**Absorption**, *Konsumption*).

3. Les sanctions pénales qui, par disposition expresse ou tacite de la loi, ne sont applicables que subsidiairement par rapport à d'autres sanctions, sont exclues par ces dernières (**Subsidiarität**). Des exemples en sont offerts par le C. P. I, §§ 49 *a* et 207.

4. Les infractions dont les définitions se contrarient (assassinat et meurtre, vol et détournement) s'excluent mutuellement (**Alternativität**).

III. Deuxième cas. Concours apparent d'infractions. — Il résulte des lacunes inévitables de notre législation que la première règle est vouée à un échec dans des cas nombreux, parce que nous ne trouvons pas de texte embrassant l'acte dans tous les sens. Lorsqu'aucune des lois pénales transgressées ne traite l'action « à fond », il ne reste plus, d'après le droit en vigueur, qu'un expédient, à la vérité violent et peu satisfaisant : nous appliquerons la loi pénale qui, par l'extensibilité de son échelle pénale, nous permettra, au moins approximativement, une pleine appréciation de l'action considérée (4). Ainsi, le viol

(4) L'opinion dominante parle ici, surtout depuis KLEIN et FEUERBACH de « CONCOURS IDÉAL NON IDENTIQUE D'INFRACTION » (*Ungleichartiger idealer Verbrechenskonkurrenz* » ; une action, plusieurs infractions. La même idée s'exprime par les termes : concours par définition (*Begriffliches Zusammentreffen*), concours parfait unique (*Einthätlicher Zusammenfluss*) *concursus formalis*. Cette conception n'est pas seulement en contradiction visible avec le sens et la lettre du § 73, elle conduit encore, en matière d'instruction criminelle, à des monstruosités, car il faut qu'elle admette plusieurs revendications pénales (cf. BENNECKE BELING,

par un père de sa propre fille qui relèverait aussi bien du § 173 que du § 177 C. P. I., sera puni d'après ce dernier article. Cette règle, qui n'est qu'un expédient, et rien de plus, est exprimée par le § 73 C. P. I, d'après lequel est seule applicable la loi qui prononce la peine la plus grave, et, en cas de catégories pénales inégales, la loi qui prononce le genre de peine le plus grave (5).

Dans ce cas, il y a nécessité pour le juge d'établir par jugement (le cas échéant par question aux jurés) que l'action relève des deux lois pénales, et quels sont les motifs qui l'ont décidé dans son choix. Mais la condamnation se produit exclusivement en raison de l'infraction la plus gravement sanctionnée, et dans l'évaluation de la peine, il ne doit en aucune façon être tenu compte de la loi pénale la moins grave. Précisément pour ce même motif, si la loi la plus sévère a un minimum moindre que celui de la loi la moins sévère, il est possible, dans l'évaluation de la peine, de descendre au-dessous du minimum

395). — D'accord, dans l'ensemble, avec le texte : BELING, VERBRECHEN, 303, HILLER, G. S., XXXII, 195 et dans GRUNHUT, XIII, 126, V. KRIES, 207, KRUG (Bibl., § 53), ORTLOFF, G. A, XXXII, 400, RATHEAU, 72, WACHENFELD, 57, mais surtout HEINEMANN et HÖPFNER. D'accord également BINDING, I, 349, mais qui est en contradiction complète avec BINDING, I, 568 (Je ne puis voir pourquoi la pédérastie du professeur avec son élève doit être traitée autrement que l'adultère incestueux) Dans le même sens également BRUNGER, Z, VIII, 696, bien que pour d'autres motifs. D'après FREUDENTHAL (Bibl., § 49), 57, il y a concours de lois, mais précisément pour ce motif, il y a aussi concours d'infractions. — Il y a lieu de remarquer que, d'après le § 135 de la loi douanière et d'après plusieurs autres lois fiscales, il peut intervenir une peine multiple malgré l'unité de l'action ; cf. R., XXIII, I.

(5) Le § 73 doit être toujours appliqué, tant que le cas ne rentre pas dans I. Par suite, il n'y a aucun intérêt à rechercher, comme le font MEYER, OLSHAUSEN et autres, la possibilité, pour chaque délit pris à part, d'un concours idéal avec toutes les autres infractions possibles.

de la seconde loi (6). Une peine accessoire que comporterait éventuellement la loi pénale la moins sévère ne peut être ordonnée lors de l'application de la loi la plus sévère, qui ne la connait pas. Mais les mesures de police (par exemple, la confiscation) sont admissibles et l'action en réparation (*Bussanspruch*) de la partie lésée ne peut être diminuée par l'application de la sanction pénale la plus grave. Toute poursuite ultérieure en raison de l'infraction la moins grave est exclue par l'autorité de chose jugée du jugement; pourtant, plus tard, l'admission d'une récidive peut être motivée par la constatation de cette infraction (7).

Il faut observer que, d'après leur gravité, les catégories de peines se classent dans l'ordre suivant : la mort, la réclusion, l'emprisonnement, la détention dans une enceinte fortifiée, la détention simple, l'amende (*Todesstrafe*, *Zuchthaus*, *Gefängniss*, *Festungshaft*, *Haft*, *Geldstrafe*); que c'est toujours la peine la plus forte qui peut être prononcée qui décide, soit, à peine égale, le plus haut maximum (malgré l'admission éventuelle de circonstances atténuantes), et, seulement si ce maximum est égal, le minimum le plus élevé ; que les peines accessoires doivent être considérées en troisième ligne seulement, mais que les modes de l'action privée ou les questions préjudicielles ne doivent jamais être prises en considération (8). Si l'une des infractions consta-

(6) Dans le même sens avec l'opinion dominante R., VIII, 84, XVI, 302 R., MIL.B, VIII, 70. FRANK. § 43, V, MEYER-ALLFELD, 358.

(7) Dans ce sens l'opinion commune, avec R., XVIII, 193, XXVI, 86. En sens différent, les précédentes éditions du présent ouvrage,

R., XVIII, 193, XXVII, 86 (en contradiction avec ses propres explications sur l'*exclusivité absolue* de la loi la plus sévère).

(8) Dans le même sens R., XVI, 302 (L'amende toujours moins grave que la peine privative de liberté), en sens différent XXIV, 58 (la sanction facultative d'une peine grave d'emprisonnement

tées est seulement tentée, il faut, lors de la comparaison, prendre en considération la peine réduite.

§ 57. — La pluralité d'infractions.

Bibliographie. — *Olshausen*, Einfluss von Vorbestrafüngen, 1876. — *Rosenblatt*, Strafenkonkurrenz, 1879. — *Hälschner*, I, 653.

Plusieurs infractions commises par un même auteur ne sont pas nécessairement en rapport juridique entre elles. Nous devons, au contraire, abstraction faite de toute disposition spéciale de la loi, traiter les diverses infractions du même auteur indépendamment les unes des autres, et comme étant plusieurs actions commises par des auteurs différents. Seule, la nécessité, en politique criminelle, d'aggraver ou d'atténuer la peine encourue en soi fait naître une relation juridique pénale importante entre les diverses actions d'un même auteur. D'après le droit en vigueur, cette relation peut être :

I. — **Récidive** (*Rückfall*), c'est-à-dire la commission d'une infraction semblable ou de même nature après l'exécution totale ou partielle ou la remise de la peine prononcée en raison d'une infraction semblable ou de même nature précédemment commise, à supposer que depuis l'exécution ou la remise de la peine précédente jusqu'à la commission de la nouvelle infraction il ne s'est pas écoulé un certain laps de temps qui fait apparaître comme rompue la relation juridique pénale entre les deux actions (prescription de la récidive).

Dans le droit impérial, la récidive n'est admise

ou d'une amende est moins grave que la sanction exclusive d'une peine d'emprisonnement plus légère) ; xxiv, 58. R., xvii, 193, ne veut pas prendre en considération la surveillance de la police, parce que son intervention ne dépend pas de la volonté du tribunal ; *contrà*, avec raison, Meyer-Allfeld, 356, note 32

que dans quelques cas comme motif d'aggravation pénale (cf. plus loin, § 69).

II. — **Concours réel** de plusieurs actions coupables indépendantes (C. P. I., § 74) (1). Si celles-ci sont de même nature, on parle de **réitération** (*Wiederholung*) et si elles ne sont pas de même nature, de **cumul** (*Häufung*). L'application logique de l'idée qu'en cas de commission de plusieurs infractions par le même auteur, chacune des infractions doit être frappée de la peine qui lui est afférente, et que, par suite, la somme de ces actions doit être frappée de la somme de ces peines, conduit, d'après la conception aujourd'hui dominante dans la législation, à des sévérités intolérables dans l'exécution des peines temporaires privatives de liberté (plus loin, § 73). Pour que la loi prenne des dispositions pour atténuer ces sévérités, il est indispensable qu'elle fixe les hypothèses dans lesquelles il sera dérogé au principe posé, et l'on arrive ainsi à établir le concept du concours (2). Les données de ce concept sont, d'une part, la possibilité juridique, même effectivement éludée, d'une mise en jugement simultanée, et, d'autre part, la possibilité effective de prendre ultérieurement en considération cette possibilité juridique. Pour s'exprimer avec plus de précision : le concours (réel) de plusieurs infractions est la commission de plusieurs actes criminels par le même auteur.

(1) Les principes posés § 54 devront s'appliquer pour apprécier quand il existe une seule action, et quand il en existe plusieurs. — Lorsqu'un imprimé est répandu de plusieurs points à la fois, il y a concours réel d'autant d'actions coupables : dans ce sens le 15ᵉ congrès des juristes allemands I, 71, II, 350 sur le rapport de *v.* LISZT ; R., v, 314, OLSHAUSEN, § 73, 19, STENGLEIN, GS., XXXV, 24. *Contrà* BINDING, I, 585, note 45 ; MEYER-ALLFELD, 360, 444, note 11, prétend décider d'après les actes accomplis dans chaque espèce.

(2) C'est ainsi que HAELSCHNER, I, 654, ROSENBLATT, 4 et autres parlent, non des concours d'infractions, mais de concours (cumul) de peines.

1. Si ces diverses actions ont été commises avant que le jugement ait été prononcé sur l'une d'elles (la force de chose jugée du jugement n'est pas nécessaire).

Exemple : Les infractions *a*, *b*, *c*, ont été commises le 1er janvier, le 1er février, le 1er mars ; il y a concours, si le jugement pour *a*, *b*, *c*, intervient le 15 mars ; mais il y a aussi concours si le 15 mars il a été exclusivement question de l'infraction *a*, et que les infractions *b* et *c* n'apparaissent qu'ultérieurement. Par contre, l'infraction *d* commise le 16 mars n'est plus en « concours » avec *a*, *b* et *c* (C. P. I., § 74).

2. Si les peines encourues sont simultanément mises à exécution. Ceci est d'abord le cas lorsque toutes les infractions ont été l'objet des mêmes débats et de la même décision. En cas de jugement non simultané, le concours n'est admissible que si la décision supplémentaire sur l'infraction ultérieurement découverte intervient tant qu'une rectification du jugement précédent est encore possible, donc tant que la peine prononcée dans le jugement précédent n'est pas encore complètement accomplie, ou n'est pas prescrite ou remise (C. P. I., § 79).

Exemple : Si le délinquant a été condamné le 15 mars, pour le fait *a*, à trois mois de prison, le concours de *b* et de *c* avec *a* n'est admissible que si *b* et *c* viennent en jugement avant le 15 juin, mais il ne l'est pas si, au jour où le jugement concernant *b* et *c* sera rendu, la peine prononcée par *a* est déjà exécutée, prescrite ou remise. Dans ce cas, le jugement ultérieur devra prononcer une peine supplémentaire (*Züsatzstrafe*) en tenant compte de la peine totale précédemment prononcée (3).

(3) Mais ce sera aussi lorsque quelqu'un aura été condamné, sans tenir compte du § 79, C. P. I., à plusieurs peines par divers jugements ayant force de chose jugée, que les peines prononcées pourront être ramenées ultérieurement, par décision judiciaire, à une peine totale. Proc. Crim., §§ 492, 494.

DEUXIÈME LIVRE

La peine

I

§ 58. — La notion de la peine.

Bibliographie. — Pour I, 1 : *Meyer*, 2. — *Merkel*, Kriminalistische Abhandlungen, 1867, I, 57. — *Heinze*, HH, I, 337. — *Binding*, Normen, I, 270. — *Thiel*, Thèse Iéna, 1901. — Pour I, 2. — *Nissen*, Die Einziehung, 1887. — *Köbner*, Die Massregel der Einziehung nach dem RStGB. und der Nachdrucksgesetzgebung, 1892. — *Vorberg*, Thèse Rostock, 1895. — *Grüter*, Thèse Göttingen, 1896. — *Herschel*, Die Rechtskraft der strafprozessualen Entscheidung über Einziehung und Unbrauchbarmachung, 1899 (*Beling*, Heft. 23). — *Glückmann*, 1898 (*Beling*, Heft. 15). — *Friedländer*, Das objektive Verfahren nach dem Reichsstrafprozessrecht, 1895. — *H. Seuffert*, W. V., I, 313. — *Kronecker*, GA, XXVIII, 16. — *Binding*, I, 489. — *Engels*, Z, XII, 127. — *Haimann*, Thèse Munich, 1892. — *Rochoel*, Thèse Erlangen, 1899. *Bgaumann*, Thèse, Zurich, 1907. — *Leverkühn*, GA, XXXVIII, 290. — *Otker*, Kriminelle und zivile Haftung Dritter nach Messischen Rechtsquellen. Festgabe für Ihering, 1892. — *Le même* dans les ouvrages cités, § 43. — *Reus*, Thèse Würzbourg, 1900 (se rattache à *Otker*). — Pour II, 3 : *Anschütz*, Verwaltungsarchiv, 1893, p. 389. — *Isaac*, Z, XXI, 625. — Pour III : *Hinschius*, Kirchenrecht, IV, 753, note 9. — v. *Liszt*, UR. « Ordnungsstrafe ». — *Oppenheim*, Die Rechtsbeügungsverbrechen, 1886. — *Glaser*, I, 280. — *John*, I, 78. — *V. Kries*, 68. — *H. Seuffert*, WV., I, 47. — *Labes*, Die Disziplinargewalt des Staates über seine Beamten, 1889. — *Preger*, Archiv für öffentl. Recht, VII, 365. — *Hiller*, Die Disziplinarstrafen in den österreich. Strafanstalten und Gerichtsgefängwissen in rechtsvergleichender Darstellung, 1894. — *Rosin* (plus haut, § 17, note 4), 103. — Pour IV : *G. Meyer*, WV., II, 203. — *Friedländer*, GS, XLVI, 417. — *Klöppel*, 247.

I. **Concept de la peine.** (1) — La peine est le mal prononcé par le juge contre le délinquant à cause de l'infraction, pour exprimer la réprobation de la société quant à l'acte et à l'auteur. Deux éléments constituent donc le concept de la peine : C'est 1° une lésion subie par l'auteur dans ses intérêts juridiquement protégés, une intrusion dans la vie, la liberté, la fortune, l'honneur du délinquant ; mais c'est aussi 2° une réprobation tangible de l'acte et de l'auteur. Dans le premier élément réside l'action de la peine au point de vue de la prévention spéciale, et dans le second cette même action au point de vue de la prévention générale.

II. **Conséquences du concept.** La peine est un mal que subit le délinquant. C'est par là que la peine se distingue essentiellement de la réparation d'un dommage (réparation civile), bien que cependant l'une et l'autre puissent être placées dans le concept supérieur commun des suites juridiques de l'injustice (2). Car la réparation est la suppression de la lésion d'intérêts juridiques ; elle doit guérir la blessure, tandis que la peine cause une nouvelle blessure et assure ainsi le maintien de l'ordre juridique. Donc, ne rentrent pas dans la conception de la peine, parce

(1) Le mot « Strafe » se rencontre seulement au début du XIVe siècle. Son étymologie est très douteuse. Cf. GUENTHER, *Wiedervergeltung*, I, 5, LÖNING, Z, V, 546, note 18. Autres expressions du Moyen Age allemand : Büssen (expier), bessern (améliorer), wandeln (changer), kehren (tourner, convertir), et aussi bein, pön.

(2) De même l'opinion commune ; *contrà* HEINZE, HH., I, 337, MERKEL, *Krim. Abhdl.*, 1867, I, 57. Mais il ne faut pas oublier que la peine est aussi pour la partie lésée une satisfaction que l'auteur ressent comme un mal, donc que dans cette question aussi le droit privé et le droit pénal ne peuvent être complètement séparés. Cf. V. LISZT, *Deliktsobligationen*, 3.

que servant au but de satisfaction (aussi pour le dommage « idéal ») :

a) La réparation spéciale dite *Busse* (cf. plus loin, § 67) ;

b) L'expédition, à l'usage de la partie lésée, de la décision portant condamnation, ainsi que la faculté de la publier aux frais du condamné (3). Car, ici également, il ne s'agit pas de léser, dans ses intérêts juridiquement protégés, l'auteur de l'injure en l'humiliant, mais de rétablir l'honneur blessé de la victime par une déclaration de la justice. La grâce du condamné reste donc à ce point de vue sans effet.

2. La peine est la lésion d'un intérêt juridique possédé par le **délinquant**. Si la lésion n'atteint pas le délinquant, ou si elle ne l'atteint qu'accessoirement (par contre-coup, etc.), il n'y a pas de peine. Par suite, ne sont pas une peine :

a) Les mesures administratives, dont le but n'est pas de léser un intérêt du délinquant. Rentrent dans cette catégorie : la dissolution d'une réunion, la suppression d'une association, l'éducation protectrice (*Fürsorgeerziehung*), le placement dans un asile d'après le § 362, al. 3 ; puis aussi la confiscation, la

(3) C. P. I., §§ 165 et 200 ; loi sur les brevets de 1891, § 36, loi sur les modèles déposés de 1891, § 18, loi sur les marques de fabrique de 1894, § 19, loi sur la concurrence de 1896, § 13, al. 2. Par contre, la publication du jugement est une peine accessoire dans la loi sur les denrées alimentaires de 1879, § 16, dans la loi sur les vins de 1892, § 10, dans la loi sur la concurrence, § 13, al. 1, dans la loi sur la margarine de 1897, § 20, dans la loi sur les saccharifères de 1898, § 4. — EN SENS DIFFÉRENT du texte, R a déclaré, dans une série de décisions, notamment le 17 avril 1882 (Sénats réunis) VI, 180, que la mesure en question était une peine. De même R. MIBB, II, 19, VIII, 300. Même sens BERNER, 497, BISCHOFF, GA., XXXIX, 141, note 3, HAELSCHNER, II, 213, MERKEL, 173 et HH., IV, 230, mais surtout GÜNTHER, III, 1re partie, 536 (qui insiste sur le rapport avec l'idée de représailles). — DANS LE SENS DU TEXTE : BINDING, Lehrb. I, 163. Le comte DE DOHNAT, FRANK, § 200 I, LÖNING, 55, MEYER-ALLFELD, 321, OLSHAUSEN, § 200, 4, OETKER, Z, XVII, 532, note 101.

destruction complète ou la mise hors d'usage d'objets produits par une infraction ou employés ou destinés à la commission d'une infraction, les mêmes mesures à l'égard d'ouvrages imprimés de contenu punissable, etc. (4). Il faudrait ranger ici également les mesures de sûreté, si souvent proposées à l'égard des aliénés dangereux ou des individus de responsabilité atténuée (plus haut, § 15, note 7).

b) La responsabilité de tiers pour les amendes encourues par le coupable, responsabilité qui est exprimée dans beaucoup de lois de l'Empire ou des Etats confédérés (5).

(4) C. P. I., §§ 40, 41, 42, 152, 295, 296 *a*, 335, 367, 369 ; nombreuses dispositions dans les lois complémentaires. La nature juridique de ces mesures est très discutée et d'ailleurs rendue très douteuse en raison du manque de netteté des pensées fondamentales dominant la loi, et de l'intrusion de points de vue très divers, tant en droit pénal qu'en droit privé. 1° Pour l'opinion du texte, BELING, 58 et Z, XVIII, 271, note 4, NEUMANN, NISSEN, KÖBNER, etc. 2° L'opinion dominante admet qu'il y a peine, lorsque les objets ne peuvent être confisqués qu'à la condition d'être la propriété du condamné. Dans ce sens SCHOETENSACK, *Der Konfiscations progress*, 1905.

(5) La responsabilité est le plus souvent subsidiaire ; mais elle peut aussi être solidaire (comme dans le singulier art. 36, al. 1 du règlement douanier par le traité de commerce germano-égyptien du 19 juillet 1892, RGB., 1893, p. 77) ou cumulative, c'est-à-dire être indépendante. Mais dans ce dernier cas, elle suppose une culpabilité indépendante, donc est une peine proprement dite. — La substance de cette institution particulière, existant déjà depuis le XVIIe siècle, est très contestée. — 1. A mon avis, il s'agit d'une RESPONSABILITÉ DE DROIT PUBLIC pour la faute d'autrui. Dans le même sens BELING (droit ou titre administratif de l'Etat analogue à l'impôt), BINDING, *Normen*, II, 614, note 930, LEONING (Bibl., § 43), 132, note 1, POETSCH. Pour GOLDSCHMIDT, *Deliksobligationen* (plus haut, § 26, note 7), 24, la mesure ne s'expliquerait qu'au point de vue du droit administratif. — 2. *Contrà* (Pour la conception comme peine), BINDING, I, 489 (contrairement à sa précédente opinion), HAELSCHNER, II, 1008, MERKEL, 174, MEYER-ALLFELD, 188, note 20, WEBER GS., LVIII, 79. — 3. D'après OETKER, suivi par VORBERG et REUSS, il y a là un cas de la « responsabilité des garants-auteurs » (*Thäter Garanten-*

3. La peine est ordonnée **à cause de la lésion juridique commise**, et si, par sa destination finale, elle pénètre dans l'avenir, elle est pourtant rattachée comme conséquence du préjudice à un fait situé dans le passé. Elle se distingue par là de la contrainte pénale (comme contrainte d'accomplir) qui

haftung). — La conception de principe est décisive pour toute une série de questions de détail. C'est ainsi qu'il y aurait lieu d'appliquer les principes du droit public pour régler la prescription, les mesures gracieuses, etc. Si le responsable lui même participe criminellement à l'infraction commise avec l'une des personnes pour lesquelles il est responsable, le paiement peut l'atteindre deux fois : une fois comme peine, et une fois comme garantie pour son consort (dans ce sens R à plusieurs reprises, en dernier lieu xxv, 291). Il est encore possible que la même personne soit rendue plusieurs fois responsable pour plusieurs de ceux qui ont participé à un même fait, ou que malgré l'accomplissement de l'obligation de responsabilité il soit engagé en plus une poursuite pour complicité, et réciproquement. C'est d'ailleurs par cette conception seulement que l'on peut expliquer que des personnes morales, telles que des sociétés anonymes, entreprises de chemins de fer, etc., dont la responsabilité en droit pénal est par principe exclue dans notre droit positif (plus haut § 28, I, 2), ainsi que les mineurs et malades mentaux soient expressément soumis à la responsabilité par la loi. — Par contre, il y a peine partout où la responsabilité a pour condition une faute personnelle du responsable (notamment la négligence ou imprudence dans le choix, la surveillance, etc.), c'est-à-dire complètement indépendante de la punition du principal coupable. C'est le cas d'après le § 151 du code sur l'industrie de 1869, § 82 *a* de la loi sur l'assurance-maladie de 1892, d'après les lois fiscales de 1891 (§§ 28 et 32 de la loi sur les eaux-de-vie, §§ 54 et 55 de la loi sur les sucres), § 43, al. 2 de la loi sur l'émigration de 1897, § 29 de la loi sur la protection de l'enfance de 1903, § 21 de la loi sur l'impôt des cigarettes, 1906. Très particulier le § 29, alinéa 2, de la loi sur les vins mousseux de 1902 (s'il est impossible de faire payer l'amende par le coupable, le fisc peut s'en prendre à des tiers responsables qui font exécuter par le coupable la peine privative de liberté qui se substitue à l'amende). Cf. aussi le § 38 de la loi sur l'impôt des brasseries de 1872. — C'est sur une toute autre idée fondamentale que repose la responsabilité de faute totale (qu'il n'y a pas lieu de commenter ici) pour amendes encourues d'après le § 35 de la loi impériale sur le timbre de 1894.

a pour but de déterminer par des « peines réglementaires » (*Ordnùngsstrafen*) la production d'une certaine action ou d'une certaine omission.

4. La peine doit être **prononcée** par l'Etat agissant **par les organes de la juridiction pénale.**

a) Il faut donc détacher du domaine de la peine toutes les suites de la condamnation se produisant « d'office » (« de droit », *von Rechtswegen*). Ceci s'applique aussi à l'incapacité permanente de servir dans l'armée allemande et la marine impériale, ainsi que de revêtir des fonctions publiques, incapacité qui, d'après le C. P. I., § 31, est attachée « de droit » à la condamnation à la réclusion. Il faut encore citer ici de nombreuses dispositions dans les lois complémentaires (6).

b) Il faut en détacher, en outre, les peines qui, en vertu d'une disposition de la loi, sont ordonnées par d'autres organes que ceux de la juridiction pénale.

III. — La peine du droit pénal **diffère, d'après sa nature :**

1. De la peine disciplinaire publique, qui est ordonnée par l'Etat non comme titulaire du pouvoir public de contrainte, mais en raison de sa situation comme maître de ses services, dans l'intérêt du service intérieur (7). Il en résulte qu'il n'est pas du ressort des tribunaux répressifs ordinaires de prononcer cette peine, puisque ce n'est pas une matière pénale ; la même transgression peut entraîner une peine disciplinaire et en plus une peine proprement dite ; si un individu appartient à plusieurs services, il peut être puni plusieurs fois disciplinairement pour le même

(6) Ce sont les « forfaitures juridiques » (*Rechtsverwirkungen*) ; cf. Binding, I, 328, note 14, Gierke, *Deutsches Privatrecht*, I, 429. Exemples dans le C. C. I., §§ 1312, 1680, loi sur l'organisation judiciaire, § 176, al. 1 ; C. P. O., § 1032, Ord. sur l'Ind., § 153. Par contre, il s'agit d'une peine réelle partout où la perte d'une faculté est prononcée par une décision de la justice criminelle.

(7) Contre la conception dominante, Seuffert, L.P.C., I, 67.

délit (par exemple, comme fonctionnaire et comme officier de réserve); la prescription de la peine n'exclut pas la poursuite disciplinaire, etc.

2. Des peines de procédures, qui ont pour base la non observation d'une règle juridique non impérative (important le § 48 de la loi sur les frais de justice).

IV. — **La peine se distingue seulement par disposition de droit positif** (dans la mesure où ne s'applique pas ce qui a été dit plus haut, II, 4 *b*).

1. Des petites peines pour des lésions juridiques de peu d'importance, peines que la législation impériale qualifie d'ailleurs de peines réglementaires (*Ordnungstrafen*). Elles se rencontrent surtout dans les lois douanières, et fiscales, ainsi que dans le droit des assurances, mais alors il faut mentionner ici aussi les cas de l'inobservation simple des devoirs imposés (*Dingpflicht*).

2. Des condamnations juridiques constitutionnelles, qui sont prononcées par les hautes Cours de justice ou organismes semblables contre des ministres pour violation de la Constitution (8).

V. — Par contre, d'après le droit en vigueur, la **peine de police** n'est pas différente de la peine de droit pénal (cf. plus haut, § 26, III).

(8) Du moins d'après le droit impérial allemand. Cf. v. Frisch, *Die Verantwortlickeit der Monarchen and höchsten Magistrate*, 1904. A noter qu'ici aussi, la conception de la peine disciplinaire (plus haut, III, 1) peut s'appliquer.

II. — Les modes de la peine (le système pénal)

§ 59. — Le système des peines de la législation impériale.

I. — Nous distinguons, dans le système du C. P. I., des peines principales et des peines accessoires. Les premières peuvent être prononcées seules, mais les secondes ne peuvent l'être que concurremment avec une peine principale. Parmi les peines accessoires, il faut désigner comme peines subséquentes (*Nachstrafen)* celles qui ne sont mises à exécution qu'après expiration des peines principales.

Une autre base de classification résulte de la considération des intérêts juridiques du délinquant, que l'Etat se propose d'atteindre dans un but de protection d'intérêts juridiques. Ce sont la vie, la liberté, le patrimoine, l'honneur (1).

II. — Nous obtenons ainsi le système suivant :

A. **Peines principales.**

1. Frappant la vie : la peine de mort.

2. Frappant la liberté : *a*) la réclusion (*Zuchthaus*) ;

(1) Les dispositions du C. P. I., sur le système des peines sont absolument de droit commun (cf. plus haut § 20, note 5). Par contre, elles n'ont pas d'effet obligatoire quant aux menaces pénales contre les indigènes des colonies allemandes (plus haut § 22, note 5). Celles-ci comportent la correction corporelle, le travail forcé sans emprisonnement, etc. — Sur le système pénal du C. P. Mil., cf. plus loin, § 204, V. — Parmi les peines accessoires nous ne commenterons que celles qui ont une signification générale.

b) l'emprisonnement (*Gefängnis*) ; *c*) la détention dans une enceinte fortifiée (*Festüngshaft*) ; *d*) la détention simple (*Haft*).

3. Frappant le patrimoine : l'amende (*Geldstrafe*) (2).

4. Frappant l'honneur : la réprimande (*Verweis*) (3).

B. **Peines accessoires.**

1. Frappant la liberté : *a*) le placement sous la surveillance de la police ; *b*) le placement sous le contrôle de la police d'un Etat confédéré ; *c*) l'expulsion du territoire de l'Empire (4).

2. Frappant le patrimoine : *a*) la perte permanente ou temporaire de la faculté d'exercer une industrie dans la mesure où le juge ordonne cette perte dans le jugement (5) ; *b*) la publication du jugement de condamnation dans les cas exceptionnels mentionnés plus haut, § 58, note 3 (mais qui en même temps est dirigée contre l'honneur commercial de l'intéressé).

3. Frappant l'honneur : *a*) la déchéance de tous les droits honorifiques (*Ehrenrechte*, droits civiques) ; *b*) la déchéance de certains droits civiques ; *c*) les peines accessoires des § 161 et 319 du C. P. I. (6).

(2) L'amende est toujours une peine principale même si elle figure comme sanction à côté d'une peine privative de liberté. — Ceci est important pour le § 45, C P. I. Dans le même sens l'opinion générale, notamment R., XIX, 234.

(3) Considérée comme peine par la plupart des auteurs, et aussi par R., XVIII, 116.

(4) Il résulte de ce que nous avons dit § 58 que nous avons à faire dans ces trois cas à des peines accessoires, et c'est d'ailleurs l'opinion générale. *Contrà* BELING, 124, BINDING, I, 873, FRANK, GROBLEBEN, (Bibl., § 65), § 39, I, § 362, III, FUHR, *Polizeitaufsicht*, 1888, p. 95, R. SCHMIDT (Bibl., § 16) et autres.

(5) Cf. § 30 de la loi sur l'impôt des eaux-de-vie de 1887, § 56 de la loi sur l'impôt des sucres de 1891, § 143 du règlement sur l'industrie de 1869.

(6) Pour les cas mentionnés sous *c*, FRANK nie le caractère pénal.

§ 60-1. — La peine de mort

BIBLIOGRAPHIE. — A citer : Ouvrages de *Hepp*, 1836, *Mittermaier*, 1862, *Berner*, 1863, *Kunze*, 1868, *Geyer*, 1869. — *Hetzel*, Die Todesstrafe in ihrer Kulturgeschichtlichen Entwickelung, 1870. — v. *Holtzendorff*, Das Verbrechen des Mordes und die Todesstrafe, 1875. — *Seeger*, Abhandlungen, l. 1. — *Wahlberg*, Kleinere Schriften, II, 138. — *d'Olivecrona*, Om dödsztraffet, 1re éd. 1866, 2e éd. 1891 traduit en français par Beauchet 1893. — *Kazenstein*, Die Todesstrafe in einem neuen R St-G. B. 1905. *Ramlau*, Thèse Rostock (1909). Mais surtout *Günther* II., Hälfte 327.

1. La peine de mort, qui était avec les mutilations corporelles la peine criminelle du droit commun, se trouve, depuis la suppression des modes d'exécution cruels qui l'aggravaient, et depuis sa limitation à quelques cas d'exception, complètement reléguée au second plan dans le système du droit pénal actuel (1).

Le combat, que les écrivains de la période philosophique (surtout *Beccaria* et *Sonnenfels*, 1674) engagèrent contre la peine de mort (2) n'eut d'abord que peu de succès : suppression de la peine de mort en Toscane, en fait en 1765, légalement en 1786 (jusqu'en 1790-1795) ; en Autriche en 1787 (jusqu'en 1796 ; elle fut remplacée par la terrible peine de l'internement dans un cachot obscur avec enchaînement et jeûne, et par l'exécution lente par le halage des bateaux), En Russie, elle avait été, dès 1754, limitée aux crimes politiques. Du moins le combat engagé eut-il comme autres ré-

(1) En Allemagne, sur 100 jugements comportant une condamnation, la proportion des condamnations à mort est de 0,01 environ.

(2) Mais les partisans de la peine de mort furent également nombreux à l'époque. Je renvoie à MONTESQUIEU, ROUSSEAU, LINGUET, SODEN, ainsi qu'à KANT et J. MÖSER. Cf. aussi Z, v, 721. Dans la dissertation inaugurale de GOETHE (1771), la thèse 53 est ainsi conçue : *Pœnæ capitales non abrogandæ*. Cf. MEISNER, *Gœthe als Jurist*, 1885, p. 17. Controverse littéraire dans le *Deutsches Museum*, 1776-1778. BERGK, *Meinungen über die Todesstrafe*, 1798. Dans les Pays-Bas autrichiens la suppression de la peine de mort fut examinée officiellement en 1776.

sultats, concurremment avec l'amélioration des prisons commencée dès 1670 environ, la suppression graduelle des aggravations de la peine capitale (3) et la limitation graduelle de celle-ci à un nombre très restreint de cas criminels.

Comme conséquence du § 9 des Droits fondamentaux des Allemands du 27 décembre 1848 (§ 139 de la Constitution impériale du 28 mars 1849), la peine de mort fut supprimée dans un certain nombre d'Etats allemands (mais non en Autriche, en Prusse ni en Bavière) ; mais dans la plupart de ces Etats la domination de la réaction amena le rétablissement de la peine capitale ; le Hanovre conserva même jusqu'en 1859 la pratique de traîner le patient sur une claie au lieu d'exécution. Seuls, Oldenbourg, Anhalt et Brême maintinrent la suppression ; la Saxe fit, encore en 1868, disparaître la peine de mort. Telle était la situation lorsque commença la discussion du Code pénal de la Confédération allemande du Nord. Les durs combats parlementaires qui se terminèrent par le maintien (ou le rétablissement) de la peine de mort, ont été déjà décrits plus haut, § 11, II, 3.

En dehors de l'Allemagne, le mouvement abolitionniste, ayant pour but la suppression de la peine capitale, n'a pas non plus fait de grands progrès. La peine de mort fut supprimée en Toscane (où elle avait été déjà écartée de 1847 à 1852) en 1859, et dans toute l'Italie en 1889, en Roumanie en 1864 (expressément interdite dans la constitution de 1866) en Portugal (où elle n'était plus appliquée depuis 1843), en 1867, en Hollande en 1870, en Norwège (où elle n'était plus appliquée depuis 50 ans environ) par le Code Pénal de 1902. Elle n'existe pas non plus à Saint-Marin (depuis 1848) et dans certains des Etats-Unis de l'Amérique du Nord (Maine, Kansas, Michigan, Rhode Island, Wisconsin) ; il faut d'ailleurs noter que depuis 1897, les jurés ont, aux Etats-Unis, le droit d'exclure l'application de la peine de mort. On l'a supprimée aussi au Vénézuela (1864), dans Costa Rica (1180), au Guatémala 1889), en Colombie et au Brésil (1890), au Nicaragua (1892), dans le Honduras (1894). Les grands Etats, et en particulier la France et l'Angleterre, l'ont conservée, mais en la

(3) A Berlin, la dernière exécution par le feu eut lieu en 1823. Le royaume de Hanovre supprima la roue en 1840 (jusqu'alors exécutée avec des masses en fer) et la Prusse en 1851 seulement.

limitant toutes deux à un nombre restreint de crimes, la première depuis 1861, la seconde en 1832 et en 1848. Dans la Constitution fédérale de 1874, la Suisse déclara la peine de mort inadmissible ; depuis le 28 mars 1879, elle n'est plus exclue, de par l'autorité fédérale, que pour les crimes politiques. Les cantons ont ainsi reconquis le droit de rétablir la peine de mort. En ont fait usage jusqu'à présent : Schwyz, Uri, Unterwald ob dem Wald, Appenzell Rhodes intérieures, Zug, Saint-Gall, Lucerne, le Valais, Schaffhouse, Fribourg. Par contre, le projet suisse a renoncé à la peine de mort. Celle-ci n'a plus été exécutée en Belgique depuis 1863, en Finlande depuis 1826 ; cependant ce dernier pays a conservé la peine de mort dans son Code pénal de 1889.

II. — **Domaine d application de la peine de mort.** Si nous faisons abstraction du C. P. Mil, qui prononce la peine de mort exclusivement dans dix cas, et facultativement dans huit cas (4), la peine capitale figure dans la législation impériale :

1. Comme peine de l'assassinat consommé (C. P. I., § 211).

2. Comme peine de l'assassinat et de la tentative d'assassinat commis sur la personne de l'Empereur, du souverain de l'Etat dont l'auteur est le sujet et du souverain de l'Etat où réside l'auteur (C. P. I, § 80).

3. Comme peine de l'emploi criminel d'explosifs, lorsque l'auteur crée intentionnellement par l'emploi d'explosifs un danger pour la propriété, la santé ou la vie d'autrui, en supposant que l'acte de l'agent a produit la mort d'un individu et que l'auteur a pu prévoir un tel résultat (loi du 9 juin 1884, § 5, al. 3).

(4) Seulement pour des crimes militaires commis en campagne, notamment dans certains cas de trahison martiale et de compromission de la force militaire, pour désertion, pour lâcheté, pour certains actes d'insubordination devant l'ennemi, pour le pillage avec meurtre, pour le manquement au devoir de garde devant l'ennemi, pour la rupture de la parole d'honneur d'un prisonnier de guerre (C. P. Mil., §§ 58, 60, 63, 71, 72, 73, 84, 95, 97, 107, 108, 133, 141, 159).

4. Comme peine des organisateurs et meneurs d'une campagne entreprise en vue du rapt d'esclaves, lorsque cette campagne a causé la mort d'une des personnes contre lesquelles elle était entreprise (§ 1 de la loi du 28 juillet 1895).

5. L'entrée en vigueur du droit martial étend l'application de la peine de mort (plus haut, § 25, I).

Dans les quatre premiers cas, la peine de mort est la sanction exclusive ; dans le cinquième cas, elle est par contre facultative, en concurrence avec d'autres peines (5). Dans tous les cas, elle peut être aggravée par la déchéance des droits civils et civiques reposant sur l'honneur (C. P. I., § 32). Elle est exclue en cas de tentative, d'assistance et de jeunesse de l'auteur (plus loin, § 70).

III. **Exécution de la peine de mort.** — D'après le § 13 du C. P. I., la peine de mort doit être exécutée par la décapitation, et d'après le § 14 C. P. Mil., par le passage par les armes, « lorsqu'elle a été ordonnée à cause d'un crime militaire, et en campagne même lorsqu'elle a été ordonnée à cause d'un crime non militaire » (6). Pour le reste, le mode d'exécution de la peine de mort est réglé par le droit des Etats confédérés (7). D'après la loi impériale de

(5) Cela me semble hors de doute dans la mesure où le droit du temps de paix, comme par ex. le C. P. I., §§ 81 et 88, pose comme sanctions, à côté de la réclusion à vie (que remplace la peine de mort), d'autres peines. Dans le même sens FINGER, I, 455, FRANK, EG., § 4, III, SEUFFERT, *Anarchismus*, 1899, p. 139; *contrà* HAELSCHNER, II, 763, OLSHAUSEN, EG., §§ 4, 9. Mais il faut admettre la même chose pour le C. P. I., § 90, qui menace de la réclusion perpétuelle, car il admet les circonstances atténuantes.

(6) A la vérité, cette rédaction n'est pas absolument claire : BENNECKE, Z, VII, 728. En temps de paix, la peine de mort pour crimes militaires est exclue. Si en temps de paix la peine de mort a été ordonnée pour un crime de droit commun, l'exécution est assurée d'après le C. P. Mil., § 454, par les autorités civiles (au moyen de la décapitation).

(7) Au temps du droit commun, le glaive, encore employé dans

1900 concernant la situation juridique des colonies allemandes, § 6, n° 5, « un autre mode d'exécution de la peine de mort, ne contenant pas d'aggravation », peut être introduit par Ordonnance impériale dans ces colonies. En conséquence, il fut ordonné (9 novembre 1900), que les exécutions dans ces pays se feraient par le passage par les armes, la pendaison, la décapitation.

les deux Mecklembourg, ou Anhalt, dans la principauté de Reuss ligne aînée, dans Lippe, dans Schaumbourg, à Brême ; dans les vieilles provinces du royaume de Prusse, la hache (ordre royal du 19 juin 1811) ; de même dans Brunswick, Meiningen, Reuss ligne cadette ; la guillotine depuis 1818 dans la province Rhénane, depuis 1841 en Hesse-Darmstadt, depuis 1852 en Saxe, depuis 1854 en Bavière et à Hambourg, depuis 1856 à Francfort, en Bade, en Saxe-Weimar, depuis 1857 en Saxe-Sondershausen, en Saxe-Cobourg, depuis 1860 en Hanovre, depuis 1863 à Lubeck, 1880 en Wurtemberg, 1884 en Oldenbourg. Depuis 1867, la peine de mort s'exécute aussi par la hache dans les nouvelles provinces prussiennes ; seuls, le Hanovre et le ressort du tribunal supérieur de Cologne ont conservé la guillotine. Il en est de même pour l'Alsace-Lorraine. — L'Autriche-Hongrie, l'Angleterre, la Russie et les États-Unis conservent la pendaison et l'Espagne le garrot. New-York, le Massachusetts et l'Ohio ont adopté l'électricité comme mode d'exécution. Contre elle KRATTER, *Der Tod dürch Elektrizität*, 1896. Cf. FRENDENTHAL, Z, XXVIII, 61. LAHMANN a proposé d'exécuter par l'acide prussique ; cf. V. KIRCHENHEIM, *Centralblatt*, XV, 140. — Le nom de guillotine vient du médecin parisien J.-J. Guillotin, mort en 1814, qui avait proposé, le 1er décembre 1789, d'unifier pour les trois ordres le mode d'exécution, en employant un mécanisme simple. Les vers ironiques d'une feuille royaliste exprimèrent la prédiction, qui d'ailleurs se réalisa, que ce mécanisme prendrait le nom de l'auteur de la proposition. Cf. KORN, J.-J Guillotin, Thèse Berlin. 1891. LENÔTRE, *La guillotine et les exécuteurs des arrêts criminels pendant la Révolution*, 1893. GÜNTHER, note 706. La première exécution au moyen de la guillotine construite par Louis et Schmitt eut lieu en 1792. L'invention elle-même était d'ailleurs connue depuis longtemps ; une gravure sur bois de L. CRANACH, représente une exécution à la guillotine en Saxe électorale, son introduction n'avait été repoussée en Autriche en 1756 qu'à cause des frais. MAASBURG, *Entstehüngsgeschichte der Theresiana*, 1880, p. 40. BÖHMER, *Neues Archiv.*, VI, 65.

Le Code de Procédure criminelle contient diverses dispositions qu'il y a lieu de mentionner ici. C'est ainsi que, d'après le § 485 Proc. crim., il ne peut être procédé à l'exécution de la peine de mort qu'après que celui qui dispose du droit de grâce a déclaré ne pas vouloir faire usage de ce droit. L'aliénation mentale ou la grossesse font obstacle à l'exécution. — En outre, par le § 486 Proc. crim., l'exécution dite *intra muros* (c'est-à-dire dans un espace clos avec publicité restreinte) (8), déjà introduite depuis 1840 environ dans la plupart des Etats allemands (en Prusse en 1851) est devenue de droit d'Empire.

§ 61. — 2. La peine privative de liberté. Son histoire.

Bibliographie pour les §§ 61 et 62. — Avant tout le Handbüch des Gefängniswesens, publié par *v. Holzandorff* et *v. Jagemann*, 2 vol. 1888, et *Krohne*, Lehrbücheder Gefangniskünde, 1889. — Puis *H. Seuffert*, WV. I, 481. — *Wulff*, De Gefängnisse der Justizverwaltüng in Preüssen, 2e édit., 1900. — *Krohne* et *Uber*, Die Strafanstal len ünd Gefängnisse in Preüssen, I, 1901. — *Streng*, Geschichte der Gefängnisverwaltüng in Hambürg von, 1622 bis, 1872, 1890. — *Wacher*, Das Gefängniswesen, die staatliche Zwangserziehüng der Jügendlichen ünd die Arbeits haüs strafe in Baden, 1899 (*Beling* Heft. 21). *Gennat*, Das Gefängniswesen in Hambourg, 1906. — *Appl*, Der Volzug der Freiheitsstrafe, in Baden 1905. — *Baernreither*, Zudenfürsorge und Strafrecht in .. Nord Amerika, 1905. — *Hoffmann*, Thèse Giessen. 1899. *Marcovich*, Das Gefangnisswesen in Ostereich, 1899 —

(8) Elle est introduite aussi dans la plupart des Etats étrangers (mais non en France). — La non publicité de l'exécution fit déjà l'objet d'études fréquentes en Allemagne à la fin du XVIIIe siècle : travaux de V. HIPPEL, 1797, d'un anonyme, 1798 (BÖHMER, *Handbuch der Litt. des Kriminalrechts*, 1816, p. 710). Elle a pour point de départ l'antipathie croissante contre l'exécution publique. Cf. RUSH (Pensylvanie), *Enquiry into the effects of public punishments upon criminals and upon society*, 1787. Et, comme suite, PUTTMANN, *Sendschreiben an* RUSH, 1792. GÜNTHER, note 705.

Cuche, Traité de science et législation pénitentiaire. — *Meggery*, Les Institutions pénitentiaires de la Hongrie, 1905. — *Wichern*. Zur gefangnis reform, 1905. — *Leitmeier*, Die österreichische Gefängniskùnde mit Berücksichtigùng des aùsländischen Gefängniswesens, 1890. — *Aschrott*, Strafensystem ùnd Gefängniswesen in England, 1887. — *Le même*, Z, XVII, 1 (sur l'Angleterre depuis 1886). *Hintrager*, Amerikanisches Gefängnisùnd Strafwesen, 1900. — *Schmutz*, Thèse Erlangen, 1898. — *Schafroth*, Geschichte des Bernischen Gefängniswesens, 1898. — *F. H. Wines*, Punishment and Reformation. — Au historical sketch of the rise of the Penitentiary System (1895). *V. Hippel*, Z, XVIII, 419, 608. — *Weichert*, Grùndzüge der Strafvollstreckùng nach Reichsrecht, 1902. — *Link*, Thèse Göttingue, 1902. — *Görlich* (*Beling*, Heft, 79). — Critiques bibliographiques de *Bennecke*, *Beling*, *Clement*, dans Z. — Congrès pénitentiaires internationaux de Londres, 1872, Stockholm, 1878, Rome, 1885, Saint-Pétersbourg, 1890, Paris, 1895, Bruxelles, 1900. — Blätter für Gefängniskùnde, publiés depuis 1865 par *Eckert* (actuellement par *v. Engelberg*).

I. — La peine privative de liberté (internement avec ou sans travail forcé) appartient, en tant que peine proprement dite, à l'époque moderne. La « tour » du Moyen Age et les maisons de travail et de force (*Spinn ùnd Raspelhäuser*) qui lui succédèrent, ne servaient pas au châtiment, mais à la garde des débiteurs négligents, des prévenus et des contrevenants aux règlements de police. C'est aussi le point de vue de la Carolina. Ce fut donc une idée complètement nouvelle de fonder, à partir de la fin du XVIe siècle et du début du XVIIe siècle et en concordance avec la réglementation nouvelle de l'assistance, des maisons de travail ou de correction (*Werk-oder Zùchthäuser*) pour les vagabonds et les fainéants, pour les mendiants et les filles de mauvaise vie, pour les valets et servantes rebelles et pour les enfants dénaturés, afin d'en faire, par une discipline sévère et par l'accoutumance au travail, des membres utiles de la société. Le premier de ces établissements fut celui de Bridewell, fondé en 1555 près de Londres ; mais les maisons qu'on cita ensuite comme modèles furent celles fondées à Amsterdam en 1595 et 1597. En imitation étroite de ces institutions furent installés les établissements de Lubeck et de Brême (début du XVIIe siècle), de Hambourg (vers 1620), de Dantzig (vers 1630). Puis de nombreuses maisons de correction (*ergasteria*) s'ouvrirent dans les différentes parties de l'Allemagne. C'est ainsi que pour la première fois l'idée de la préservation spéciale (*Spezial prävention*) par la correction, remplaçant la préservation générale (*General prävention*), parvient à une application logique et ouvre une nouvelle voie à l'administration de la justice pénale (1).

Mais déjà dans le cours du XVIIe siècle commença la décadence des maisons de correction. Les tribunaux s'habituèrent (pour les motifs indiqués, p. 44), dans un but de sécurité sociale, à leur envoyer aussi des criminels condamnés et à les détourner ainsi de leur destination primitive. Au XVIIIe siècle les maisons de correction avaient pour hôtes, dans des locaux trop étroits, sans surveillance suffisante et sans occupation convenable, les catégories humaines les plus diverses (condamnés, indigents, orphelins, incurables, aliénés).

II. — Dès le milieu du XVIIe siècle, Hambourg avait réalisé la séparation nocturne des prisonniers des maisons de correction. Il en fut de même pour la prison cellulaire de Franci, construite à Florence en 1677, ainsi que pour la maison de correction pour garçons difficiles, fondée à Rome en 1704 par Clément XI. La maison de correction de Cassel fut également installée d'après les mêmes principes (1720).

Ce système du travail en commun pendant le jour et de la séparation pendant la nuit fit l'objet d'une application complète et régulière dans la maison de correction de Gand, dont la construction, commencée en vertu d'une ordonnance impériale du 17 janvier 1772, fut achevée (d'après les plans du vicomte Villain XIV) en 1775 ; cet établissement peut être considéré, quant à la date, comme le premier établissement pénitentiaire au sens moderne.

A peu près vers la même époque (1773), John Howard (né en 1726) entreprit ses recherches sur la situation des prisons anglaises et continentales. En 1777 parut son « State of prisons in England and Wales », suivi par d'autres publications relatant les voyages entrepris avec un zèle infatigable par Howard, qui mourut enfin à Cherson (Russie), en 1790, victime de la mission à laquelle il avait voué toute sa vie. C'est à lui que l'on dut l'amélioration du système pénitentiaire an-

(1) C'est le mérite de VON HIPPEL que d'avoir attiré l'attention sur la relation de ces éléments. Cf. aussi ROSENFELD

glais, notamment la construction de plusieurs petites prisons cellulaires (de 1779 à 1781).

III. — Sous l'influence de B. Franklin (mort en 1790), le mouvement avait pénétré dans l'Amérique du Nord ; d'ailleurs, la déportation des criminels anglais constituait déjà une des doléances formulées par les colonies dès 1775. La Société Pénitentiaire de Philadelphie, fondée le 7 février 1776, puis dispersée par la guerre et enfin reconstituée en 1787, parvint à réaliser d'une part la restriction de la peine de mort, et d'autre part, dans la prison construite en 1790 à Philadelphie, l'**isolement** complet de jour et de nuit (« most rigid and unremitted solitude », avec du moins l'exclusion effective du travail). Dans ce système, l'amendement doit provenir du déchirement moral causé par le remords. Les résultats de ce système imbu du plus pur quakérisme furent aussi défavorables que possible. Aussi remplaça-t-on à Auburn dans l'Etat de New-York le « solitary-system » par le « silent-system » (1823) : isolement pendant la nuit, et pendant le jour travail en commun, au cours duquel les effets démoralisants des communications entre détenus sont évités par la consigne du silence, maintenue avec la plus grande sévérité (à coups de fouet). Par contre, l'isolement triompha en 1829 en Pennsylvanie, après un dur combat ; il fut appliqué, mais avec travail forcé, suivant la plus rigoureuse logique, dans le fameux Eastern Penitentiary de Cherry Hill à Philadelphie, qui fut l'objet des visites et des éloges de voyageurs de tous pays.

IV. — Tandis qu'aux Etats-Unis la lutte des deux systèmes continuait avec un grand acharnement, pour se terminer par une défaite complète de l'**isolement**, ce dernier commençait sa campagne triomphale en Europe. En 1840 fut posée la première pierre de la prison modèle de Pentonville près Londres qui, ouverte en 1842, atténua dans le « separate-system » le « solitary-system » des Américains. Mais, à la différence du modèle pennsylvanien, l'isolement ne constitua en Angleterre qu'une phase d'un système « progressif » d'exécution de la peine. Après avoir été maintenus pendant dix-huit mois (temps qui fut plus tard réduit) dans l'isolement, afin d'être, non pas amendés, mais mis à l'épreuve, les condamnés étaient déportés dans les colonies d'Australie, où ils étaient repartis, suivant leur conduite, en différentes classes.

Sur le continent, on ne tint pas compte de l'ensemble composé par ce système. On crut suivre l'exemple anglais en demandant, pour l'accomplissement de la peine privative de liberté, l'isolement sans aucune restriction. Bruchsal et Moabit, ouvertes, l'une en 1848 et l'autre en 1849, furent les premières prisons allemandes établies sur le modèle de Pentonville. Malgré le refroidissement assez général qui succéda, après 1850, au premier enthousiasme, les différents Etats rivalisèrent bientôt dans la construction de prisons cellulaires avec bâtiment central et ailes à cellules, avec cabanes d'isolement à la chapelle et dans la salle d'école, petites cours pour promenades solitaires et masques ou cagoules ; en même temps, tous les pays procédaient à la réglementation légale de l'isolement. En tête du mouvement, la Belgique entreprenait et réalisait logiquement la transformation complète de ses prisons d'après le système de l'isolement. Par contre, tous les autres Etats se contentèrent d'appliquer ce système d'une part aux peines de courte durée, et d'autre part comme première phase pour les peines à long terme.

V. — La suppression graduelle de la Déportation anglaise en Australie (1843, 1857, 1867) et son remplacement par la servitude pénale conduisirent en Angleterre à une application toujours plus décidée du **système progressif** dans l'application des peines de longue durée. Le système anglais, basé sur la pensée de régénérer peu à peu le condamné et de le replacer progressivement dans les rangs de la société, comprend trois phases, que doit traverser le condamné : 1° Isolement sévère pendant neuf mois ; 2° Travail en commun en quatre divisions échelonnées (*Markensystem*) (système des bons points) ; 3° Libération conditionnelle avec possibilité de révocation de cette faveur (*ticket of leave*). Ce système fut aussi introduit en Irlande avec quelques modifications peu importantes, parmi lesquelles l'intercalation d'une phase préliminaire précédant la libération conditionnelle : séjour dans un établissement intermédiaire (*intermediate prison*), où il était permis au condamné de communiquer plus librement avec le monde extérieur.

C'est cette modification (introduite de 1853 à 1864 par Walter Crofton) qui fournit à Mittermaier, v. Holtzendorff et autres l'occasion de signaler spécialement le **système irlandais** (expression tout à fait inconnue en Angleterre même) et d'en recommander chaudement l'imitation (1839). On employait même comme ayant la même signification (et on les emploie ainsi encore aujourd'hui) les expressions « système irlandais » et « système progressif », et cependant la pensée primordiale du retour gradué à la liberté, dégagée de détails d'exécution imposés et justifiés par les circonstances locales (soit d'une part le système des bons points et d'autre part les établissements intermédiaires), avait été déjà soutenue au siècle précédent par Wagnitz, puis par Klein (*Annalen*, XXIII, 168), Tellkampf et autres, et réalisée dans plusieurs établissements suisses (notamment à Genève), ainsi qu'en Angleterre même. Le séjour de transition » (*Uebergangsstation*) avait déjà fait l'objet d'études en Allemagne et avait été réalisé en 1851 à Dreibergen dans le Mecklembourg. Cf. HG, I, 117 (*Wahlberg*), 117 (*v. Liszt*). Le modèle irlandais a été suivi le plus strictement en Hongrie, en Croatie, en Bosnie, en Finlande, en Italie.

Par contre, la **libération conditionnelle** du droit anglais, qui tire son origine des colonies australiennes (1829), rencontre bientôt de nombreux partisans sur le continent. Elle fut introduite en Saxe en 1862 (abstraction faite de l'essai malheureux de Vechta en Oldenbourg, 1860), et plus tard dans de nombreux Etats non allemands.

VI. — C'est sur la même idée fondamentale que repose le **Reformatory-System** appliqué à Elmira dans l'Etat de New-York, ainsi que dans d'autres Etats de l'Amérique du Nord. Ce système a pour but l'amendement par l'éducation pour la vie en liberté. Sont propres à ce système sa combinaison avec une condamnation indéterminée (plus haut, § 15, note 11), ainsi que le renforcement de la culture morale et physique.

VII. — **L'exécution de la peine privative de liberté** n'est réglée que pour la plus petite part par la législation impériale actuelle, cette réglementation étant laissée pour la plus grande part à la législation des Etats confédérés. Ce n'est que sur l'exécution de l'isolement, sur la libération conditionnelle ainsi qu'en matière d'application de peines frappant de jeunes délinquants, que le C. P. I. a pris des dispositions. Dans cette partie si importante de l'administration de la justice pénale, l'unité fait donc défaut en Allemagne, et dans tous les Etats confédérés, surtout dans les plus grands, les systèmes les plus contradictoires se rencontrent en un assemblage étrange.

La nécessité d'une réglementation d'Empire avait déjà été exprimée dans l'exposé de motifs du projet du Code pénal de l'Allemagne du nord ; le Reichstag prit à différentes reprises des résolutions dans le même sens (1870, 1875 et 1876) et de même la Société des fonctionnaires des établissements pénitentiaires allemands exposa dans son assemblée tenue en 1884 à Berlin l'urgence de mettre fin à la confusion causée par la nature disparate de l'exécution des peines dans les différents Etats. Cependant le projet d'une loi d'Empire sur l'exécution des peines privatives de liberté, présenté au Bundesrat (Conseil fédéral) le 19 mars 1879, ne fut jamais soumis au Reichstag. Par contre, les gouvernements des Etats allemands s'entendirent en novembre 1897 sur un certain nombre de « principes » applicables à l'exécution des peines privatives de liberté prononcées par les tribunaux (2). Mais la réglementation légale de notre système pénitentiaire ne pourra se réaliser qu'en même temps qu'une transformation d'ensemble de tout notre système pénal.

§ 62. — Les peines privatives de liberté dans la législation impériale.

I. — Le C. P. I. distingue quatre modalités de la peine privative de liberté :

1. La réclusion (*Zuchthaus*), comme peine grave, infamante, impliquant le travail forcé ;

2. L'emprisonnement (*Gefängniss*), comme peine de gravité moyenne, non infamante en soi, impliquant le travail forcé ;

3. La détention simple (*Haft*), comme peine légère, non infamante, régulièrement sans travail forcé ;

4. La détention dans une enceinte fortifiée (*Festungshaft*), comme peine grave, non infamante, sans travail forcé.

(2) Accord reproduit dans Z, XVIII, 400. A ce sujet ASCHROTT, Z XVIII, 384, ainsi que MITTEILUNGEN, VII, 237.

II. — D'après les dispositions du C. P. I., ces quatre sortes **se différencient** par les points suivants (1) :

1. **Application**. La réclusion est la peine des crimes, la prison celle des délits, et la détention simple celle des contraventions. Cependant la détention simple est aussi appliquée exceptionnellement à certains délits (C. P. I., §§ 140, n° 2, 185, 186, et comme autres exemples le § 147 de la loi sur l'Industrie et les articles II et III de la loi de 1888 concernant les débats judiciaires à huis clos). La détention dans une enceinte fortifiée doit remplacer aussi bien la réclusion que l'emprisonnement et elle est, facultativement avec ces deux peines, la sanction d'un certain nombre de crimes politiques (aussi pour C. P. I., § 130 *a* et 345), et exclusivement la sanction du duel.

2. **Durée**. La réclusion et la détention dans une forteresse sont des peines à vie ou à temps, l'emprisonnement et la détention simple sont toujours des peines temporaires. Le maximum pour les deux premières, lorsqu'elles sont temporaires, est de quinze ans ; celui de l'emprisonnement est de cinq années, et celui de la détention simple de six semaines. Le minimum est une année pour la réclusion, de telle sorte que les fractions d'une année doivent être transformées en emprisonnement ; un jour pour les autres peines privatives de liberté (C. P. I., §§ 14 à 18) (2).

3. Le **calcul** de la réclusion s'effectue par mois pleins, celui des autres peines privatives de liberté par jours pleins (C. P. I., § 19). Le jour est alors compté pour vingt-quatre heures, la semaine pour sept jours, le mois et l'année d'après le temps du calendrier.

(1) D'autres distinctions sont contenues dans les « principes » mentionnés plus haut § 61, note 2.

(2) Exceptionnellement les maxima du C. P. I., peuvent être dépassés en cas de concours réel de plusieurs infractions (plus loin § 73) ; cela s'applique aussi aux jeunes délinquants quant à l'emprisonnement (plus loin § 70, I).

4. Le **travail forcé** est nécessairement entraîné par la réclusion (C. P. I., § 15), le travail à l'extérieur est permis avec séparation des ouvriers libres. Les détenus condamnés à l'emprisonnement *peuvent* être occupés d'une façon conforme à leurs capacités et à leur état (C. P. I., § 16); sur leur demande, ils *doivent* être occupés de cette façon ; le travail à l'extérieur n'est alors possible qu'avec leur consentement, Avec la détention dans une enceinte fortifiée (C. P. I., § 17), l'obligation au travail est exclue sans exception ; elle n'a lieu que tout à fait exceptionnellement dans la détention simple (C. P. I., §§ 362, 361, n° 3 à 8 contre les vagabonds, les mendiants, les désœuvrés, les fainéants, les prostituées, les gens sans métier); le détenu peut être tenu à des travaux répondant à ses capacités et à son état, et cela tant à l'intérieur de l'établissement pénitentiaire qu'à l'extérieur, à la condition, dans ce dernier cas, de supprimer tout contact avec les travailleurs libres.

5. La réclusion entraîne d'office la **perte de certains droits honorifiques** (C. P. I., § 31) ; la déchéance complète de tous ces droits peut accompagner la réclusion et (sous certaines conditions) l'emprisonnement ; la déchéance partielle peut accompagner l'emprisonnement et (dans certains cas) la détention dans une enceinte fortifiée (C. P. I., §§ 32 et sq.) ; la déchéance est exclue dans la détention simple.

III. — **Exécution des peines privatives de liberté** (3).

1. **L'isolement** (C. P. I., § 22). Les peines de réclusion et d'emprisonnement peuvent être accomplies, tant pour leur durée totale que pour une partie de

(3) Sur l'exécution des peines ordonnées par la juridiction militaire, cf. v. Jagemann, HG., I, 157, ainsi que l'Ord. pour la Proc. crim. Mil., du 1er déc. 1898, §§ 450 à 464. — Pour le reste cf. Proc. crim., § 483, loi sur l'organisation judiciaire, §§ 163 et 164. — Les peines prononcées par le Tribunal d'Empire s'exécutent suivant une convention entre la Prusse et l'Empire.

cette durée, dans l'isolement, de telle sorte que le prisonnier soit, « sans interruption » (donc aussi à la chapelle, à l'école, à la promenade) (4) maintenu séparé des autres prisonniers. L'isolement ne peut dépasser la durée de trois ans sans le consentement du détenu (5).

2. La **libération conditionnelle.** D'après les §§ 23 à 26 du C. P. I., les condamnés ayant à subir une peine (temporaire) de réclusion ou d'emprisonnement d'assez longue durée, peuvent, avec leur consentement, être libérés provisoirement, s'ils ont accompli les trois quarts, mais au minimum un an, de la peine qui leur a été infligée, et si pendant ce temps leur conduite a été bonne. Si le temps fixé par la condamnation s'est écoulé sans qu'il y ait eu révocation de la libération provisoire, la peine privative de liberté est considérée comme accomplie. Par contre, la révocation possible en cas de mauvaise conduite du libéré, ainsi qu'en cas d'infraction de sa part aux obligations qui lui sont imposées) a pour effet d'empêcher l'imputation, sur la durée fixée de la peine, du temps écoulé depuis la libération jusqu'à la réincarcération. La libération et sa révocation sont décidées par l'administration supérieure de surveillance judiciaire (*Justizaufsichtsbehörde*) ; il peut aussi être procédé à l'arrestation provisoire de libérés par la police locale, pour des motifs urgents de sécurité publique.

3. Les peines prononcées contre des **mineurs** doivent être accomplies dans des établissements ou des locaux spéciaux, destinés à ce seul usage (C. P. I., § 57, dernier alinéa) (6).

(4) *Contrà*, Link (Bibl., § 61), 88.

(5) L'isolement « ininterrompu » est par suite exclu pour la détention de forteresse et pour la détention simple. Même sens Link, 10.

(6) D'après une loi prussienne du 29 mai 1870, les peines privatives de liberté prononcées contre les étudiants des universités

§ 63. — 3. L'amende.

Bibliographie. — *Stooss*, Zùr Natur der Vermögenstrafen, 1878. — *V. Buri*, Zùr Natùr der Vermögenstrafen, 1878 (Beiträge 90). — *Kronecker*, GA, xxvii, 81 et xxviii, 9. — *Wahlberg*, Klein. Schriften, II, 231. — *Seidler*, dans les Conrads Jahrbücher, nouvelle série, XX, 241. — *Reinhardt*, Thèse Halle, 1890. — *Köhler*, GA, xlix, 177, *Jacobi*, Bibl. du § 27.

I. — L'amende est, dans le système pénal de la législation impériale, la seule **peine principale dirigée contre le patrimoine.** Elle y est largement employée, sans cependant l'être suffisamment et méthodiquement (voir plus haut, § 15, note 6). Elle y figure tantôt seule, tantôt liée à la peine privative de liberté comme seconde peine principale, tantôt en option avec la peine privative de liberté (1) et elle est en ce cas prescrite quelquefois en première ligne, et quelquefois en seconde ligne.

II. — Le **minimum** de l'amende est de 3 marks (2) pour les crimes et délits, et de 1 mark pour les contraventions (C. P. I., § 27). On ne peut aller au-dessous de ce minimum même en cas de tentative et

prussiennes et de certaines académies (établissements d'enseignement supérieur) jusqu'à concurrence de deux semaines, peuvent être, sur requête des autorités judiciaires, accomplies dans les prisons universitaires (*akademische Karzer*). Cf. à ce sujet Stein, *Die akademische Gerischtsbarkeit in Deutschland*, 1891, p. 144. — La valeur juridique de cette loi est très douteuse vis-à-vis du droit d'Empire, qui ne connaît pas les établissements penitentiaires spéciaux pour certaines castes. Pour la valabilité Frank, § 16, III, Meyer-Allfeld, 290,

(1) D'après le C. P. Mil., § 29, il ne peut en ce cas être prononcé d'amende, lorsque par l'infraction une obligation de service militaire a été aussi transgressée.

(2) Cependant dans la loi sur l'impôt des eaux-de-vie de 1895, § 42, V, *d*, figure une amende de un à trois cents marks (par contre le § 26 de la loi du 8 juin 1891 ne parle que de « peines réglementaires »).

d'assistance. Le **maximum** de l'amende n'est pas indiqué dans la Partie Générale du C. P. I. Il ne dépassait pas originairement 6.000 marks dans la Partie spéciale de ce Code, mais depuis l'intercalation du § 302 *d* par la loi sur l'usure de 1880, il peut atteindre 15.000 marks. L'amende doit toujours s'évaluer en marks pleins.

L'amende est perçue par l'Etat et employée à des usages publics. **L'exécution** de cette peine s'effectue conformément aux prescriptions concernant l'exécution des jugements civils (Proc. crim., § 495); cf. aussi § 37 de la loi impériale sur le timbre de 1894 (3).

III. — L'amende a une bien plus grande importance dans les **lois complémentaires**, où elle comporte (comme dans le C. P. I, § 145) dans de nombreux cas un multiple ou une partie des droits ou taxes fraudés. Mentionnons comme exemples, en dehors de nombreuses lois fiscales ou douanières : la loi concernant les valeurs au porteur avec primes de 1871, § 6 (amende égale à la cinquième partie du montant nominal des valeurs faisant l'objet de l'infraction, mais qui doit être d'au moins 100 thalers (300 marks); la loi sur les banques de 1875, § 55 (amende égale au décuple des titres (*Wertzeichen*) ou coupures indûment émises, mais qui est de cinq mille marks au moins); la loi de 1874 concernant l'émission des banknotes, art. II, § 2 (amende : le quadruple des banknotes illégalement émises, mais au moins mille marks). Le Code de Commerce, §§ 312 et sq., prescrit à plusieurs reprises des amendes pouvant atteindre 20.000 marks; la loi sur l'espionnage de 1893 va jusqu'à 15.000 marks, et la loi sur le rapt d'esclaves de 1895 monte même à 100.000 marks. — La loi de 1902 sur les gens de mer compte dans les §§ 96 et 97, les amendes d'après le montant du salaire mensuel.

Sur **l'emploi des amendes**, cf. par exemple la loi sur

(3) L'amende est dirigée également contre la personne du condamné. Il faut, par suite, repousser le paiement par des tiers. Cf. Partie spéciale, § 183 (actes favorisant l'auteur de l'infraction). Sur les voies d'exécution dirigées contre la succession du condamné, cf. plus loin § 74, II.

l'etat civil de 1875, § 70, qui attribue les amendes qu'elle fixe aux communes qui ont la charge matérielle des offices d'état civil ; la loi sur les denrées alimentaires de 1879, § 17, la loi sur le vin de 1892, § 10, la loi sur les substances saccharifères de 1898, § 4, lesquelles autorisent à recevoir les amendes, les caisses qui ont la charge de l'entretien des organisations destinées à l'examen technique des denrées alimentaires et autres ; la loi sur l'industrie, § 146 (Caisse de secours, autres caisses existant pour le bien-être des ouvriers, éventuellement les caisses locales de bienfaisance) ; la loi sur la poste de 1871, § 33 (caisse d'assistance des postes) ; la loi sur les gens de mer de 1902, § 132 (Caisse des gens de mer ou au besoin caisse locale de bienfaisance du port d'attache du navire) ; la loi sur l'assurance-maladie de 1892, § 82 *c* (Caisse de maladie) ; d'après les lois fiscales et douanières, l'amende est le plus souvent attribuée au fisc de l'Etat confédéré dont les autorités ont prononcé cette peine. — L'Ordonnance du 13 juillet 1888, § 11, attribuait les amendes qu'elle fixait à la caisse de la Compagnie de la Nouvelle-Guinée (4).

§ 64. — 4 La réprimande.

Bibliographie. — *Ellinger*, Der Verweis im deutschen Reichsstrafrecht, 1899. — *Nordschild*, Thèse Tubingue, 1900. — *Kollenscher*, GA. XLVII, 270. *Bocks*, These Wurzbourg, 1906.

I. — Le C. P. I (§ 57, n° 4) ne connaît la réprimande que pour les délits et contraventions d'un mineur, et seulement pour des cas de très peu de gravité (1).

(4) D'après le § 34 de la loi prussienne sur le vol forestier de 1878, l'amende est même attribuée, dans certaines conditions, à la partie lésée. Il est douteux en ce cas qu'il puisse encore s'agir d'une amende. La question est importante quant aux mesures gracieuses.

(1) Certaines lois pénales des Etats confédérés n'emploient pas la réprimande. Cf. loi prussienne sur le vol forestier du 15 avril 1878, § 10. — La condamnation à la réprimande motive l'aggravation entraînée par la récidive ; dans ce sens R., XIV, 421 ;

II. — La réprimande étant une peine (plus haut, § 59, note 3), elle ne peut être infligée que lorsque le jugement qui la prononce a acquis force de chose jugée.

Les dispositions expresses sur l'exécution de cette peine font défaut (même dans Proc. crim.) ; il y a donc lieu d'y procéder en se référant aux autres dispositions du Code de Proc. crim. (§ 483) (2).

§ 65. — 5. Peines accessoires frappant la liberté

Bibliographie. — v. supra, § 15, notes 8 et 9. v. *Conta*, *Die Ausweisung aus dem Deutschen Reich und aus dem Staat und der Gemeinde in Preussen*, 1904. *Grobleben* GS, LXX, 201 (Thèse Wurzbourg, 1906). *Hesse*, Thèse Gottingue, 1906.

I. — Le prononcé judiciaire du **renvoi sous la surveillance de la police** (*Zulassigkeit von Polizeiaufsicht*) est, à côté de la peine privative de liberté, laissé à l'appréciation du juge, et cela régulièrement en cas de réclusion, exceptionnellement en cas d'emprisonnement, dans un cas unique en cas de détention dans une enceinte fortifiée, mais toujours dans des cas expressément prévus par la loi (1).

cf. plus loin § 69. — Sur la prescription de la réprimande, cf. plus loin §§ 77, 78.

(2) De même, R., XXIII, 403 ; Ellinger, 81, Haelschner, I, 605. Meyer-Allfeld, 306. *Contrà* Birkmeyer, 1130, Olshausen, § 57, 16, Binding, *Grundriss*, I, 204 (6e éd.), Nordschild, qui demandent l'exécution par le juge. Cf. aussi, Loi d'Introduction du (P.I. en Alsace-Lorraine, art. 12.

(1) Bibliographie plus haut § 15, note 8. A ma connaissance le Code pénal Joséphin de 1787 (II, 32) est le premier qui admet la surveillance de la police (pour le vol). Pourtant, vers la fin du XVIIIe siècle, elle était assez généralement en usage en Allemagne et figure dans la plupart des codes pénaux allemands de ce temps. Son développement nouveau en Prusse (loi du 12 février 1850) repose sur le Code pénal français, art. 44 et sq. (Sénatus-consulte du 28 floréal an XII ; renvoi sous la surveillance

Les cas expressément prévus par le C. P. I., dans lesquels le renvoi sous la surveillance de la police peut être ordonné, sont : C. P. I., §§ 115, 116 (sédition et émeute), 122 (mutinerie de prisonniers), 125 (rupture de la paix publique), 146, 147 (crimes de fausse monnaie), 180, 181 (proxénétisme), 181 *a* (Vagabondage spécial), 248 (vol et détournement), 256 (vol à main armée et chantage), 262 (recel), 294 (braconnage de profession), 325 (une série de crimes de droit commun) 49 *a* (l'invitation ou l'offre de commettre un crime) ; en outre, la tentative d'un crime puni de mort ou de réclusion à perpétuité (2) et l'assistance (3) à un crime de cette nature (C. P. I., §§ 44 et 49). Il faut y joindre, parmi les lois complémentaires, la loi sur les gens de mer de 1902, § 105, la loi sur les denrées alimentaires de 1879, § 13, la loi sur les explosifs de 1884, § 11 ; la loi sur l'espionnage de 1893 (§ 6, le cas où le renvoi sous la surveillance de la police accompagne la détention dans une forteresse) et même, pour terminer, la loi sur le rapt d'esclaves de 1895, § 3.

1. Si la surveillance de la police est facultative à côté de la peine du crime ou délit consommé, il en est de même avec la peine de la tentative (C. P. I., § 45) ainsi qu'avec celle de la complicité ; si elle est encourue à cause de l'une de plusieurs infractions en cumul, elle peut être prononcée en même temps que la peine totale (C. P. I., § 76).

de la police). Hors d'Allemagne, la législation s'est en partie abstenue.

(2) Si, à côté de la réclusion à perpétuité, une autre peine s'offre au choix du juge, la surveillance de la police est possible en cas de tentative, si le juge se décide pour l'application du groupe pénal le plus sévère.

(3) *Contra* Fuhr (plus haut § 15, note 8), 197. Cependant l'assimilation, voulue par la loi, de la tentative et de l'assistance, tranche la question. Exact Meyer-Allfeld, 311.

La surveillance de la police est exclue à l'égard des mineurs (C. P. I., § 57, chiffre 5).

2. Par la décision prononçant le renvoi, l'administration supérieure de la police d'un Etat confédéré reçoit la faculté de placer, après consultation de l'administration pénitentiaire, le condamné sous la surveillance de la police pour une durée de cinq années au plus. — Ce laps se compte du jour où la peine privative de liberté est accomplie, prescrite ou remise (C. P. I., § 38).

3. Effets de la surveillance de la police (C. P. I.,

a) L'Administration supérieure de la police d'un Etat confédéré peut interdire au condamné le séjour de certains lieux déterminés (localités ou locaux tels qu'auberges et restaurants, théâtres, gares, etc.), et, en particulier, celui de sa localité d'origine;

b) Cette Administration a la faculté d'expulser le condamné étranger du territoire fédéral (pour une durée de cinq ans au plus);

c) Les perquisitions domiciliaires ne subissent aucune restriction quant au temps où elles peuvent avoir lieu (4).

II. — **Le renvoi à l'Administration de la police d'un Etat confédéré** peut être prononcé en même temps que la condamnation à la détention simple entraînée par les contraventions du § 361 C. P. I., n°s 3 à 8 (à l'égard des vagabonds, mendiants, désœuvrés, prostitués, fainéants, gens sans métier), ainsi qu'avec la condamnation à l'emprisonnement frappant les souteneurs en vertu du § 181 *a*. La police du lieu de condamnation reçoit ainsi la faculté, soit de placer le condamné dans une maison de travail pour un laps de 1 à 2 ans, soit de l'employer pendant le même laps à des travaux d'intérêt public. Toutefois, dans le cas du § 361 n° 4 (mendicité), cette mesure n'est possible que si le condamné a encouru pour cette

(4) Cf. C. P. I., § 361, n° 1 et Proc. crim., §§ 103, 104, 106, 113.

contravention, au cours des trois dernières années, plusieurs condamnations ayant acquis force de chose jugée (même s'il n'a pas accompli les peines), ou encore s'il a mendié avec menaces ou avec armes. A l'égard des étrangers, l'expulsion hors du territoire fédéral peut intervenir à côté ou à la place de l'internement dans une maison de travail (C. P. I., § 362). Cette mesure est aussi qualifiée de « postdétention correctionnelle » (*Korrektionnelle Nachhaft (Anhang)* (5). Depuis la loi du 25 juin 1900, l'administration de la police peut placer les prostituées dans un établissement de correction ou d'éducation ou dans un asile, au lieu de les interner dans une maison de travail (6) ; le placement dans une maison de travail est impossible lorsque la condamnée n'a pas encore accompli sa dix-huitième année (au moment de la condamnation).

III. — **L'expulsion du territoire de l'Empire** peut intervenir comme peine accessoire (7) contre les étrangers :

(5) V. Hippel, *Die korrektionnelle Nachhaft*, 1889. Le même, *Die strafrechtliche Bekämpfung von Bettel, Landstreicherei und Arbeitscheu*, 1895. — La postdétention était déjà très en usage au XVIIe siècle ; Suarez (Stoelzel (Bibl.) 79, 245, 301) la fit apparaître en Prusse, où elle fut adoptée dans la Coutume générale, puis élargie par une disposition de 1799 ; mais elle tomba ensuite dans l'oubli. Sa nouvelle évolution a pour base une loi prussienne de 1843, imitée du Code pénal français, puis modifiée en 1856. Important : La décision du Conseil fédéral du 28 juin 1889 (dans v. Hippel, Bettel, 70). — La postdétention doit suivre immédiatement la peine principale. Dans ce sens Bennecke, Z, x, 330 ; v. Hippel, *Nachhaft*, 113 ; Bettel, 86. *Contra* Seuffert, WV, II, 258, avec l'usage en Prusse et dans les Etats de l'Allemagne du Sud. Sa durée doit se compter de la date de l'incarcération effective et non du moment de l'expiration de la peine principale.

(6) Remarquer la faculté très large laissée à la police (et refusée au juge).

(7) Qui diffère de l'expulsion comme mesure administrative de la police des étrangers. Cf. v. Liszt, *Volkerrecht*, § 25, II. — L'expulsion de nationaux allemands hors du territoire de l'Em-

1. En cas d'exercice professionnel des jeux de hasard (C. P. I., § 284).

2. A la place de la surveillance de la police (C. P. I., § 39, n° 2) (8).

3. A la place ou avec l'internement dans une maison de travail (9) (C. P. I., § 362, al. 4).

§ 66 — 6. Peines accessoires frappant l'honneur.

BIBLIOGRAPHIE. — *v. Wick*, Ehrenstrafen ùnd Ehrenfolgen, 2e éd., 1853. — *Wahlberg*, Ehrenfolgen der strafgerichtlichen Verùrteilùng, 1864. — *Zùgschwerdt*, Schärfungen der Freiheitsstrafe, 1865. — *Glaser*, Stùdien zùm österr. Entwùrf, 1870. — *Gross*, Ueber die Ehrenfolgen bei strafgerichtlichen Verùrteilùngen, 1874. — *Kohne*, Z, VIII, 439. — *Marcùse*, Die Ehrenstrafe, 1899 (*Beling*, Heft, 19).

I. — Les peines accessoires frappant l'honneur ne consistent pas, d'après la législation impériale, dans un anéantissement ou dans une diminution du bien qu'est juridiquement l'honneur, mais dans la déchéance totale ou partielle, prononcée par le juge pénal (1), de certains droits de l'honneur civique, exactement spécifiés par la loi, du *jus suffragii et honorum*, des *droits civiques*.

II. **Déchéance de tous les droits civiques.** — Elle comprend :

pire figurait dans la loi du 14 mai 1874 sur l'exercice illégal de fonctions cultuelles, abrogée le 6 mai 1890. La question de l'expulsion des sujets allemands hors d'un des Etats confédérés est réglée par la loi du 1er novembre 1867 sur la liberté de la circulation ; cf. aussi la loi sur les socialistes du 21 octobre 1878 (abrogée).

(8) Donc avec le maximum fixé pour celle-ci :

(9) Donc avec le maximum de deux ans. *Contra* v. HIPPEL, Bettel (mendicité), 175, qui considère, avec l'usage dominant, l'expulsion comme perpétuelle. — Cf. C. P. I. § 361, chiffre 2.

(1) C'est ce qui distingue la peine frappant l'honneur des conséquences juridiques de la condamnation (forfaiture, plus haut, § 586). *Contra*. MARCUSE.

1. La perte totale :

a) Des droits du condamné résultant d'élections publiques ;

b) Des fonctions publiques (fonctions d'Etat immédiates et médiates), des dignités, des titres, des ordres et décorations (C. P. I., § 33) (2).

2. L'incapacité temporairement limitée d'exercer les droits suivants :

a) De porter la cocarde nationale d'un Etat confédéré (3) ;

b) D'entrer dans l'armée allemande ou dans la marine impériale ;

c) D'obtenir des fonctions publiques, des dignités, des titres, des ordres et décorations ;

d) De voter dans les affaires publiques, d'être électeur ou éligible ou d'exercer d'autres droits politiques (4) ;

e) D'être témoin dans la rédaction d'actes authentiques (5), lorsque la validité du document ou la force

(2) Parmi les fonctions publiques sont également comprises celles d'avocat, d'avoué (Anwalt), de notaire, de juré, d'échevin (C. P. I. § 31, al. 2) ; quant aux fonctions cultuelles, elles le sont seulement si leur exercice embrasse celui d'un service d'Etat (Cf. FRANK, § 31, II, *contra* OLSHAUSEN, § 31, 7). Parmi les dignités se placent les grades universitaires reconnus par l'Etat. Sont seulement perdus les droits provenant de l'Empire ou d'un Etat confédéré (y compris l'autorisation de porter des décorations étrangères. Cf. aussi *Neumeyer*, Z, XXVII, I — La loi n'a pas compris, et avec raison, la perte de la noblesse parmi les sanctions frappant l'honneur, car ce serait une diminution de la situation juridique de famille de l'intéressé, en contradiction avec la conception fondamentale actuelle de la peine frappant l'honneur.

(3) Lorsque la cocarde de l'Empire se porte avec la cocarde nationale (ce qui n'est pas le cas pour la flotte militaire et les troupes coloniales), elle disparait avec celle-ci.

(4) La loi électorale pour le *Reichstag* du 31 mai 1869, § 3, chiffre 4, al. 2, est écartée par le C. P. I.

(5) Nouvelle rédaction d'après art. 34 de la loi d'introduction au Code civil. — Le Code civil a produit une modification radicale des dispositions mentionnées sous *e*) et *f*). Celui qui est dé-

juridique du document authentifié dépendent de la présence de témoins) ;

/ D'être tuteur, subrogé-tuteur, gardien (*Pfleger*), conseil à la mère, conseil judiciaire ou membre d'un conseil de famille ou curateur, à moins qu'il ne s'agisse de parents en ligne descendante et que l'autorité contrôlant la tutelle ou le conseil de famille n'en donne l'autorisation (C. P. I., § 34).

La durée de l'incapacité s'élève, pour la réclusion à temps, à deux ans au moins et à dix ans au plus, pour l'emprisonnement, à un an au moins et à cinq ans au plus (C. P. I., § 32). Elle est prononcée sans limite de temps avec la peine de mort et la réclusion à perpétuité. L'effet de la déchéance se produit lorsque le jugement a force de chose jugée ; la durée de l'incapacité se compte à partir du jour où la peine privative de liberté, avec laquelle la déchéance a été prononcée, est accomplie, prescrite ou remise (C. P. I., § 36).

La déchéance de tous les droits civiques est régulièrement laissée à l'appréciation du tribunal ; elle n'est prescrite obligatoirement que dans les §§ 161 (Faux serment), 181 (Proxénétisme grave), 302 *d*, *e*, (usure professionnelle ou habituelle) du C. P. I., ainsi que dans le § 48 de la loi sur l'émigration de 1897.

Elle peut être prononcée sans autre formalité avec la peine de mort et celle de réclusion ; avec la peine d'emprisonnement, elle ne peut l'être (C. P. I., § 32) que si la durée de la peine infligée atteint trois mois,

claré déchu des droits civiques, ne *devra* pas, d'après le § 1781, être nommé tuteur, ne *devra* pas, d'après le § 2237, figurer dans la confection d'un testament, ne *devra* pas, d'après la loi du 20 mai 1898 sur la juridiction gracieuse (*freiwillige Gerichtsbarkeit*), prendre part à l'établissement d'un document authentique. L'incapacité se trouve ainsi écartée (Emploi dans le texte allemand de *soll*, qui marque une obligation relative, au lieu de *darf* ou *kann*, avec lesquels on traduirait : ne *pourra* pas). Cf. aussi Loi d'introd. C. Civ., art. 40.

et si la loi permet expressément de prononcer la perte des droits civiques ou si la peine d'emprisonnement a été, à la suite de circonstances atténuantes, prononcée à la place de celle de réclusion.

Les cas dans lesquels la loi permet expressément la déchéance des droits civiques sont les §§ 49 *a*, 108, 109, 133, 142, 143, 150, 160, 161, 164, 168, 173, 175, 180, 181 *a*, 183, 184, 248, 256, 262, 263, 266, 280, 284, 289, 294, 302, 302 *a*, *b*, *c*, 304 ; 329, 333, 350 ; autres cas dans diverses lois complémentaires.

En cas de tentative (C. P. I., § 45) et d'assistance, la déchéance est facultative ou obligatoire, lorsqu'elle l'est en présence de la peine de l'infraction consommée (la peine de la tentative doit donc atteindre trois mois en cas d'emprisonnement) ; il en est de même avec une peine totale, si la déchéance est possible ou obligatoire même avec une seule des diverses peines infligées (C. P. I., § 76). La déchéance ne doit jamais être prononcée contre l'auteur mineur (C. P. I., § 57, n° 5). D'après le C. P. Mil., § 46, les peines frappant l'honneur militaire sont encourues avec la peine de la tentative, lorsqu'elles sont possibles ou obligatoires avec la peine du crime ou délit consommé.

III. **Déchéance de quelques droits honorifiques.** — Il y a lieu de distinguer plusieurs cas :

1. En même temps qu'une peine de prison, à laquelle la déchéance aurait pu être complètement jointe (mais ne l'a pas été), l'incapacité de revêtir des fonctions publiques peut être ordonnée pour une durée d'une à cinq années. La déchéance entraîne d'office la perte perpétuelle des fonctions occupées (C. P. I., § 35).

2. La perte perpétuelle des fonctions publiques occupées et des droits résultant d'élections publiques peut être prononcée dans les cas des §§ 81, 83, 84, 87 à 91, 94, 95 C. P. I., ainsi que dans celui du § 6 de

la loi sur l'espionnage de 1893, soit, d'après ce dernier paragraphe et d'après le § 95 C. P. I., en même temps que la peine d'emprisonnement, et dans les autres cas en même temps que la détention dans une forteresse, qui peut alors être exceptionnellement unie à une diminution des droits civiques.

3. D'après les §§ 128, 129, 358 C. P. I., la perte de la capacité de revêtir des fonctions publiques peut être prononcée pour une durée d'une à cinq années (Cf. Partie spéciale, §§ 178, 188). Le § 35, al. 2, C. P. I., s'applique aussi dans ce cas.

Le calcul de la durée de l'incapacité temporaire s'établit d'après ce qui a été dit plus haut sous II.

IV. — Si un Allemand a été puni à l'étranger pour un crime ou délit qui, d'après les lois de l'Empire allemand, entraîne ou peut entraîner la perte de tous ou de certains droits civiques, l'ouverture d'une nouvelle procédure pénale est possible pour ordonner cette sanction contre celui qui est déclaré coupable dans cette procédure (C. P. I., § 37 ; plus haut § 22, IV, I *b*) (6).

(6) La « punition » embrasse, en même temps que l'accomplissement de la peine, la prescription et la remise de la peine. Sur la réhabilitation, cf. plus haut, § 15, note 10.

APPENDICE

§ 67. — La Busse (a).

Bibliographie. — *V. Wachter*, Die Büsse, 1874. — *Dochow*, Die Busse, 1875. — *V. Heinrich*, Die Haftpflichtwegen Körperverletzüng ünd Tötüng eines Menschen, 1883, p. 122. — *Le même*, Z, XVIII, 840. — *Glaser*, II, 13. — *Hilse*, GA, XXXVI, 26. — *Kronecker*, GA, XXVII, 97. — *Reinhardt* (Bibl. § 63). Merklinghaüs, Thèse Göttingen, 1891. — *Rucker*, Thèse Fribourg, 1901. — *Straüss*, Thèse Fribourg, 1901. — Comte de *Dohna*, Die Stellüng der Büssi im reichsrechtlichen System des Immaterialgüterschützes. Abhdlgn. des Krim. Sem., Berlin, N. F. I., Heft. 4, 1902. Hölscher, Thèse Leipzig, 1904.

I. **Application**. — La *Busse* figure aussi bien dans le C. P. I. lui-même que dans certaines lois complémentaires. Les cas, dans lesquels elle peut être prononcée, sont les suivants :

1. C. P. I. § 188. Diffamation et propos calomnieux (§§ 186 et 187), lorsque l'injure entraîne des conséquences préjudiciables pour la fortune, la profession ou métier et le progrès matériel de l'injurié. Maxi-

(a) Comme on l'a vu plus haut, l'auteur ne considère pas la *Busse* comme une peine (p. 358, I, 1, a). On serait donc tenté de confondre théoriquement la *Busse* avec les dommages-intérêts ; mais pratiquement, cette confusion est impossible (à cause du maximum imposé à la *Busse*). *Busse* est de même famille que *Büssen*, expier, *verbüssen*, purger sa peine, *Busstag*, jour de pénitence, en somme, le premier sens de *Busse*, c'est la « pénitence » (Note du trad.).

mum, 6.000 marks. — 2. C. P. I. § 231. Lésions corporelles dans tous les cas. Maximum, 6.000 marks. — 3. Loi sur la contrefaçon des ouvrages imprimés de 1870, § 18. Maximum, 6 000 marks; encore en vigueur pour la loi sur les modèles d'art du 11 janvier 1876, § 14. — 4. Loi sur les brevets de 1891, § 37. Maximum, 10.000 marks. — 5. Loi sur les modèles déposés de 1891, § 11. Maximum, 10.000 marks. — 6. Loi sur les marques commerciales de 1894, § 18. Maximum, 10.000 marks. — 7. Loi contre la concurrence déloyale de 1896, § 14. Maximum, 10.000 marks. — 8. Loi sur les droits d'auteur (littérature et musique) du 19 juin 1901, § 40. Maximum, 6.000 marks. — 9. Loi sur le droit d'édition du 19 juin 1901, § 9. — 10. Loi sur des œuvres d'art du 9 janvier 1907, § 35. Maximum 6 000 mark. La législation des Etats confédérés peut admettre la *Busse* dans les matières qui lui sont renvoyées; cf. par exemple la loi forestière pour l'Alsace-Lorraine du 9 juillet 1888, § 75 (1).

Dans tous ces cas s'appliquent les règles suivantes : l'attribution de la *Busse* est subordonnée à la demande que la partie lésée doit faire au cours de la procédure pénale (Proc. crim., § 443 à 446) ; elle doit être payée à la partie lésée ; lorsqu'elle est prononcée, elle exclut la revendication de toute autre compensation; les condamnés à la *Busse* sont responsables comme débiteurs solidaires pour le tout (bien que le § 188, C. P. I., ne le dise pas expressément) ; la somme fixée pour la *Busse* ne doit pas excéder le montant qui a été demandé (Proc. crim., § 445); la réclamation de la partie lésée ne peut être élevée ou continuée par ses successeurs juridiques (C. P. O., § 444, al. 4); les voies d'exécution sont celles de la procédure civile (Proc. crim., § 495).

(1) Le C. C. I., § 847, fait une très large application de l'idée, mais non du mot de réparation. Cf. à ce sujet v. Liszt, *Deliktsobligationen*, p. 64.

II. — **La substance de la Busse** est contestée; tantôt elle est considérée comme une peine, tantôt comme une compensation (dommages-intérêts), tantôt comme une institution composée de ces deux éléments. Comme la conception de dommage-intérêt n'est pas épuisée par le dédommagement du préjudice pécuniaire, mais qu'elle implique en soi la satisfaction due à la partie lésée pour l'envahissement qu'elle a subi dans sa sphère juridique (voir plus haut § 58, I, 1 *b*), la *Busse* rentre donc aussi dans le concept de la compensation, ou mieux : de la satisfaction (2). Ce point de vue n'empêche pas que l'action en *Busse* ne soit très strictement personnelle à la partie lésée, et n'appartienne pas à ses héritiers. Il trouve une confirmation immédiate dans les lois complémentaires (« au lieu de la compensation peut être ordonnée la *Busse* »). Partant de ce point de vue, nous pouvons résoudre la plupart des controverses se rattachant à la question. C'est ainsi que l'origine de l'action n'est subordonnée ni à la preuve d'un dommage patrimonial, ni en somme à un préjudice de cette nature (3) ; la *Busse* sera accordée en cas de concours apparent d'infractions (C. P. I., § 73), même si la loi qui la prescrit n'est pas prise en considération lors de la fixation de la peine, comme étant la moins sévère ; l'action à fin de *Busse* se prescrit d'après les principes du droit civil (4), bien que

(2) Dans le même sens (bien que le plus souvent avec restriction au dédommagement du dommage pécuniaire), la plupart des auteurs ; avec eux, R, XII, 224 ; XV, 352 (*Busse* pour la perte de la capacité de procréer), XVII, 190 ; XXIV, 398. Cf. le comte DE DOHNA, I, 252. La *Busse* est considérée comme peine civile par HEINZE, tandis que MERKEL, MERKLINGHAUS, HALSCHNER, STOOSS, v. WAECHTER y distinguent deux éléments, un civil et un pénal. FRANK, III, devant § 13 préfère le terme (Entschädigung » (dédommagement).

(3) Cependant partiellement en sens différent C. P. I., § 188.

(4) Dans le même sens DOCHOW, HH, III, 376 ; FRANK, § 70, III ; MEYER-ALLFELD, 305 ; OLSHAUSEN, § 70, 6 ; *contra* BINDING, I, 854 ; HAELSCHNER, I, 704.

sa poursuite dans une procédure criminelle soit effectivement rendue impossible par la prescription pénale de l'infraction ; la *Busse* obtenue reste entière malgré la grâce, tandis que l'abandon de l'action publique (*Niederschlagung des Strafverfahrens*, plus loin § 75, II) empêche cependant de faire valoir effectivement l'action en *Busse*.

III. — La mesure de la peine dans la loi et le jugement

§. 68 — La fixation de la peine par le juge.

Bibliographie. — *Merkel*, HII, II, 545, IV, 207. — *Wahlberg*, Das Prinzip der Individualisirung inder Strafrechtspflege, 1869; Kl. Schriften, III, 101. — *Medem*, Z, VII, 135; GS, XL, 173. — *v. Holtzendorff*, HG, I, 432. — *Holschner*, I, 634. — *Dürchholz* et *Sorof*, GA, XXXV, 261, 286. — *Samter*, GA, XXXV, 381. — *Finger*, Der objektive Thatbestandals Strafzümessüngsgründ, 1888. — *Högel*, Straffälligkeit ünd Strafzümessüng, 1807. — *Claüsiüs*, GS, LVII, 401. — *Meyer* bei Aschaffenburg, III, 309. — *Korner* (Statistische und national ökonomische Abhlg. Heft, 3).

I. — Il résulte de la nature du droit pénal de l'Etat, en tant que limitation volontaire du pouvoir de l'Etat, illimité en soi (voir § I, note 1), que la loi pénale ne doit pas fixer seulement la condition préalable de la peine (le fait constituant l'infraction), mais aussi le contenu de la peine : son mode et sa mesure.

L'examen historique nous apprend que cette fixation donnée une fois pour toutes — donc absolue — dans la loi pénale n'a fait place que graduellement, au cours de l'évolution, à la fixation de la peine par le juge. C'est ainsi que la législation des XII Tables aussi bien que la période de la procédure des questions ne connaissent que la condamnation à la peine irrévocablement prescrite par la loi, et c'est seulement la période impériale qui, en étendant la conception de la *cognitio extraordinaria*, donne au juge la faculté de fixer la peine d'après les circonstances de l'espèce.

Dans le Moyen Age allemand nous ne trouvons de même, aussi loin que domine le droit écrit, que des sanctions pénales absolues, qui toutefois sont complétées par le « jugement gracieux » (*Richten nach Gnade*). Il en est encore ainsi, pour l'essentiel, dans la Carolina. Ce n'est que dans le droit commun ultérieur, lorsque le domaine de la punition arbitraire reçut une extension toujours plus grande, et que de nouveaux modes de peine remplacèrent ceux de la Carolina, que la fixation de la peine par le juge gagna en importance. Les prescriptions légales sur la fixation de la peine faisant défaut, aussi bien que les principes doctrinaux sur son évaluation, la jurisprudence tomba dans un arbitraire qui ne connut pas de bornes. Les écrivains de la période philosophique (voir plus haut § 17, I, et surtout le Code pénal français de 1791) soutinrent le point de vue opposé avec une rudesse extrême, et sans reculer devant aucune conséquence ; ils voulaient que le juge soit lié à la lettre de la loi. De cette lutte sortit le système des sanctions pénales relativement déterminées, des peines allant d'un minimum à un maximum, système qui domina la législation du XIXe siècle. Cependant, encore aujourd'hui, il manque au juge la latitude nécessaire pour fixer le mode de la peine encouru par une infraction particulière. Cette latitude ne peut lui être fournie que par l'idée de la préservation spéciale (*Spezial prævention*, voir plus haut, § 13, III). L'équivalence entre la faute et la peine, exigée par les théories absolues, met le juge en présence d'une tâche impossible à résoudre.

II. — Dans la législation impériale, les sanctions pénales déterminées absolument sont en nombre et d'une importance presque infimes : elles n'ont ce caractère que dans les cas où la peine de mort est applicable (voir plus haut § 60, II, mais cf. aussi note 5 ; en sens différent le C. P. Mil. §§. 58, 60, 63, 95, 97, 133, 141) et lorsque l'amende doit être calculée comme fraction ou multiple d'une somme d'argent déterminée (voir plus haut § 63, II et III).

Le **système des « cadres pénaux »** (*Strafrahmen*),

c'est-à-dire des sanctions pénales déterminées relativement, domine donc également la législation impériale. Cette relativité peut consister :

1. En ce que le législateur laisse au juge, dans l'intérieur du même mode de peine, une latitude entre un minimum et un maximum. Dans ce cas il y a lieu de considérer non seulement l'écart entre la limite inférieure et la limite supérieure, mais aussi le nombre des unités pénales (*Strafgrössen*) qui se trouvent entre ces limites, nombre qui est fixé par le mode de calcul et en particulier par l'unité de calcul pour les peines privatives de liberté (voir plus haut § 62, II, 3). C'est ainsi que la « réclusion jusqu'à quinze années contient 169 unités pénales ; l'emprisonnement jusqu'à cinq années en contient environ 1.826 (en raison des années bissextiles), et la détention dans une forteresse jusqu'à quinze années environ 5.478 ; enfin, la détention simple jusqu'à six semaines contient 42 unités pénales.

2. En ce que le législateur laisse au juge le choix entre deux ou même plusieurs modes de peine (eux-mêmes limités par un minimum et un maximum). Cf. C. P. I, § 185. La loi sur la presse, § 21, laisse même au juge le choix entre quatre peines différentes (l'amende, la détention simple, la détention dans une forteresse, l'emprisonnement). Dans ce cas le juge devra choisir pour les espèces les moins graves le mode de peine le moins sévère ; lorsque la réclusion et la détention dans une forteresse devront faire l'objet d'un choix (1), la réclusion ne devra être prononcée qu'en cas de dépravation morale constatée de l'auteur (C. P. I. § 20).

3. En ce qu'il est laissé à l'appréciation du juge de prononcer une ou deux peines principales, ou aussi

(1) C'est le cas pour : C. P. I. §§ 82 à 86, 88, 89, 94, 96, 98, 100, 105 et 106 ; C. P. Mil. §§ 2 et 62.

une peine acccessoire en même temps que la peine principale.

III. — Dans l'intérieur du cadre pénal de la loi, le juge doit mesurer la peine pour chaque infraction prise spécialement, c'est-à-dire résoudre pour le cas particulier la tâche que le législateur a dû résoudre en général. Cette détermination de la peine à l'intérieur du cadre pénal s'appelle **mesure, détermination ou fixation de la peine** (*Strafzumessung*) ; les éléments d'appréciation qui guident alors le juge sont nommés motifs d'augmentation ou de diminution de la peine (*Strafmehrungs-und Strafminderungsgründe*). Ils ne peuvent être trouvés que dans l'intensité plus ou moins grande de la mentalité antisociale, dans la présence ou dans l'absence de la capacité d'adaptation sociale. Il faut apprécier à sa juste valeur, dans sa signification symptomatique pour la nature psychique de l'auteur, le fait extérieur avec le résultat produit par lui.

IV. — Bien que le législateur ait établi les cadres pénaux pour chaque mode d'infraction avec assez de latitude pour qu'il puisse être tenu compte de la gravité différente de chaque cas particulier, il peut cependant se produire des exceptions en présence desquelles les cadres pénaux réguliers se trouvent être trop étroits, dans lesquelles il semble par suite indiqué de dépasser d'une part le maximum, et d'autre part de descendre au dessous du minimum. Le législateur établit pour ces cas des cadres pénaux spéciaux, soit plus, soit moins graves. On parle alors, avec une exactitude qui n'est pas parfaite, de **modification de la peine** (comme s'il s'agissait d'une initiative judiciaire et non d'une œuvre du législateur) (2), se divisant en aggravation de la peine et atténuation

(2) Contre le concept de la modification de la peine, Cf. HUECKEL Bibl. § 69) En sens exact, MEYER-ALLFELD, 330.

de la peine (*Strafänderüng, zerfallend in Strafschärfüng ünd Strafmilderüng*).

V. — L'impossibilité matérielle ou juridique d'appliquer les modes de peine applicables en soi conduit à la **transformation de la peine** (*Strafümwandlüng*); le concours de décisions antérieures avec d'autres décisions devenues ultérieurement nécessaires dans la même affaire, ou d'une peine à prononcer avec d'autres peines déjà subies par le délinquant conduit à l'**imputation de peine.** Enfin il y a encore lieu de considérer les dispositions spéciales que le législateur a prises pour le cas du **concours de plusieurs infractions.**)

§ 69. — Modification de la peine. — 1. Aggravation de la peine.

Bibliographie. — En général : *Liepmann*, Historisch-dogmatische Darstelling der Lehre von der richterlichen Strafänderüngshefuguis, 1863. — *Hückel*, Der Begriff « Strafänderung » ünd das StGB, für das deütsche Reich, 1892. — Sur la récidive, cf. plus haut § 15, note 8 Cf. en outre *Kohlhaas*, Thèse Tubingue, 1896. — *Harting*, Thèse Erlangen, 1901.

I. — L'extension normale des cadres pénaux déterminés par la législation permet de limiter à un champ relativement petit l'établissement de cas spéciaux d'aggravation. Le C. P. I. n'a pas admis de circonstances aggravantes générales (il n'en est pas de même dans le C. P. Mil, §§ 53, 55). Dans certains délits pris isolément, sont considérés comme aggravant la peine : la commission professionnelle ou habituelle (plus haut § 55, note 6), la commission en commun ou la commission publique, l'emploi d'une arme, la lésion commise sur un parent en ligne ascendante, la participation comme meneur, le projet dans un but intéressé, la venue d'un résultat grave (voir plus haut § 36, note 7) et autres. La récidive (voir plus haut § 57, I) n'est prise comme motif d'aggravation que pour quelques infractions peu nombreuses. Il suffira donc de renvoyer ici à la Partie Spéciale.

II. — La récidive, admise comme motif d'aggravation seulement pour quelques infractions, notamment pour le vol (le *ter furatus* est assimilé au *grassator*), dans le droit romain, dans le droit allemand du Moyen Age et de même dans la Carolina, art. 161, 162, fut sensiblement développée et généralisée dans le droit commun, qui se basa sur la théorie italienne de la *consuetudo delinquendi* et de la *iteratio delicti*. Plus spécialement, les conceptions de la récidive, du cumul, de l'habitude furent déterminées plus nettement et délimitées plus exactement. La pluralité des codes allemands du XIXe siècle — y compris le Code prussien — pose la récidive comme motif général d'aggravation, mais avec de nombreuses dérogations de détail. La législation étrangère est hésitante.

La législation impériale n'emploie la récidive que dans les cas suivants : Tout d'abord dans le C. P. I. lui-même, §§ 244, 245 (vol), 250, n° 5 (vol à main armée), 261 (Recel), 264 (escroquerie). Cf. aussi §§ 362, al. 2. En outre, dans certaines lois complémentaires, notamment douanières et fiscales : par exemple, la loi sur l'impôt du sel de 1867, § 12, la loi douanière de 1869, §§ 140 à 143 ; la loi sur la poste de 1871, § 28 ; la loi sur l'impôt des brasseries de 1872 §§ 33, 34 ; la loi sur l'impôt du tabac de 1879, §§ 37 à 39 ; la loi sur l'impôt des eaux-de-vie de 1887, § 23 ; la loi sur l'impôt du sucre de 1891, § 48 ; la loi impériale sur le timbre de 1894, § 20 ; la loi sur la concurrence de 1896, § 4 ; la loi sur la margarine de 1897, §§ 14, al. 2, 18, al. 2 ; la loi sur le pavillon de 1899, § 20. (Par contre, loi sur la contrefaçon des ouvrages imprimés du 11 juin 1870, § 23.) Il faut encore citer les dispositions du C. P. Mil (§§ 13, 70, 71, 114, 122).

70. — Modification de la peine — 2. Atténuation de la peine.

BIBLIOGRAPHIE. — *Morris*, Geschichte ùnd System der mildernden Umstände im deùtschen Strafrecht ùnd Prozess, 1887. — *Götz*, Die mildernden Umstände, Thèse, 1893.

I. — **Les circonstances atténuantes générales** de la législation impériale (1) sont : 1° la minorité ; 2° la tentative ; 3° l'assistance.

1. Quant à la minorité (plus haut § 38, I), le C. P. I, § 57 (2), décide :

a) Si la peine encourue est la mort ou la réclusion à vie, le cadre pénal réduit comporte l'emprisonnement de trois à quinze ans.

b) En cas de détention perpétuelle dans une enceinte fortifiée : détention de même nature de trois à quinze ans.

c) Dans tous les autres cas, la peine doit être fixée entre le minimum légal du mode de peine encouru et la moitié du maximum de la peine en question. Ceci s'applique également aux cas dans lesquels (plus haut § 63, II et III) l'amende frappant l'adulte se calcule comme un multiple d'un montant déterminé, de telle sorte que les minima portés § 27 C. P. I. sont, ici aussi, décisifs. La réclusion est remplacée par l'emprisonnement de même durée.

d) Pour les délits ou les contraventions, la réprimande peut être ordonnée dans des cas particulièrement peu graves.

e) La perte de tous ou de certains droits civiques, ainsi que la mise sous la surveillance de la police, ne doivent pas être prononcées. Par contre, le renvoi à

(1) Les législations des Etats confédérés ne sont pas liées sous ce rapport dans le domaine qui leur est laissé (voir plus haut, § 20, note 1).

(2) Si, pour l'infraction en question, la loi prévoit des circonstances atténuantes, il faut d'abord décider sur celles-ci avant de procéder à la réduction de la peine. R. VI, 98.

l'Administration de la police d'un Etat confédéré est permis, mais la maison de travail est exclue pour les prostituées mineures (voir plus haut § 65, II).

2. Pour le cas de tentative le C. P. I., § 44, décide : Si le crime consommé entraîne la mort ou la réclusion à vie, la peine applicable est la réclusion qui ne pourra descendre au dessous de trois années, et avec laquelle (généralement) la mise sous la surveillance de la police pourra être prononcée. La détention perpétuelle dans une forteresse est remplacée par la détention dans une forteresse qui ne peut être moindre de trois années. Dans tous les cas, la peine peut être réduite jusqu'à un quart du minimum de la peine privative de liberté ou de l'amende entraînées par le crime ou délit consommé (3). Si la peine ainsi obtenue est la réclusion de moins d'un an, il faut transformer celle-ci en emprisonnement d'après les règles du § 21, C. P. I.

Toutefois, si, à côté de la peine du crime ou délit consommé, la déchéance (totale ou, d'après le § 35, partielle) des droits civiques est possible ou ordonnée, ou si le renvoi sous la surveillance de la police est possible, il en est de même également avec la peine de la tentative (C. P. I., § 45).

Si un jeune délinquant s'est rendu coupable de tentative, il faut procéder à la réduction d'abord d'après le § 44, puis d'après le § 57 (4).

3. La peine de l'auxiliaire doit être, elle aussi, réduite d'après les principes posés pour la punition de

(3) Si le minimum de la peine pour l'infraction consommée est d'un mois de prison, le minimum de la peine de la tentative est de sept et non de huit jours. Dans le même sens Frank, § 44, L ; Olshausen, § 44, 6, contre R, v, 442.

(4) Un cadre pénal avec un an de réclusion comme minimum donne alors un jour d'emprisonnement comme minimum pour la tentative d'un jeune délinquant. D'accord dans ce résultat ; Finger, I, 519 ; Meyer Allfeld, 338 ; Olshausen, § 57, 9. Ceci s'applique de façon correspondante au cas où il y a lieu de punir un jeune délinquant pour assistance.

la tentative (C. P. I., § 49). Si l'on est en présence d'assistance à tentative, il faut procéder deux fois à la réduction. Par contre, l'assistance à assistance n'entraîne la réduction qu'une seule fois (voir plus haut, § 52, note 9), La réduction disparaît lorsque la loi sanctionne la tentative de la peine de l'infraction consommée (plus haut, § 51, note 10).

II. — Puis nous trouvons, pour certaines infractions, toute une série de **motifs spéciaux d'atténuation**, par exemple : la provocation de l'adversaire en cas de coup mortel, § 213 ; l'excitation provoquée par l'attaque de l'adversaire en cas d'injure et de lésion corporelle (C. P. I., §§ 199, 233 ; voir plus loin, § 72, III ; les cas des §§ 157 et 158 dans le faux serment, etc. (5). Mais surtout, pour de nombreuses infractions, le législateur impérial a prévu une punition atténuée dans le cas des « **circonstances atténuantes** », qui, au cours de la procédure devant le jury, doivent être constatées par question posée aux jurés (Proc. crim., § 297) (6). Dans la plupart des cas, l'atténuation est obligatoire ; au contraire, dans certains cas (C. P. I., §§ 187, 246, 263, 333, 340, al. 1, mais non 340, al. 2 et 228), le juge a la faculté, malgré la constatation de la présence de circonstances atténuantes, de choisir entre l'atténuation et la non

(5) Voir Partie Spéciale. Lorsque le mineur pénal doit bénéficier des motifs d'atténuation des §§ 157, 158, il faut d'abord réduire le cadre pénal régulier d'après le § 57, puis déterminer la peine « encourue en soi », et enfin seulement procéder à la réduction d'après les §§ 157, 158. En sens différent R, IX, 245, ainsi que FRANK, § 157, II, MEYER-ALLFELD, 331, note 6 ; OLSHAUSEN, § 157, 4.

(6) L'adoption des circonstances atténuantes en droit français (notamment par la loi du 28 avril 1832) était justifiée par la dureté des peines du Code pénal français. Le C. P. I. les a recueillies, sans aucun motif intrinsèque, du Code pénal prussien. — Adversaires de cette institution : entre autres, GEIB, GEYER, GÖTZE, HAEBERLIN, HAELSCHNER, JOHN, KÖSTLIN, MERKEL, MORRIS, SCHÜTZE, V. WAECHTER. Partisans : BERNER, 286, et MEYER-ALLFELD, 339.

atténuation de la peine. Ces « circonstances atténuantes » (*mildernde Umstände*), que le législateur ne caractérise pas davantage, peuvent résider non seulement dans l'acte lui-même, mais aussi dans la conduite antérieure ou ultérieure de l'auteur. C'est en cela qu'elles se différencient des cas « particulièrement légers, » ou « moins graves » du C. P. I., §§ 57, al 4, 94, 96.

§ 71. — Transformation de la peine.

La transformation de la peine est le remplacement par équivalence d'un mode de peine par un autre. Ce remplacement devient nécessaire dès que l'application de la peine considérée en première ligne est impossible pour des motifs matériels ou juridiques. Il est prescrit dans les cas suivants :

I. — Une **amende irrecouvrable** doit être transformée **en une peine privative de liberté** (C. P. I., §§ 28, 29, 78; Proc crim., §§ 491, 495).

D'après le § 28 C. P. I., l'amende est remplacée :

1. Régulièrement par l'emprisonnement.

2. Par la détention simple pour les contraventions, en outre, d'après l'appréciation du juge, pour les délits menacés de l'amende seule ou en première ligne ou au choix avec la détention simple, à supposer que la peine prononcée ne dépasse pas le montant de six cents marks et que la peine privative de liberté qui la remplace n'excède pas une durée de six semaines.

3. Par la réclusion. Si, avec l'amende, la réclusion a été ordonnée, la peine d'emprisonnement qui remplacerait l'amende doit être transformée en réclusion.

Mesure pour le calcul de la transformation (C. P. I, § 29) : Pour les crimes ou délits, toute quotité entre trois et quinze marks, et pour les contraventions entre un et quinze marks doit être considérée comme égale à une peine privative de liberté d'une durée d'un jour.

Limite de la peine privative de liberté. Son minimum est d'un jour (1), son maximum de six semaines pour la détention simple, d'une année pour l'emprisonnement. En cas de cumul (voir plus loin, § 73), le maximum s'élève jusqu'à deux ans d'emprisonnement ou trois mois de détention simple (C. P. I., § 78, al. 2). Si le choix est laissé ou aussi en cas de circonstances atténuantes, entre une amende et une peine privative de liberté dont la durée n'atteint pas le maximum qui vient d'être mentionné, le maximum de ladite peine ne devra pas être dépassé par la peine de liberté subsidiairement substituée à l'amende (C. P. I., § 29, dernière phrase). Les peines de liberté subsidiaires ne doivent jamais être réunies en une peine totalisée.

Le condamné peut se libérer de la peine subsidiaire de liberté par le paiement du montant de l'amende, dans la mesure où celle-ci n'est pas encore amortie par la peine privative de liberté à laquelle elle a donné naissance (C. P. I., § 28, al. 4).

Les lois complémentaires contiennent fréquemment des dispositions dérogeant à ce qui vient d'être dit. C'est ainsi qu'en partie elles excluent toute transformation en peine privative de liberté : par exemple, la loi sur le timbre des effets de commerce de 1869, § 15 ; la loi sur la contrefaçon des ouvrages imprimés de 1870, § 14 ; la loi impériale sur le timbre de 1894, § 37. Ou bien elles admettent un autre calcul pour la transformation : par exemple, la loi sur la contrefaçon des ouvrages imprimés de 1870, § 18, al. 3, les lois douanières et fiscales, etc. Fréquemment aussi, le mode de la peine privative de liberté est déterminé de façon différente : par exemple, l'ordonnance sur l'industrie, § 146 (toujours l'emprisonnement) et § 147 (toujours la détention simple). Ou enfin le maximum de la peine privative de liberté est spécialement

(1) Les fractions de journée qui résultent du calcul de transformation, disparaissent donc.

fixé, comme dans le § 60 de la loi sur l'impôt des sucres de 1891 ; il est très notablement diminué dans la loi sur les objets d'art de 1907, §§ 32 à 34.

II. — La transformation d'une **peine privative de liberté en une autre** est nécessaire pour différents motifs.

1. Le minimum légal de la réclusion étant d'un an, la transformation en emprisonnement est nécessaire dès que, dans les cas des §§ 44, 49, 157, 158 C. P. I., une peine de réclusion de moins d'une année serait encourue d'après le cadre pénal réduit.

2. Lorsque, en cas de concours de la réclusion avec la détention dans une forteresse ou l'emprisonnement, la peine totale est formée d'après le C. P. I., § 74, al. 2 (voir ci-après § 73), ces peines doivent être transformées en réclusion.

3. Si la réclusion a été prononcée en même temps qu'une amende, la peine subsidiaire d'emprisonnement (mais non la détention simple) doit être transformée en réclusion (C. P. I., § 28, al. 3).

Mesure pour le calcul de la transformation dans les trois cas (C. P. I., § 21) : huit mois de réclusion équivalent à douze mois d'emprisonnement; huit mois d'emprisonnement équivalent à douze mois de détention dans une forteresse.

III. — On rencontre aussi, isolément, la transformation de la confiscation en une amende. Cf. par exemple, loi du 9 juin 1895 (lois douanières austro-hongroises), § 4 (2).

(2) La confiscation arrive ainsi effectivement à la qualité d'une peine, qualité qui juridiquement lui fait défaut (plus haut, § 58, note 4). Par contre, il ne faut pas ranger ici les dispositions d'après lesquelles le paiement de la valeur de l'objet à confisquer peut être ordonné au lieu de la confiscation (Par exemple, C. P. I., § 335 ; loi sur la presse, § 16).

§ 72. — Imputation sur la peine infligée.

BIBLIOGRAPHIE. — Pour III : *Geyer*, GS, XXVI, 321. — *Kronecker*, GS, XLI, 192. — *Beling*, Die geschichtliche Entwicklüngder Retorsion ùnd Kompensation von Beleidigùngen ùnd Körperverletzüngen, 1894 (*Bennecke*, Heft. 5). — *Steinitz*, Diesogenaunte Kompensation im RStGB, 1894 (*Bennecke*, Heft. 4). — *Günther*, III, I, Halfte, p. 283.

I. — La **détention préventive** subie peut être assimilée à l'accomplissement de la peine et, lors du prononcé du jugement, être imputée (C. P. I., § 60) totalement ou partiellement sur la peine ordonnée (qui doit être indiquée dans le jugement d'après son montant plein). L'imputation est possible dans les mêmes limites que la transformation ; elle est donc permise avec la peine privative de liberté et l'amende, elle ne l'est pas avec la réprimande ou la peine de mort, elle ne l'est jamais avec les peines accessoires (1). L'imputation peut avoir pour résultat que le reste de la peine infligée descende au-dessous du minimum du mode de la peine ; dans ce cas, une transformation n'a pas lieu.

II. — Une **peine accomplie à l'étranger** doit être imputée sur la peine à prononcer, lorsque pour la même action une condamnation intervient à nouveau sur le territoire de l'Empire allemand (C. P. I., § 7 à rapprocher des §§ 3 et 4). Ici aussi s'applique ce qui a été dit sous I quant à la possibilité et au résultat de la transformation.

III. — La **rétorsion** ou **compensation** (*Erwiderung oder Aufrechnung*) (C. P. I., §§ 199 et 233). Lorsque de légères violences corporelles ont pour riposte des lésions semblables (§ 232, C. P. I.), qu'il est répondu à des insultes (§§ 185 à 189) par de légères violences, ou

(1) De même, FINGER, I, 523 ; FRANK, § 60, III ; MEYET-ALLFELD, 344. — Il n'est pas nécessaire que la détention préventive soit subie sans culpabilité.

aux dernières par les premières, dans tous ces cas sur le champ (c'est-à-dire aussi longtemps que dure le mouvement d'humeur provoqué par la vexation) et par la victime elle-même (et non par un de ses proches) (2), le juge peut prononcer une peine atténuée, quant au mode ou à la mesure, pour les deux prévenus ou pour l'un d'entre eux, ou bien déclarer absous (*straffrei*) l'un des deux ou tous les deux. Si, par contre, il est répondu par une insulte à une insulte (C. P. I., § 199), le juge n'est pas autorisé à atténuer la peine, mais uniquement à déclarer absous les deux insulteurs ou l'un d'eux.

Il s'agit ici d'une extension de la latitude donnée au juge dans la fixation de la peine ; cette extension va jusqu'à permettre la transformation de la peine, et même l'exonération de toute peine. Les deux racines historiques de cette institution (3), la compensation du droit civil d'une part, la considération par le droit pénal du *justus dolor* d'autre part, constituent encore aujourd'hui sa force vitale. L'occasion doit être fournie au juge de pouvoir prendre en considération, de la façon la plus complète, d'une part l'excitation de celui qui a été d'abord attaqué, d'autre part le fait que celui-ci s'est déjà fait justice. Bien que pour un motif différent, la lésion déjà subie par chacune des parties se compense donc avec la peine. C'est précisément en cela que l'application du droit donné au juge par les §§ 199 et 233, suppose qu'il existe des deux parts des actions punissables ; par suite, en cas d'acquittement pour un motif quelconque, ne serait-ce que d'une des parties, il ne peut plus être question de compensation. Celle-ci est donc exclue dès que, par défaut d'illégalité, la criminalité de l'action d'une des deux parties est supprimée. Par contre, elle est possible en soi, lorsqu'il a

(2) Ni par la personne qui l'accompagne : R, xxix, 240.

(3) Elle n'a pas été étrangère au Moyen Age allemand (Kleinfeller, KVS, xxxviii, 132), mais elle a été formée seulement par la doctrine italienne du Moyen Age. Cf. Günther, I, 214 ; Löning, Z, v, 573, mais surtout Beling et Steinitz. Pour la nouvelle législation, l'influence de la nécessité de la plainte et de la poursuite civile ne peut être méconnue.

existé du côté d'un des deux auteurs un motif personnel d'exclusion de peine (4).

§ 73 — Concours de plusieurs infractions (« Concours réel »).

BIBLIOGRAPHIE. — Cf. les ouvrages cités au § 57. — En outre, *Katz*, GS, XXXVI, 576. — *Reiffel*, GS, XXXVII, 470, XL, 217. — *Brunner*, II, 541. — *Schreüer* (Bibl., § 4, I). — *Kohler*, III, 292.

I. — Lorsque plusieurs infractions indépendantes du même auteur sont soumises à l'appréciation de la justice pénale, la conséquence logiquement nécessaire de l'indépendance de ces diverses actions serait l'indépendance des diverses peines qui leur correspondent, et qui, par suite, devraient toutes être exécutées en entier simultanément ou l'une après l'autre. Mais, de même qu'au temps de la prédominance de la peine de mort, il était impossible d'exécuter autrement qu'au figuré plusieurs peines de mort sur le même auteur, de même, dans le droit actuel, la prépondérance des peines privatives de liberté conduit à de profondes dérogations au cumul des peines encourues pour toutes ces diverses infractions. La gravité de la peine privative de liberté croît avec sa durée : si donc l'exécution pénale, en cas de concours d'infractions, doit produire seulement la somme vraie des diverses calamités pénales, elle doit faire perdre à celles-ci en étendue ce qu'elles gagnent en gravité par le cumul. Nous arrivons ainsi à la nécessité d'une **atténuation du principe du cumul** en cas de concours d'infractions, atténuation qui, dans la vérité, est cependant une restauration de l'équivalence originaire entre l'action isolée et la peine isolée, et

(4) Cf. plus haut, § 24. Dans le même sens BINDING, I, 676, note 14 ; FRANK, § 199, II ; KRONECKER, GS, XLI, 213 ; MEYER-ALLFELD, 344 ; SCHWEDLER (Bibl. § 24), 28 ; STEINITZ, 49 ; *Contra*, R, IV, 14 ; HAELSCHNER, II, 214 ; MERKEL, 283 ; OLSHAUSEN, § 11, 5.

qui n'est appropriée que dans les cas et dans la mesure où le cumul dérange cette équivalence originaire. Telle est l'idée fondamentale des dispositions contenues dans les §§ 74 et sq. C. P. I.

II. — L'atténuation du cumul a trouvé son expression dans le C. P. I. sous la forme de la **peine commune** (*Gesamtstrafe*). Mais elle s'applique seulement lorsque, par plusieurs crimes ou délits (de même qualification ou de qualification différente), plusieurs peines temporaires privatives de liberté ont été encourues ; car c'est alors seulement que, dans l'opinion du législateur, l'exécution intégrale de toutes ces diverses peines représenterait une aggravation de chacune d'elles, aggravation non voulue par lui.

La peine commune consiste en une augmentation de la peine la plus grave encourue (*Asperationsprinzip*). Chacune des diverses peines est d'abord dégagée. La plus grave d'entre elles (si elles sont de même mode, la plus grave par la *durée*, et si elles sont de modes différents, la plus grave par le *mode*) constitue la peine fondamentale (*Einsatzstrafe*), qui doit être maintenue dans son entier ; les autres peines sont abrégées proportionnellement, puis ajoutées à la peine fondamentale (1). La peine commune ne doit pas atteindre le montant des diverses peines encourues et ne doit pas dépasser quinze ans de réclusion, dix

(1) Dans le cas du § 79 C. P. I., il y a lieu de prononcer une peine complémentaire. — Si la constatation de plusieurs infractions diverses est repoussée par la juridiction de revision, la peine commune, qui forme une unité constituée de parties (non indépendantes, tombe d'elle-même. En sens contraire, les Sénats criminels réunis, 18 avril 1894, xxv, 298, ainsi que FRANK, § 74, IV. — Si la constitution de la peine commune n'est pas possible, l'augmentation de la peine fondamentale ne doit pas avoir lieu. Si donc l'une des peines particulières s'élève à une semaine d'emprisonnement et l'autre à un jour, la condamnation ne peut être de plus d'une semaine. Dans ce sens R à plusieurs reprises, en dernier lieu xxx, 141.

ans d'emprisonnement ou quinze ans de détention dans une enceinte fortifiée (C. P. I., § 74). Malgré son origine, mais surtout au point de vue de la prescription, la peine commune doit être conçue comme une peine unique.

III. — Dans tous les autres cas, le **cumul des diverses peines** se produit par principe. Il en est ainsi dans le concours de contraventions entre elles ou avec des crimes et délits, et aussi lorsque des peines privatives de liberté temporaires concourent non pas ensemble, mais avec d'autres modes de peine, ou que d'autres modes de peine concourent entre eux. Ceci s'applique notamment lorsqu'il y a concours de plusieurs peines perpétuelles ou de plusieurs peines de mort entre elles, ou d'une peine de mort avec une peine privative de liberté (2). Cependant, même dans ces circonstances, le principe du cumul n'est pas suivi dans toute sa pureté.

1. C'est ainsi qu'à la vérité, les amendes infligées, soit seules, soit avec une peine privative de liberté, en raison de plusieurs infractions, doivent être prononcées pour leur somme entière; mais, en cas de transformation en peine privative de liberté, il ne pourra être ordonné plus de deux années d'emprisonnement, et si les amendes ne sont prononcées que pour des contraventions, plus de trois mois de détention simple (3) (C. P. I., § 78 à rapprocher du § 29).

2. La déchéance des droits civiques et le renvoi sous la surveillance de la police sont, à la vérité, pos-

(2) Dans le même sens la jurisprudence en Prusse et en Bavière, Binding, I, 173; Finger, I, 343; Meyer-Allfeld, 301; Olshausen, § 74, 4; Schütze, Z, III, 93; *contra*; Haelschner, I, 688; Loning, 88; Merkel, 266; Seuffert, L. P. C., I, 25.

(3) Cette limite doit aussi être observée, lorsque les diverses amendes sont ordonnées pour des délits, mais doivent exceptionnellement (plus haut, § 71, I) être transformées en détention simple. Dans ce sens R, v, 372; vii, 368.

sibles ou obligatoires avec la peine commune, même s'ils ne sont possibles ou obligatoires qu'avec la condamnation à l'une des peines en cumul (4) (C. P. I., § 76), mais le maximum prescrit en soi pour ces peines accessoires ne doit pas être dépassé avec la peine commune.

IV. — Mais, même en matière de peines privatives de liberté temporaires, le principe de la peine commune est soumis à de notables **restrictions**.

1. Si la détention simple est en concours avec une autre peine privative de liberté, elle devra faire l'objet d'une décision séparée. La détention simple encourue plusieurs fois sera ordonnée d'après son montant total, mais sans dépasser une durée de trois mois (C. P. I., § 77).

2. Si la détention dans une forteresse n'est en concours qu'avec l'emprisonnement, il y a lieu de prononcer séparément sur chacun de ces modes de peine. Si la détention dans une forteresse ou l'emprisonnement sont plusieurs fois encourus, il y a lieu de procéder à l'égard des diverses peines de même mode comme si elles étaient encourues seules. Cependant, dans ces cas, la durée totale des peines ne doit pas dépasser quinze années (C. P. I., § 75).

V. — De nombreuses dérogations se rencontrent dans les LOIS COMPLÉMENTAIRES. Cf. par exemple la loi sur les malteries de 1868, § 35, l'ordonnance sur l'industrie, § 150, et autres. Très particulière la loi sur le timbre des cartes à jouer de 1878, qui en plusieurs endroits mesure la peine d'après le nombre des jeux mis en vente, achetés, employés, etc., tandis que la loi impériale sur le timbre de 1894 fixe l'amende de telle sorte qu'elle se monte à vingt marks au moins pour chaque valeur mobilière. D'après le C. Comm., § 318, une

(4) Par suite, la déchéance des droits civiques avec l'emprisonnement, d'après le § 32 du C. P. I., ne peut donc être prononcée que si l'une des diverses peines atteint trois mois. — La durée de la déchéance est, elle aussi, ordonnée en une unité homogène accompagnant la peine commune.

amende de dix à trente marks intervient pour chacune des actions employées illégalement à l'exercice du droit du vote, mais avec un montant total qui ne peut être de moins de mille marks. La loi sur l'impôt des eaux-de-vie de 1887 dit dans son § 33 : « En cas d'infractions simultanées ou répétées à cette loi, lesquelles ne sont menacées que d'une peine réglementaire (*Ordnungsstrafe*), cette peine... devra, lorsque les infractions sont de même nature et sont découvertes simultanément, être fixée en une seule fois et en un seul montant ». D'autres lois fiscales sont tout à fait analogues.

IV. — L'EXTINCTION DE L'ACTION PUBLIQUE

(*Wegfall des staatlichen Strafanspruchs.*)

§ 74 — Des causes de l'extinction de la peine en général

BIBLIOGRAPHIE. — *Binding*, I, 808 — *Hinschius*, Kirchenrecht, IV, 758. — Pour II : *Geyer*, GA, XIII, 161. — *Walther*, GS, XIX, 268. — *Luder*, GS, XXIX, 401. — *Kronecker*, GA, XXVIII, 20. — *Stoss*, (Bibl., § 63). — *Ortloff*, GA, XXXIII, 209. — *Preuner*, Die Wollstreckung der Geldstrafen in den Nachlass des Schùldigen, 1897. — *Weber*, Die Wollstreckùng von Vermögensstrafe in den Nachlass, 1900 (*Beling*, Heft. 28). — Pour III : *Fornet*, GS, XX, 65. — *Geyer*, GS, XXI, 1 (kl. Schriften, 318). - *Binding* dans Grünhut, II, 686. — *Lammasch*, Diebstahl ùnd Beleidigùng, 1893, p. 34. — *Liepmann*, Z, XXII, 72. — *Thomsen*, Kriminalpolitische Bekämpfungsmethoden, 1893, p. 63. — *Stooss*, Grùndzüge, II, 83. Congrès de la l'Union intern. D. P., à Christiania, 1891, Mitteil. III. — Mais surtout *Herzog*, Rücktritt vom Versuch, 1889 et Oetker, Z, XVII, 554.

I. — **Les causes de l'extinction de la peine** sont des circonstances intervenant après la commission de l'infraction et anéantissant l'action publique déjà engagée. C'est en cela qu'ils diffèrent des motifs d'exclusion de la peine, qui empêchent d'engager la poursuite pénale (cf. plus haut, § 44, II). La nature propre des motifs d'extinction de la peine se manifeste le plus clairement dans l'accomplissement de la peine, qui apparaît comme une satisfaction (*Leistùng*) et par suite comme un amortissement de l'action publique. Ces motifs n'agissent jamais qu'en faveur de celui en la personne duquel ils interviennent, sans faire disparaître la criminalité de l'acte (exception dans le C. P. I, § 204). Tant que l'extinction (*Tilgùng, Konsùmption*) de la poursuite pénale est la conséquence d'actes processuels, tels qu'arrangement par réconciliation, retrait de la plainte ou de l'action civile, décision valable en droit sur la poursuite, etc., l'exposé de ces motifs d'extinction de la peine appartient à la procédure criminelle. Sont régulièrement cités comme motifs d'extinction appartenant au droit pénal lui-même : 1° la mort du coupable ; 2° le remords actif (*tätige Reùe*) ; 3° la grâce ; 4° la prescription. Mais ces deux dernières seulement peuvent être maintenues comme motifs généraux d'extinction, tandis que notre législation ne prête qu'exceptionnellement un effet extinctif de peine au remords actif et que la mort du coupable ne peut être en somme comptée parmi les motifs d'extinction de la peine, mais seulement parmi les circonstances excluant pour toujours la poursuite et l'exécution (1).

II. — Des buts de la peine résulte la nature hautement personnelle de la poursuite pénale. Tandis que le droit romain, dans son dernier état, le droit du Moyen Age et le droit commun allemand admettaient sans hésitation la poursuite pénale exercée contre le défunt jusqu'à l'exécution de la peine sur le cadavre ou jusqu'à l'exécution en effigie, tandis que la doctrine et la législation de la période philosophique laissaient encore afficher sur la potence ou au pilori le nom du défunt (Code pénal joséphin, 1787, § 17), **la mort du coupable** arrête, d'après notre conception actuelle, non seulement la procédure de jugement, mais aussi celle d'exécution. Il ne pourrait être question d'une extinction de la poursuite

(1) En ce sens exact, BELING, 54, contre l'opinion dominante. Dans le cas décidé par R, XXX, 187 (Impunité d'une atteinte à un brevet à cause de l'anéantissement ultérieur du brevet), il n'existe pas en somme de résolution de peine.

pénale comme suite du décès du coupable, qu'en tant qu'existe aussi l'impossibilité d'exécution. Du but de la peine seulement peut se déduire la nature strictement personnelle de la poursuite pénale et se motiver la prétention de faire atteindre par la peine la personne du coupable. Le droit actuel partageant en général et entièrement cette conception, c'est par une exception, qu'on ne peut guère approuver, que le C P. I, se rattachant aux législations allemandes, décide dans son § 30 le recouvrement des amendes sur la succession, lorsque le jugement (auquel est assimi é le commandement à fin de peine, *Strafbefehl*) a déjà acquis force de chose jugée du vivant du condamné(2).

III. — Le remords actif (c'est-à-dire le fait de détourner ou de réparer le mal causé par l'infraction) qui, au temps du droit commun (Saxe, 1572, IV, 16, Prusse, 1685, etc.), excluait souvent l'application de la peine ordinaire, n'a été reconnu par notre législation, comme motif de résolution de la peine, qu'exceptionnellement et dans des limites tout à fait arbitraires. Elle veut, dans ces cas, laisser au délinquant la possibilité d'une retraite et protéger de toute lésion ou tout au moins d'une lésion plus grave l'intérêt juridique menacé par lui. Il faut citer ici, en dehors du désistement de la tentative, déjà traité plus haut (§ 48) : 1° La rétractation de la fausse déposition faite par imprudence, C. P. I., § 163; 2° la renonciation au duel, C. P. I., § 204 ; 3° l'extinction, à temps, de l'incendie déjà commencé, C. P. I., § 310; 4° la dé-

(2) Dans le même sens l. 20, D. 48, 2, le droit commun et la plupart des lois récentes. L'hérédité de l'amende est diversement motivée par ses partisans : 1. Le plus souvent on prétend qu'avec le jugement la peine se transforme en une dette d'argent reposant sur le patrimoine ; dans ce sens WEBER avec les auteurs indiqués par lui (BIERLING, JELLINEK, OETKER, WACH et autres). 2. Ou l'on renvoie à la nature impersonnelle de l'amende : dans ce sens HEFFTER, HAELSCHNER, etc. Ces deux conceptions méconnaissent la nature de la peine. Exact PRENER.

nonciation, en temps utile, du crime projeté, d'après le § 5, al. 3 de la loi sur l'espionnage de 1893; 5° la dénonciation de la trahison devant l'ennemi (*Kriegsverrat*) ou de la sédition d'après le § 61 du C. P. Mil. Par contre, la législation impériale a refusé l'effet extinctif de peine à la réparation du dommage, c'est-à-dire à la restitution, dans les infractions lésant le patrimoine, effet que lui accordèrent, dans des limites appréciables, d'autres législations (Autriche, en 1852, Saxe, en 1868, ainsi que les projets autrichiens). Le remords actif ne peut donc prétendre à l'importance d'un motif général de résolution de la peine.

§ 75. — La grâce.

BIBLIOGRAPHIE. — *Luder*, Das Souveränitätsrecht der Begnadigùng, 1860. — *V. Arnold*, Umfang ùnd Anwendùng des Begnadigungsrechtes, 1860. — *Heinze*, HH, II, 629. — *Vassalli*, Kritische Untersùchùngen über das Begnadigùngsrecht, 1867. — *Lob*, Begnadigùngsrecht, 1881. — *Elsas*, Thèse Strasbourg, 1888. — *Seuffert*, WV, I, 147. — *Le même*, LPC, I, 65. — *Ortloff*, GA, XLV, 92. — *Heimberger*, Das landesherrliche Abolitionsrecht, 1901. — *Löning*, Z, V, 227 et *Frauenstädt*, Z, XVII, 887 (Moyen Age Allemand). — *Sternberg*, Thèse, Berlin, 1899.

I. — La **grâce** est la suppression des conséquences pénales par disposition de la puissance publique, soit donc la renonciation de l'ayant droit à la poursuite pénale à sa prétention. Elle doit servir, en tant que « correctif de la justice par elle-même » (*Selbstkorrektùr der Gerechtigkeit*), et que « soupape de sûreté du droit » (*Sicherheitsventil des Rechts*), (v. Ihering), à mettre en valeur, vis-à-vis des généralisations rigides du droit, les exigences de l'équité (mais toujours en faveur du condamné, et jamais réciproquement); elle peut servir à réparer une erreur (réelle ou présumée) du juge ou à aider, aux dépens du droit, au triomphe de la sagesse de l'Etat.

Le droit de grâce remonte à l'époque de l'Empire romain.

Il pénétra en Allemagne avec les droits étrangers. Aux XVIe et XVIIe siècles, il fut revendiqué comme droit régalien par les souverains et traité de plus en plus comme matière de droit public. Les écrivains de la période philosophique, de Beccaria et Filangieri (mais non pas Montesquieu) à Kant et Feuerbach, combattirent la grâce vivement, mais sans succès. Supprimée en France en 1791, elle y fut rétablie en 1801. Aujourd'hui, le droit de la couronne est, en soi, à peine mis en doute par la doctrine allemande, bien qu'une réglementation plus adéquate de son exercice, par voie juridique, doive être reconnue possible et désirable.

II. — La grâce est la **suppression des conséquences juridiques** de l'infraction, mais non de l'acte commis ; cet acte coupable peut donc être, dans la suite, pris encore en considération, notamment pour motiver l'aggravation pénale en cas de récidive ; cf. C. P. I, §§ 245, 250, n° 5, 261, 264. Elle n'écarte que les conséquences pénales, mais non l'obligation de compensation et de satisfaction du droit privé ; elle ne touche donc pas à la *Busse*. Elle peut exclure complètement ou partiellement les suites pénales, c'est-à-dire qu'elle embrasse la remise et l'atténuation de la peine ainsi que la transformation de celle-ci (commutation). Donc, par la grâce, le mode de peine infligé peut être remplacé par un autre (moins sévère). Toutefois le maximum légal d'un mode de peine ne doit pas être dépassé (1), pas plus qu'il ne peut être appliqué de peine étrangère au système du droit impérial (par exemple la correction corporelle). Une peine accessoire (par exemple la surveillance de la police) peut être fixée à la place des peines principales, mais la remise de la peine accessoire est également possible sans remise de la peine principale. C'est ainsi que la déchéance des droits honorifiques peut être remise (« restitution » ou « réhabilitation »,

(1) Car le système pénal du C. P. I. est d'obligation absolue, et c'est en lui que rentrent les maxima et minima légaux. Cf. plus haut, § 20, note 6.

cf. plus haut, § 3, note 10), mais non pas les suites infamantes de la condamnation entraînées d'office, ni les autres effets juridiques. Les mesures administratives, telles que le placement dans un établissement d'éducation ou de correction, ne sont pas touchées par la grâce.

A la grâce au sens strict, ou renonciation à la peine légalement ordonnée, s'oppose l'abandon de la poursuite à fin de peine (*Niederschlagung der Strafverfolgung, Abolition*). Ce dernier est la renonciation à la peine non encore définitive, et qui, par suite, peut même ne pas être prononcée et être déjà récusable de ce chef.

III. — **Le détenteur du droit de grâce** est dans tous les cas (même pour l'infraction nécessitant le dépôt d'une plainte et la poursuite civile, l'Etat ayant droit à poursuivre pénalement, c'est-à-dire tantôt l'Empire allemand, qui l'exerce par les mains de l'empereur, et tantôt les Etats allemands confédérés, qui l'exercent par l'intermédiaire de leurs souverains et des Sénats des villes libres de Hambourg, Brême et Lubeck (2).

1. Le droit de grâce (mais non l'abandon de la poursuite) appartient à l'Empereur dans les cas suivants :

a) D'après le § 484 Proc. crim., dans les affaires dans lesquelles le Tribunal d'Empire a prononcé en première et en dernière instance (cf. Loi sur l'organisation judiciaire, § 136, ch. I; § 12 de la loi du 3 juillet 1893). Rentrent dans cette catégorie non seulement la haute trahison et la trahison simple contre l'Empereur et l'Empire, ainsi que la trahison de secrets militaires, mais aussi les crimes qui, conformément au § 3, Proc. crim., sont « connexes » des précédents, ainsi que la tentative et la complicité, mais non, abstraction du cas de connexité, le fait d'avoir favorisé et l'abstention de dénonciation.

(2) Dispositions particulières dans les §§ 22 et 23 du cartel douanier austro-allemand du 6 décembre 1891 (15 janvier 1905).

b) D'après la loi du 7 avril 1900 sur la juridiction consulaire § 72, dans les affaires dans lesquelles le consul ou le tribunal consulaire a prononcé en première instance. Ceci s'applique également en ce qui concerne les tribunaux coloniaux, d'après le § 2 de la loi du 19 mars 1888.

c) En Alsace-Lorraine d'après le § 3 de la loi du 9 juin 1871 concernant la réunion de l'Alsace-Lorraine à l'Empire allemand.

d) En ce qui concerne les condamnations des tribunaux maritimes, ainsi que les décisions pénales prises par les administrations d'Empire.

2. Dans tous les autres cas, les Etats confédérés sont maîtres de l'action publique et par suite du droit de grâce. Cependant, dans la plupart de ces Etats, l'abandon de la poursuite est restreint ou supprimé par des dispositions constitutionnelles (3), et la grâce elle-même ne peut dans bien des cas, par exemple notamment dans ceux de mise en accusation des ministres (plus haut § 58, note 8), s'exercer que sous certaines conditions.

Le C. P. I. ne s'oppose pas à la transmission du droit de grâce quant à son exercice (4).

IV. — **Si plusieurs Etats prétendent à l'exercice du**

(3) Constitution prussienne, art. 49, al. 3 (Le roi ne peut supprimer une instruction déjà commencée qu'en vertu d'une loi spéciale). — Cf. l'exposé détaillé de Heimberger. L'abandon n'est pas supprimé par la législation judiciaire (comme le prétendent Finger, I, 569 ; Loening, 82) ; dans le même sens l'opinion commune, notamment, avec les auteurs du droit constitutionnel. — En tout cas le droit d'abandon est arrêté, tant qu'une affaire pénale est pendante au Tribunal d'Empire. Dans ce sens R, xxviii, 419, Labaud, 4e éd. iii, 495. *Contra* R, xxxiii 204, ainsi que Heimberger.

(4) Cf. Loi d'Empire du 4 juillet 1879, qui autorise l'Empereur, à transférer l'exercice du droit de grâce en Alsace-Lorraine à un Statthalter. En outre, fréquents transferts par des souverains aux chefs de différentes administrations (aussi en Prusse).

droit de grâce, il faut partir de ce point qu'en ce qui concerne l'origine et la poursuite des actions publiques, les Etats allemands sont entre eux dans la même relation que les différents tribunaux d'un même Etat. Cette règle est l'idée fondamentale de l'organisation judiciaire actuelle de l'Allemagne.

1. S'il existe un jugement ayant force de chose jugée, c'est l'Etat dont la justice a prononcé en première instance qui a le droit de grâce.

2. Si une seule infraction motive plusieurs compétences judiciaires également autorisées dans différents Etats, l'ouverture de l'instruction confère, d'après le § 12 Proc. crim., un droit exclusif d'abandon à l'Etat auquel appartient le tribunal qui a ouvert l'instruction (5). A partir de ce moment, l'abandon dans un autre Etat reste sans effet juridique.

3. La réunion de plusieurs affaires pénales connexes devant un même tribunal (§§ 4 et 13, Proc. crim.,) motive, à partir de la réunion, un droit exclusif d'abandon, en ce qui concerne toutes ces affaires, en faveur de l'Etat auquel appartient le tribunal. L'abandon dans un autre Etat est sans effet juridique. En cas de séparation ultérieure, les droits d'abandon revivent dans les divers Etats (6).

V. — La mesure dite **grâce conditionnelle** (*Bedingte Begnadigung*) introduite depuis 1895 dans les différents états allemands par voie d'ordonnance, est en réalité l'octroi d'une suspension de peine laissant espérer la grâce en cas de bonne conduite (7).

(5) Comme il va de soi, seulement dans l'hypothèse que le droit de l'Etat confédéré admet l'abolition.

(6) La question est très contestée. Pour les juridictions « communes » à plusieurs Etats allemands interviennent des conventions spéciales entre les Etats intéressés.

(7) Cf. plus haut, § 15, note 3 et à ce sujet v. Liszt, R. v. D. Allg., t. III, 42.

§ 76. — La prescription en général.

BIBLIOGRAPHIE. — *Dambach*, Beiträge zùr Lehre von der Kriminalverjährùng, 1860. — *Abegg*, Verjährùng rechtskräftigerkannter Strafen, 1862. — V. *Schwarze*, Bemerkùngen zùr Lehre von der Verjährùng im Strafrecht, 1867. — *Heinze*, HH, II, 595. — *Von Risch*. GS, XXXVI, 241 et Z. IX, 235. — *Binding*, I, 816. — *Halschner*, I, 693. — *Koopmann*, Thèse Göttingen, 1888. — *Rindfleisch*, Thèse Göttingen, 1892. — *Buhler*, Thèse Berne, 1893. — *Vonachten*, Thèse Erlangen, 1895.

1. — Lorsque, par l'écoulement d'un nombre déterminé d'années, l'action civile ou les conséquences juridiques d'une infraction se trouvent éteintes, le motif de ce phénomène, (et en même temps sa justification interne) ne réside pas dans une force mystique du temps, productrice ou destructrice du droit, mais dans le fait que l'ordre juridique, qui a pour mission la réalisation de buts pratiques, et non l'application logique de principes généraux, a tenu compte du pouvoir des faits. La poursuite et la punition même de la plus petite contravention seraient encore concevables, en soi, après une génération, mais l'effet que la peine pourrait produire, même dans ce cas, à l'égard de l'auteur, de la partie lésée et de toutes autres personnes, serait hors de toute proportion avec les difficultés et les incertitudes qu'offre la constatation de l'état de l'affaire, avec le trouble causé dans une situation nouvelle, profondément enracinée et étendant au loin ses ramifications (1).

La législation pénale actuelle accorde donc à la **prescription**, sans aucune exception et à très juste titre, l'effet d'un motif de suppression de peine; elle

(1) Dans ce sens l'opinion commune. *Contra* BINDING, I, 823, qui méconnaît complètement que dans le droit en vigueur les deux modes de prescriptions reposent sur la même pensée fondamentale. Contre lui également FINGER, I, 417 (2e éd.).

connaît même à côté de la prescription de la peine encourue, mais non encore valablement fixée en droit (« prescription de la poursuite »), une prescription de la peine valablement prononcée en droit (« prescription de l'exécution »). Cf. C. P. I., § 66 (2).

II. — Dans ses deux formes, la prescription est un **motif de suppression de la peine** Non seulement elle exclut la poursuite, mais encore elle éteint le droit de punir de l'Etat. Comme prescription du droit d'agir (et non prescription de la plainte), elle appartient d'après son contenu et sa nature propre, non pas à la procédure, mais au droit proprement dit (3).

Mais elle éteint seulement les suites juridiques de l'action commise. Elle ne peut faire disparaître celle-ci elle-même. L'infraction prescrite (comme l'infraction grâciée) peut donc servir de base pour l'admission de la commission professionnelle et habituelle ou de la récidive.

III. — La prescription est inconnue au droit pénal allemand du Moyen Age. La Carolina ne lui consacre de même aucun mot. Le droit romain connaît la prescription criminelle (abstraction faites des délits civils) seulement depuis la

(2) C'est défigurer la prescription dont la substance est la même dans tous les domaines du droit, que de vouloir rattacher l'intervention de l'impunité à d'autres conditions qu'au simple cours du temps. Cf. Compte rendu du 24e congrès des juristes allemands (Communications de Lammasch, II, 104, et Hogel, II, 134).

(3) D'où éventuellement jugement d'acquittement. Dans le même sens l'opinion dominante ; R, xii, 434. Au contraire, Eisler. dans *Grunhut*, xvii, 610 ; Frank, § 66, II ; Olshausen, § 66, 4 à 11, v. Risch voient dans la prescription une institution du droit proprement dit, mais qui, dans la législation en vigueur, a reçu la qualité d'une question préjudicielle négative ; ils demandent par suite éventuellement un jugement de cessation de poursuite. Inversement, Binding, I, 823, ne voit d'abord dans la prescription qu'un obstacle processuel avec effets réflexes de droit proprement dit ; Glaser, II, 49, 544 ; Lowe sur § 259, Proc. crim. ; Meyer, 32, etc., accentuent aussi la double nature de prescription. Contre eux parle le § 380, Proc. crim.

lex Julia de adulteriis (736 ou 737 de l'ère romaine), qui introduisit un délai de prescription de cinq ans pour les infractions qu'elle sanctionnait. Ce n'est que plus tard que nous trouvons la reconnaissance expresse du délai de vingt ans pour la prescription de tous les *crimina publica* en général (abstraction faite des infractions charnelles). Même dans le dernier état du droit romain, le *parricidium*, la *suppositio partus* et l'apostasie étaient imprescriptibles.

Ce n'est que dans le cours des xvie et xviie siècles que la prescription pénétra dans les Etats allemands ; la Prusse la connaît dès 1620, tandis que Bade-Durlach la repousse en 1622; en 1656, en Basse-Autriche, elle est indiquée (dans Bratsch) comme une institution tout à fait nouvelle, prise au droit bavarois de 1616. La doctrine du droit commun trouve le fondement juridique de la prescription surtout dans l'amendement présumé du délinquant (prescription acquisitive) qui, à cause d'elle, ne doit ni s'être enfui du pays, ni avoir commis une nouvelle infraction, ni avoir eu dans les mains le profit de son acte. Fréquemment la prescription est complètement exclue pour les crimes les plus graves. La lutte de tous les auteurs de la période philosophique, de S. V. Cocceji et Beccaria à Feuerbach et Henke, contre la prescription criminelle qui leur était inexplicable et qui est encore étrangère au droit anglo-américain (l'Autriche l'avait supprimée en 1787, mais l'avait rétablie en 1803), se termina par l'admission, dans la législation allemande moderne (d'abord la Saxe en 1838, mais non la Prusse en 1851 et l'Autriche en 1852), non seulement de la prescription de l'action publique, mais aussi, d'après l'exemple de la législation française de 1791 et 1808, de la prescription de la peine valablement ordonnée en droit (qui se rencontrait déjà dans la jurisprudence). Cependant pour les crimes entraînant la mort ou une peine perpétuelle privative de liberté, la prescription fut exclue (encore en Autriche 1852). La législation impériale suit le droit français.

§ 77. — La prescription de l'action.

Bibliographie — *Aberer*, Thèse Erlangen, 1898. — *Kley*, Thèse Erlangen, 1899. — *Aüg*, Thèse Erlangen, 1899.

I. — **Le délai pour la prescription de la poursuite pénale** (C. P. I. § 67) est de ;

1. Vingt ans, *pour les crimes,* s'ils entraînent la mort ou la réclusion à vie ; quinze ans, s'ils entraînent au maximum une peine privative de liberté d'une durée de plus de dix ans; dix ans, s'ils entraînent une peine privative de liberté moindre.

2. Cinq ans ou trois ans, *pour les délits*, suivant qu'ils entraînent au maximum une peine d'emprisonnement de plus de trois mois ou au contraire une peine moindre. Si la sanction est l'amende, le délai est toujours de trois ans seulement, même si la peine privative de liberté correspondant à l'amende dépasse trois mois.

3. Trois mois *pour toutes les contraventions.*

Le calcul se règle d'après le maximum du cadre pénal ; les principes exposés plus haut § 26, IV, s'appliquent ici aussi suivant les espèces. Notamment, pour la prescription de la tentative et de l'assistance, on décide d'après le cadre pénal non réduit (1).

Des délais spéciaux de prescription se rencontrent dans de nombreuses lois complémentaires : loi sur le timbre des effets de commerce de 1869, § 16 (cinq ans) ; règlement sur l'industrie, § 145 (trois mois) ; loi fédérale douanière de 1869, § 164 (trois ans) ; loi sur les malteries de 1872, § 40 (trois ans) ; loi sur la presse de 1874, § 22 (six mois pour les crimes et délits) ; loi sur le timbre des cartes à jouer de 1878 § 20 (trois ans) ; loi sur l'impôt du tabac de 1879, § 45 (trois ans) ; loi sur l'impôt des eaux-de-vie de 1887, § 35 (trois ans et un an) ; loi sur l'impôt des sucres de 1891, § 61 (idem) ; loi sur les brevets de 1891, § 39 (trois ans) ; loi sur le canal Kaiser-Wilhelm de 1899 (trois ans). Cf. aussi loi d'introduction au C. P. I, § 7, d'après lequel les infractions aux dispositions sur le paiement de l'impôt des eaux-de-vie, de l'impôt sur la bière et des taxes postales se prescrivent par trois ans.

II. — **Le délai commence à courir** du jour où l'infraction a été commise, sans qu'il y ait lieu de considérer le

(1) *Contra* l'opinion commune.

moment où le résultat est survenu (§ 67, al. 4). Donc, est décisif pour le début de la prescription le moment de l'acte volontaire. Par contre, non seulement l'intervention du résultat final, mais aussi celle d'un « résultat intermédiaire » éventuel n'est pas prise en considération (2).

De même, l'existence d'une condition de la criminalité (plus haut § 44) est sans influence sur le début de la prescription. Cependant l'absence d'une condition de la criminalité peut, suivant les circonstances, avoir pour conséquence de suspendre la prescription.

La prescription des actes d'instigation ou d'assistance commence indépendamment de l'acte de l'auteur principal (3).

D'après les dispositions expresses du § 35 de la loi sur l'impôt des eaux-de-vie de 1887 (dans le même sens la loi sur l'impôt des sucres), les peines frappant le « propriétaire de distillerie en cette qualité » (voir plus haut § 58, note 5) se prescrivent en même temps que la peine de l'auteur.

Une série d'actions séparées que le droit considère comme une unité d'infraction (plus haut § 55), doit être traitée comme une unité également en ce qui concerne le début de la prescription. C'est ainsi que dans

(2) Dans l'incendie la prescription commence à courir du moment de la pose du dispositif incendiaire. — Le Tribunal d'Empire semble avoir de plus en plus tendance à calculer le début de la prescription, contrairement au texte non équivoque de la loi, seulement à partir de la venue du résultat et à ne négliger que le « résultat plus éloigné ». Cf. R, XXI, 228, XXVI, 261. Dans le même sens OLSHAUSEN, § 67, 9. Exact BIRKMEYER, 1087 ; FRANK, § 67, II ; KITZINGER (Bibl. § 31) 203 ; MEYER, 336.

(3) Dans le même sens HAELSCHNER, I, 700 ; MEYER, 327 ; v. WAECHTER, 308. *Contra*, la plupart des auteurs, BINDING, I, 840 ; BORCHERT, *Verantwortlichkeit*, 55 ; OLSHAUSEN, § 67, 16 ; R, v, 282 ; XI, 20, et cela en raison de la nature subordonnée de la complicité, qui pourtant ne peut être prise ici en considération, le résultat restant sans influence.

l'infraction continue, la prescription commence seulement avec le dernier terme de l'activité délictuelle (4); il en est de même en ce qui concerne le délit d'habitude ou professionnel, tandis que pour l'infraction d'état (par exemple la bigamie ; mais cf. C P. I. § 171), l'action délictuelle seule et unique, mais non l'état produit, est décisive.

La prescription des délits de presse commis au moyen du texte d'un imprimé commence avec le début de la mise en vente ou de la distribution (5).

Dans les infractions consistant dans la violation d'une obligation, la prescription débute lorsque cesse l'accomplissement du devoir et de l'obligation.

Dispositions spéciales : d'après le § 121 de la loi sur les gens de mer de 1902, la prescription commence à courir du jour où le navire touche en premier lieu un office des gens de mer. D'après la loi sur les droits d'auteur de 1901, le délai de prescription, en cas de contrefaçon, débute le jour où la mise en vente ou distribution a d'abord eu lieu (§ 50), et en cas de vente illégale, de représentation ou d'exécution illégales, le jour où l'action illégale s'est produite en dernier lieu (§ 51). La prescription des fraudes en matière de timbre des effets de commerce commence, d'après le § 17 de la loi de 1869, le jour de l'émission de l'effet.

III. — La prescription est interrompue par chaque action du juge dirigée contre l'auteur en raison de l'acte commis (C. P. I. § 68). Les §§ 453 et 459 proc. crim.

(4) Dans le même sens en principe R, x, 204 avec l'opinion (commune ; *contra* BINDING, I, 837 est *Grundriss*, I, 256 (6e éd. qui dans les délits collectifs admet la prescription partielle),) HEINZE, HH, II, 617 ; KITZINGER (Bibl. § 31) 249 ; KOHLER, *Handbuch des Patentrechts*, 1900, p. 900 ; V. WAECHTER, 509.

(5) Cf. v. LISZT, *Pressrecht*, 206. De même ABERER, mais qui nie la prescription indépendante de la distribution ou vente de « seconde main » ou ultérieure. *Contra* BINDING, *Grundriss*, I, 226 ; RATHENAU, GS, LIII, 376 (qui considèrent tous deux comme décisif le dernier acte de vente ou distribution) ; STENGLEIN, GS, LIII, 384.

donnent également un effet interruptif à la mesure pénale prise par la police et à la décision pénale des autorités administratives ; la loi sur le timbre des effets de commerce de 1869, § 17, confère le même effet à tout acte émanant de l'autorité. Il faut y joindre, d'après le § 10 de la loi d'introduction à l'organisation de la justice militaire, toute action dirigée, en raison de l'acte commis, contre l'auteur, par le chef de la juridiction militaire (*Gerichtsherr*), par l'officier de justice militaire, le conseiller de conseil de guerre ou le conseiller supérieur de conseil de guerre chargé de l'instruction et par celui chargé de soutenir l'accusation, ainsi que par les supérieurs directs dans les cas du § 3 de la loi d'introduction au C. P. Mil. Ce sont seulement les actions dirigées contre l'auteur en tant qu'auteur d'un fait déterminé, et non pas les recherches préliminaires destinées à retrouver la trace de l'agent, qui interrompent la prescription ; la citation comme témoin ne suffit donc pas, même si l'individu cité se reconnaît alors coupable, et ne prête pas serment pour ce motif. L'interruption n'a lieu qu'à l'égard de l'auteur auquel se rapporte l'action. Avec l'interruption commence une nouvelle prescription.

IV. — La prescription **est suspendue** (C. P. I. § 69 dans la teneur de la loi du 26 mars 1893) pendant le temps au cours duquel, en vertu d'une disposition de la loi, la poursuite pénale n'a pu être commencée ou continuée. Si (notamment) le début ou la continuation de la procédure pénale dépend d'une question préjudiciellle qui ne peut être décidée que par une autre procédure, la prescription est suspendue jusqu'à la fin de cette dernière procédure (6).

Si une plainte ou une autorisation est nécessaire pour la poursuite pénale, le défaut de cette plainte ou

(6) Cf. ALTONA, GS, XLIII, 205 ; MEVES, GA, XXXIX, 147 ; sur la loi de 1893, SEUFFERT, Z, XIV, 513.

de cette autorisation n'est pas un obstacle au cours de la prescription.

V. — L'**effet** de la prescription est de supprimer l'action publique, mais non l'infraction. C'est précisément pourquoi la prescription peut être intervenue à l'égard de l'un de plusieurs participants, tandis que les autres sont toujours punissables.

§ 78. — La prescription de la peine.

I. — **L'exécution de peines valablement prononcées en droit** se prescrit (C. P. I. § 70):

1. Si la peine prononcée est la mort ou la réclusion à vie ou la détention dans une forteresse à vie, par trente ans;
2. Si la peine prononcée est la réclusion ou la détention dans une forteresse pour plus de dix ans, par vingt ans;
3. Si la peine prononcée est la réclusion jusqu'à dix ans ou la détention dans une forteresse de cinq à dix ou l'emprisonnement de plus de cinq ans, par quinze ans;
4. Si la peine prononcée est la détention dans une forteresse ou l'emprisonnement de deux à cinq ans ou l'amende de plus de six mille marks, par dix ans;
5. Si la peine prononcée est la détention dans une forteresse ou l'emprisonnement jusqu'à deux ans, ou l'amende de plus de cent cinquante marks jusqu'à six mille marks, par cinq ans;
6. Si la peine prononcée est la détention simple ou l'amende jusqu'à cent cinquante m. par deux ans (1).

II. — La prescription **commence** le jour où le jugement a acquis force de loi (C. P. I. § 70).

III. — La prescription est **interrompue** par tout acte

(1) Il faut ranger ici aussi la réprimande, oubliée par le législateur. Actuellement dans le même sens FRANK, § 70, III.

tendant à faire exécuter la peine, et émanant de l'administration chargée de l'exécution, ainsi que par l'arrestation du condamné en vue de l'exécution de la peine. Après l'interruption de l'exécution de la peine commence une nouvelle prescription (C. P. I. § 72).

IV. — L'exécution d'une peine commune se prescrit en un bloc (2). L'exécution d'une peine pécuniaire prononcée avec une peine privative de liberté en raison du même acte, ne se prescrit pas avant l'exécution de la peine privative de liberté (C. P. I. § 71). De même les peines accessoires, dans la mesure où elles arrivent à exécution, se prescrivent avec la peine principale. La loi fait une exception pour les peines accessoires temporaires atteignant l'honneur (C. P. I. § 36) et pour les peines accessoires de surveillance de police (C. P. I. § 38). Pour ces deux catégories, l'effet de la décision judiciaire commence précisément avec la prescription de la peine principale. Ceci s'applique également à la conséquence accessoire de la condamnation prévue par le § 3 de la loi sur les denrées alimentaires de 1879.

V. — Si les lois complémentaires, comme c'est notamment le cas pour les lois douanières et fiscales, règlent expressément la prescription de la poursuite sans mentionner celle de l'exécution, cette dernière doit être considérée comme exclue. Ceci s'applique, en cas semblable, aux matières régies par la législation particulière des Etats confédérés (plus haut, § 20, note 1).

(2) Opinion commune. *Contra* Frank, § 74, IV, qui se rattache à Beling, KVS, neue Folge, V, 91.

TABLE DES MATIERES

II. — Principes de la politique criminelle

III. — Les sources du droit pénal impérial

(*Etat des sources, Bibliographie, Domaine*).

PARTIE GÉNÉRALE

LIVRE PREMIER

L'INFRACTION

PREMIÈRE SECTION

LES ÉLÉMENTS CONSTITUTIFS DE L'INFRACTION

I. — L'INFRACTION EN TANT QU'ACTE

II. — L'INFRACTION ACTE ILLICITE

III. — L'INFRACTION ACTE FAUTIF

IV. — L'INFRACTION CONSIDÉRÉE COMME L'ACTE INJUSTE PUNISSABLE

SECTION II

I. — CONSOMMATION ET TENTATIVE DE L'INFRACTION

II. — L'ACTE PRINCIPAL ET LA PARTICIPATION

III. — UNITÉ ET PLURALITÉ DES INFRACTIONS

DEUXIÈME LIVRE

LA PEINE

I. — CONCEPT

II. — LES MODES DE LA PEINE (LE SYSTÈME PÉNAL)

APPENDICE

III. — La mesure de la peine dans la loi et le jugement

IV. — L'extinction de l'action publique

Saint-Amand (Cher). — Imprimerie Bussière

DROIT, JURISPRUDENCE, ECONOMIE POLITIQUE, SCIENCE FINANCIÈRE
ASSURANCES, LEGISLATION COLONIALE, DROIT ÉTRANGER, PHILOSOPHIE
HISTOIRE, HYGIÈNE, ASSISTANCE, PREVOYANCE
SOCIOLOGIE, SOCIALISME, ETC.

DEUXIÈME SUPPLÉMENT
AU
CATALOGUE

OUVRAGES DU FONDS
PARUS EN 1910

Envoi franco — **EN DISTRIBUTION :** — Envoi franco

CATALOGUE GÉNÉRAL des OUVRAGES du FONDS :

1re Partie : **Droit, Jurisprudence, etc.**

2e Partie : **Economie politique, Sociologie, etc.**

1er Supplément : **Ouvrages parus en 1908 et 1909.**

PARIS (5e)

V. GIARD & E. BRIÈRE

LIBRAIRES-ÉDITEURS

16, RUE SOUFFLOT ET 12, RUE TOULLIER

1910-1911

AVIS

Par la centralisation de tous les ouvrages de droit, la publication de nombreux catalogues et ses relations étendues, la maison **V. GIARD & E. BRIÈRE** se recommande à MM. les Libraires de province et de l'étranger qui voudraient lui confier le dépôt et la vente des ouvrages de ce genre qu'ils éditent.

La maison se charge, soit pour son compte, soit pour celui des auteurs, de l'impression des ouvrages de droit, de jurisprudence, d'économie politique, de science financière et de sociologie, et reçoit en dépôt tous ceux dont on lui confie la vente.

PRIX DES RELIURES

EN 1/2 CHAGRIN			EN 1/2 BASANE		
Format in-18	1 fr.	50	Format in-18	1 fr.	20
— in 8 carré . . .	2	»»	— in-8 carré . . .	1	50
— in-8 raisin . . .	2	50	— in-8 raisin . . .	1	75
— in-4 (Dalloz) . .	3	»»	— in-4 (Dalloz) . .	2	50

ACHAT DE BIBLIOTHÈQUES
ÉCHANGE DE LIVRES

IMPRESSION
DE
THÈSES DE DOCTORAT EN DROIT

Travail soigné. — Beau papier. — Prix très réduit

ASSORTIMENT COMPLET DE THÈSES DE DROIT

Mode de paiement

A défaut de mandat accompagnant la lettre de demande, le paiement devra se faire à réception des marchandises par mandat ou chèque sur Paris.

Il sera ouvert un compte :

1° A ceux de nos clients habituels qui le demanderont; le règlement aura lieu tous les trois mois, par traite ou par mandat-postal, à leur volonté;

2° Aux Préfectures, Cours, Tribunaux, Justices de Paix, dont les fournitures se règlent par la voie administrative.

Indépendamment des ouvrages portés sur ce Catalogue, la librairie V. GIARD & E. BRIÈRE se charge de procurer aux meilleures conditions tous les autres livres de Droit, Médecine, Sciences, Littérature, Architecture, etc., etc., publiés en France ou à l'étranger

DROIT, JURISPRUDENCE, ÉCONOMIE POLITIQUE, SCIENCE FINANCIÈRE ASSURANCES, LÉGISLATION COLONIALE, DROIT ÉTRANGER, PHILOSOPHIE HISTOIRE, HYGIÈNE, ASSISTANCE, PRÉVOYANCE SOCIOLOGIE, SOCIALISME, ETC.

DEUXIÈME SUPPLÉMENT AU CATALOGUE

OUVRAGES DU FONDS

PARUS EN 1910

Envoi franco aux prix marqués sur ce catalogue

A

ANNALES DE L'INSTITUT INTERNATIONAL DE SOCIOLOGIE :
— XII. **La Solidarité sociale** dans le temps et dans l'espace. 1910. Un vol. in-8 . . . . 7 fr. »
— XIII. **La Solidarité sociale**. Ses formes, son principe, ses limites. 1911. Un vol. in-8. . . . . 7 fr. »

ASPE-FLEURIMONT (L.), *membre du Conseil supérieur des colonies.* — **Le Colonial**. Communication faite à la Société de Sociologie de Paris. 1910. Une brochure gr. in-8 . . . . 1 fr. »

AUBRY (D.), *Publiciste.* — Réformes politiques et sociales de la Troisième République depuis 1870 jusqu'à nos jours. 1910. Une brochure in-18. 0 fr. 20

B

BALDWIN (J. Mark), *ancien professeur de psychologie à l'Université John's Hopkins, vice-président de l'Institut international de Sociologie.* — **Psychologie et Sociologie**. L'Individu et la Société. Traduit de l'anglais par Pierre Combret de Lanux. 1910. Un vol. in-18. . . . . 2 fr. »

☞ Cet ouvrage fait partie de la *Bibliothèque sociologique internationale* (série in-18 B).

BALLET (A.), *docteur en droit.* — **Le Droit d'auteur sur les œuvres de peinture et de sculpture**. 1910. 1 vol. gr. in-8 . . . . 4 fr. »

Historique. Législation. Droit moral. Création de l'œuvre. Saisie-vente. *Droits de l'artiste sur l'œuvre vendue.* Reproduction. Contrefaçon. Le Domaine public. La *plus value des œuvres d'art.*

BEAUBOIS (G.). — **La Crise postale et les monopoles d'Etat**. 1909. Un vol. in-18. . . . . 0 fr. 75

☞ Cet ouvrage fait partie des *Editions du mouvement socialiste*, (I).

BERGERON (J.). — **Le Collège libre des Sciences sociales**. Ses origines. Son fonctionnement. Suivi de la liste des professeurs ayant enseigné au Collège depuis sa fondation, avec l'indication, année par année, des sujets traités. 1910. Un petit vol. in-18 . . . . 1 fr. »

BERNARD (M.), *secrétaire général du département de Seine-et-Marne.* — **L'Hygiène publique obligatoire en France**. La lutte administrative contre le choléra et les autres maladies transmissibles. Avec une préface du docteur A. Marié, médecin en chef de l'asile de Villejuif. 1910. 1 vol. in-18 relié toile . . . . 4 fr. »

☞ Cet ouvrage fait partie de l'*Encyclopédie internationale d'assistance, prévoyance, hygiène sociale et de démographie* (Hygiène, 1re série, IV).

La crainte d'épidémies ou de contamination provoquée par les récentes inondations qui ont éprouvé si cruellement le bassin de Paris, donne une singulière actualité au nouvel ouvrage de M. Marcel Bernard, le distingué secrétaire général de Seine-et-Marne : *L'Hygiène publique obligatoire en France.*

Ce volume, qui contient toutes les prescriptions du Conseil supérieur d'Hygiène de France et une documentation très complète sur la législation sanitaire, permettra aux simples citoyens de combattre utilement toutes les maladies contagieuses et aux autorités municipales d'établir solidement les arrêtés pris en vue de sauvegarder la santé publique.

BERTHELEMY (H.), *professeur à l'Université de Paris.* — **Les méthodes juridiques.** *Voyez* : Larnaude.

BERTHOD (A.), *agrégé de philosophie, docteur ès-siences politiques et économiques.* — **P.-J. Proudhon et la Propriété.** Un socialisme pour les paysans. 1910. 1 vol. in-18. . . . . 3 fr. »

☛ Cet ouvrage fait partie de la *Bibliothèque socialiste internationale* (XIII).

C'est une étude doublement actuelle que ce livre sur *P.-J. Proudhon et la Propriété*, en un moment où les idées du grand polémiste recommencent à exercer dans les milieux les plus divers une si profonde influence et où la question de la propriété paysanne préoccupe si vivement les partisans comme les adversaires du socialisme.

BILLIA (L. Michelangelo), *professeur de philosophie à l'Université de Turin.* — **Pourquoi le libre-échange n'est pas populaire.** 1910. Une brochure gr. in-8. . . . . 1 fr. »

BOCHARD (A.), *secrétaire de la Société de Sociologie de Paris, membre de la Société d'Economie politique.* — **L'Evolution de la Fortune de l'Etat** (Ouvrage récompensé par l'Institut de France. 1910. 1 vol. in-8 broché. 6 fr. »

— **Le même**, relié (reliure de la Bibliothèque) . . . . 7 fr. »

☛ Cet ouvrage fait partie de la *Bibliothèque sociologique internationale* (XLIII).

Au moment où l'opinion publique se préoccupe de plus en plus des industries d'Etat, l'auteur a entrepris de démontrer, dans une étude documentée, que les grandes questions d'économie publique sont liées intimement à l'évolution sociale. Il fait voir que les transformations subies par la fortune de l'Etat à travers les époques et les civilisations, dépendent, à un haut degré, des progrès du droit public et des formes juridiques de la propriété publique, aussi bien que des diverses manières de concevoir le rôle économique et social de l'Etat.

On peut donc affirmer que considérée sous cet aspect, l'étude des grands problèmes financiers contemporains est d'ordre sociologique, mais ce livre n'est pas seulement une contribution à la sociologie économique, juridique et financière. En raison de la méthode adoptée, il peut être aussi d'un utile secours pour l'étude d'une des branches les plus importantes de la science des finances.

BONZON (J.), *avocat.* — **La corporation des maîtres-écrivains et l'expertise en écritures sous l'ancien régime.** Avec une préface de M. F. Buisson. 1899. Une brochure in-18 . . . . 1 fr. »

BOULLOCHE (L.). — **Les populations indigènes de l'Annam.** *Voyez* : Maunier.

BRETON (J. L.), *député.* — **Le Plomb.** 1910. Un vol. in-18 relié toile. 4 fr. »

☛ Cet ouvrage fait partie de l'*Encyclopédie internationale d'assistance, prévoyance, hygiène sociale et de démographie* (Hygiène-v).

Actuellement il est scientifiquement établi que le saturnisme peut être considéré comme le type des intoxications professionnelles. A ce point de vue la céruse a en particulier attiré l'attention des hygiénistes et des savants, aussi a-t-elle motivé le projet de loi que M. Breton fit adopter au parlement pour entrer en vigueur en janvier 1905. M. Breton a pensé de signaler aussi les mouvements graves et souvent ignorés des composés du plomb même étrangers à la peinture.

Il appartenait en effet à l'Encyclopédie internationale d'Hygiène et de Démographie de vulgariser ces notions et d'attirer l'attention de tous sur toutes les nocivités d'un métal dont l'emploi habituel peut avoir les pires conséquences et peut être rigoureusement écarté.

BRUN (Ch.), *agrégé de l'université.* — **Le Roman Social en France au XIXe siècle.** 1910. Un vol. in-8 broché . . . . 6 fr. »

— **Le même,** relié (reliure de la collection) . . . . 7 fr. »

☞ Cet ouvrage fait partie de la Collection des *Etudes économiques et sociales* (X).

Après deux chapitres préliminaires où les rapports de la littérature et des mœurs sont analysés avec le plus grand soin, l'auteur passe en revue successivement le socialisme littéraire des romantiques, George Sand, E. Sue, V. Hugo, etc., et le travail de l'école naturaliste, Flaubert, E. Zola, etc. Il montre ensuite, dans une série d'attachantes monographies, comment le roman des trente dernières années a traité de la femme, du prêtre, du magistrat, du politique, des foules. Deux chapitres sur le roman régionaliste et le roman colonial terminent cet important ouvrage. Malgré la rigueur de la méthode et l'abondance de la documentation (près de trois cents romanciers y sont cités), le livre garde un tour alerte et vivant. Il intéressera à la fois les Français et les étrangers, les littérateurs, les sociologues et tous ceux qui désirent suivre, sous sa forme attrayante, le mouvement contemporain des idées.

C

CADOUX (G.). — **La politique financière du Conseil municipal de Paris.** 1909. Une brochure grand in-8 . . . . 1 fr. »

CANNAN (Edwin), M. A. L. L. D., *professeur titulaire de théorie économique à l'Université de Londres.* — **Histoire des Théories de la production et de la distribution dans l'Economie politique anglaise de 1776 à 1848.** Traduction sur la 2e édit. par H. E. Barrault et Maurice Alfassa. Un vol. in-8 . . . . 12 fr. »

Le même, ouvrage relié (reliure de la Bibliothèque) . . . . . 13 fr. »

☞ Cet ouvrage fait partie de la *Bibliothèque internationale d'Economie politique.*

CAVAILLON (A.), *juge de paix à Marseille, ancien juge suppléant au tribunal civil, chargé de l'Instruction.* — **Manuel pratique des Lois sociales** (Réglementation et protection du travail; repos hebdomadaire; accidents du travail; assistance médicale; assistance aux vieillards; assistance judiciaire; habitations à bon marché, etc. etc.), 1910. 1 vol. in-18. . 2 fr. »

Ce manuel ne s'adresse ni aux magistrats ni aux gens de loi. Il est écrit pour le public et surtout pour les travailleurs. Une expérience de dix ans dans les parquets, les tribubunaux et les justices de paix, a permis à l'auteur de constater que bien des justiciables ignoraient toute l'étendue de leur droit. Souhaitons que ce petit manuel soit pour eux de quelque utilité. Le lecteur ne trouvera donc dans cet ouvrage ni des controverses juridiques ni des phrases académiques Les lois sont traduites, autant que possible, dans un langage compréhensible, qui est celui de tout le monde, et pour simplifier dans un style parfois un peu télégraphique.

CHAUFFARD (E.) — **Les Populations de l'Annam,** *Voyez* Maunier.

COMPAIN (L. M.). — **La Femme dans les organisations ouvrières.** 1910. 1 vol. in-18. 2 fr. »

L'auteur a voulu faire œuvre d'information exacte et vécue, en même temps que d'impartiale appréciation, et la lecture de ce petit volume permettra de se convaincre que ce but a été entièrement atteint.

CORNEJO. — **Sociologie pure** . . . . (*Sous presse*

☞ Cet ouvrage fait partie de la *Bibliothèque sociologique internationale.*

COSENTINI (Fr.). — **Féminisme et Science positive.** 1909. Une brochure gr. in-8 . . . . 1 fr. 50

CROCE (B.). — Ce qui est vivant et ce qui est mort de la **Philosophie de Hegel.** Traduit de l'italien avec l'autorisation de l'auteur par H. Buriot, *agrégé de l'Université.* 1910. 1 vol. in-8 . . . . 5 fr. »

M. Croce a mis en pleine lumière aussi bien la valeur que les défauts de la philosophie de Hegel. Il montre d'abord en quoi consiste la grande découverte de ce « géant de la pensée » : la synthèse des contraires ou dialectique; il en recherche les précédents et fait ressortir la supériorité et l'originalité de Hegel, qui comprend et corrige les points de vue de ses prédécesseurs. Il étudie ensuite sa conception de la réalité et établit entre le philosophe allemand et l'italien Vico une intéressante comparaison. Puis il expose quelle fut l'erreur philosophique de Hegel, erreur qui n'est pas dans la dialectique elle-même, mais dans l'abus de la dialectique appliquée à tort aux concepts distincts.

La bibliographie qui termine le volume, et qui a encore été augmentée dans cette édition française de M. l'étude de Benedetto Croce, est une des plus complètes qui existe.

CROZAT (J. F.), *docteur en droit, avocat à la Cour.* — **Rostoff-sur-le-Don et le Commerce des céréales.** 1910. 1 vol. gr. in-8 . . . . . . 5 fr. »

D

DEGRULLY (Paul), *docteur en droit, ingénieur agricole, répétiteur d'économie et de législation rurales à l'Ecole nationale d'agriculture de Montpellier.* — **Essai historique et économique sur la production et le marché des vins en France.** 1910. Un vol. gr. in-8. . . . . 8 fr. »

Volumineux et consciencieux travail sur un sujet complexe et délicat entre tous et qui mérite plus qu'une simple mention. Le plan et le programme en sont clairement précisés dans la préface ; « Nous nous sommes efforcé de montrer, dit l'auteur, que si les vignerons se trouvent molestés par l'Etat, persécutés par la Régie, exploités par les intermédiaires, concurrencés par les falsificateurs, ce n'est pas là un fait nouveau, mais que de tous temps la culture de la vigne a été soumise à une étroite réglementation, que le vin a, dès l'origine, été grevé de lourds impôts, que les intermédiaires ont toujours été nombreux et que la fraude n'est pas une invention moderne. »

DENIS (M.), *professeur d'économie politique à l'Université libre de Bruxelles.* — **Sur la Prévision en Sociologie.** 1910. Une broch. gr. in-8 av. pl. 1 fr. »

DOCZI (Dr S.), *secrétaire général de l'association des Chambres syndicales industrielles de la Hongrie.* — **Les Expositions borgnes.** Leurs inconvénients et les moyens de les combattre. 1910. Une brochure in-8 . . 1 fr. 50

Etude des moyens de lutter contre la multiplication des soi-disant « Expositions internationales » organisées par des gens peu scrupuleux dans le but de soutirer aux commerçants et industriels des fonds en échange de médailles sans valeur.

DUBIEF (F.), *ancien ministre, vice-président de la Chambre des députés.* — **L'apprentissage et l'enseignement technique.** 1910. Un vol. in-18 relié toile . . . . 6 fr. »

☛ Cet ouvrage fait partie de l'*Encyclopédie internationale d'assistance, prévoyance, hygiène sociale et de démographie* (Prévoyance, 1re série, III).

Dans un style clair et précis, l'auteur nous décrit l'organisation actuelle en France de l'instruction professionnelle et avec la compétence d'un ancien grand maître de l'enseignement technique, il en montre tous les rouages et en expose tous les degrés.

Il reconnaît ensuite la supériorité de l'étranger, donne en modèle à ses compatriotes les institutions qui chez nos voisins lui ont paru préférables aux nôtres. L'exposé des réformes accomplies et des progrès réalisés à côté de nous, nous permet de mesurer le chemin qui nous reste à parcourir.

DUPONT (Aug.), *licencié en philosophie, docteur en droit.* — **Gabriel Tarde et l'Economie politique.** (Un essai d'introduction du point de vue psychologique dans le domaine économique). 1910. 1 vol. gr. in-8 . . . 7 fr. 50

Dans cet ouvrage, après avoir exposé brièvement en 85 pages le système philosophique de Tarde et les illustrations qu'il en a faites dans les divers domaines de la science sociale, l'auteur étudie tout spécialement les applications de la théorie de l'imitation dans le domaine économique. Il nous montre que l'originalité du grand théoricien de l'imitation consiste dans le point de vue psychologique sous lequel il envisage les phénomènes économiques et nous présente quelques-uns des aperçus curieux et ingénieux qui font le charme de cette œuvre de Tarde.

DURAS (Victor Hugo). — **La Paix par l'Organisation internationale**, avec préface de M. Émile Arnaud. 1910. Un vol. in-18 . . . . . 2 fr. 50

DURIEU (J.). — **Les Parisiens d'aujourd'hui, Les types sociaux de simple récolte et d'extraction.** 1910. Un fort vol. in-18 . . . 5 fr. »

Le public n'a pas oublié les retentissants ouvrages d'Edmond Demolins et notamment « *A quoi tient la supériorité des Anglo-Saxons.* » Demolins est mort prématurément mais voici qu'un de ses élèves, M. Joseph Durieu, continuant son œuvre, nous donne aujourd'hui un livre qui est, en quelque sorte, la suite de celui du maître sur « *Les Français d'aujourd'hui.* »

C'est une étude des plus documentées où tous, sociologues, moralistes, hygiénistes, administrateurs, hommes d'état, ou simples curieux, trouveront des renseignements du plus haut intérêt.

Pourquoi le chiffonnier, le mégottier et leurs pareils sont-ils réfractaires au socialisme ? Quelles sont les raisons de l'esprit si démocratique des petits cultivateurs de la banlieue parisienne ? A quoi tient l'invasion du socialisme dans la grande culture ? Toutes ces questions soulèvent de graves problèmes sociaux. Cette étude n'est pas seulement scientifique, le pittoresque y tient aussi une grande place.

E

ESTOURNELLES DE CONSTANT (M. d'), *sénateur, membre de la Cour de La Haye.* — **Le Diplomate.** Communication faite à la Société de sociologie de Paris. 1910. Une brochure gr. in-8 . . . . 1 fr. »

F

FABRE (L. A.). — **L'Etat et la Dépopulation montagneuse en France.** 1909. Une brochure gr. in-8. . . . . 1 fr. »

FEHMI (Youssouf). — **La Révolution ottomane.** 1910. Un vol. petit in-8 avec portrait et documents fac-simile . . . . 5 fr. »

FINOT (L.). — **Les Populations indigènes de l'Annam.** *Voyez* : Maunier.

FONTALIRANT (W.) — **Etude critique du Système électoral actuel.** L'Absurde Souverain. 1910. 2e édition. Une brochure in-8. . . . 1 fr. »

FOURNIÈRE (Eug.). — **La Sociocratie.** Essai de politique positive. 1910. 1 vol. in-18 broché . . . . 2 fr. 50

— **Le même**, relié (reliure de la Collection) . . . . 3 fr. »

☞ Cet ouvrage fait partie de la *Collection des Doctrines politiques* (XVI).

La crise politique et sociale que nous traversons semble ne nous laisser que deux issues : le césarisme ou l'anarchie. Selon l'auteur, ni la démocratie pure ni le socialisme classique ne peuvent conjurer cette crise et s'achever l'un par l'autre, ayant tous deux épuisé leur vertu. Il faut donc que la démocratie, instrument historique nécessaire du socialisme, se dépasse et se transforme si elle veut s'adapter à la complexité d'une vie sociale, sans cesse enrichie de nouvelles fonctions auxquelles ne suffisent plus les anciens organes publics.

FRANCK (Ch.), *docteur en droit, avocat à la Cour d'appel.* — **Les Bourses du Travail et la Confédération générale du Travail.** 1910. 1 volume gr. in-8. . . . . 10 fr. »

FRÉDÉRIC SIMON (P.). — **Le Gouvernement de M. Thiers** d'après la résolution du 17 février 1871. 1910. Une brochure gr. in-8 . . . . 1 fr. 50

G

GARÇON, *professeur à la Faculté de droit de Paris.* — **Les méthodes juridiques.** *Voyez* : Larnaude.

GASCON Y MARIN (J.), *professeur à la Faculté de droit de Saragosse.* — **La Réforme du régime local en Espagne.** 1909. Une brochure gr. in-8. . . . . 1 fr. 50

GASCON Y MARIN (J.). — **La Juridiction contentieuse administrative en Espagne.** 1906. Une brochure gr. in-8 . . . . 1 fr. »

GAUTIER (L.), *docteur en droit.* — **Les Crédits supplémentaires.** Leur influence sur le résultat final des budgets. 1909. Une brochure gr. in-8 . . . . 1 fr. »

GAUTIER (L.), *docteur en droit. Diplômé de l'Ecole des Sciences politiques.* — **L'Etat financier.** Quelques points de vue. 1910. 1 vol. in-18 . . 2 fr. 50

L'Etat moderne tend à exproprier de plus en plus l'industrie privée. Sans apprécier ce mouvement au point de vue général, on peut se demander ce qu'il vaut au point de vue financier. L'initiative individuelle applique généralement à la gestion financière de ses entreprises des méthodes d'ordre et d'économie. Quels procédés l'Etat peut-il opposer à celles-ci ? Il est facile de relever des exemples nombreux où apparaissent les dangereuses exagérations dont sont souvent victimes nos finances publiques. M. Louis Gautier n'a retenu et développé dans son ouvrage que quelques cas : les crédits additionnels qui sont le véritable écueil où vient se briser l'équilibre des budgets ; les opérations de banque au moins spéciales à l'aide desquelles l'Etat fait face aux déficits de ses budgets et de ses opérations hors budget ; la fonte rapide des excédents budgétaires devant les appétits toujours prêts à les absorber.

GENY. — **Les méthodes juridiques.** *Voyez* : Larnaude.

GERBER (P.), *maître de conférences à la Faculté de droit de Lille.* — **L'Administration en Alsace-Lorraine.** 1909. Une brochure gr. in-8. 1 fr. 50

GILIS (H.), *directeur de l'Institut des Sciences comptables et financières.* — **La Comptabilité rationnelle et pratique** en matière commerciale, industrielle et financière. Un vol. gr. in-8. . . . . 3 fr. »

La méthode préconisée par l'auteur ne constitue pas un procédé ou un système de comptabilité personnelle mais n'est que le résultat d'analyses, d'observations, d'expérimentations desquelles il a dégagé une théorie simple, harmonieuse et bien ordonnée.

GOULUT (L.). — **La Renaissance du Cléricalisme.** 1910. 1 vol. in-18 . . . . 3 fr. 50

Peut-on douter du danger qui menace nos institutions les plus belles, nos conquêtes les plus précieuses ? M. Louis Goulut, en écrivant *La Renaissance du Cléricalisme*, montre que l'alarme n'est pas vaine, et que la prudence devient nécessaire. Par là son ouvrage très documenté appartient à l'actualité la plus immédiate, et l'hommage qu'il en a fait à MM. les Instituteurs français est une approbation publique donnée à ces dignes représentants de la démocratie qui ont compris leur devoir et l'accomplissent.

H

HERVÉ (G.). — **L'Internationalisme.** 1910. 1 vol. in-18 broché . 2 fr. 50

— **Le même,** relié (reliure de la Collection) . . . . 3 fr. »

☛ Cet ouvrage fait partie de la *Collection des Doctrines politiques* (XI).

L'Internationalisme n'est pas une œuvre de combat, l'auteur dépouillant le polémiste, traite en historien cette question passionnante.

Il montre l'évolution des patries à travers les âges et à chaque grande crise de l'humanité, le Christianisme, le Protestantisme, la Révolution française, les grandes passions collectives faisant craquer les frontières en créant un véritable sentiment internationaliste

HILLERET (G.). — **La Réforme électorale** et les partis politiques en France en 1910. 1910. Une brochure in-8 . . . . 0 fr. 50

Cette brochure sera, croyons-nous, consultée avec fruit par les électeurs soucieux de connaître la grave question sur laquelle ils vont être appelés à se prononcer prochainement.

J

JELLINECK (G.), *professeur à l'Université de Heidelberg.* — **L'Etat moderne et son droit.** Traduit de l'allemand et annoté par G. Fardis. (*Sous presse*)

☞ Cet ouvrage fait partie de la *Bibliothèque internationale de droit public.*

JÈZE (G.), *professeur agrégé à la Faculté de droit de Paris. Directeur de la Revue de Science et de législation financières.* — **Traité de Science des Finances.** LE BUDGET. Théorie générale. Les Pouvoirs du Gouvernement et des Chambres législatives en matière de dépenses et de recettes publiques. 1910. 1 vol. in-8 broché . . . . 12 fr. »

— **Le même ouvrage,** relié toile . . . . 13 fr. »

Ainsi qu'on le verra par la lecture du présent livre consacré à la *Théorie générale du budget* et à l'exposé des *pouvoirs du Gouvernement et des Chambres législatives en matière de dépenses et de recettes publiques*, la méthode adoptée est strictement celle de l'observation des faits. L'auteur étudie, pour chacun des problèmes financiers, les solutions qui ont été données ou qu'on a proposées à différentes époques et dans les principaux pays civilisés. Il rapproche ces solutions des conditions sociales, économiques, financières, politiques dans lesquelles se trouve ou se trouvait l'Etat considéré au moment où telle solution a prévalu. Avec ces matériaux, il s'efforce de construire la théorie générale du problème financier envisagé.

Pour que ce travail de synthèse ait quelque valeur scientifique, il faut que les faits observés soient très nombreux, que les pays considérés soient très divers, enfin que l'analyse des phénomènes ne soit pas superficielle. Quelque difficulté que présente la connaissance approfondie des différents systèmes, des conditions sociales, économiques, financières, politiques dans lesquelles ils ont été élaborés, il convient de ne jamais oublier qu'aucune conclusion sérieuse ne peut être tirée d'un examen sommaire de ces systèmes et de ces conditions.

Voilà pourquoi il n'a pas paru possible au professeur Jèze de ne consacrer aux systèmes étrangers que des développements réduits. C'est chez lui une conviction profonde que rien de solide ne peut être fait en matière financière tant que les solutions imaginées par les différents pays à différentes époques n'auront pas été étudiées avec un très grand détail. C'est par le rapprochement, la comparaison attentive de faits nombreux minutieusement analysés et observés que des théories solides pourront être édifiées.

C'est un ouvrage qui marquera une date dans le développement des études financières en France. Il faut souhaiter que M. Jèze continue bientôt la publication de l'importante série qu'il vient de commencer. On jugera de l'intérêt de cette collection par la liste suivante des ouvrages annoncés :

II. — *La procédure et les méthodes budgétaires.* — *La période budgétaire.*
III. — *La comptabilité publique.* — *L'engagement et le paiement des dépenses publiques.* — *La création et le recouvrement des recettes publiques.*
IV. — *Le service de la Trésorerie.*
V. — *Le contrôle des opérations financières.*
VI. — *Les dépenses publiques.*
VII. — *Le crédit public. La dette publique.*
VIII — *Les revenus publics.* — *Théorie générale.* — *Le domaine.* — *Les Exploitations industrielles et commerciales.*
IX. — *Théorie générale de l'impôt.*
X et XI. — *Etude particulière des différents impôts.*
XII. — *Les finances des administrations locales et spéciales : budget, comptabilité, contrôle, dépenses et recettes.*

☞ Nota : **Chaque volume forme un ouvrage complet et se vend séparément.**

ÈZE (G.), *professeur agrégé à la Faculté de droit de Paris. Chargé du Cours du droit public et administratif.* — **Éléments du droit public et administratif** à l'usage des Etudiants en droit (Capacité) 1910. 1 vol. in-18 broché . . . . 5 fr. »

Le même, relié toile. . . . . 5 fr. 50

Ce petit livre, nous dit l'auteur, a été composé avec les notes dont il s'est servi pour faire, en 1909 et en 1910, à la Faculté de droit de Paris, le cours d'*Eléments du droit public et administratif* (*capacité*). On y trouve mises en plein relief les idées générales qui dominent le droit public et administratif français. La réglementation y tient une place très restreinte. C'est pour les étudiants un ouvrage très clair, très simple et pourtant très substantiel. C'est aussi une œuvre scientifique, bien que sommaire. Il suffit pour s'en convaincre de lire les pages consacrées à la théorie générale de la fonction publique et à la théorie du domaine. Elles sont, en partie, nouvelles et très originales.

K

KAUTSKY (Karl). — **Le Chemin du pouvoir.** Traduit de l'allemand par A. P. 1910. 1 vol. in-18 . . . . 2 fr. »

Ainsi que nous l'apprend la préface du traducteur, cet ouvrage a soulevé en Allemagne de violentes polémiques. C'est que les questions qu'il traite sont de première importance. Ce sont aussi des problèmes d'un intérêt général comme le prouvent les traductions anglaise, bulgare, hollandaise parues coup sur coup dans l'espace de quelques mois. La question de savoir si le Parti socialiste doit suivre une politique d'opposition irréconciliable ou une politique d'alliance avec des partis bourgeois se trouve soumise ici à un nouvel examen. C'est pour l'auteur une occasion de dérouler une foule de questions brûlantes de la politique allemande contemporaine qui sollicitent au plus haut degré l'intérêt du public français.

KOVALEVSKY (M.). — **La France économique et sociale à la veille de la Révolution.** Tome second : **Les Villes.** 1910. Un vol. in-8. (*Sous presse*)

☞ Cet ouvrage fait partie de la *Bibliothèque sociologique internationale.*

KRAWTCHENKO (N.), *privat-docent à l'Université d'Odessa.* — **Quelques mots sur l'importance des théories politiques.** 1910. Une brochure gr. in-8. . . . . 1 fr. »

L

LAGARDELLE (H.), *directeur du mouvement socialiste.* — **Le Socialisme ouvrier.** Un vol. in-18 broché . . . . (*Sous presse*)

☞ Cet ouvrage fait partie de la *Collection des Doctrines politiques.*

LA GRASSERIE (R. de), *associé de l'Institut international de Sociologie, Lauréat de l'Institut de France.* — **Du greffage social.** 1909. Une brochure gr. in-8 . . . . 1 fr. 50

LA GRASSERIE (R. de). — **De l'intolérance comme phénomène social.** 1910. Une brochure gr. in-8 . . . . 1 fr. 50

LAMBERT (Alf), *avocat, associé de l'Institut international de Sociologie.* — **Le Mouvement social en France** (août 1908-août 1909). Une brochure gr. in-8 . . . . 1 fr. 50

LAMOUZÈLE (Edm.), *docteur en droit, conseiller de préfecture.* — **Essai sur l'administration de la Ville de Toulouse à la fin de l'ancien régime** (1783-1790) d'après les procès-verbaux du Conseil général, du Conseil politique et des Commissions. 1910. 1 vol. gr. in-8 . . . . 2 fr. 50

Dans cette étude faite d'après des documents originaux et des pièces d'archives, l'auteur a voulu faire revivre la vie financière et administrative d'un diocèse civil de Languedoc. Il a surtout examiné le fonctionnement des petites assemblées locales, États particuliers ou assiettes qui, au-dessous des États provinciaux, accomplissaient dans chaque subdivision de Languedoc toute la besogne de la répartition de l'impôt et de son recouvrement, des travaux publics, de l'assurance, de la protection des industries et de l'agriculture.

LARNAUDE, H. BERTHÉLEMY, TRUCHY, TISSIER, GENY, THALLER, PILLET, MASSIGLI, GARÇON. — **Les Méthodes juridiques,** avec préface de Paul Deschanel. 1 vol. in-8 broché . . (*Sous presse*)

☞ Cet ouvrage fait partie de la *Collection des Études économiques et sociales.*

LA TORRE (J. Corredor). — **L'Église romaine dans l'Amérique latine.** 1910. Un vol. in-18 . . . . 4 fr. 50

LÉALÉ (H.), *privat-docent à l'Université de Genève.* — **Existe-t-il une Sociologie criminelle ?** 1909. Une brochure gr. in-8 . . . . 1 fr. »

LELONG (A.), *juge de paix.* — Commentaire de la loi du 27 décembre 1892 sur la **Conciliation et l'arbitrage facultatifs** en matière de différents collectifs entre patrons, ouvriers ou employés. Manuel pratique AVEC FORMULES à l'usage de MM. les Juges de paix, Greffiers, Patrons, Ouvriers ou employés et Syndicats. 1890. 1 vol. in-18. . . . . 1 fr. 50

☞ Cet ouvrage fait partie de la *Petite Encyclopédie sociale, économique et financière* (VIII.)

LÉOUZON LE DUC, *avocat à la Cour de Paris.* **La Réforme des Sociétés par actions.** Précédée d'une préface de M. Edmond Thaller, professeur à la Faculté de droit de l'Université de Paris. 1910. Un vol. gr. in-8 . . 2 fr. »

Cette publication vient à point, au moment où la Chambre va être appelée à reprendre l'examen des projets laissés en souffrance par les Chambres précédentes Ceux que la réforme intéresse devront donner toute leur attention au travail de M. C. Léouzon le Duc. Juriste et praticien, il a traité avec un sens très net des réalités, ces questions depuis longtemps posées par les hommes de loi et dont les hommes d'affaires souhaitent encore la solution.

M. Thaller, l'éminent professeur de droit commercial de la Faculté de Paris, qui est la plus haute autorité qu'on consulte sur la matière des sociétés, a fait précéder l'étude de M. C. Léouzon le Duc d'une *préface* où l'on retrouvera de précieuses observations sur la réforme projetée.

LISZT (Dr F. Von), *professeur ordinaire de droit à Berlin.* — **Traité de droit pénal allemand.** Traduit sur la 17e édition allemande (1908) par M. René Lobstein, docteur en droit.

Tome I : INTRODUCTION. PARTIE GÉNÉRALE. 1910. Un vol. in-8 broché. (*Sous presse*)

☞ Cet ouvrage fait partie de la *Bibliothèque internationale de droit privé et de droit criminel.*

LOWELL (A. L.), *professeur de Science politique à l'Université Harvard.* — **Le Gouvernement de l'Angleterre.** Traduction française de A. Nerincx, *professeur à l'Université de Louvain.* 1910. 2 vol. in-8 brochés. . 30 fr. »

— **Le même ouvrage**, relié (reliure de la Bibliothèque). . . . . 32 fr. »

☞ Cet ouvrage fait partie de la *Bibliothèque internationale de droit public.*

Le livre du professeur A. Lawrence Lowel sur les institutions politiques et administratives de l'Angleterre laisse loin derrière lui tous les ouvrages parus jusqu'à ce jour. Aussi a-t-il été accueilli en Angleterre avec une très grande faveur. Le savant professeur Dicey, d'Oxford, en a fait un éloge sans réserves, admirant en lui à la fois la richesse de la documentation, la précision des détails et la hauteur des vues politiques. Le juriste, l'homme politique peuvent y chercher avec la certitude d'y trouver tout ce qu'ils peuvent désirer connaître sur le développement et le fonctionnement actuel des institutions anglaises. Le rôle des partis politiques dans le Parlement et en dehors du Parlement y est analysé avec une ampleur inconnue jusqu'à ce jour.

Le nom du traducteur, le professeur Nerincx de Louvain, est un gage sûr de la fidélité et de l'élégance de l'édition française.

LUZZATTI (Luigi), *professeur à l'Université de Rome.* — **Liberté de Conscience et Liberté de Science.** Traduit par J. Chamard. *Agrégé de l'Université.* 1910. 1 vol. in-8 . . . . 10 fr. »

On sait la place occupée dans le monde économique et financier par M. Luzzatti, actuellement Président du Conseil des ministres en Italie.

Nous sommes heureux de donner la traduction d'un volume de lui, qui se rapporte à son enseignement de droit constitutionnel et qui, paru en Italie, l'an dernier, a fait grand bruit dans ce pays et ailleurs.

Il a voulu rassembler en un volume, diverses études à propos d'événements tout récents chez nous et qui se sont développés ou se développent à travers les nations civilisées du monde entier.

Après avoir examiné, dans l'introduction de son livre, les principes et le mouvement de séparation de l'état et des églises dans de nombreux parlements, il nous donne une étude curieuse sur les précurseurs asiatiques de la liberté de conscience et de culte, sur les initiateurs ignorés de cette même liberté en Europe, à la fin du Moyen Age et avant l'an mille ; il passe de là à la persécution des Juifs à cette époque et à l'action émancipatrice de saint Bernard, nous expose la doctrine de deux autres précurseurs bien différents de la liberté, en Hollande et aux Etats-Unis.

Après avoir consacré une première moitié de son ouvrage à l'histoire de l'origine l'évolution de cette grande idée de liberté religieuse, il nous expose les nouveaux problèmes juridiques et moraux auxquels elle peut donner lieu, les rapports qu'elle peut avoir avec l'émancipation des travailleurs, et comme conclusion, à l'aide d'arguments empruntés à la loi d'évolution, à la doctrine du progrès, aux idées philosophiques et religieuses de Darwin et aux doctrines des précurseurs du fatalisme statistique contemporain, il insiste sur ce grand sujet : science et foi dans la liberté.

Tel est cet ouvrage, dont certaines parties nous semblent entièrement neuves, dont les idées sont libérales et les sentiments plutôt favorables à la France.

M

MARTENS (Dr O.). — Un Caligula contemporain. Edition française par A. Chazaud des Granges. 1910. Une brochure gr. in-8 . . . . . 1 fr. »

MARTENS (Dr O.). — Un grand Etat socialiste au XVe Siècle. Constitution historique sociale et politique du Royaume de Tahuantinsuyu. Etat des Incas sur le haut plateau de l'Amérique du Sud. Traduction de A. Chazaud des Granges. 1910. Une brochure gr. in-8 . . . . 1 fr. »

MASSIGLI, *professeur à la Faculté de droit de Paris.* — **Les méthodes juridiques.** *Voyez :* Larnaude.

MAUNIER (R.), *docteur ès-sciences juridiques, politiques et économiques.* — **L'Economie politique et la Sociologie.** 1910. Un vol. in-18. 2 fr. »

☞ Cet ouvrage fait partie de la *Bibliothèque sociologique internationale* Série in-18 (II).

Les sciences sociales, après avoir vécu longtemps tout à fait à part les unes des autres, tendent de plus en plus à se rapprocher et à se fondre, ce livre le démontre en ce qui concerne l'économie politique : il n'est plus possible d'en faire une discipline autonome. L'auteur étudie le développement historique de ce point de vue ; et, dans une série de chapitres, il fait voir comment des rapports étroits sont aujourd'hui reconnus entre l'économique et les diverses sciences sociales.

MAUNIER (R.). — L'Origine et la fonction économique des villes Etude de morphologie sociale). 1910. Un vol. in-8°, broché . . . . 6 fr. »

— **Le même,** relié de la Bibliothèque) . . . . 7 fr. »

☞ Cet ouvrage fait partie de la *Bibliothèque sociologique internationale* (XLII).

En même temps qu'il a décrit et expliqué l'origine des villes, l'auteur a étudié leur fonction économique. Il a mis en lumière, mieux qu'on n'avait fait jusqu'ici, le caractère profondément agricole des anciennes villes. Il a porté son attention sur la distribution locale des industries à l'intérieur des villes, et notamment sur la tendance des industries a se fixer à la périphérie des groupements urbains. Ce livre intéresse donc à la fois le géographe, l'économiste et le sociologue. Des notes bibliographiques extrêmement riches en font en même temps un très précieux instrument de travail, nécessaire à tous ceux qui étudient ces questions.

MAUNIER (R.). — Les populations indigènes de l'Annam, *Etudes de sociologie coloniale.* Une brochure gr. in-8 . . . . 1 fr. »

MAURIVEX (L.). — De la question sociale. Tome premier : **Economie politique.** 1909. 1 vol. in-18 . . . . 3 fr. »

Ce volume contient l'exposé des lois de la production et de la répartition des richesses, encore insuffisamment connues, et que l'on doit connaître exactement, pour pouvoir résoudre la question sociale, but de l'ouvrage dont il forme la première partie

MAY (Sir Thomas Erskine. *K. C. B. D. C. L. clerk de la Chambre des Communes et Assesseur de Middle Temple.* — **Traité des Lois. Privilèges. Procédures et usages du Parlement.** Traduction française sur la 11e édition, par Joseph Delpech, *professeur de droit international public à l'Université de Dijon.* 1909. 2 vol. in-8, broché . . . . 25 fr. »

— **Le même,** relié (reliure de la Bibliothèque) . . . . 27 fr. »

☞ Cet ouvrage fait partie de la *Bibliothèque internationale de droit public.*

L'œuvre d'Erskine May, tient dans la littérature du droit public une place toute particulière : elle abonde en précédents ; elle fournit des détails d'une extrême précision. C'est le répertoire précieux des prescriptions règlementaires et des traditions constitutionnelles établies et suivies en Angleterre.

Comme source et manuel pratique, sa renommée est bien établie auprès des familiers des choses constitutionnelles et, depuis 1844, elle a sa place non disputée sur la table à la Chambre des Communes : dans ce parlement de Westminster, elle jouit d'une réputation sans pareille.

MERTENS (L.) — Discours aux prêtres incrédules de l'Eglise romaine. Le renversement de la démonstration chrétienne. 1909. 1 fort vol. in-8. . . . . 12 fr. »

Réfutation des fondements de la religion chrétienne. Cette réfutation est présentée sous la forme d'une crise, au cours de laquelle on voit un prêtre catholique passer de la foi à l'incrédulité complète.

MERTENS (L.). — Du premier opportun ou unique nécessaire. 1910. Une brochure in-16 . . . . 0 fr. 50

MICHOUD (L.). — La Théorie de la personnalité morale et son application au droit français. 1910. Une brochure gr. in-8. . . . . . 1 fr. »

MOUVEMENT SOCIALISTE (Le), directeur HUBERT LAGARDELLE.
Paraît tous les mois depuis 1899, par fascicule de 80 pages, gr. in-8. Chaque année forme un fort volume gr. in-8. Prix . . . . 15 fr. »
Abonnement annuel : France : 15 fr. Etranger : 18 fr. Le numéro . 1 fr. 50

MYRBACH-RHEINFELD (baron Fr. von), *professeur d'Economie politique à l'Université d'Innsbruck.* **Précis de droit financier.** Traduction française par M. Bouché-Leclercq, *avocat à la Cour d'appel de Paris.* 1910. Un fort vol. in-8, broché . . . . 15 fr. »

— **Le même,** relié (reliure de la Bibliothèque) . . . . 16 fr. »

☞ Cet ouvrage fait partie de la *Bibliothèque internationale de Science et de Législation financières.*

Ceci est un livre de pure technique juridique financière. Il inaugure un nouveau genre de recherches On a beaucoup étudié les impôts au point de vue financier. On les a longuement décrits, au point de vue de la réglementation. On n'a pas consacré les mêmes efforts à la partie *strictement juridique.* Quelle est la nature juridique de la créance d'impôt ? Comment naît-elle ? Par quel mécanisme juridique la dette apparaît-elle et à quel moment précis ? Quel est le régime juridique de cette dette ? Quelles sont les règles de droit touchant l'obligation des individus à raison de cette dette ? etc. Voilà les questions que se pose et que s'efforce de résoudre chacune des sources des recettes de l'Etat autrichien et en particulier par chaque impôt, le professeur baron Von Myrbach, Rheinfeld, de l'Université d'Innsbruck.

N

NELLY-ROUSSEL (Mme). — Quelques lances rompues pour nos libertés. 1910. Un vol. in-18 avec portrait . . . . 1 fr. 50

Tous ceux qu'intéresse la question si poignante du sort de la femme voudront posséder ce volume où se trouvent résumés, d'une plume éloquente et spirituelle, des arguments d'une logique irrésistible en faveur de l'idée féminite.

Emile Darnaud, l'ami de Letourneau et de Kropotkine, a voulu préfacer ce livre, don un fort beau portrait de l'auteur augmente encore l'intérêt.

NÉRINCX (Al.), *professeur à l'Université de Louvain.* — **L'organisation judiciaire aux Etats-Unis.** 1909. Un vol. in-8 broché. . . . . . 10 fr. »

— **Le même,** relié (reliure de la Bibliothèque) . . . . 11 fr. »

☞ Cet ouvrage couronné par l'Académie des Sciences morales et politiques, fait partie de la *Bibliothèque internationale de droit public.*

Le professeur A. Nerincx, de l'Université de Louvain, est bien connu de tous ceux qui s'occupent de droit constitutionnel. L'ouvrage qu'il publie aujourd'hui a reçu la plus haute récompense scientifique qu'il pût ambitionner : il a été couronné par l'Institut de France qui lui a décerné, en 1901, le prix Odilon Barrot. Ce n'est pas une œuvre purement juridique, bien qu'elle ait été écrite par un juriste qui connaît admirablement la vie judiciaire aux Etat-Unis et un peu les juges en connaissance de cause. Le but de l'auteur a été de faire connaître le *fonctionnement* de l'organisation judiciaire aux Etats-Unis et d'en faire la critique.

NESMES-DESMARETS (M. R. de), *docteur en droit, ès-sciences politiques et économiques, ès-sciences juridiques.* — **De la Responsabilité civile des fonctionnaires de l'Ordre administratif et judiciaire envers les particuliers.** 1910. Un vol. gr. in-8 . . . . 6 fr. »

O

OUALID (W.), *chargé de Conférences à la Faculté de droit de Paris.* — **L'Imposition des plus-values immobilières et ses applications en Allegne.** 1910. Une brochure gr. in-8. . . . . 1 fr. 50

P

PELLETIER (Madeleine), *docteur en médecine.* Idéologie d'hier. — **Dieu. La Morale. La Patrie.** 1910. Un vol. in-18 . . . . 1 fr. »

L'ouvrage de Madeleine Pelletier est original et hardi. Alors que la plupart des philosophes n'osent pas aller jusqu'au bout de leur pensée, craignant la désapprobation de la masse des timides, l'auteur a dit nettement, sans emphase comme sans crainte, les conclusions auxquelles ses réflexions l'avaient conduite.

PERREAU-PRADIER (P.), *docteur en droit.* — **La Révision du Régime douanier de 1892.** 1910. Un vol. gr. in-8 . . . . 4 fr. »

PICHOU (Alf.), *ingenieur, membre de la Société de Sociologie de Paris.* 1909. Un vol. in-18 . . . . 3 fr. 50

Ce livre contient en ses diverses parties : *Théorie de l'Elite, la Religion de l'Elite réalisant le bonheur dans la vie présente,* et la *Civilisation de l'Elite,* un exposé complet de la doctrine de l'*Elite,* telle qu'elle a été conçue par son auteur.

PILLET, *professeur à la Faculté de droit de Paris.* — **Les méthodes juridiques.** *Voyez :* Larnaude.

PITOIS (A.), *répétiteur de droit.* — **Principes de Code civil,** rédigés conformément au Programme officiel. Matières de l'Examen de PREMIÈRE ANNÉE. 4e édition. Un vol. gr. in-8 . . . . 5 fr. »

PLATZHOFF-LEJEUNE (Ed.). — **Le Peuple Tessinois.** *Etude sociologique.* 1909. Une brochure gr. in-8. . . . . 1 fr. »

POIRIER (Alb.), *commissaire de police.* — **Droit usuel mis à la portée de tous,** notamment à l'usage de MM. les maires, officiers de police judiciaire, fonctionnaires, employés des administrations et des mairies, conseillers municipaux, etc. Droit civil. Droit pénal. Instruction criminelle. Droit administratif. Droit rural. Droit électoral. 1910. Un vol. in-18. . . . . 3 fr. 50

Ce volume n'est rien moins qu'un traité savant. C'est un recueil de droit usuel présenté sous une forme très simple, et pouvant être utilement consulté par tous les citoyens.

POIRIER (Alb.). — **Memento de police** à l'usage des différents Officiers de police judiciaire, Officiers du Ministère public des tribunaux de simple police, Candidats au concours pour l'emploi de Commissaire de police, Commissaire et Inspecteur spécial de la police des chemins de fer. 1910. Un fort vol. in-18 . . . . 6 fr. »

Les officiers du ministère public des tribunaux de simple police pourront très avantageusement se servir de ce volume comme Code d'audience.

Les candidats au concours pour l'emploi de commissaire de police, commissaire spécial ou inspecteur spécial de la police des chemins de fer pourront, à l'aide de ce « Memento », se préparer dans des conditions sérieuses.

Ce volume se recommande surtout par son côté pratique : toutes les questions intéressant le service de la police et recevant une application journalière y sont traitées, il est suivi d'un formulaire contenant des modèles de rapports administratifs, de procès-verbaux, d'enquêtes, de réquisitions, d'avertissements et de citations employés pour les poursuites en simple police.

PRÊTRE (Ch.). — Les Populations indigènes de l'Annam. *Voyez :* Maunier.

PUNTOUS (Th.) *docteur en Droit, avocat à la Cour d'appel.* — **Un Diocèse civil de Languedoc. Les Etats particuliers du Diocèse de Toulouse aux XVIIe et XVIIIe siècles.** 1909. Un vol. gr. in-8 . . 10 fr. »

Dans cette étude faite d'après des documents originaux et des pièces d'archives, l'auteur voulu faire revivre la vie financière et administrative d'un diocèse civil du Languedoc.

R

RACOVSKI (C.). — La Roumanie des Boyards. (Contribution à l'Histoire d'une oligarchie). I. — La Révolte des paysans. II. — Une expulsion scandaleuse, précédée d'une lettre de M. Fr. de Pressensé, *Président de la Ligue des Droits de l'homme* et suivie des avis juridiques de M. Emmanuel Lévy, *Professeur à la Faculté de Droit de Lyon.* 1909. Un vol. gr. in-8. 3 fr. 50

REDLICH (J.), *professeur à l'Université de Vienne.* — **Le Gouvernement local en Angleterre.** (*Sous presse*).

☞ Cet ouvrage fait partie de la *Bibliothèque internationale de droit public.*

REGNAULT (Docteur F.). — La Genèse des miracles. 1910. Un vol. in-8 broché. . . . . 6 fr. »

— **Le même ouvrage,** relié (reliure de la Collection). . . . . 7 fr. »

☞ Cet ouvrage fait partie de la *Collection des Etudes Economiques et Sociales* (XI).

Dans la première partie de son livre sur « la Genèse des Miracles », l'auteur explique les prodiges dus à l'hystérie, aux psychoses, à la suggestion, à l'action du moral sur le physique, et expose les phénomènes si controversés que prétendent produire les médiums.

Dans la seconde partie, il se sert des données ainsi recueillies pour critiquer les miracles dont foisonne l'histoire. Il étudie successivement ceux que produisirent les sorciers, les prophètes grecs, les prophètes juifs, Jésus, Mahomet, les apôtres, les saints chrétiens et musulmans. Un chapitre spécial est consacré aux miracles de Lourdes. Et, dans sa conclusion, l'auteur recherche si le conflit actuel, qui existe entre la religion et la science, est appelé à disparaître.

REVUE BIBLIOGRAPHIQUE DES OUVRAGES DE DROIT, DE JURISPRUDENCE, D'ÉCONOMIE POLITIQUE, DE SCIENCE FINANCIÈRE ET DE SOCIOLOGIE.

Parait tous les mois depuis 1894, par fascicule de 16 pages gr. in-8. Les Abonnements partent du 1er janvier de chaque année.

Abonnement annuel :
— France . . . . 1 fr. »
— Etranger . . . . 1 fr. 50
— Le numéro . . . . 0 fr. 10

REVUE INTERNATIONALE DE SOCIOLOGIE. Publiée sous la direction de M. René Worms, *Secrétaire général de l'Institut international de Sociologie et de la Société de Sociologie de Paris*. Avec la collaboration des membres de l'Institut international de Sociologie et des principaux sociologues du monde entier.

Paraît tous les mois depuis 1893, par fascicule de 80 pages gr. in-8. Chaque année forme un très fort volume gr. in-8. Prix . . . . 18 fr. »

Abonnement annuel :
- France. . . . . 18 fr. »
- Etranger. . . . . 20 fr. »
- Le numéro . . . . 2 fr. »

La Collection complète (années 1893 à 1909 inclus, avec abonnement à l'année 1910). Prix réduit . . . . 240 fr. »

REVUE DU DROIT PUBLIC ET DE LA SCIENCE POLITIQUE EN FRANCE ET A L'ETRANGER. Fondée par F. Larnaude, publiée sous la direction de M. Gaston Jeze. Avec la collaboration des plus éminents professeurs des Universités de France, Allemagne, Angleterre, Autriche-Hongrie, Australie, Belgique, Canada, Chili, Danemark, Espagne, Etats-Unis, Grèce, Hollande, Italie, Japon, Norvège, Portugal, Roumanie, Russie, Suède, Suisse, Turquie.

Paraît tous les trois mois depuis 1894, par fascicule de plus de 200 pages gr. in-8. Chaque année forme un très fort volume grand in-8, Prix. . . . 20 fr. »

Abonnement annuel :
- France . . . . 20 fr. »
- Etranger . . . . 22 fr. 50
- Le numéro . . . . 5 fr. »

REVUE DE SCIENCE ET DE LÉGISLATION FINANCIÈRES, publiée sous le patronage de MM. Casimir Périer, Ribot, Stourm, Berthélemy, Chavegrin, Esmein et Hauriou, et sous la direction de M. Gaston Jèze. Avec la collaboration des membres les plus éminents du Conseil d'Etat, de la Cour des comptes, de l'Inspection des finances, des Professeurs des Universités de France, Allemagne, Australie, Belgique, Egypte, Etats-Unis, Grèce, Italie, Roumanie, Suisse.

Paraît tous les trois mois depuis 1903, par fascicule de près de 200 pages gr. in 8. Chaque année forme un très fort volume gr. in-8. Prix. . . . . 18 fr. »

Abonnement annuel :
- France . . . . 18 fr. »
- Etranger. . . . . 20 fr. »
- Le numéro . . . . 5 fr. »

RODIET (Dr **A.**), *médecin en chef des Asiles d'aliénés*. — **Les auxiliaires du médecin d'asile.** *Ouvrage couronné par l'Académie de médecine*. 1910, 1 vol. in-18, relié toile. . . . . 3 fr. 50

☞ Cet ouvrage fait partie de l'*Encyclopédie internationale d'assistance, prévoyance, hygiène sociale et de démographie* (Assistance, 2e série, IV).

Dans une courte et substantielle introduction, l'auteur fait ressortir l'importance du rôle de l'infirmier d'asile. L'état actuel n'est pas brillant, M. Rodiet donne un tableau du mouvement du personnel dans un grand asile pris comme type.

ROLLAND (**L.**), *professeur agrégé à l'Université de Nancy*. — **Les grèves des postes de 1909 et le Droit public.** 1909. Une brochure gr. in-8. . . . . 1 fr. 50

RYAN (**G. A.**), *professeur au Grand séminaire de Saint-Paul de Meinnesota*. — **Salaire et droit à l'existence.** Traduit de l'anglais par Lazare Collin, *professeur à l'Ecole Saint-François de Sales à Dijon*. 1909. 1 vol. in-8, broché. . . . . 8 fr. »

— **Le même**, relié (reliure de la Collection). . . . . 9 fr. »

☞ Cet ouvrage fait partie de la *Collection des études économiques et sociales* publiées avec le concours du Collège libre des Sciences sociales (VIII)

Ce livre écrit par un théologien qui est en même temps un philosophe et un économiste très averti se recommande à tous les catholiques sociaux désireux de lire une étude d'ensemble sur les doctrines de leur école relativement au salaire, il les trouveront exposées avec une grande précision, et adaptées aux conditions de la vie moderne.

Mais le livre de M. Ryan a une portée beaucoup plus large. Il attire l'attention de tous ceux, catholiques ou non, qui s'intéressent à l'histoire des doctrines économiques et au catholicisme social américain.

S

SEEBOHM-ROWNTRÉE (B.), *auteur de « Poverty » a Study of town life.* — **Comment diminuer la misère.** Etudes sur la Belgique, traduit de l'anglais par A. J. A. Hotermans. 1910. Un fort volume in-8 avec planches et diagrammes en noir et en couleurs, relié toile. . . . . 15 fr. »

La première partie de l'ouvrage décrit en détail le système belge de tenure des terres; elle montre la relation qui existe entre la grande subdivision des propriétés, l'intense fertilité du sol aux mains des petits exploitants et les lois de succession et de transfert des terres. Elle contient également des renseignements très précieux sur le nombres des propriétaires fonciers en Belgique et la dimension de leurs propriétés; aucun pays d'Europe ne possède de statistique semblable. La seconde partie traite des conditions industrielles et discute longuement les causes des bas salaires. La troisième partie se rapporte à l'agriculture, montrant les avantages respectifs des grandes fermes et des petites exploitations, du faire-valoir direct et du faire-valoir en location. La culture maraîchère, l'enseignement technique, la coopération, le crédit agricole y font l'objet d'une étude spéciale, de même que le boisement des terres incultes. Une quatrième partie traite de trois facteurs qui influencent à la fois l'industrie et l'agriculture, savoir, les facilités de transport, principalement les chemins de fer vicinaux, les finances publiques et l'instruction, en ce qui concerne les finances publiques.

L'ouvrage est illustré de nombreux diagrammes et photographies : il se caractérise par une clarté et une exactitude de méthode qui est familière à l'auteur. Il sera certainement d'un grand intérêt pour ceux qui discutent en ce moment la question de la misère et de la propriété foncière et trouvera place à côté de de l'autre ouvrage de M. Rowntree dans la bibliothèque économique.

SELIGMAN (Edw. R. A.), *professeur d'Economie politique à l'Université de Colombie.* — **Théorie de la Répercussion et de l'Incidence de l'Impôt.** Edition française d'après la troisième édition américaine, par Louis Suret *docteur en droit.* Un vol. in-8 . . . . (*Sous presse*)

☞ Cet ouvrage fait partie de la Bibliothèque internationale de science et de législation financières.

SERRIGNY (B.). — **Les Conséquences économiques et sociales de la prochaine guerre,** d'après les enseignements des campagnes de 1870-71 et de 1904-5 avec une préface de Frédéric Passy. 1909. 1 vol. in-8, broché. 10 fr.

— **Le même,** relié (reliure de la Collection) . . . . 11 fr. »

☞ Cet ouvrage fait partie de la *Collection des Etudes économiques et sociales* (IX.)

L'auteur étudie ce problème en économiste et en historien; la guerre de 1904, celle de 1870 surtout, servent de bases à son étude, et c'est ainsi une véritable histoire économique et financière de ces luttes, — histoire très détaillée d'ailleurs — qu'il présente d'ailleurs à l'appui de sa thèse. Tour à tour il nous introduit dans les usines, les chantiers, les gares, désorganisés par la lutte; il nous montre des gouvernements quêtant à travers le monde les subsides nécessaires à la lutte et trouvant un appui précieux auprès de leurs banques d'Etat; puis, sans arrêter ses investigations au traité de paix, il s'efforce de définir les contre-coups lointains de la guerre en démêlant, dans le chaos du passé, les effets de l'annexion de l'Alsace-Lorraine et du paiement de nos cinq milliards. Rien n'est d'ailleurs plus suggestif que le tableau des ruines accumulées en Allemagne, aussi bien qu'en France et en Alsace, par ces événements où la naïveté des multitudes cherche, aujourd'hui encore, l'origine de l'essor économique de nos voisins!

La guerre de demain rapportera-t-elle davantage? M. Serrigny affirme que non, et pourtant de combien de souffrances nouvelles ne sera-t-elle pas l'occasion!

SÈVE (**A.**), *chef du bureau de l'Instruction primaire à la préfecture de l'Ain.* — **Cours d'Enseignement pacifiste** (Principes et applications du pacifisme) avec préface de M. Frédéric Passy, *membre de l'Institut*. 1910. Un vol. in-18. . . . . 3 fr. 50

Cet ouvrage, que tous les membres de l'enseignement s'empresseront de se procurer, s'adresse également au grand public; il y a là, ne craint pas d'ajouter M. Frédéric Passy, « pour tout lecteur sérieux, pour tout homme désireux de se faire une idée juste « de ce programme des pacifistes *si imparfaitement connu et si mal jugé souvent même des « gens les plus instruits*, un ensemble de renseignements, de documents et de réflexions « dont ils trouveraient difficilement l'équivalent ailleurs. *C'est un devoir de le signaler.* »

SIGHÈLE (**Scipio**), *associé de l'Institut international de Sociologie.* — **Le Crime à deux.** Essai de psycho-pathologie sociale, deuxième édition revue et augmentée. 1910. 1 vol. in-8, broché. . . . . 4 fr. »

— **Le même**, relié (reliure de la Bibliothèque). . . . . 5 fr. »

☞ Cet ouvrage fait partie de la *Bibliothèque sociologique internationale* (XLIV).

M. Scipio Sighele s'est consacré depuis de longues années à l'étude de la criminalité collective, et ses écrits sur les méfaits des foules, des sectes et des couples sont bien connus. L'ouvrage qu'il publie actuellement est une nouvelle édition de son travail renommé : *Le Crime à Deux*. Il a bénéficié d'améliorations successives au cours des trois éditions italiennes et il est tenu à jour des faits les plus récents.

Cet ouvrage, extrêmement documenté, a un attrait émotif considérable, auquel ne nuit en rien son caractère hautement scientifique.

STEIN. — **Le sens de l'existence.** Excursions d'un optimiste dans la philosophie contemporaine. 1909. 1 vol. in-8, broché. . . . . 12 fr. »

— **Le même**, relié (reliure de la Bibliothèque). . . . . 13 fr. »

☞ Cet ouvrage fait partie de la *Bibliothèque sociologique internationale* (LXI).

Dans ce volume l'auteur a réuni vingt essais portant sur des sujets fondamentaux de philosophie générale, morale ou sociale. On y appréciera notamment l'ingéniosité avec laquelle il explique l'orientation des grandes doctrines philosophiques par le tempérament de leurs auteurs. On y suivra avec intérêt la marche d'une pensée dialectique qui, sur chacune des grandes questions cosmiques, éthiques ou politiques, expose impartialement la thèse et l'antithèse, pour en préparer la conciliation. On verra, appliqués à leur solution, les principes combinés d'un énergétisme tiré de la science moderne et d'un optimisme puisé aux plus hautes sources de la philosophie classique.

STRADELLA. — **Justice fiscale jacobine.** 1910. Une brochure in-8. 1 fr. 50

T

TASCA (**Alb.**), *docteur en droit.* — **Les Conseils du Travail en France.** 1909. 1 vol. gr. in-8. 8 fr. »

TISSIER, *professeur à la Faculté de droit de Paris.* — **Les méthodes juridiques.** *Voyez* : Larnaude.

THALLER, *professeur à la Faculté de droit de Paris.* — **Les méthodes juridiques.** *Voyez* : Larnaude.

TRUCHY, *professeur à la Faculté de droit de Paris.* — **Les méthodes juridiques.** *Voyez* : Larnaude.

V

VERECQUE (**Ch.**). — **La Conquête socialiste du Pouvoir politique.** 1909. 1 vol. in-18. 3 fr. 50

Le titre dit suffisamment l'objet traité dans cet ouvrage qui s'adresse à la fois aux amis et aux adversaires du socialisme. C'est la première fois qu'un militant socialiste en un travail spécial, expose le rôle de l'Etat, et explique *pourquoi* et *comment* les socialistes doivent nécessairement en faire la conquête.

VIGNES (J.-B.), *professeur d'économie politique à la Faculté de droit de Dijon.* — **Histoire des doctrines sur l'Impôt en France.** Les origines et les destinées de la Dixme royale de Vauban. 1909. 1 vol. in-8. . . . 6 fr. »

Dans cet ouvrage, M. Vignes, qui enseigne depuis six ans la science des finances à la Faculté de droit de Dijon, retrace l'origine et l'évolution de quelques-uns des principes fondamentaux de notre système d'impôts modernes.

VIVIANI (R.) *Ministre du Travail.* — **Mutualité et Retraites ouvrières.** (*Sous presse*)

VIVANTE (C.), *professeur ordinaire de droit commercial à l'université de Rome.* — **Traité du droit commercial.** Traduit sur la 3e édition italienne (1907-1909), par Jean Escarra, avec préface de M. Albert Wahl, professeur à la Faculté de droit de l'Université de Paris. Un vol. in-8 :

Tome I : **Les Commerçants.** 1910. Un vol. in-8. . . . . (*Paru*)
Tomes II, III, IV . . . . (*Sous presse*)

L'ouvrage complet qui formera quatre volumes est en souscription :
Prix de l'ouvrage complet : broché . . . . 112 fr. »
ou relié (reliure de la Bibliothèque) . . . . 116 fr. »

Les tomes II à IV seront fournis franco de port à leur apparition.

☞ Cet ouvrage fait partie de la *Bibliothèque internationale de droit privé et de droit criminel.*

VOUTERS (H.), *docteur en droit.* — **Le Régime des Crédits additionnels en Prusse et dans l'Empire Allemand.** 1909. Une brochure gr. in-8. . . . . 1 fr. »

W

WAGNER (Ad.), *professeur à l'université de Berlin.* — **Traité de la Science des finances :**

Première partie : Théories générales. Le budget. Les besoins financiers. Les recettes d'économie privée. Traduction de M. Vouters. 1909. 1 vol. in 8, broché. . . . . 15 fr. »

— **Le même**, relié (reliure de la Bibliothèque). . . . . 16 fr. »

Deuxième partie : Théorie de l'imposition. Théorie des taxes et Théorie générale des impôts. Traduction par Jules Ronjat. 1909. 1 vol. in-8. br. . 15 fr. »

— **Le même**, relié (reliure de la Bibliothèque) . . . . 16 fr. »

Prix des 2 volumes :
brochés. . . . . 30 fr. »
reliés. . . . . 32 fr. »

☞ Cet ouvrage fait partie de la *Bibliothèque internationale de science et de législation financières.*

Ce livre est universellement connu. Il est considéré, à juste titre, comme l'un des meilleurs ouvrages qui aient été écrits sur les finances publiques. Mais dans sa langue originale, il était difficilement accessible au public français ; c'est pourquoi l'édition française doit être accueillie avec satisfaction. Ce n'est pas une traduction intégrale des quatre volumes allemands, mais c'est pour suivre les indications du professeur Wagner que l'édition française a été abrégée. Elle contient les parties essentielles de l'ouvrage allemand, celles qui présentent pour le lecteur français le plus d'intérêt, à savoir les doctrines financières ; le tome III donnera l'histoire des systèmes fiscaux des principaux pays jusqu'au début du XIXe siècle.

Dans sa préface, M. Gaston Jèze nous dit sur quoi ont porté les suppressions et abréviations.

WAGNER (Ad.). — **Les Fondements de l'Economie politique**, tome III . . . . (*Sous presse*)

WAHL (Dr), *médecin en chef des asiles publics d'aliénés.* — **Le Crime devant la Science.** 1910. Un vol. in-8, relié toile. . . . . 4 fr. »

☞ Cet ouvrage fait partie de l'*Encyclopédie internationale d'assistance, prévoyance, hygiène sociale et de démographie* (Démographie, II).

M. le docteur Wahl a traité le côté biologique de la question du crime; après avoir donné les diverses définitions du crime en droit naturel ou pénal et montré l'évolution de l'idée de crime suivant les races, les milieux, les époques, il montre l'évolution corollaire du concept de la pénalité.

La critique des systèmes pénitentiaires actuels et des réformes proposées termine cette étude qui sera suivie d'une étude sur les criminels considérés au point de vue social et en dehors de la pathologie mentale

WORMS (R.), *agrégé de philosophie, agrégé des Sciences économiques. Directeur de la Revue internationale de Sociologie.* — **Principes biologiques de l'Evolution sociale.** 1910. Un vol. in-18 . . . . 2 fr. »

☞ Cet ouvrage fait partie de la *Bibliothèque sociologique internationale.* Série in-18 (A).

Nul n'était plus qualifié que M. René Worms, par ses études multiples, pour traiter ce sujet. Déjà il lui avait consacré, une quinzaine d'années, un ouvrage étendu, *Organisme et Société*, dont on sait le succès. Cette fois, c'est par une toute autre voie qu'il aborde le même problème. Il cherche à montrer, dans son nouveau travail, comment les principes qui dominent l'existence organique de l'individu déterminent aussi sa vie en société.

WORMS (R.). — **Le Septième Congrès de l'Institut International de Sociologie.** 1909. Une brochure gr. in-8, sans couv. . . . . . . 0 fr. 50

Y

YPRES (Jean d'). — **Un Essai sur l'Individualisme.** — Conférence faite à la loge « La Lumière du Nord ». 1909. 1 vol. in-18. . . . . . . 1 fr. 50

CATALOGUES EN DISTRIBUTION

Catalogue des Ouvrages du fonds (1908), 1re partie : Droit, Législation, Procédure, Assurance, etc. . . . . (gratis)

Catalogue des Ouvrages du fonds (1908), 2e partie : Economie politique, Science financière, Sciences sociales, etc. . . . . (gratis)

Premier supplément au Catalogue des Ouvrages du fonds. (Ouvrages parus en 1908 et 1909) . . . . (gratis)

Catalogue des Thèses de doctorat en droit. No 1. Thèses jusqu'à 1900 . 1 fr. »

Catalogue des Thèses de doctorat en droit. No 2. Thèses de 1900 à 1903. 0 fr. 50

Catalogue des Thèses de doctorat en droit. No 3. Thèses de 1904 à 1910. 0 fr. 50

Bibliographie générale et complète des Livres de droit. . . . . . . 1 fr. 50

Catalogue des Ouvrages et Collections en occasion . . . . (gratis)

Bulletin périodique des Collections et ouvrages en occasion . . . (gratis)

Revue bibliographique des ouvrages de droit, de jurisprudence, d'économie politique, de science financière et de sociologie (mensuelle). Abonnement annuel : France : 1 fr. Union postale . . . . 1 fr. 50

BIBLIOTHÈQUES COLLECTIONS ET REVUES

ÉDITÉES PAR LA

Librairie V. GIARD et E. BRIÈRE

BIBLIOTHÈQUE INTERNATIONALE DE DROIT PUBLIC

Honorée de souscriptions du Ministère de l'Instruction publique

PUBLIÉE SOUS LA DIRECTION DE **Gaston Jèze**

☞ Les volumes de cette Bibliothèque se vendent aussi reliés avec une augmentation de 1 fr. pour la série in-8 et de 0 fr. 50 pour la série in-18

BRYCE (J.) — **La République américaine.** Préface de E. Chavegrin, 4 vol. in-8. Tome I. Le Gouvernement national. Trad. Müller. Tome II. Le Gouvernement des Etats. Trad. Lestang. Tome III : Le Système des partis ; l'Opinion publique. Trad. de Lestang. Tome IV : Les Institutions sociales. Trad. Bouyssy. L'ouvrage complet 1901-1902. 4 vol. in-8, broché. . . . . 50 fr. »

LABAND (P.). — **Le Droit public de l'Empire allemand.** Préface de F. Larnaude. Edition française. Trad. de Gandilhon, Lacuire, Vulliod, Jadot et Bouyssy. L'ouvrage complet 1900-1904. 6 vol. in-8, broché . . . . 60 fr. »

DICEY (A.-V.). — **Introduction à l'Etude du droit constitutionnel.** Préface de A. Ribot. Trad. A. Batut et G. Jèze. 1902. 1 vol. in-8, broché. 10 fr. »

WILSON (W.). — **L'Etat,** avec une préface de L. Duguit. Trad. de J. Wilhelm. 1902. 2 vol. in-8, broché . . . . 20 fr. »

HAMILTON (A.), JAY, MADISON. — **Le Fédéraliste,** nouvelle édition française, par G. Jèze, avec une préface de A. Esmein. 1902. 1 vol. in-8, br. 14 fr. »

KORKOUNOV. — **Cours de théorie générale du droit.** Traduction française de J. Tchernoff. 1903. 1 vol. in-8, broché . . . . 10 fr. »

KOVALEWSKY. — **Les Institutions politiques de la Russie.** Traduction française, par Mᵉ Derocquigny. 1903. 1 vol. in-8, broché. . . 7 fr. 50

ANSON (Sir R.). — **Loi et pratique constitutionnelles de l'Angleterre.** 2 vol. in-8 :
Tome I : *Le Parlement.* 1903. 1 vol. in-8, broché . . . . . . 16 fr. »
Tome II : *La Couronne.* 1905. 1 vol. in-8, broché . . . . . . 10 fr. »

OTTO MAYER. — **Le droit administratif allemand,** édition française par l'auteur. 1903-1906. 4 vol. in-8 . . . . 32 fr. »

NITTI (F.-S.). — **Principes de Science des finances,** avec une préface de A. Wahl, traduction de J. Chamard. 1904. 1 vol. in-8, broché. . . 12 fr. »

CURTI (Th.). — **Le referendum,** histoire de la législation populaire en Suisse. Traduction J. Ronjat, 1905, 1 vol. in-8, broché . . . . 10 fr. »

DICEY (A.-V.) — **Leçons sur les rapports entre le droit et l'opinion publique en Angleterre au cours du XXᵉ siècle.** Préface de A. Ribot, trad. de A. Batut et G. Jèze. 1906. 1 vol. in-8, broché, ... 30 fr. »

MOREAU (F.) et DELPECH (J.). — **Les Règlements des Assemblées législatives.** Préface de Ch. Benoist. 1906-1907. 2 vol. in-8, broché. 30 fr. »

GOODNOW (F.-G.). — **Les Principes du droit administratif des Etats-Unis.** Traduction A. et G. Jèze, 1907. 1 vol. in-8 broché . . . . 12 fr. »

STUBBS (W.). — **Histoire constitutionnelle de l'Angleterre,** avec introduction, notes et études de Ch. Petit-Dutaillis. Traduction par G. Lefebvre. Tome I. 1907. 1 vol. in-8, broché . . . . 16 fr. »

ERRERA (P.). — **Traité de droit public belge.** 1909. 1 fort vol. in-8, broché. . . . . 12 fr. 50

NERINCX (Alf.). — **L'organisation judiciaire aux Etats-Unis.** 1909. 1 vol. in-8, broché . . . . 10 fr. »

ERSKINE MAY. — **Traité des Lois, Privilèges Procédures et Usages du Parlement.** 2 vol. in-8 . . . . 25 fr. »

LOWELL (A.-L.). — **Le Gouvernement de l'Angleterre.** Traduction de A. Nerincx, 2 vol. in-8 :

— Tome I. 1910. Un vol. in-8, broché . . . . 15 fr. »

— Tome II. 1910. Un vol. in-8, broché . . . . 15 fr. »

SÉRIE IN-18 :

TODD (A.). — **Le Gouvernement parlementaire en Angleterre.** Traduit sur l'édition anglaise de Spencer Walpole, avec une préface de Casimir-Périer. 1900. 2 vol. in-18, broché . . . . 12 fr. »

WILSON (W.). — **Le Gouvernement congressionnel,** avec une préface de Henri Wallon. 1900. 1 vol. in-18, broché. . . . . 5 fr. »

JENKS (Edward). — **Esquisse du Gouvernement local en Angleterre.** Trad. J. Wilhelm, préfrce de H. Barthélemy. 1902. 1 vol. in-18, broché 5 fr. »

DICKINSON (G.-L.). — **Le développement du Parlement pendant le XIXe siècle.** Trad. et préface de M. Deslandres. 1906. 1 vol. in-18, br. 5 fr. »

SOUS PRESSE :

JELLINECK (G.) — **L'Etat moderne et son droit.**

REDLICH (J.). — **Le Gouvernement local en Angleterre.**

ENCYCLOPÉDIE INTERNATIONALE D'ASSISTANCE, DE PREVOYANCE, D'HYGIÈNE SOCIALE ET DE DÉMOGRAPHIE

Honorée de souscriptions du Ministère de l'Instruction publique

PUBLIÉE SOUS LA DIRECTION DU **Dr A. Marie**

ASSISTANCE :

I. — **MARIE (Dr) et (R.) MEUNIER.** — **Les Vagabonds.** Avec un avant-propos, par Henry Maret. 1908. 1 vol. in-18 relié toile . . . 4 fr. »

II. — **MARIE (Dr) et DECANTE (R.)** — **Les accidents du travail.** Etude critique des améliorations à apporter au régime du risque professionnel en France. 1 vol. in-18 relié toile . . . . 4 fr. »

IV. — **RODIET (Dr A.).** — **Les auxiliaires des médecins d'asile** (ouvrage couronné par l'Académie de médecine). 1910. 1 vol. in-18 relié toile . . . . 3 fr. 50

PRÉVOYANCE :

I. — **SICARD DE PLAUZOLES (Dr).** — **La maternité et la défense nationale contre la dépopulation.** 1909. 1 vol. in-18 relié toile . 4 fr. »

II. — **DECANTE (R.).** — **La lutte contre la prostitution.** Avec préface par Henri Turot. 1909. 1 vol. in-18 relié toile. . . . . . 4 fr. »

III. — **DUBIEF (Dr).** — **L'apprentissage et l'enseignement technique.** 1 vol. . . . . 6 fr »

HYGIÈNE :

I. — **MARTIAL (Dr R.) — Hygiène individuelle du travailleur.** Avec préface de M. le sénateur Strauss. 1907. 1 vol. in-18 relié toile . . . 4 fr. »

II. — **MARIE (Dr A.). — La Pellagre.** Avec une préface de M. le professeur Lombroso 1908. 1 vol. in-18 relié toile. . . . . 4 fr. »

III. — **BERNARD (M.). — Pour protéger la santé publique.** Avec une préface du Dr Fernand Dubief, *ancien ministre de l'Intérieur*. 1909. 1 vol. in-18 relié toile. . . . . 4 fr. »

IV. — **BERNARD (M.). — L'Hygiène publique obligatoire en France. La lutte administrative contre le choléra et les autres maladies transmissibles,** avec préface du Dr A. Marie. 1910. 1 vol. in-18 relié toile. 4 fr. »

V. — **BRETON (J.-L.),** *député*. — **Le Plomb.** 1910. 1 vol. in-18 relié toile. . . . . 4 fr. »

DÉMOGRAPHIE :

I. — **BRON (Dr G.). — Les origines sociales de la maladie.** Avec préface du Dr A. Marie. 1908. 1 vol. . . . . 3 fr. 50

II. — **Wahl (Dr). — Le Crime devant la science.** 1910. 1 vol. in-18 relié toile. . . . . 4 fr. »

SOUS PRESSE :

VIVIANI (R.) *Ministre du Travail*. — **Mutualité et Retraites ouvrières.**

BIBLIOTHÈQUE INTERNATIONALE DE SCIENCE ET DE LÉGISLATION FINANCIÈRES

Honorée de souscriptions du Ministère de l'Instruction publique

DIRECTION DE Gaston Jèze

SELIGMAN (Edw. R.-A.). — L'impôt progressif en théorie et en pratique. Edition française revue et augmentée par l'auteur. Traduction de A. Marcaggi. 1909. 1 vol. in-8, br. 10 fr.; relié . . . . 11 fr. »

WAGNER (Ad.), *professeur à l'Université de Berlin*. — **Traité de la Science des finances.** Traduction de M. Vouters. 2 vol. :

Première partie : **Théories générales. Le Budget. Les Besoins financiers. Les Recettes d'Economie privée.** 1909. 1 vol. in-8 broché 15 fr. ; relié toile . . . . 16 fr. »

Deuxième partie : **Théorie de l'Imposition. Théorie des taxes et Théorie générale des Impôts.** Traduction de Jules Ronjat. 1909. 1 vol. in-8, broché 15 fr. ; relié . . . . 16 fr. »

MYRBACH-RHEINFELD (Baron Fr. Von), *professeur à l'Université d'Innsbruck*. — **Précis de droit financier.** Traduction française de Bouché-Leclercq. 1910. 1 fort vol. in-8, broché 15 fr. ; relié toile . . . . 16 fr. »

SELIGMAN (Edw. R.-A.). — Théorie de la Répercussion et de l'Incidence de l'Impôt. Edition française d'après la 3e édition américaine. Traduction par Louis Suret . . . . (*Sous presse*)

ÉTUDES ÉCONOMIQUES ET SOCIALES

Honorée de souscriptions du Ministère de l'Instruction publique

PUBLIÉES AVEC LE CONCOURS DU COLLÈGE LIBRE DES SCIENCES SOCIALES

I. — **FARJENEL (F.). — La morale chinoise.** Fondement des sociétés d'Extrême-Orient. 1906. 1 vol. in-8, br., 5 fr. ; relié toile . 6 fr. »

II. — **MARIE (Dr A.). — Mysticisme et folie** (Etude de psychologie normale et de pathologique comparées. 1907. 1 vol. in-8, broché, 6 fr. ; relié toile . . . . 7 fr. »

III. — **LEROY (M.). — La transformation de la puissance publique.** Les syndicats de fonctionnaires. 1907. 1 vol. in-8, broché, 5 fr. ; relié toile . . . . 6 fr. »

IV. — **BONNET (H.). — Paris qui souffre. La misère à Paris. Les agents de l'assistance à domicile.** Avec une préface de M. Ch. Benoist. 1908. 1 vol. in-8, broché, 5 fr. ; relié toile. . . . 6 fr. »

V. — **SICARD DE PLAUZOLES (Dr). — La fonction sexuelle.** 1908. 1 vol., in-8, broché, 6 fr. ; relié . . . . 7 fr. »

VI. — **LEROY (M.). — La loi.** Essai sur la théorie de l'autorité dans la démocratie. 1908. 1 vol. in-8, broché, 6 fr., relié . . . . . . 7 fr. »

VII. — **RECLUS (Elie). — Les croyances populaires.** La Survie des Ombres. Avec avant-propos, par Maurice Vernes. 1908. 1 vol. broché, 5 fr. ; relié toile. . . . . 6 fr. »

VIII. — **RYAN (G.-A.). — Salaire et droit à l'existence,** traduction de L. Collin. 1909. 1 vol. in-8, broché, 8 fr. ; relié . . . . . . 9 fr. »

IX. — **SERRIGNY. — Conséquences économiques et sociales de la prochaine guerre** avec préface de Frédéric Passy. 1909. 1 vol. in-8. broché, 10 fr. ; relié. . . . . 11 fr. »

X. — **BRUN (Ch.). — Le Roman social en France au XIXe siècle.** 1910. 1 vol. in-8, broché, 6 fr. ; relié. . . . . 7 fr. »

XI. — **REGNAULT (Dr F.). — La Genèse des miracles.** 1910. vol. in 8. broché, 6 fr. ; relié . . . . 7 fr. »

SÉRIE IN-18 :

ATGER (F.). — La crise viticole et la viticulture méridionale (1900-1907). 1907. 1 vol. in-18, broché, 2 fr. ; relié toile. . . . 3 fr. 50

SOUS PRESSE :

LARNAUDE, H. BERTHELEMY, TRUCHY, TISSIER, GÉNY, THALLER, PILLET, MASSIGLI, GARÇON. — Les Méthodes juridiques, avec préface de Paul Deschanel. 1 vol. in-8.

BIBLIOTHÈQUE INTERNATIONALE DE DROIT PRIVÉ ET DE DROIT CRIMINEL

Honorée de souscriptions du Ministère de l'Instruction publique

PUBLIÉE SOUS LA DIRECTION DE

H. Lévy-Ullmann | P. Lerebourg-Pigeonnière

Professeurs aux Universités de Lille et de Rennes

COSACK (C.), *professeur à l'Université de Bonn.* — **Traité de droit commercial.** Avec préface de Ed. Thaller, traduction de Léon Mis. 1905-7 :

TOME I : **Théorie générale.** 1905. 1 vol. in-8, broché . . . . 8 fr. »

— **Le même,** relié (reliure de la Bibliothèque) . . . . 9 fr. »

TOME II : **Opérations.** 1905. 1 vol. in-8 broché . . . . 8 fr. »

— **Le même,** relié (reliure de la Bibliothèque) . . . . 9 fr. »

TOME III : **Sociétés, assurances terrestres et maritimes** 1907. 1 vol. in-8 broché . . . . 10 fr. »

— **Le même,** relié (reliure de la Bibliothèque) . . . . 11 fr. »

L'OUVRAGE COMPLET : 3 vol. in-8 broché . . . . 26 fr. »

— **Le même,** relié (reliure de la Bibliothèque) . . . . 29 fr. »

STEVENS (E. M.). D. C. L. de Christ Church (Oxford). — **Eléments de droit commercial anglais,** revus et corrigés par Herbert Jacobs, traduit par L. Escarti, avec introduction, par P. Lerebours-Pigeonnière. 1909. 1 vol. in-8, broché. . . . . 10 fr. »

Le même, relié (reliure de la Bibliothèque) . . . . 11 fr. »

LISZT (Dr F. Von), *professeur ordinaire de droit à Berlin.* — **Traité de droit pénal allemand.** Traduit sur la 17e édition allemande (1908) par R. Lobstein. Tome premier : Partie générale. 1910. Un vol. in-8. (*Sous presse*)

VIVANTE (C.), *professeur ordinaire de droit commercial à l'Université de Rome.* — **Traité de droit commercial.** avec préface de M. Albert Wahl. Traduction par Jean Escarra. 4 volumes in-8 :

Tome premier : **Les Commerçants.** 1910. 1 vol. in-8 . . . . (*Paru*)
Tomes II, III et IV . . . . (*Sous presse*)

☞ Cet ouvrage formera 4 volumes qui paraîtront très rapidement et est en souscription au prix de : broché, 112 fr.; relié . . . . . . 116 fr. »

Les Tomes II, III et IV seront livrés franco de port, aux Souscripteurs, à leur apparition.

COLLECTION DES DOCTRINES POLITIQUES

PUBLIÉE SOUS LA DIRECTION DE A. Mater.

II. — **CHEVALIER, LEGENDRE et LABERTHONNIÈRE. — Le catholicisme et la société.** 1907. 1 v. in-18, br. 3 fr. 50 ; rel. toile. 4 fr. »

III. — **SABATIER** (C.). — **Le morcellisme.** Avec introduction, par M. Faure. 1907. 1 vol. in-18, br. 2 fr.; relié toile . . . . 2 fr. 50

IV. — **BOUGLÉ** (G.). — **Le solidarisme.** 1907. 1 vol. in-18. broché, 3 fr. 50 ; relié toile. 4 fr. »

V. — **BUISSON** (F.). — **La politique radicale.** 1908. 1 vol. in-18, broché, 4 fr. 50 ; relié. 5 fr. »

VI. — **AVRIL DE SAINTE CROIX** (Mme). — **Le féminisme.** Préface de V. Marguerite. 1907. 1 vol. in-18, broché, 2 fr. 50; relié toile. 3 fr. »

VII. — **GUYOT** (Yves). — **La démocratie individualiste.** 1907. 1 vol. in-18, broché, 3 fr.; relié toile. . . . . 3 fr. 50

X. — **VANDERVELDE** (E.). — **Le socialisme agraire.** 1908. 1 vol. in-18, broché 5 fr. ; relié toile . . . . 5 fr. 50

XI. — **HERVÉ** (G.). — **L'Internationalisme.** 1910. 1 vol. in-18, broché 2 fr. 50 ; relié toile. . . . . 3 fr. »

XIV. — **MATER** (André). — **Le socialisme conservateur ou municipal.** 1909. 1 vol. in-18, broché, 6 fr.; relié toile. . . . . . 6 fr. 50

XVI. — **FOURNIÈRE** (Eug.). — **La Sociocratie** (Essai de politique positive. 1910. 1 vol. in-18, broché 2 fr. 50; relié toile. . . 3 fr. »

XVII. — **MAYBON** (A.). — **La politique chinoise.** Etude sur les doctrines des partis en Chine. 1900. 1 vol. in-18, broché, 4 fr.; relié toile. 4 fr. 50

SOUS PRESSE :

LAGARDELLE (H.). — **Le socialisme ouvrier.** 1 vol. in-18.
PRESSENSÉ (F. de). — **L'impérialisme.**

BIBLIOTHÈQUE SOCIALISTE INTERNATIONALE

PUBLIÉE SOUS LA DIRECTION DE Alfred Bonnet.

SÉRIE IN-18 :

DEVILLE (G.). — **Principes socialistes.** 1898. 2e édit. 1 vol in-18. 3 fr. 50

MARX (Karl). — **Misère de la philosophie.** Réponse à la philosophie de la misère de M. Proudhon. 1908. Nouvelle édition. 1 vol. in-18. . . 3 fr. 50

LABRIOLA (Antonio). — **Essais sur la conception matérialiste de l'histoire.** 2e édit. 1902. 1 vol. in-18 . . . . 3 fr. 50
DESTRÉE (J.) et **VANDERVELDE** (E.). — **Le socialisme en Belgique** 2e édit. 1903. 1 vol. in-18. 3 fr. 50
LABRIOLA (Antonio). — **Socialisme et philosophie.** 1899. 1 vol. in-18 . . . . 2 fr. 50
MARX (Karl). — **Révolution et contre-révolution en Allemagne.** Traduit par Laura Lafargue. 1900. 1 vol. in-18 . . . . 2 fr. 50
GATTI (G.). — **Le socialisme et l'agriculture.** Préface de G. Sorel, 1902. 1 vol. in-18. . . . . 3 fr. 50
LASSALLE (F.). — **Discours et pamphlets.** 1903. 1 vol. in-18. . 3 fr. 50
TARBOURIECH (E.). — **Essai sur la propriété.** 1905. 1 v. in-18. 3 fr. 50
LAFARGUE (P.). — **Le Déterminisme économique de Karl Marx.** 1909. 1 vol. in-18. . . . . 4 fr. »
MARX (Karl). — **Critique de l'Economie politique,** traduction Laura Lafargue. 1909. 1 vol. in-18. . . . . 3 fr. 50
BERTHOD (A.). — **P.-J. Proudhon et la propriété.** 1910. 1 vol. in-18. . . . . 3 fr. »

SÉRIE IN-8 :

WEBB (Béatrix et Sydney). — **Histoire du trade-unionisme.** 1897. Traduit par Albert Métin, 1 vol. in-8. . . . . 10 fr. »
KAUTSKY (Karl). — **La question agraire. Etude sur les tendances de l'agriculture moderne.** Traduit par Edgard Milhaud et Camille Polack. 1 vol. in-8 . . . . 8 fr. »
MARX (Karl). — **Le capital.** Traduit à l'Institut des sciences sociales de Bruxelles, par J. Borchardt et H. Vanderrydt :
Livre II. — **Le procès de circulation du capital.** 1900. 1 vol. in-8. . . . . 10 fr. »
Livre III. — **Le processus d'ensemble de la production capitaliste.** 1901-1902, 2 vol. in-8. . . . . 20 fr. »
KAUTSKY (K.). — **La politique agraire du parti socialiste.** Trad. C. Polack, 1903, 1 vol. in-8 . . . . 4 fr. »
AUGÉ-LARIBÉ (M.). — **Le problème agraire du socialisme.** La viticulture industrielle du midi de la France. 1907. 1 vol. in-8. . . . . 6 fr. »

BIBLIOTHÈQUE INTERNATIONALE D'ÉCONOMIE POLITIQUE

Honorée de souscriptions du Ministère de l'Instruction publique

PUBLIÉE SOUS LA DIRECTION DE Alfred Bonnet

☞ Les volumes de cette bibliothèque se vendent aussi reliés avec une augmentation de 1 fr. pour la série in-8 et de 0 fr. 50 pour la série in-18

COSSA (Luigi). — **Histoire des doctrines économiques.** Trad. Alfred Bonnet. Préface de A. Deschamps. 1899. 1 vol., br. (I) . . . . . 10 fr. »
ASHLEY (W.-J.). — **Histoire et doctrines économiques de l'Angleterre.** 1900. 2 vol., br. (II-III) . . . . 15 fr. »
SEE (H.). — **Les classes rurales et le régime domanial au Moyen Age en France.** 1901. 1 vol. br. (IV) . . . . 12 fr. »
WRIGHT (C.-D.). — **L'évolution industrielle des Etats-Unis.** Trad. F. Lepelletier. Préface de E. Levasseur. 1901. 1 vol., br. (V) . . . . 7 fr. »

CAIRNES (J.-E.). — **Le caractère et la méthode logique de l'économie politique.** Trad. par G. Valran. 1902. 1 vol. br. (VI) . . . . . . 5 fr. »

SMART (W.). — **La répartition du revenu national.** Trad. G. Guéroult. Préface de P. Leroy-Beaulieu. 1902. 1 vol. br. (VII). . . . . . . 7 fr. »

SCHLOSS (David). — **Les modes de rémunération du travail.** Trad. Charles Rist. 1902. 1 vol., br. (VIII). . . . . 7 fr. 50

SCHMOLLER (G.). — **Questions fondamentales d'économie politique et de politique sociale.** 1902. 1 vol. br. (IX) . . . . 7 fr. 50

BOHM-BAWERK (E.). — **Histoire critique des théories de l'intérêt du capital.** Trad. par Bernard. 1902. 2 vol. br. (X-XI) . . . . . 14 fr. »

PARETO (Vilfredo). — **Les systèmes socialistes.** 1902. 2 vol. br. (XII-XIII) . . . . 14 fr. »

LASSALLE (F.). — **Théorie systématique des droits acquis.** Avec préface de Ch. Andler. 1904. 2 vol. br. (XIV-XV) . . . . 20 fr. »

RODBERTUS JAGETZOW (C.) — **Le capital.** Trad. Chatelain. 1904. 1 vol. (XVI) . . . . 6 fr. »

LANDRY (A.) — **L'intérêt du capital.** 1904. 1 vol. br. (XVII) . . 7 fr. »

PHILIPPOVICH (Eugène von). — **La politique agraire.** Trad. par S. Bouyssy, avec préface de A. Souchon. 1904. 1 vol., br. (XVIII). . 6 fr. »

DENIS (Hector). — **Histoire des systèmes économiques et socialistes :**
Tome I : *Les Fondateurs*, 1904. 1 vol. br. (XIX) . . . . 7 fr. »
Tome II : *Les Fondateurs*, 1907. 1 vol. br. (XX) . . . . 10 fr. »

WAGNER (Ad.). — **Les fondements de l'économie politique.**
Tome I. 1904. 1 vol. br (XXII) . . . . 10 fr. »
Tome II. 1909. 1 vol. br. (XXIII). . . . . 12 fr. »

SCHMOLLER (G.). — **Principes d'économie politique.** Traduit par G. Platon et L. Polack. 5 vol. 1905-8 (XXVI à XXX) . . . . 50 fr. »

PETTY (Sir W.). — **Œuvres économiques.** 1905. 2 vol. br. (XXXI-II) 15 fr. »

SALVIOLI. — **Le capitalisme dans le monde antique.** 1906. 1 vol. br. (XXXIII). . . . . 7 fr. »

EFFERTZ (O.). — **Les antagonismes économiques.** Introduction de Ch. Andler. 1906. 1 vol. br. (XXXIV) . . . . 12 fr. »

MARSHALL (A.). — **Principes d'économie politique.** 2 vol. in-8.
Tome I. 1907. 1 vol. br. (XXXV) . . . . 10 fr. »
Tome II. 1909. 1 vol. br. (XXXVI) . . . . 12 fr. »

FONTANA-RUSSO (L.). — **Traité de politique commerciale.** 1908. 1 vol. in-8 br. (XXXVII) . . . . 14 fr. »

CORNELISSEN (C.). — **Théorie du salaire et du travail salarié.** 1909. 1 fort vol. in-8, br. (XXXVIII) . . . . 14 fr. »

JEVONS (W. Stanley). — **La théorie de l'économie politique.** Trad. H.-E. Barrault et M. Alfassa. 1909. 1 vol. in-8, br. (XXXIX) . . . . 8 fr. »

PARETO (Vilfredo). — **Manuel d'économie politique.** Trad. de A. Bonnet. 1909. 1 vol, br. (XL) . . . . 12 fr. 50

CANNAN (Edwin). — **Histoire des théories de la production et de la distribution dans l'Economie politique anglaise de 1776 à 1848.** Trad. E. Barrault et M. Alfassa. 1910. Un vol. in-8 (LXI). . . . . 12 fr. »

SÉRIE IN-18 :

MENGER (Anton). — **Le droit au produit intégral du travail.** Trad. A. Bonnet. Préface de Ch. Andler. 1900. 1 vol. br. (I). . . . . . 3 fr. 50

PATTEN (S.-N.). — **Les fondements économiques de la protection.** Trad. F. Lepelletier. Préface de P. Cauwès. 1889. 1 vol., br. (II) . . 2 fr. 50

BASTABLE (C.-F.). — **La théorie du commerce international.** Trad. avec introd. par Sauvaire Jourdan. 1900. 1 vol. (III). . . . . . . 3 fr. »

WILLOUGHBY (W.-F.). — **Essais sur la législation ouvrière aux Etats-Unis.** Trad. Chaboseau. 1903. 1 vol. br. (IV) . . . . 3 fr. 50

BIBLIOTHÈQUE PACIFISTE INTERNATIONALE

Honorée de la souscription des Ministères de l'Instruction publique e au Commerce.

PUBLIÉE SOUS LA DIRECTION DE **Stéfane-Pol**

Ont paru :

BEAUQUIER (Ch.) Ed GIRETTI et STÉFANE-POL. — France et Italie avec préface de M. Berthelot *de l'Institut*. 1904. 1 vol. in-18 . . 1 fr. »

DUMAS (J.). — La colonisation (Essai de doctrine pacifiste avec préface de Ch. Gide, 1904, 1 vol. in-18. . . . . 1 fr. 25

ESTOURNELLES DE CONSTANT (D'). — France et Angleterre. 1904. 1 vol. in-18 . . . . 1 fr. »

FINOT (J.). — Français et Anglais devant l'anarchie européenne 1904. 1 vol. in-18 . . . . 1 fr. »

FOLLIN (H.). — La marche vers la paix. 1903. 1 vol. in-18 . . 0 fr. 75

FONTANES (E.) — La guerre, avec préface de F. Passy. 1904. 1 vol. in-18 . . . . 0 fr. 50

JACOBSON (J.-A.). — Le premier grand procès international de la Haye (notes d'un témoin. 1904. 1 vol. in-18 . . . . 0 fr. 50

LAFARGUE (A.). — L'orientation humaine. 1904. 1 vol. in-18 . 1 fr. »

LA GRASSERIE (R. de). — De l'ensemble des moyens de la solution pacifiste. 1905. 1 vol. in-18 . . . . 1 fr. »

MESSIMY. — La paix armée (La France peut en alléger le poids.) 1903. 1 vol. in-18 . . . . 0 fr. 75

MOCH (G.). — Vers la fédération d'Occident. Désarmons les Alpes. 1905. 1 vol. in-18, avec 6 graphiques. . . . . 0 fr. 50

NATTAN-LARRIER. — Les menaces des guerres futures. 1904. 1 vol. in-18 . . . . 1 fr. »

NOVICOW (J.). — La possibilité du bonheur. 1904. 1 vol. in-18. 2 fr. »

PASSY (Fr.). — Historique du mouvement de la paix. 1904. 1 vol. in-18 . . . . 0 fr. 75

PRUDHOMMEAUX (J.). — Coopération et pacification. 1904. 1 vol. in-18 . . . . 1 fr. »

RICHET (Ch.). — Fables et récits pacifistes, avec une préface de Sully-Prudhomme. 1904. 1 vol. in-18 . . . . 1 fr. »

RUYSSEN (Th.). — La philosophie de la paix. 1904. 1 vol. in-18. 0 fr. 75

SEVERINE. — A Sainte-Hélène, pièce en 2 actes. 1904, 1 vol. in-18. 1 fr. »

SPALIKOWSKI (Ed.). — Mortalité et paix armée, avec une préface de C. Flammarion. 1904. 1 vol. in-18 . . . . 0 fr. 50

STÉFANE-POL. — L'esprit militaire (Histoire sentimentale). 1904. 1 vol. in-18 . . . . 2 fr. »

STEFANE-POL. — Vers l'avenir. Histoire dramatique. 1903. 1 vol. in-18. . . . . 1 fr. »

STÉFANE-POL. — Les deux évangiles, considérations sur la peine de mort, le duel, la guerre, etc. 1903. 1 vol. in-18 . . . . 0 fr. 50

SUTTNER (Bne de). — Souvenirs de guerre. 1904 1 vol. in-18 . 0 fr. 50

PETITE ENCYCLOPÉDIE SOCIALE ÉCONOMIQUE ET FINANCIÈRE

I. — **Leçons d'économie politique**, par André Liesse, avec une préface de Courcelle-Seneuil, de l'Institut. Un volume in-18, 1892. 3 fr. »

II. — **La Réforme des frais de justice**, par E. Manuel et R. Louis, docteurs en droit. 2e édition. Un volume in-18. 1892. . . . 3 fr. »

Code manuel de droit industriel, par M. Dufourmantelle, 3 v. in-18 :

III. — **Législation ouvrière** en France et à l'Etranger. 2e édition. Un volume in-18. 1893. . . . . 3 fr. »

IV. — **Brevets d'invention**, contrefaçon, etc. Un vol. in-18. 1893 3 fr. »

V. — **Dessins et marques de fabrique**, nom commercial, concurrence déloyale, etc. Un volume in-18. 1894 . . . . 3 fr. »

VI. — **Code manuel des électeurs et des éligibles, avec formules**, par A Maugras, avocat publiciste. 2e édition. Un volume in-18. 1898. 3 fr. »

VII. — **Législation générale des cultes protestants** en France, en Algérie et dans les colonies, par Penel-Beaufin. Un volume in-18 1894. . . . . 3 fr. »

VIII. — **Commentaire de la loi du 27 décembre 1892 sur la conciliation et l'arbitrage facultatifs**, par A. Lelong. Un volume in-12 1894 . . . . 1 fr. 50

IX. — **Législation générale du culte israélite** en France, en Algérie et dans les colonies, par Penel-Beaufin. Un vol. in-18. 1894 . 3 fr. »

X. — **Code manuel du propriétaire-agriculteur**, par Daniel Zolla, prof. à l'Ecole nationale d'agriculture de Grignon. 2e éd. Un volume in-18. 1902 . . . . 3 fr. 50

XI. — **Les questions ouvrières**, p. Léon Milhaud. Un vol. in-18. 1894. 2 fr. 50

XII. — **Cours de droit professé dans les lycées de jeunes filles de Paris**, par Jeanne Chauvin, 2e édition. Un volume in-18, relié toile. 1908. . . . . 3 fr. 50

XIII. — **Guide théorique et pratique, général et complet des Clercs de notaire et des aspirants au notariat**, par Jean Martin, notaire. Un volume in-18. 1895 . . . . 3 fr. »

XIV. — **La question monétaire** considérée dans ses rapports avec la condition sociale des divers pays et avec les crises économiques, par Léon Poinsard Un volume in-18. 1895. . . . . 3 fr. »

Les budgets français. Etude analytique et pratique de législation financière, par MM. P. Bidoire et A. Simonin. Trois volumes :

XV. — **Projet de budget 1895.** Un volume in-18. 1895. . . . 3 fr. »

XVIII. — **Budget de 1895 et Projet de budget de 1896.** Un volume in-18. 1896 . . . . 3 fr. »

XXII. — **Budget de 1896 et Projet de budget de 1897.** Un volume in-18. 1897. . . . . 3 fr. »

XVI. — **La saisie-arrêt sur les salaires et petits traitements.** 2e édition revue et augmentée par V. Emion. Un volume in-18. 1896. 3 fr. »

XVII. — **La question sanitaire**, dans ses rapports avec les intérêts et les droits de l'individu et de la société, par le Dr J. Pioger. Un vol. in-18. 1895 . . . . 3 fr. »

XIX. — **Les banques d'émission**, par G. François. Un vol. in-18. 1896. 3 fr. »

XX. — **La science et l'art en économie politique**, par René Worms. Un volume in-18. 1896 . . . . 2 fr. »

XXI. — **Code de l'abordage**, par Robert Frémont. Un vol. in-18. 1897 3 fr. »

XXIII. — **L'éducation nationale**, par Maurice Wolff. Un volume in-18. 1897 . . . . 3 fr. »

XXIV. — **Mélanges féministes**, par L. Bridel. Un volume in-18. 1897 . 3 fr. »

XXV. — **La justice gratuite et rapide par l'arbitrage amiable**, par A. CHARMOLU. 2e édition. Un volume in-18. 1902 . . . . 1 fr. »

XXVI. — **Petit manuel pratique du Juré d'assises**, par J. PONCET. Un volume in-18. 1898 . . . . 2 fr. »

XXVII. — **Finances communales**, par R. ACOLLAS. Un vol. in-18. 1898. 3 fr. »

XXVIII. — **Esquisse d'un tableau raisonné des causes de la production**, de la circulation, de la distribution et de la consommation de la richesse, par M. TESSONNEAU. Un volume in-18. 1898 . . . 2 fr. »

XXIX. — **Code manuel du chasseur**, par G. LECOUFFE, 3e éd. Un volume in-18. 1900 . . . . 12 fr. »

XXX. — **Code Manuel du pêcheur**, par G. LECOUFFE. 2e éd. Un volume in-18. 1900 . . . . 1 fr. »

XXXI. — **Manuel pratique des Sociétés de commerce et par actions.** Participations coopératives. Syndicats professionnels. Sociétés de Secours mutuels. Associations et Congrégations, par A. LAMBERT. Un volume in-18. 1902 . . . . 1 fr. 50

XXXII. — **Manuel de la propriété industrielle et commerciale**, par A. LAMBERT. Un volume in-18. 1903 . . . . 3 fr. »

XXXIII. — **Etudes d'Economie et de Législation rurales**, par R. WORMS. Un volume in-18. 1906 . . . . 4 fr. »

XXXIV. — **Code manuel du Cycliste.** Un volume in-18. in-18 . . . 2 fr. »

BIBLIOTHÈQUE SOCIOLOGIQUE INTERNATIONALE

Honorée de souscriptions du Ministère de l'Instruction publique

PUBLIÉE SOUS LA DIRECTION DE René Worms

☞ Les volumes I à XXX de la Collection peuvent aussi être achetés reliés avec une augmentation de 2 fr. et XXXI et suite avec une augmentation de 1 fr. seulement

SÉRIE IN-8 :

WORMS (René). — **Organisme et société.** 1896. 1 vol. in-8. (I) . 6 fr. »

LILIENFELD (Paul de). — **La pathologie sociale.** 1896. 1 vol. in-8 (II) . . . . 6 fr. »

NITTI (Francesco S.). — **La population et le système social.** 1897. 1 vol. in-8 (III) . . . . 5 fr. »

POSADA (A.). — **Théories modernes sur les origines de la Famille, de la Société et de l'Etat.** 1896. 1 vol. in-8 (IV) . . . . 4 fr. »

BALICKI (S.). — **L'Etat comme organisation coercitive de la société politique.** 1896. 1 vol. in-8 (V) . . . . (*épuisé*).

NOVICOW (J.). — **Conscience et volonté sociales.** 1897. 1 vol. in-8 (VI) . . . . 6 fr. »

GIDDINGS (Franklin H.). — **Principes de sociologie.** 1897. 1 vol. in 8 (VII) . . . . 6 fr. »

LORIA (A.). — **Problèmes sociaux contemporains.** 1897. 1 vol. in-8 (VIII) . . . . 4 fr. »

VIGNES (M.). — **La science sociale d'après les principes de Le Play et de ses continuateurs.** 1897. 2 vol. in-8 (IX-X) . . . . 16 fr. »

VACCARO (M.-A.). — **Les bases sociologiques du droit et de l'Etat.** 1898. 1 vol. in-8 (XI) . . . . 8 fr. »

GUMPLOWICZ (L.). — **Sociologie et politique.** 1898. 1 vol. in-8 (XII) . . . . 6 fr. »

SIGHÈLE (Scipio). — **Psychologie des sectes.** 1898. 1 vol. in-8 (XIII) . . . . 5 fr. »

SÉRIE IN-18 (*volumes brochés*) :

REVUE DU DROIT PUBLIC ET DE LA SCIENCE POLITIQUE EN FRANCE ET A L'ÉTRANGER

FONDÉE PAR **F. Larnaude**

PUBLIÉE SOUS LA DIRECTION DE **MM. Max Boucard et Gaston Jèze**

Avec la collaboration des plus éminents professeurs des Universités de France, Allemagne, Angleterre, Autriche-Hongrie, Australie, Belgique, Canada, Chili, Danemark, Espagne, Etats-Unis, Grèce, Hollande, Italie, Japon, Norvège, Portugal, Roumanie, Russie, Suède, Suisse, Turquie.

Paraît tous les trois mois depuis 1894, par fascicule de plus de 200 pages gr. in-8. Chaque année forme un très fort volume grand in-8. Prix. . . . . 20 fr. »

Abonnement annuel : France : 20 fr. Etranger : 22 fr. 50. Le numéro . . 5 fr. »

REVUE DE SCIENCE ET DE LÉGISLATION FINANCIÈRES

PUBLIÉE SOUS LE PATRONAGE DE

MM. Casimir Périer, Ribot, Stourm, Berthélemy, Chavegrin, Esmein et Hauriou

ET SOUS LA DIRECTION DE **MM. Max Boucard et Gaston Jèze**

Avec la collaboration des membres les plus éminents du Conseil d'Etat, de la Cour des comptes, de l'Inspection des finances, des Professeurs des Universités de France, Allemagne, Australie, Belgique, Egypte, États-Unis, Grèce, Italie, Roumanie, Suisse.

Paraît tous les trois mois depuis 1903, par fascicule de près de 200 pages gr. in-8. Chaque année forme un très fort volume gr. in-8. Prix . . . . 18 fr. »

Abonnement annuel : France : 18 fr. Etranger : 20 fr. Le numéro . . . 5 fr. »

REVUE INTERNATIONALE DE SOCIOLOGIE

PUBLIÉE SOUS LA DIRECTION DE **M. René Worms**

Secrétaire général de l'Institut international de Sociologie et de la Société de Sociologie de Paris

Avec la collaboration des membres de l'Institut international de Sociologie et des principaux sociologues du monde entier.

Paraît tous les mois depuis 1893, par fascicule de 80 pages gr. in-8. Chaque année forme un très fort volume gr. in-8. Prix . . . . 18 fr. »

Abonnement annuel : France : 18 fr. Etranger : 20 fr. Le numéro. . . . 2 fr. »

La Collection complète (année 1893 à 1909 inclus, avec abonnement à l'année 1910). Prix réduit . . . . 240 fr.

REVUE BIBLIOGRAPHIQUE

Des ouvrages de Droit, de Jurisprudence, d'Économie politique, de Science Financière et de Sociologie

Paraît tous les mois depuis 1894, par fascicule de 16 pages gr. in-8. Les Abonnements partent du 1er janvier de chaque année.

Abonnement annuel : France : 1 fr. Etranger : 1 fr. 50. Le numéro . . . 0 fr. 10

Le MOUVEMENT SOCIALISTE

DIRECTEUR : **Hubert Lagardelle**

Paraît tous les mois depuis 1899, par fascicule de 80 pages, gr. in-8 Chaque année forme un fort volume gr. in-8. Prix . . . . 15 fr. »

Abonnement annuel : France : 15 fr. Etranger : 18 fr. Le numéro . . . 1 fr. 50

LE DEVENIR SOCIAL

(*Revue internationale d'économie, d'histoire et de philosophie*). La collection complète (1895 à 1898). . . . . 50 fr. »

ANNALES DE L'INSTITUT INTERNATIONAL DE SOCIOLOGIE

(*Volumes in-8, brochés*). *Voir Catalogue 2e partie*

IMPRIMERIE DE LA LIBRAIRIE Ve GIARD & E. BRIÈRE, PARIS (Ve)

www.ingramcontent.com/pod-product-compliance
Lightning Source LLC
LaVergne TN
LVHW092150300926
849161LV00002B/240